U0592371

中山人文学术论丛

（第十二辑）

中山人文学术论丛编审委员会　主编

科学出版社
北京

内 容 简 介

本书是中山大学中国语言文学系的出版系列之一，全书收录第12届两岸中山大学中国文学学术研讨会的论文共20篇，汇集中文、语言专业学者的最新成果，就文学、语言学、非物质遗产文化、上古文化等领域的内容展开深入探讨。

本书适合高校中文或人文院系的师生及对传统文化有兴趣的读者阅读。

图书在版编目(CIP)数据

中山人文学术论丛. 第十二辑/中山人文学术论丛编审委员会主编. —北京：科学出版社，2017.11

ISBN 978-7-03-055059-0

I. ①中… II. ①中… III. ①人文科学－文集 IV. ①C53

中国版本图书馆CIP数据核字（2017）第266823号

责任编辑：郭勇斌 周 爽 / 责任校对：贾娜娜
责任印制：张 伟 / 封面设计：蔡美宇

科学出版社 出版
北京东黄城根北街16号
邮政编码：100717
http://www.sciencep.com
北京东华虎彩印刷有限公司 印刷
科学出版社发行 各地新华书店经销
*
2017年11月第 一 版 开本：720×1000 1/16
2017年11月第一次印刷 印张：17 3/4
字数：328 000

定价：85.00元

（如有印装质量问题，我社负责调换）

目　录

台湾南部民间神灵斗法传说初探——以台南、高雄地区为主*

罗景文**

摘　要　台湾民间信仰传说的种类相当多元，如神明助战平乱、赈灾救难、治病除瘟、维护地方洁净及平安，以及建庙分灵等各式各样的传说，其中有一类相当特殊的信仰传说，即是神灵（鬼）交锋、斗法及调停的传说。在激烈冲突的背后，往往隐含更为复杂的族群意识、风水地理、信仰冲突、环境资源、经济利益、交陪深浅等导致纷争冲突的因素。这类传说不仅是地方开发乃至于衰败的历史缩影，更重要的是透过神灵之间的对抗或合作，反映地方之间竞合结盟的复杂关系，而即便是合作结盟，其间亦隐含竞争的关系。神鬼交锋之后，神明灵力与地位的变化，是地方兴旺与否的关键，也是能否继续吸引信众，扩大信仰的指标。因此，这些传说不仅反映当时、当地人们的集体认知/记忆，以及人、神与各地方之间微妙的互动，更可以发现传说随着时空的转变而有不同的面貌，由此折映出特殊时空人群的心态。

关键词　斗法，交锋，传说，庶民思维，集体记忆

"灵验"是人们信仰的心理基础，也是某一神灵能否为人们所信仰的关键。神灵透过不可思议的灵验事迹，进一步完成其神格的自我塑造。神灵借此将原本抽象之神力，显现为具象化之存在，融入信众的日常生活之中，成为民众之真实体验与具体感受，建立彼此紧密的互信依存关系，神灵也因此获得了崇信的正统性与正当性。[①]此一圣显过程往往借由信仰传说而保留下来，既

* 本文系成功大学人文社会科学中心"迈向顶尖大学计划"整合型研究总计划"闽南文化研究文献的整理与研究"之子计划"台湾南部民间信仰传说之调查研究——以神灵（鬼）交锋、斗法及调停传说为主"（计划编号：D104-53002，运行时间：2015-03-01～2015-12-31）之部分成果，谨致谢忱。

** 台湾"中山大学"文学院中国文学系。

① 关于汉族民间信仰中"灵验"概念，以及超自然界与社会界、神人之间之互动关系的丰富讨论，详见丁仁杰：《灵验：汉人民间信仰超自然世界的基本象征结构及其外在显现》，《重访保安村：汉人民间信仰的

能为神迹找到一个合于人心之理的解释，也成为不断支持与加强信仰的真实性及原动力。简单说来，传说具有解释与增强信仰真实性的功能，而信仰也借由传说得以明确的扩展。

相较于其他区域，台湾南部——尤其台南、高雄一带——开发较早，这些地区具有较浓厚的民间信仰氛围，也保存了较为完整的民俗信仰活动，信仰传说的讲述和保留亦较为丰富。进一步来看，台湾南部民间信仰传说的种类相当多元，如神明助战平乱、赈灾救难、治病除瘟、扫邪镇煞、维护地方洁净及平安，以及建庙分灵等各式各样的传说，而其中有一类相当特殊的信仰传说便是神灵（鬼）交锋、斗法及调停的传说。这类信仰传说讲述的是：双方神灵（其中一方或为阴神、鬼魅、精怪等灵物）常因族群意识、风水地理、信仰冲突、环境资源、经济利益、交陪深浅等因素，而导致激烈的冲突，在传说之中便具体显现为神灵双方的交锋与斗法。当两方相持不下，甚至导致更大伤亡灾害时，便有更高位阶的神明出面调停，使事件最后得以顺利落幕。

当信众对地方神灵有认同及归属感时，神灵往往成为地方社区的重要精神象征，神灵、神像、庙宇与地方之间的关系常是密不可分的。[①]因此，神明灵力的高低也就成为地方是否兴旺的关键，地方若是地灵人杰、繁荣发展，亦有助于神灵地位的提升，这都显示当地民众对于地方繁荣兴旺的殷切期盼。所以这类充满紧张气氛的神灵（鬼）交锋、斗法及调停的传说，其纠纷起因及神明灵力的高低，常常牵涉地方之间的相互竞争、对抗，乃至于合作结盟的复杂关系，反映了当地人群特殊的历史记忆、集体意识，也显示出某种程度的共同感及凝聚力。

回顾历来相关研究成果，大都集中于神灵斗法以争取好地理好风水，尤其是台南北门南鲲鯓王爷大战团仔公的传说最为人所知，台南归仁剑猪厝上帝公大战团仔仙的事迹亦与前者十分相似，这些是研究者时常引用之例，如张昀凌《台湾民间风水传说研究》[②]、郭庭源《台湾与金门地区民间风水传说研究》[③]、王奕期《台南地区风水传说之研究》[④]，他们或介绍故事内容，或归纳情节结构，基本上仍围绕王爷与牧童争地盘的传说内容。值得注意的是，近来开始有研究者关注到神灵交锋、斗法传说的不同类型，并进行较深刻的个案

社会学研究》，台北：联经出版事业公司，2013年，第121-188页。

① 实际上，这四个词语的含义并不相同，但在民间信仰里，却往往被视为相同相近，甚至是有相互混用的情形，详见张珣：《文化妈祖：台湾妈祖信仰研究论文集》，台北："中央研究院"民族学研究所，2003年，第81页。并参见林玮嫔：《台湾汉人的神像：谈神如何具象》，《台湾人类学刊》2003年第1卷第2期，第115-147页。

② 张昀凌：《台湾民间风水传说研究》，新北：台北大学，2003年，第53-55页。

③ 郭庭源：《台湾与金门地区民间风水传说研究》，高雄：高雄师范大学，2007年，第233-234页。

④ 王奕期：《台南地区风水传说之研究》，台南：成功大学，2007年，第138-140页。

分析，如周茂钦《清治末期竹筏海贼——“三庄攻一庄”》[①]，该文分析台南将军乡青鲲鯓“三庄攻一庄，勿予青鲲鯓仔人奸尻川”的俗谚，是来自马沙沟、顶山仔、西寮仔对于青鲲鯓人占有较多产业利益优势的仇视，反映在传说中的就是青鲲鯓北极玄天上帝、青鲲鯓郭圣王与顶山吴府三千岁的冲突事件。又如谢贵文《从台南保生大帝庙宇传说看民间信仰的正统性与地方化》[②]，该文其中一节讨论到台南保生大帝传说，可以看出因青礁、白礁系统导致庙宇之间对祖源、辈分、能力与地位的争夺，也正表现出地方之间的竞争关系。这两篇文章透过细致的个案研究，剖析出传说背后复杂的互动因素，展现神明纷争传说中更丰富深入的在地时空脉络与社会文化意涵。

除了反映对环境资源与经济利益的争夺，以及地方上的竞合关系之外，神鬼交锋传说也可能是记忆集体创伤的灾难叙事，表达了信众对于生存境域如何能转危为安、恢复秩序、再创繁荣的企盼。由此可知，这类民间神灵斗法传说仍有诸多意涵仍待抉发。职是之故，本文试图借由这类流传于台南与高雄地区的民间信仰传说来观察神明与信众、地方之间的依存关系，这些传说不仅反映当时、当地人们的集体认知/记忆，以及人、神与各地方之间微妙的互动，更可以发现传说随着时空的转变而有不同的面貌，由此折映出特殊时空的人群心态。本文从民间信仰传说的整理与研究出发，亦有助补充官方历史记录之不足，甚至提供更贴近民众心灵结构的理解与诠释。

一、台湾南部民间神灵斗法传说的内容

关于台南、高雄地区之神灵交锋、斗法的传说，目前多散见于地方文史资料、田野调查报告、各类采风录、学术论著、报刊杂志，乃至于网络数据，其中亦有不少重复转录的情形。笔者在此试图结合地方文献、民间文学采集的内容，汇整台南、高雄地区与神灵斗法、交锋有关之传说。在数据的运用上，笔者选择亲自采录，或是较具代表性、情节单元较为完整的传说或数据，其余相同或相似的内容不再详细讨论，或重复摘引。在内容的整理上，则以故事主要情节为主，以省篇幅。相关传说内容，详如表1。

① 周茂钦：《清治末期竹筏海贼——“三庄攻一庄”》，《南瀛文献》2010年第9辑，第218-223页。

② 谢贵文：《从台南保生大帝庙宇传说看民间信仰的正统性与地方化》，《台南文献》2013年第4辑，第139-163页。

表1　台南、高雄地区神灵斗法、交锋传说数据

编号	地区	庙名及神称	传说故事内容	相关庙宇及神明
1	台南市北门区	南鲲鯓代天府五府千岁	五府千岁迁庙时，与囝仔公因抢地而有争执，会同土地公协商破裂，双方僵持数月，赤山龙湖岩观音佛祖请北港天上圣母、学甲慈济宫保生大帝出面调停，二神共享吉地。三王吴府千岁额边亦因此负伤，屡屡修补，均未成功①	万善堂囝仔公、赤山龙湖岩观音佛祖、北港天上圣母、学甲慈济宫保生大帝
2	台南市北门区	南鲲鯓代天府五府千岁	南鲲鯓五王从佳里往西港途中，遇恶鬼作祟，五王乃与北港妈祖合作，双方大战，吴王额上负伤，又向土城仔观音佛祖借调神兵助阵，得以转败为胜②	北港妈祖、土城仔观音佛祖
3	台南市佳里区	广安宫孔德尊王	日治时期的抗日事件，引发日军大屠杀，史称“萧垄事件”（1895年10月，又称“走番仔反”），佳里一带死伤无数，亡者怨灵不散，后经金唐殿朱、雷、殷三千岁指示，需与北港妈祖及南鲲鯓吴府千岁共同扫荡，安抚境内，方可平安遂事，佳里地区遵神指示，并建立将军府收纳亡魂及广安宫供奉孔德尊王负责管理镇压此地③	金唐殿朱、雷、殷三千岁，与北港妈祖、南鲲鯓吴府千岁
4	台南市后壁区	上茄苳显济宫保生大帝	清光绪十年（1884），土匪头领“郑新登”死后阴魂不散，要求建小祠奉祀，显济宫保生大帝悯其孤苦无依，同意建一小祠祀之。清光绪十八年（1892），此邪神竟群集各方妖邪，扰乱庄民。当年3月10日，保生大帝降乩指示，要庄民于6日内远离此邪神小祠，果然3月14日中午，此邪神小祠无故自燃毁灭④	
5	台南市麻豆区	麻豆代天府五府千岁	五府王爷迁庙时与当地有应公的邪鬼发生纠纷，大战未果，后由赤山龙湖岩观音佛祖调解，以共存共荣收场⑤	赤山龙湖岩观音佛祖
6	台南市麻豆区	社子天后宫玉二妈	玉二妈大战田都元帅与邪灵方仔狗，并调请赤山龙湖岩观音佛祖、南鲲鯓吴府三千岁与庄神巫府千岁助阵⑥	赤山龙湖岩观音佛祖、南鲲鯓吴府三千岁、社子天后宫巫府千岁
7	台南市大内区	内湖朝天宫观音佛祖	法师助观音乩身飞上天，收伏老鹰精⑦	

① 刘枝万：《台湾之瘟神庙》，《台湾民间信仰论集》，台北：联经出版事业公司，1995年，第273页。亦参见魏淑贞编：《台湾庙宇文化大系——五府王爷卷》，台北：自立晚报社文化出版部，1994年，第17-18、24-25、42-44页；张连枝讲述：《南鲲鯓庙的由来》、施麒麟讲述：《麻豆代天府的由来》，二文收入胡万川总编辑：《台南县闽南故事集（四）》，台南：台南县文化局，2002年，第43-47、59-61页；黄文博：《北门乡南鲲鯓庙囝仔公》，《南瀛祀神故事志》，台南：台南县政府，2009年，第189-194页；许书铭等：《南瀛神明传说志》，台南：台南县政府，2010年，第179-181页。

② 刘枝万：《台湾之瘟神庙》，第275页。

③ 曾旺莱：《南鲲鯓王平靖萧垄记》，《萧垄走番仔反：台湾抗日秘辛》，台南：台南县立文化中心，1998年，第63-73页。

④ 周茂钦：《台南大道公信仰研究》，台南：台南市政府文化局，2013年，第302页。

⑤ 魏淑贞编：《台湾庙宇文化大系——五府王爷卷》，第60-61页。

⑥ 《内神通外鬼》，许书铭等：《南瀛神明传说志》，第85-89页。

⑦ 《法师斗老鹰精》，许书铭等：《南瀛神明传说志》，第119-122页。

续表

编号	地区	庙名及神称	传说故事内容	相关庙宇及神明
8	台南市七股区	树子脚宝安宫康府千岁	康府千岁与埔顶杨府太师、塭仔内池府千岁协助南鲲鯓五王拆除小庙。日后康府千岁又与竹桥庆善宫梁府千岁、溪南兴安宫普庵祖师协助南鲲鯓五王对抗四草大众爷①	埔顶通兴宫杨府太师、塭仔内永昌宫池府千岁、竹桥庆善宫梁府千岁、溪南兴安宫普庵祖师、南鲲鯓五王
9	台南市七股区	顶山代天府吴府三千岁②	顶山吴府三千岁与青鲲鯓北极玄天上帝斗法，青鲲鯓的观音佛祖化鸽子前来救受困的玄天上帝，后来青鲲鯓的郭圣王为替玄天上帝出气，恶意阻挠吴府三千岁的出巡，导致两庄人民不和③	青鲲鯓北极玄天上帝、观音佛祖、郭圣王庙
10	台南市七股区	金德丰正王府雷府三大将	南鲲鯓代天府五府千岁南巡，欲除野魂小庙，与雷府大将斗法，相持不下，故请当地妈祖与顶山仔吴府三千岁出面调停④	南鲲鯓代天府、顶山仔吴府三千岁出面
11	台南市新化区	武安宫大使爷武安尊王	武安尊王大战虎神未果，借来大目降北极殿玄天上帝的法宝“玄天面”后得胜⑤	大目降北极殿玄天上帝
12	台南市新化区	保生大帝宫保生大帝	新化大道公与妈祖斗法，获胜而得到八卦宅地理，即今日保生大帝宫庙地⑥	
13	台南市永康区	洲仔尾保宁宫保生大帝	保生大帝与赶鸭修行人斗法护风水之事，保生大帝发现灵穴不保，自败风水⑦	
14	台南市永康区	洲仔尾保宁宫保生大帝	保宁宫保生大帝二大帝乩身与北港妈祖乩身（一说为盐行天后宫妈祖）斗法拼阵，二大帝乩身以头去接妈祖所掷之斧，神尊头上遂有明显伤痕⑧	北港妈祖（一说为盐行天后宫妈祖）
15	台南市归仁区	刣猪厝武当山上帝庙玄天上帝	玄天上帝为抢风水宝地建庙，与団仔仙大战，后由大岗山观世佛祖调停，二神共享吉地⑨	牛奶堀童子军庙、大岗山观世佛祖
16	台南市归仁区	保西代天府朱、池、李三老爷	因日军冤魂作祟，明直宫主神太子爷亦束手无策，故代天府姚府先锋爷受托前往仁德大宅擒妖伏魔，反而被困，后由代天府三老爷出动神轿与宋江阵营救先锋爷，并擒获妖孽化身的昆虫，恢复平静⑩	仁德明直宫（太子庙）

① 《三王二佛》，许书铭等：《南瀛神明传说志》，第 155-157 页。
② 顶山代天府奉祀李、池、吴、朱、范等五府千岁，又以吴府千岁为主祀。
③ 《顶山吴府三千岁斗法》，许书铭等：《南瀛神明传说志》，第 163-165 页。另见周茂钦：《沧海盐田变迁中的渔村——青鲲鯓聚落研究》，台南：台南大学，2007 年，第 137-139 页。
④ 黄文博：《南瀛祀神故事志》，第 227-228 页。金德丰正王府主祀温府千岁。
⑤ 许沧渊讲述：《武安尊王斗虎神》，《台南县闽南故事集（四）》，第 147-151 页；《带面关的武安尊王》，许书铭等著：《南瀛神明传说志》，第 208-209 页。
⑥ 涂顺从：《南瀛古庙志》，台南：台南县立文化中心，1994 年，第 350-352 页。
⑦ 《洲仔尾二大帝传说》，许书铭等：《南瀛神明传说志》，第 301-302 页。亦参见李志祥：《洲仔尾采访考查录》，《南瀛文献》2009 年第 8 期，第 135-136 页。
⑧ 李志祥：《洲仔尾采访考查录》，第 133 页。
⑨ 《上帝爷大战団仔仙》，许书铭等：《南瀛神明传说志》，第 324-325 页。亦参见李清标讲述：《童子军庙的传说》，胡万川总编辑：《台南县闽南故事集（二）》，台南：台南县文化局，2001 年，第 123-127 页。
⑩ 《三老爷显神威护佑乡里》，许书铭等：《南瀛神明传说志》，第 328-330 页。

续表

编号	地区	庙名及神称	传说故事内容	相关庙宇及神明
17	台南市学甲区	学甲慈济宫 保生大帝开基二大帝	西港砂凹仔金安宫朱府千岁欲择地重建庙宇，遇蜈蚣精作祟，向西港庆安宫千岁爷、佳里青龙宫保生大帝求助，后由青龙宫二大帝借学甲慈济宫之“鸭母兵”，才得以收伏蜈蚣精①	西港金安宫朱府千岁、西港庆安宫千岁爷、佳里青龙宫保生大帝
18	台南市盐水区	保生大帝 （大道公）	万年与竹坡两村为争夺风水，分别请出大道公与祖师公斗法②	
19	全台多有流传	保生大帝（大道公）、妈祖婆	保生大帝求爱不成，每年于妈祖诞辰时下雨，妈祖为报复，于保生大帝诞辰时起大风，二者相互斗法③	
20	高雄市冈山区	冈山后协代天府④ 池府千岁	开基于弥陀三点山的王爷庙因与海龙王斗法失败，而沉没海底，遂分祀神尊于冈山后协代天府、弥陀旧港口三千宫、弥陀五份仔文吉士庙⑤	冈山后协代天府、弥陀旧港口三千宫、弥陀五份仔文吉士庙
21	高雄市仁武区	仁武乌材林北极殿玄天上帝	玄天上帝与“西安堂”出军公争地理，后经燕巢角宿天后宫角宿妈调停，才解决纷争⑥	“西安堂”出军公、燕巢角宿天后宫
22	高雄市鸟松区	鸟松大埤福德宫 福德正神	土地公曾为牛神所困，南鲲鯓王爷为其解围，之后王爷入祀福德宫⑦	南鲲鯓代天府
23	高雄市大社区	保元宫 保生大帝	大社保元宫保生大帝与燕巢角宿天后宫角宿妈（南路妈）大战于中圳，保生大帝后得青云宫老祖之助而得胜⑧	燕巢角宿天后宫、大社青云宫
24	高雄市楠梓区	楠梓东门公庙 东门公祖	右昌元帅府欲毁东门公庙（有应公性质），东门公庙得大社青云宫老祖之助，斗法得胜，免于毁庙⑨	楠梓右昌元帅府、大社青云宫神农大帝
25	高雄市大树区	大树洲仔青云宫 神农大帝	高雄大树洲仔青云宫神农大帝与屏东里港代天府王爷庙大战于高屏溪畔，神农大帝呼请其祖庙青云宫神农老祖相助，遂得回填被代天府王爷所沉之溪埔地⑩	屏东里港代天府王爷庙、大社青云宫神农大帝
26	高雄市大树区	大树九曲堂 北极殿玄天上帝	由于下淡水溪（高屏溪）时常泛滥，新园新惠宫妈祖设十二道犁头镖，以退洪水。但对岸大树九曲堂地区却因此受到影响，人畜不安。九曲堂北极殿玄天上帝指示破解之法，九曲堂恢复往日平静。而两地神明持续斗法，最后请大岗山超峰寺佛祖出面调解，才化解纷争⑪	新园新惠宫妈祖、大树九曲堂北极殿玄天上帝、大岗山超峰寺佛祖

① 《保生大帝的药签与收妖伏魔神迹》，许书铭等：《南瀛神明传说志》，第172-173页。

② 林玮嫔：《台湾汉人的神像：谈神如何具象》，第115-147页。其中“万年”与“竹坡”两村均为化名。

③ 关于“大道公风，妈祖婆雨”的传说流传相当广泛，较早有朱点人（朱锋）：《妈祖的废亲》收入李献璋：《台湾民间文学集》，台中：台湾新文学社，1936，第122-128页。又如魏淑贞编：《台湾庙宇文化大系——保生大帝卷》，第10-11页。谢贵文曾分别从传说、性别及神格等三个角度，对此类型传说进行深入的深讨，详见氏著：《传说、性别与神格——从“大道公风、妈祖婆雨”谈起》，《新世纪宗教研究》2011年第9卷第4期，第85-112页。

④ 冈山后协代天府供奉五府千岁（朱、温、范、李、池）等诸神明，主神为池府千岁。

⑤ 林美容：《高雄县王爷庙分析：兼论王爷信仰的姓氏说》，《“中央研究院”民族学研究所集刊》2000年第88期，第120页。亦参见林美容：《高雄县民间信仰》，凤山：高雄县政府，1997年，第150页。

⑥ 林美容：《高雄县民间信仰》，第215页。

⑦ 林美容：《高雄县民间信仰》，第221页。

⑧ 笔者于2014年10月19日探访高雄大社青云宫董事长陈福财先生所得。

⑨ 笔者于2014年10月19日探访高雄大社青云宫董事长陈福财先生所得。

⑩ 笔者于2014年10月19日探访高雄大社青云宫董事长陈福财先生所得。

⑪ 李明进：《万丹乡采风录》，屏东：屏东县万丹乡采风社，2004年，第101-102页。屏东新园乡新惠宫的官方网站亦将此则传说视为妈祖神迹，详见网址：http://www.8681139.com/miracle.php，上网日期：2015年11月10日。

经由表 1 的整理，可以发现较常出现于斗法传说中的神明有：王爷[①]、妈祖、观音佛祖、保生大帝、玄天上帝、神农大帝，这与台湾地区日据时期以来，民间信仰中常见主祀神的情形相近。[②]显见这些神明是民众在日常生活中较为崇敬信仰的神祇，这些神明如果为地方大庙之主神，甚至是全台性大庙，则被认为有更高的灵力与神格，可与妖魅邪祟周旋，或是为担任双方纷争的调停者。例如，时常在传说中出现的北港朝天宫天上圣母、南鲲鯓代天府五府千岁、麻豆代天府五府千岁、六甲赤山龙湖岩观音佛祖、学甲慈济宫保生大帝、大社青云宫神农大帝等诸神。

这类神灵斗法交锋传说的情节，大都始于某种匮乏、不幸、危险、失序的状态，或是原有平衡势力被打破的情况。如南鲲鯓代天府的五王与团仔公万善爷争地的传说，即是五王进入南鲲鯓后，打破了团仔公原先独占地理的优势。又如南鲲鯓五王、学甲慈济宫保生大帝，或是当地大庙与角头庙一同扫除邪煞，清除野魂小庙，恢复有序的空间。故事接着描述双方行动的状况，多以正方神明有时的状况为主，叙述正方神灵出发绕境或南巡，却遭到另一派神明或是邪祟妖魅的强力抵抗，正方神明或受攻击或受考验，难以取胜，双方僵持不下，正方神明甚至位居下风。例如，新化地区的武安尊王大战虎头山上经常危害生灵的虎神，两方大战数回合都未能分出胜负。又如台南归仁保西代天府之姚府先锋军受仁德明直宫太子爷之托，前往仁德土库大宅地区处理日本坠机丧命之日军幽魂，却受困于日军幽魂所结的“困仙网”。

这类传说的高潮在于正方神明得到他方神明的援助、协调，或是借得法宝，得以突破僵局，甚至反败为胜。例如，前述新化地区的武安尊王借得大目北极殿玄天上帝的“玄天面”，在此青面獠牙之黑色面具的助威之下，颇能震慑虎神，虎神在受到惊吓后，遂被武安尊王砍下虎脚，而被顺利收伏。[③]又如受困于日军幽魂之“困仙网”的保西代天府姚府先锋军，得到主神朱、池、李三位千岁之助，指示境内神明共同绕境，出动十多顶神轿及宋江阵，才将姚府先锋顺利救出，成功制伏日军幽魂。[④]

① 这里的“王爷”指多种神灵的泛称，如有五府王爷（李、池、吴、朱、范等五府千岁）、三府王爷（朱、李、池等三府千岁）、温府王爷，以及各姓氏王爷等诸神，学界对其起源与类型亦有许多不同的看法，详见康豹：《台湾王爷信仰研究的回顾与展望》，江灿腾、张珣编：《台湾本土宗教研究的新视野和新思维》，台北：南天书局有限公司，2003 年，第 143-174 页。

② 以余光弘统计 1981 年台湾地区民间信仰主祀神之数量为例，前二十名依序是：王爷、观音佛祖、天上圣母、释迦牟尼、玄天上帝、福德正神、关圣帝君、保生大帝、三山国主、中坛元帅、神农大帝、清水祖师、玉皇大帝、三官大帝、开台圣王、开漳圣王、城隍孚佑帝君、王母娘娘、广泽尊王。详见余光弘：《台湾地区民间宗教的发展——寺庙调查资料之分析》，《“中央研究院”民族学研究所集刊》1982 年第 53 期，第 79-84 页。

③ 许沧淋讲述：《武安尊王斗虎神》，《台南县闽南故事集（四）》，第 147-151 页；《带面关的武安尊王》，许书铭等：《南瀛神明传说志》，第 208-209 页。

④ 《三老爷显神威护佑乡里》，许书铭等：《南瀛神明传说志》，第 328-330 页。

然而，另有一类传说却是正方神明斗法无法取胜或失败的结局，如台南永康洲仔尾保宁宫保生大帝与一位赶鸭修行人斗法，赶鸭修行人要保生大帝让出灵穴，双方因此大战七天七夜，保生大帝眼见无法取胜，为当地风水避免为赶鸭修行人所得，逐用宝剑插入双龙抢珠穴之龙喉，此举亦败了宝穴之地理，洲仔尾自此失去了屏障。[①]又如开基于弥陀三点山的王爷庙，因与海龙王斗法失败，沉入海底，不仅是败庄，连原本的祖庙也因此分祀神尊于冈山后协代天府、弥陀旧港口三千宫、弥陀五份仔文吉士庙。[②]

斗法成功或是顺利扫除邪魅者，不仅解决了当地原先失衡、失序、恐怖、危险的状况，也顺利转危为安，成为人们可以安心生活与安顿其居之所，神明灵威也更能获得信众认同。然而，斗法失败者意味着生存境遇的破坏，或是原有信仰的消亡。下一节则分析这些斗法传说背后的庶民思维与集体记忆。

二、斗法传说所反映的庶民思维与集体记忆

民间传说经过群众不断地讲述与传播，已然成为一种集体性的创作。即便是某些看似出自个人的作品，在听众和传统的制约之下，大多“万变不离其宗”“大同小异”，仍旧依循着传统的叙事模式。如此一来，传说中相对稳定的情节既然为大众所认可，其反映的便是讲述这些传说的庶民的集体思维和心态。这是我们在分析台湾南部神灵斗法传说时不可忽视的。因此，本节试图进一步分析这些传说所反映的庶民集体思维和心态。

透过林玮嫔的研究，我们可以了解在神像完成后，神明开始进入信徒的社会网络，一方面参与村民的婚丧喜庆，为其治病或解决不幸，如亲属般的连结，也逐渐累积其灵力；另一方面则保护村民免于邪灵干扰，展现保卫村民居处之地的能力。一个神像的制作完成，犹如一个新生儿来到人世，不仅是具有生命力的形体，而且从此成为这个地方的一份子，与居民建立如亲属般的关系，和信徒生活在一起，信徒的大小事情都会向神明倾诉，神明也时时给予关怀、指引与支持的力量，信众与神明之间形成紧密的互动关系。[③]

正因为如此，不难看出斗法传说中，常出现神明为守护当地聚落而扫荡、驱除威胁居民生活与生存之邪煞恶灵的情形。人们对于陌生、失序而又无法以知识体系架构的“他者”，总是怀有一份恐惧和不安全感，尤其是有别于“人”

① 《洲仔尾二大帝传说》，许书铭等：《南瀛神明传说志》，第 301-302 页。并参见李志祥：《洲仔尾采访考查录》，第 135-136 页。
② 林美容：《高雄县王爷庙分析：兼论王爷信仰的姓氏说》，第 120 页。亦参见林美容：《高雄县民间信仰》，第 150 页。
③ 林玮嫔：《台湾汉人的神像：谈神如何具象》，第 127-133 页。

以外的无形神灵。在阴阳二元的结构性思维下，人们总认为这些“无形”的存在会四处游荡，他们是一种未知、异质、流动、不定、危险的存在，幽明殊途、无法捉摸。因此，在人类的防卫心理之下，他们的出现自然将作祟于人间，危害人间秩序。例如，台南后壁上茄苳显济宫保生大帝就曾处理当地阴魂滋扰民众一事，相关传说提到：

> 清光绪十年（1884）时，地方上有一位土匪头领“郑新登”，犯案被官府逮捕后遭判死刑，并被带来本庄五军山斩首示众，死后阴魂不散，向庄民要求建小祠奉祀，庄民请示于保生大大帝，大大帝悯其孤苦无依，乃让庄民建一小祠祀之。时至清光绪十八年（1892），此邪神竟胆大包天，群集各方妖邪、孤魂野鬼，向庄民侵犯扰乱，搞得庄内惶惶不安，当年3月10日，保生大大帝降乩指示，要庄民于6日内远离此邪神小祠，果然3月14日中午，此邪神小祠竟无故自燃毁灭。[①]

从内容来看，这位“郑新登”死后阴魂不散，保生大帝一方面为安抚阴魂，另一方面为稳定人心，故同意居民建祠奉祀，所谓“鬼有所归，乃不为厉”，此即为典型的有应公信仰。若此有应公能一再显现有益于地方之灵验事迹，便能在民众的崇信之下，逐渐转化成神。[②]然而，郑新登却在获祀之后，勾连四方邪祟，侵扰居民，造成更大的恐惧与危害，也挑战着当地大庙显济宫保生大帝的神威，以及他保境安民的职责。保生大帝遂降乩指示，要庄民六日之内远离阴庙，为的就是进行绥靖洁净的仪式，这种仪式时常运用类似战争隐喻的语言符号，在境内巡察、扫荡邪魅。[③]故事虽然没有明显提及两方交锋的情况，但保生大帝最后借火炎之灵力彻底消除邪祟力量，这与民间信仰中“煮油”除秽洁净的仪式极为相似。[④]在其他斗法传说里，则有神明将邪煞下油锅油炸以除祟的描写，如台南大内内湖朝天宫的观音佛祖便借乩身油炸老鹰精骨骸，使其永世不能超生。[⑤]又如高雄市右昌元帅府亦常以煮油仪式除祟，某次欲废楠梓东门公（有应公信仰），东门公因得大社青云宫神农老祖之助，

① 周茂钦：《台南大道公信仰研究》，第302页。郑新登，生平及生卒年不详。

② 关于台湾有应公信仰研究，详参林富士：《孤魂与鬼雄的世界：北台湾的厉鬼信仰》，台北：台北县立文化中心，1995年；戴文锋：《台湾民间有应公信仰考实》，《台湾风物》1996年第46卷第4期，第53-109页；戴文锋：《台南地区民间无祀孤魂转化为神明的考察》，《台湾史研究》2011年第18卷第3期，第141-173页。

③ 详见李丰楙：《王船、船画、九皇船——代巡三型的仪式性跨境》，黄应贵主编：《空间与文化场域：空间之意象、实践与社会的生产》，台北：汉学研究中心，2009年，第278-279页。

④ 林玮嫔：《人类学与道教研究的对话：以“煮油”除秽仪式为例》，《考古人类学刊》2010年第73期，第149-174页。

⑤ 许书铭等：《南瀛神明传说志》，第122页。

而未被毁庙，得以保留至今。[①]

这类交锋传说其实也隐含了地方及庙宇之间结盟、竞争或是冲突的关系，我们从中看到地方大庙，乃至于全台性知名庙宇之间的结盟关系，像是台湾佳里、麻豆、七股，甚至连高雄等地方庙宇与南鲲鯓代天府、学甲慈济宫，或是北港妈祖彼此有结盟或是交陪关系，得以互助合作，共同驱煞除魅。而在彼此结盟互助中，亦隐含着相互竞争的关系。如学甲慈济宫有则鸭母兵收蜈蚣精的传说，便提到庙宇及地方之间复杂的互动关系，其云：

> 这些“鸭母兵”原为下营北极玄天上帝的兵将，由黑令管理，因这些兵将好讲话，整群出来时有如鸭子一样吵杂，下营玄天上帝将其送给学甲保生大帝。20 世纪 80 年代[②]，西港砂凹仔金安宫朱府千岁，欲择地重建庙宇，此时村内却突发奇特怪异之事，每当日落天色昏暗之际，即见村民如神灵附乩，且猛发不可遏止，或跳、或爬至墙楼。其他村民见状，欲观公坛，求神明帮忙解决，但连观数日，却不见朱府千岁或村内其他神灵降坛附乩，无奈就转往西港庆安宫求代天巡狩千岁爷做主，千岁爷降坛告之金安宫主事，速往佳里恭请青龙宫开基二大帝金身，求其助砂凹仔居解决。青龙宫开基二大帝降坛指示，事情源由朱王所择之庙地，早已被蜈蚣精盘据（踞）所得，此一动作引发蜈蚣精不悦，才会有这些事件发生。于是青龙宫开基二大帝向学甲慈济宫借调鸭母兵前往砂凹村收伏此一蜈蚣精，地方终告平息此一祸端。[③]

下营北极玄天上帝因嫌手下兵将“鸭母兵”吵杂，故将其赠予学甲慈济宫，另有一说是玄天上帝无力收伏，后由慈济宫保生大帝出面收伏。但无论是无力收伏或是无法管理，都是暗示慈济宫保生大帝的灵力高于下营北极玄天上帝。西港金安宫朱府千岁无法处理蜈蚣精，便转往求于西港庆安千岁爷、佳里青龙宫保生大帝，则显示宫庙之间相互结盟协助的特殊情谊，但他们还是未能解决蜈蚣精作祟地方的状况。最后还是辗转找上学甲慈济宫保生大帝，借得鸭母兵来收伏蜈蚣精，此亦暗示学甲慈济宫保生大帝的灵力高于其他诸庙。对此，谢贵文认为，如果说神明是地方的象征的话，地方与神明紧密联结，这则传说反映的不仅是学甲与佳里地区之间的竞争，也是同样信仰保生大帝，却有不同祖庙（白礁、青礁）的学甲慈济宫及佳里青龙宫之间的竞争。[④]另外，也有均为

① 笔者于 2014 年 10 月 19 日探访高雄大社青云宫董事长陈福财先生所得。
② 原文为“民国七〇年代”。
③ 许书铭等著：《南瀛神明传说志》，第 172-173 页。
④ 谢贵文：《从台南保生大帝庙宇传说看民间信仰的正统性与地方化》，《台南文献》2013 年第 4 辑，第 159-160 页。

正神之两庙相互对抗的情形，如林玮嫔在台南盐水镇所采录到的，万年村的大道公与竹坡村的祖师公相互斗法的传说：

> 竹坡村民在万年的东北角建了一座草蔀，万年村民认为那是竹坡人想要霸占那里的"气"，所以就请村中的大道公与二大道公来帮助他们。大道公与二大道公透过乩童指示某日某时他会去烧草蔀。这事传到了竹坡村民的耳中后，他们也请了他们的主神——祖师公，到草蔀去保护他们。等到时辰一到，大道公变成一只小鸟飞进了草蔀，停在香炉上。看守祖师公的人见有一只小鸟在啄香炉，就马上拿起扫把往香炉打，结果没想到这一打不但弄翻了香炉，炉火也蔓烧到整个草蔀，最后连祖师公自己也被烧得焦焦的！[①]

这则双方主神斗法的传说，其实反映了相邻两村居民长久以来对于草蔀所建的这块地使用上的纷争，万年村村民认为村里活力的来源——气，是从村子的东北方进入，但东北角有很多地为万年村北方之竹坡村村民所有，竹坡村村民一直想要搭盖一座建筑物来留住这股"气"，万年村村民则想要保护这股全村生命活力的"气"，使其能顺畅地进入村中。[②]两村长年以来的纷争形象化地表现为两村主神相互斗法的传说，竹坡村的祖师公被烧得焦黑，而看似得胜的万年村大道公，却因未事先向玉帝禀报，也被玉帝禁锢许久，双方可谓是两败俱伤，且万年村更是落得主神离开聚落的下场。台南七股地区的顶山代天府吴府三千岁和青鲲鯓北极玄天上帝，以及两方阵营神明一连串的斗法冲突，其实也是反映青鲲鯓人与顶山人（联合西寮人、马沙沟人）两地聚落长久以来对环境和资源的争夺，甚至有"三庄攻一庄"、彼此互不通婚的情形。[③]

这一类在聚落开发过程中，因争取环境资源、产业利益而衍生出来的斗法传说，又如高雄大树九曲堂北极殿玄天上帝与屏东新园新惠宫妈祖的交锋传说，他们均为高屏溪两岸重要的信仰神祇，传说提到下淡水溪（今高屏溪）洪水泛滥严重，新园乡街庄多次被大水冲毁。在第三次移庄时，新园新惠宫妈祖借乩童指示，要利用花岗岩打造十二道犁头镖符来治水患，而犁头镖符要埋在新园乡最北端，刚好与万丹相交界的鲤鱼山山岗处。那十二道犁头镖符治水威力相当猛，影响到大树乡九曲堂地区的村落，受到下淡水溪水患的威胁，致使人畜不安，甚至"鸡不鸣狗不吠"。当地人请教地方大庙主神玄天上帝，神明指示一定要到鲤鱼山南边高岗亭庙前，破解那十二道犁头镖符的威

① 林玮嫔：《台湾汉人的神像：谈神如何具象》，第139页。
② 林玮嫔：《台湾汉人的神像：谈神如何具象》，第139页。
③ 周茂钦：《清治末期竹筏海贼——"三庄攻一庄"》，第218-223页。

力，而破解的方法，就是把高岗亭仰合瓦，也就是红瓦厝顶第二行第七块的瓦片抽掉，同时利用“铜针乌沟血”泼在犁头镖符上，其威力就会减弱，九曲堂地区的村庄就会风调雨顺，人畜才会平安。九曲堂村民依玄天上帝的指示，果然破解了犁头镖符。而两地神明仍持续斗法，最后双方请出大岗山超峰寺佛祖出面调解才化解纷争。[①]类似的情形亦如高雄大树洲仔神农大帝与屏东里港王爷大战于高屏溪畔，里港王爷不断使用法术，让洪水一再侵吞大树一带临河的土地与沙洲，神农大帝则呼请其祖庙青云宫神农老祖相助，使用犁头镖符一再回填被代天府王爷所沉之溪埔地。[②]这两则冲突传说正好反映了下淡水溪洪患对于两岸自然及人文景观的重组与改变。在堤防兴建之前，大树地区有不少沙洲聚落常被冲毁，连“洲仔”也被迫西迁。堤防兴建之后，虽然使得里港地区免受水患之苦，并增加近九千甲的河川浮覆地，但更加剧了大树地区的河岸冲刷。这样的地理变迁，以及自然环境改变所导致的人与自然、人与人之间的紧张关系，其实就是传说创生、发展的温床，也记录了当地人面对洪水时，家园毁灭的集体创伤记忆。

结　论

创造一个安心生活的境域，生存空间的和谐稳定，是人们一再追求的目标，也是人们建立寺庙、崇信神明的主要原因。因此，每当面临失序的恐惧、生存的危机、身心的疾病与污秽，信众总是期盼透过不可思议之神力，来让失衡的空间恢复秩序、身心获得洁净，神明的灵验成为了保境安民的凭依。神灵（鬼）交锋、斗法及调停的传说，就是在这样的信仰基础与思维下被创发出来，而为民众不断宣扬传讲。经由初步的整理与讨论，我们可以发现台湾南部民间神灵斗法传说，除了反映人们对于生存空间和谐与秩序的期待之外，也隐含着地方及庙宇之间结盟、竞争或是冲突的关系，如许多地方公庙都会彼此结盟互动，进而扩大信仰范围，也会因聚落开发而争夺环境资源与经济利益，而衍生出两地主神相互斗法交锋的传说。某些传说更召唤着人们面对历史灾变时的集体创伤记忆，旧有的创伤则由灵验的神威来抚慰，人们得以在神明的护佑之下面对灾变后的人生。

便是在这样神人相互依存的状况下，神明、寺庙、信众与地方得以共同面对各种激烈的自然与社会环境的变迁，形成了休戚与共、存亡相依的共同感及凝聚力。因此，当神明成为表征地方社区的符号时，人们若有任何正面性的

① 李明进：《万丹乡采风录》，第101-102页。
② 笔者于2014年10月19日探访高雄大社青云宫董事长陈福财先生所得。

遭遇便容易归因于神明的保佑，即使是负面性的遭遇，也鲜少责怪神明。[①]传说里的神明斗法成功，取得胜利，则更加验证神明的灵验，神迹一再为民众所宣扬流传。即使是斗法失败，传说里也很少流露出指责神明的意味，反而是描述神明在斗法失败的状况下，仍会透过神迹减轻灾害，尽力保全社区与居民的安危。但不可讳言的是，神明灵力与地位的高低，仍是地方兴旺与否的关键，也是能否继续吸引信众、扩大信仰范围的指标。所以，神灵斗法传说除了让我们一窥传说背后追求秩序与和谐的庶民思维，以及记录集体创伤记忆，创造认同感与凝聚力之外，也是我们观察神、人、地方三者互动与彼此关系，一个很有意思的切入点。

参考文献

[1] 戴文锋：《台南地区民间无祀孤魂转化为神明的考察》，《台湾史研究》2011 年第 18 卷第 3 期，第 141-173 页。

[2] 戴文锋：《台湾民间有应公信仰考实》，《台湾风物》1996 年第 46 卷第 4 期，第 53-109 页。

[3] 丁仁杰：《重访保安村：汉人民间信仰的社会学研究》，台北：联经出版事业公司，2013 年。

[4] 郭庭源：《台湾与金门地区民间风水传说研究》，高雄：高雄师范大学，2007 年。

[5] 胡万川总编辑：《台南县闽南故事集（二）》，台南：台南县文化局，2001 年。

[6] 胡万川总编辑：《台南县闽南故事集（四）》，台南：台南县文化局，2002 年。

[7] 黄文博：《南瀛祀神故事志》，台南：台南县政府，2009 年。

[8] 康豹：《台湾王爷信仰研究的回顾与展望》，江灿腾、张珣编：《台湾本土宗教研究的新视野和新思维》，台北：南天书局，2003 年，第 143-174 页。

[9] 李丰楙：《王船、船画、九皇船——代巡三型的仪式性跨境》，黄应贵主编：《空间与文化场域：空间之意象、实践与社会的生产》，台北：汉学研究中心，2009 年，第 245-298 页。

[10] 李明进：《万丹乡采风录》，屏东：屏东县万丹乡采风社，2004 年。

[11] 李志祥：《洲仔尾采访考查录》，《南瀛文献》2009 年第 8 期，第 116-141 页。

[12] 林富士：《孤魂与鬼雄的世界：北台湾的厉鬼信仰》，台北：台北县立文化中心，1995 年。

[13] 林美容：《高雄县民间信仰》，高雄：高雄县政府，1997 年。

[14] 林美容：《高雄县王爷庙分析：兼论王爷信仰的姓氏说》，《“中央研究院”民族学研究所集刊》2000 年第 88 期，第 107-133 页。

[15] 林玮嫔：《人类学与道教研究的对话：以“煮油”除秽仪式为例》，《考古人类学刊》2010 年第 73 期，第 149-174 页。

① 丁仁杰：《重访保安村：汉人民间信仰的社会学研究》，第 168-170 页。

[16] 林玮嫔：《台湾汉人的神像：谈神如何具象》，《台湾人类学刊》2003 年第 1 卷第 2 期，第 115-147 页。

[17] 刘枝万：《台湾民间信仰论集》，台北：联经出版事业公司，1995 年。

[18] 屏东新园乡新惠宫官方网站：http://www.8681139.com/miracle.php，2015-11-10。

[19] 涂顺从：《南瀛古庙志》，台南：台南县立文化中心，1994 年。

[20] 王奕期：《台南地区风水传说之研究》，台南：成功大学，2007 年。

[21] 魏淑贞编：《台湾庙宇文化大系——五府王爷卷》，台北：自立晚报社文化出版部，1994 年。

[22] 谢贵文：《传说、性别与神格——从“大道公风、妈祖婆雨”谈起》，《新世纪宗教研究》2011 年第 9 卷第 4 期，第 85-112 页。

[23] 谢贵文：《从台南保生大帝庙宇传说看民间信仰的正统性与地方化》，《台南文献》2013 年第 4 辑，第 139-163 页。

[24] 许书铭等：《南瀛神明传说志》，台南：台南县政府，2010 年。

[25] 余光弘：《台湾地区民间宗教的发展——寺庙调查资料之分析》，《“中央研究院”民族学研究所集刊》1982 年第 53 期，第 79-84 页。

[26] 曾旺莱：《萧垄反番仔反：台湾抗日秘辛》，台南：台南县立文化中心，1998 年。

[27] 张珣：《文化妈祖：台湾妈祖信仰研究论文集》，台北：“中央研究院”民族学研究所，2003 年。

[28] 张昀凌：《台湾民间风水传说研究》，新北：台北大学，2003 年。

[29] 周茂钦：《沧海盐田变迁中的渔村——青鲲鯓聚落研究》，台南：台南大学，2007 年。

[30] 周茂钦：《台南大道公信仰研究》，台南：台南市政府文化局，2013 年。

[31] 朱点人（朱锋）：《妈祖的废亲》，李献璋：《台湾民间文学集》，台中：台湾新文学社，1936 年，第 122-128 页。

尼萨的格列高利论“灵魂的攀升”
——卡帕多西亚教父对柏拉图哲学之化用举隅*

肖　剑**

摘　要　早期基督教神学在希伯来信仰传统与希腊理性的对抗与交融中产生。柏拉图主义可谓是体现早期神学家对待古典文化态度最为重要的例证。本文以卡帕多西亚三大教父之一——尼萨的格列高利为例，分析其作品《论灵魂与复活》中的“灵魂上升”段落对柏拉图哲学的化用与改造，探讨尼萨的格列高利如何转化柏拉图的灵肉二元论，形成自己的灵肉一体论。

关键词　尼萨的格列高利，《论灵魂与复活》，柏拉图哲学

一

尼萨的格列高利（Gregory of Nysse，335～395 年）及其兄凯撒利亚的巴西尔（Basil，330～379 年），以及与之同名的纳西昂的格列高利（Gregory of Nazianzus，330～391 年）以“卡帕多西亚三大教父”（three Cappadocians）之盛誉闻名于世，因他们皆来自中亚细亚（今土耳其）的卡帕多西亚地区，并在此地区负有教会职责。三大教父在神学思想史上最为突出的功绩在于继阿塔那修未竟之志，在与阿尼乌主义者的激烈斗争中，“澄清、界定与护卫了三位一体”①的教义，使第一次尼西亚大公会议（325）上达成的父、子、灵同一本质（ousia）的共识得以延续。4 世纪末，基督教神学方始确立了三位一体教义的两大典范：卡帕多西亚教父由“内在三一”向“经世三一”展开的希腊基督教上帝观与奥古斯丁所认同的“内在三一”与“经世三一”合一的拉丁基督教

---

* 本文系教育部人文社会科学青年基金项目“道德训喻的文学修辞——塞涅卡《道德书简》研究”（11YJCZH196）、中山大学文科青年基金项目“《远道纪言》的话语策略与斯多亚伦理思想之东渐”的阶段性研究成果。

** 中山大学中国语言文学系。

① 巴西尔：《创世六日》，石敏敏译，北京：生活·读书·新知三联书店，2010 年，译序。

上帝观。[①]

尽管如帕利坎所言，这三位东方教父联合取得的成就堪与奥古斯丁媲美[②]，但在东正教统绪之外，此三者极少引发现代神学研究者的关注。究其原因，其一在于教会历史的东西方之别。在基督教诞生初期，使徒活动的范围除罗马之外大多在东方地区。自1世纪至4世纪，阿提安、亚历山大、卡帕多西亚等城市陆续成为基督教神学传播的重镇。因此在早期教父时代，如群星般璀璨耀目的大多为东方教父，西方教父显得较为黯淡。但自“奥古斯丁将带着他个人独特印记的信经传播到中世纪的拉丁世界”之后，[③]西方教父的作用日益凸显。公元11世纪，安瑟伦在其著名的“信仰寻求理解”的理念支撑下创建经院；拉丁教父在神学、哲学方面取得的造诣为世瞩目。至托马斯·阿奎那时代，经院哲学达到最高成就。西方现代神学研究受阿奎那传统影响甚深，倡理性、重思辨，对于早期东方教父注重生命体验与灵性培养的神学模式颇不以为然。三大教父的东方智慧在西方神学界自然乏人问津。

其二，三位教父生活在4世纪的希腊化时期，均热衷于吸纳希腊古典文化。但自宗教改革之后，新教神学家普遍认为基督教在与希腊古典文化接触之后变得不纯粹，主张剔除神学中的异质元素。如著名的教义史家哈纳克（Adolf von Harnack）就认为，基督教神学引入希腊哲学概念是“教会不得不付出的沉重代价……为击败对手的命题而一个又一个地设立其他命题，最终会转换为对方的立场”[④]。几个世纪以来，对“希腊化”的指控与反指控，以及“希腊化”是代表“叛教”还是“进步”的问题，构成了神学争论、哲学思考及历史阐释的主题。

20世纪中叶以降，在两位古典学大家耶格尔与莫米利亚诺的推动之下，西方学界对希腊化时期及三位卡帕多西亚教父的兴致骤增。耶格尔早在20世纪30年代就开设了题为“早期希腊哲学家的神学”系列讲座，在其中探讨自古典时期、希腊化时期至教父学与拜占庭时期的自然神学传统。他于1961年辞世前六天问世的最后一部作品为《早期基督教与希腊的教化》，从中可窥见耶格尔整合两大传统的努力。他对三大教父之一的尼萨的格列高利尤为关注，特意在哈佛大学组织人员重新编辑整理并翻译尼萨的格列高利全集。另一位古典学者莫米利亚诺也对三大教父用功甚勤，他在《论异教徒、犹太教徒与基

① 章雪富：《内在三一和经世三一——论卡尔·巴特和T.F.托伦斯的三位一体神学》，许志伟主编：《基督教思想评论》第7辑，上海：上海人民出版社，2008年。

② 帕利坎：《基督教与古典文化——基督教与希腊主义相遇中自然神学的转化》，石敏敏译，北京：中国社会科学出版社，2012年，第6页。

③ 帕利坎：《基督教与古典文化——基督教与希腊主义相遇中自然神学的转化》，第6页。

④ von Harnack A. What is Christianity?Sixteen Lectures Delivered in the University of Berlin During the Winter-Term 1899-1900. Minneapolis：Fortress Press，2004：33.

督徒》一书中品评尼萨的格列高利的系列作品，并盛赞他非凡的创造力与思维能力。[①]古典学者、文化神学家巴尔塔萨受二位前辈的影响，十分服膺尼萨的格列高利的神秘主义神学，称其为“基督教时代最深刻的希腊哲学家，无与伦比的神秘家与诗人”[②]。而他自己的扛鼎之作《荣耀：神学美学》对美的本质的探讨，以及美作为上帝的荣耀鼓舞人分享的论述明显带有尼萨的格列高利思想的痕迹。

卡帕多西亚教父对研习古希腊传统的倡导，有其社会政治原因：313 年，君士坦丁大帝颁布著名的《米兰敕令》，承认基督教在罗马帝国的合法地位。325 年，在君士坦丁的授意之下，基督教第一次大公会议在小亚细亚的尼西亚城召开，会议强行通过《尼西亚信经》，为基督教在约 70 年后（392）成为罗马帝国国教奠定了基础。但是在君士坦丁大帝去世之后，他的侄子朱利安继承帝位。这位皇帝在教会史上被称为“背教者”，因其自幼迷恋古希腊的各门学问，并在登基后两年时间之内（361～363 年），颁布禁止基督徒讲授古典学位的诏书，意图割裂基督教与古典文化的联系，将古典传统从教会人士手中夺走，复兴异教信仰。纳西昂的格列高利曾转引朱利安的话语：“希腊语是专门属于我们的，就如用希腊语说话、写作、思考是我们独有的权利，因为正是我们才崇拜真正的诸神。”至于基督徒，“你们所拥有的乃是不合理性和乡下人的方式，你们所谓的智慧不过是盲目的信仰”[③]。在这一时期的护教运动中，教父们一方面提升自己的希腊文化素养，另一方面拒斥朱利安皇帝将古典文学作品与希腊宗教相联系的做法。在他们看来，“希腊的错误”（Greek error）这个术语首先指希腊的宗教习俗及其背后虚构鬼神的诗人神话。卡帕多西亚教父一致认为，用耶格尔的话来说，“希腊精神实现其最高的宗教发展不是在对诸神的崇拜上……而主要是在哲学上，再加上希腊人构建系统宇宙论的天赋”[④]。

这三位教父自身的禀赋也促使他们醉心于古典学问。奎斯顿（Jahannes Quasten）在其编撰的古代基督徒作家手册里如此描述：巴西尔是杰出的政治家——教会的管理者与修道院立法者。纳西昂的格列高利“可以称为 4 世纪神学家中的人文主义者，因为他将修道的虔敬与文学的修养结合起来”，成为“引人入胜的宣讲者和诗人”[⑤]。至于尼萨的格列高利，莫米利亚诺赞誉他是

---

① Momigliano A. On Pagans，Jews，and Christians[M]. Middletown：Wesleyan University Press，1987：208.

② Balthasar H U V. Presence and Thought：An Essay on the Religious Philosophy of Gregory of Nyssa[M]. California：Ignatius Press，1995.

③ Gr. Naz. Or. 4. 102，转引自帕利坎：《基督教与古典文化——基督教与希腊主义相遇中自然神学的转化》，第 11 页。

④ Jaeger W，Highet G，Cherniss H. Paideia：The Ideals of Greek Culture，vol.2[M]. Oxford：Oxford University Press，1944：43.

⑤ 帕利坎：《基督教与古典文化——基督教与希腊主义相遇中自然神学的转化》，第 7 页。

“高贵的出身、高超的思维能力，以及甚至在贵族中也极其罕见的非同寻常的判断力，这三者的结合”[①]。古典教育伴随了三位教父的早年生涯，其影响也一直持续显现在他们的作品与思想之中。因此耶格尔指出：“教会教父喜爱单纯，这往往只是一种传统的基督教态度，他们在实际写作中体现的深奥风格表明，这是他们不得不作出的一个妥协，正如今天，就算是最挑剔的美学家也开始向‘普通人’低头。”[②]

帕利坎指出，柏拉图主义（包括新柏拉图主义）是体现这三位基督教神学家对待古典文化态度最为重要的例证。对于柏拉图灵魂学说的吸收与改造构成了他们自己的灵魂论，《蒂迈欧篇》则促成他们形成自己的宇宙论。巴西尔与尼萨的格列高利都撰写了题为“创世六日”的基督教宇宙论，在《蒂迈欧篇》与《创世记》之间展开持续不断的对抗与对话。

笔者将在后续部分探讨尼萨的格列高利如何转化柏拉图的灵肉二元论，形成自己的灵肉一体论。之所以在三大教父中选择尼萨的格列高利为研究范例，皆因无论是古典学者耶格尔、教会史家帕利坎，还是神学家巴尔塔萨都认为，“他在思想的深刻性上超越了所有这些人（早期东方教父），因为他比他们更清楚地知道如何把古希腊的精神遗产的内在观念移植到基督教的模式之中”[③]。

二

《论灵魂与复活》是尼萨的格列高利阐述基督教灵魂观点与复活问题的重要著作。正如众多西方研究者所指出的那样，格列高利似乎有意将自己塑造成柏拉图的追随者，因此这部以灵魂为主题的作品多处显露出对柏拉图《斐多篇》的化用与摹仿。[④]该部作品以对话的形式组成，对话中的人物包括格列高利与他的“姐姐”玛格里娜。格列高利曾著有《玛格里娜的生平》，并通过他深情细腻的笔触向后世读者展现了一位虔敬、智慧的女性形象，“凭着自己苦修而来的深刻灵性成为兄弟俩的基督徒典范”[⑤]，同时在父母辞世之后承担了照料与教育两位兄弟的职责，引导他们的心志朝向古典学问与基督教神学。尽管格列高利的这部传记作品为他赢得了很高的声誉，他也因此被莫米利亚

① Momigliano A. On Pagans，Jews，and Christians[M]. Middletown：Wesleyan University Press，1987：208.

② Jaeger W. Two Rediscovered Works of Ancient Christian Literature[M]. Leiden：E.J.Brill，1961：560.

③ Gregorios P. Cosmic Man：The Divine Presence：the Theology of St. Gregory of Nyssa，Paragon House，1988：15.

④ Roth C P. Platonic and pauline elements in the ascent of the soul in gregory of Nyssa's dialogue on the soul and resurrection[J]. Vigiliae christianae，1992，46(1)：20-30；Rist J. On the platonism of gregory of Nyssa. Hermathena，2000，(169)：129-151.

⑤ 帕利坎：《基督教与古典文化——基督教与希腊主义相遇中自然神学的转化》，第 8 页。

诺誉为“4 世纪最多才多艺、富有创造力的基督徒”，然而玛格里娜在历史上是否真有其人一直存在争议。因为格列高利的亲兄弟，同样著述宏丰的神学家巴西尔在自己的所有作品和书信中对这位“姐姐”不置一词。格列高利的研究者已然发现，在《论灵魂与复活》这部作品中，“姐姐”玛格里娜扮演了《斐多篇》中苏格拉底的角色，或是《会饮篇》中狄俄提玛的角色，引领格列高利认识到各种世俗哲学的谬误和局限，最终获得真正的智慧——关于神的知识。格列高利扮演学生的角色，同时也是希腊化时期重要哲学流派的化身——伊壁鸠鲁派、廊下派与柏拉图主义，各派重要的灵魂观点在格列高利的提问中顺次展开，又被玛格里娜逐一驳斥。

除了“对话体”这一鲜明的柏拉图形式，《论灵魂与复活》的主题也与《斐多篇》极其相似：“姐姐”（老师）玛格里娜在自己生命旅程的尽头沉思死亡，劝慰自己的兄弟（学生）节制哀伤，并与之探讨灵魂的性质及其在肉身死亡之后的可能经历。

除《斐多篇》之外，格列高利的灵魂学说还借用诸多柏拉图关于灵魂的重要讨论，诸如《斐德若篇》中的灵魂马车意象，《会饮》中爱欲的阶梯与灵魂的上升。笔者在此主要关注《论灵魂与复活》中讨论灵魂上升的段落，借此探析格列高利对柏拉图学说的化用与改造。

《论灵魂与复活》分为两大部分：第一部分首先通过驳斥伊壁鸠鲁派从而确立灵魂的存在，进而探讨灵魂的不朽、灵魂的性质；第二部分驳斥古代世界盛行的灵魂轮回说，阐明基督教的复活观念。对灵魂上升的讨论恰好处于第一部分结尾与第二部分开端的中间位置。在对话的进程中，玛格里娜与格列高利探讨灵魂如何在身体消亡后依然保持对构成身体的原子的控制力。随后，格列高利向玛格里娜提出不朽的灵魂在身体消散后归向何处的问题。他提到《路加福音》（16：19-31）描述财主与拉撒路死后，前者在阴间受烈焰焚烧之苦，后者则恬然休憩于始祖亚伯拉罕之怀，追问是否存在天堂地狱之说。玛格里娜则告诉他对于天堂地狱及《圣经》经文的理解不应当拘泥于字面意义，应当发掘更为深刻的寓意：

> 我想，《福音书》所描写的每一种景象都用来表明与灵魂有关的某一特定教义。先祖（亚伯拉罕）对财主说，你生前享过福，拉撒路也受过苦，接着又说有深渊把他们分开，在我看来，他显然是在用这样的表述暗示下面这条非常重要的真理。人的生命曾经只有一个特征，它属于善的范畴……但是在人因自己的念头选择靠近恶之后……死亡作为违背律法的不可逃避的惩罚必定降临违犯者。不过，神把人的生命分为两段，即今生和脱离了肉体的身后，并把前一段生

命尽可能限制在很短的时间内，而把后一段延伸到永远。还有，出于对人的爱，神任人选择，让他们可以随自己的意愿分配这两段善与恶，要么是短暂的今生，要么是无穷无尽的生后。[①]

玛格里娜接下来谈论自己对善恶的理解：能使感官愉悦的事物未必是善，唯有被灵魂觉察的事物才是真正的善。这一定义借用了柏拉图哲学与廊下派哲学的善恶观。而她随后的论述又容易使读者联想到柏拉图《斐多篇》：一些人由于从未训练过自己的推理和判断力，从未领略过更好的道路，他们把善的份额全部用于今生的身体享受，没有为生后保留一点善。

在接下来的一段话中，如研究者 Cherniss[②]指出的那样，格列高利甚至完全化用《斐多篇》（81B-D）：

那些还活在肉身中的人必须尽力通过德行把自己从这种执著中解脱出来，以免死后还要经历第二次死亡，以洁净那些因与身体粘合而留下的痕迹，当捆绑灵魂的束缚松开之后，她就可以迅速而毫无阻碍地上升到至善，不因身体的痛苦而分心。无论是谁，如果他在思想上变得完全彻底地肉欲化，那么这样的人由于他的灵魂的每一个动作和活力都倾注在肉体欲望当中，就不能从这些执著中分离出来，甚至在离开肉体之后还是如此。正如那些在有毒的环境中逗留太久的热，即使来到芳香的空气中，也难以清除长期熏染的毒素。[③]

在对话的这一部分，格列高利谈论个体灵魂的“上升”，而非神的“下降”，确实使他的论述看起来更接近柏拉图传统，而非基督教神学传统。正如 Apostolopoulos 所指出的那样，格列高利想象的灵魂攀升的旅程使其置身于柏拉图与普洛提诺的阵营，同时有别于犹太哲人斐洛与其他教父的释经写作。[④]但是，格列高利的言说与柏拉图的言说存在一个最大区别：柏拉图持续提到灵魂的净化与从身体（soma，body）中的解脱；与此相对，格列高利并不阐发灵魂的净化就是摆脱身体，因为《圣经》信仰认为身体也蕴含“好”，如《创世记》（1：31）“神看着一切所造的都甚好”及《格林多前书》（6：19）“岂不知你们的身体就是神的殿吗”。

格列高利遵循保罗的看法，采用“肉身”（sarx，flesh）一词来指称人被欲

① 尼萨的格列高利：《论灵魂与复活》，张新樟译，上海：上海人民出版社，2006 年，第 55 页。

② Cherniss H F，Shorey P. The platonism of gregory of Nyssa[J]. Classical Philology，1930：57-58.

③ 尼萨的格列高利：《论灵魂与复活》，第 57 页。

④ Apostolopoulos. Phaedo Christianus[D]. Frankfurt，1986：115；转引自 Roth C P. Platonic and pauline elements in the ascent of the soul in gregory of Nyssa's dialogue on the soul and resurrection[J]. Vigiliae Christianae，1992，46(1)：21.

望裹挟的自然天性，即人在罪中的状态。如《罗马书》(6：19-20)“我因你们肉体的软弱（weak in your natural selves)，就照人的常话对你们说：你们从前怎样将肢体献给不洁、不法作奴仆，以至于不法；现今也要照样将肢体献给义作奴仆，以至于成圣”。可见身体（body）本身非善非恶，如若人的意志追随神，身体也可以随之圣洁；反之，如果人放纵自己的意志，使其沉溺于罪性即“肉身”之中，身体也因之犯罪。“我说：你们当顺着圣灵而行，就不放纵肉体的情欲（the desires of the sinful nature）了。因为情欲和圣灵相争，圣灵和情欲相争，这两个是彼此为敌，使你们不能做所愿意做的。但是你们若被圣灵引导，就不在律法以下。”(《加拉太书》5：21)。

Roth 指出，格列高利在这段话中使用“肉身”(sarx）及其变体达 14 次之多，而使用“身体”(soma）仅两次[①]。显然格列高利真正接续的是保罗的传统，而非柏拉图传统。在《论灵魂与复活》的前半部分，格列高利借玛格里娜之口谈到，灵魂在身体消散之后仍然保持对身体四散分离的原子的控制力，因此也能在适当的时刻将这些原子再聚合起来组成复活的身体。如若灵魂真的如柏拉图所言想要彻底脱离身体，那基督教复活学说将变得无法想象。所以格列高利用保罗对“身体”与“肉身”的区分弱化了柏拉图的灵魂净化论，并在《论灵魂与复活》的后半部分攻讦古代世界的种种灵魂转世说，认为灵魂与身体二分的看法将导致灵魂永无安息之所；同时在其中影射柏拉图《斐德若篇》的灵魂回忆说：

> 他们的理论看到了灵魂由于罪恶从天上下到树木中，又以树为起点，由于道德而回到了天上，但是这一理论却不能断定哪一种生活是值得偏爱的，是天上的生活，还是树上的生活。灵魂沿着这个相同序列的圆圈永远地轮回，无论她处在哪一点上，都没有安息之所……其次，他们看到灵魂在天上运行的时候被卷入罪恶之中，从而坠入物质的生活，又从物质生活上升到上面的居所，这表明这些哲学家又确认了与他们自己正好相反的观点，即物质生活是对于罪恶的洁净，而坚定不移地与众星一起运行却是灵魂之罪恶的基础与原因，因为这意味着，今生是灵魂依赖道德而长出翅膀飞升的地方，而天上则是灵魂因罪恶失去翅膀而开始堕落的地方，以致依附于低级世界，与粗糙的物体相混合。[②]

---

① Roth C P. Platonic and pauline elements in the ascent of the soul in gregory of Nyssa's dialogue on the soul and Resurrection[J]. Vigiliae Christianae，1992，46(1)：22.

② 尼萨的格列高利：《论灵魂与复活》，第 68 页。

三

待灵魂净化探讨完毕，格列高利便转入另一个问题——既然在之前关于灵魂属性及附着其上的愤怒、恐惧、欲望的讨论中，玛格里娜已作出结论，“我们内部的这些冲动被看作是源于我们与动物的亲缘关系；美德在于对这些冲动的善用，邪恶在于对它们的滥用”[①]，我们净化灵魂的目的就是要止歇这些冲动；但由于“我们主要是通过欲望接近神的，是用它的链条把自己从地面向神提升的。在我们的灵魂净化之后，欲望以及其他灵魂外在属性都不复存在，那我们的灵魂中如何再激起对至善的渴望？”[②]

人类通过欲望接近神，意即人认识到自己内在的匮乏，从而产生追寻完满、永恒、神圣的渴望，这是柏拉图《会饮篇》论“爱欲”的重要主题。玛格里娜对这一问题的答复也明显受《会饮篇》中苏格拉底的女教师狄俄提玛“爱的阶梯”讲辞的启发，将灵魂寻求上帝的过程展现为阶梯式的循序渐进过程。按照柏拉图的论述，人群中的一类人天生灵魂中爱欲充盈，渴望寻求向上飞升的阶梯。他们最初会遇见具体的美的身体，并以此为契机，在领悟到“美在这一身体或是那一身体中其实相同”之后，开始追求“形相上的美”[③]。形相上的美即灵魂的美，在柏拉图看来灵魂的美等同于种种知识的美，这是“爱的阶梯”的第二阶段，在这条道路上毅然前行的人最终会达到阶梯的终点——得以瞥见“美本身”：“那晶莹剔透、如其本然、精纯不杂的美，不是人的血肉、色泽或其他会死的美，而是那神圣的纯然清一的美。”[④]柏拉图“爱的阶梯”从人的感官出发，逐渐上升到美的种种学问，最后上升到美的本身。而在他看来，能够最终认识到美之所是，即美的理式的人，唯有摆脱感官纠缠，对美的本体凝神静观的哲人。

格列高利再次借用柏拉图个体灵魂向上攀升的描述，暂时不提上帝俯身向下的拯救；而对柏拉图式“美”的化用也使得格列高利的论述显得有些不同寻常，因为《旧约》不曾出现过“美”一词，整部《新约》中“美”只出现过一次，并且不是指凡俗意义上的美。[⑤]

无论是通过今生的远虑还是死后的净化，我们的灵魂一旦从与

① 尼萨的格列高利：《论灵魂与复活》，第 57 页。
② 尼萨的格列高利：《论灵魂与复活》，第 57 页。
③ 柏拉图：《会饮》，刘小枫译注，北京：华夏出版社，2003 年，第 90 页。
④ 柏拉图：《会饮》，第 93 页。
⑤ John Rist, “on the Platonism of Gregory of Nyssa”, in Essays on the Platonic Tradition: Joint Committee for Mediterranean & Near Eastern Studies, 2000: 131.

动物有关的情感中解放出来，那么就不会再有任何东西可以阻碍它对美的沉思了。因为美本来就能以任何方式吸引面向它的存在物。因此，当灵魂之恶都被净化以后，它肯定可以处在美的领域中。神的真正本质是美，灵魂处于净化状态时与神相似，并且由于灵魂和神相像，神就乐于接受它。一旦达到这种状态，那么灵魂就不再需要依靠欲望的冲动来引导走向美了。①

个体灵魂在对美的凝神静观中体悟与神圣的合一，格列高利的描述至此依然与柏拉图《会饮篇》极其相似，但仍然有细微差别。首先，格列高利笔下灵魂的上升需要借助外在的力量，是美"吸引面向它的存在物"。格列高利用了一个十分形象的比喻说明这一点："用链条把自己从地面向神提升。"链条的一端是个体的欲望，另一端是神。格列高利在自己的另一部作品《论贞洁》中也提到，为了达到纯美之境，灵魂必须借用"白鸽的翅膀"。

其次，玛格里娜在后续部分的论述中言及柏拉图未曾区分的"寻求"与"获得"的差异。仅当人们还未获得心中所欲求的对象时，欲望才具有效用。正如苏格拉底在《会饮篇》中所言"不欠缺就不会欲求""正因为欠缺好的和美的，爱欲才欲求这些他所欠缺的东西"②。玛格里娜则用光和暗做了一个比喻："当一个人在黑暗中行走时，他会渴望光明，一旦他已经进入了光明，享受就取代了渴望，享受的能力使欲望显得不合时宜，失去价值。"③

"享受"意味着欲求者与被欲求者的"合一"，欲求者从此变得与被欲求者相似。"神的真正本质是美，灵魂处于净化状态时与神相似，并且由于灵魂和神相像，神就乐于接受它。"在谈论个体灵魂与神圣的同化合一时，玛格里娜用"善"置换了此前频繁出现的"美"："如果灵魂从这些情感中解脱出来，返回它自身，确切地认识自己的真实本性，并且注视那映照在它自己的美的形体之中原初的美，那么就不会有损于我们分享至善。这里面其实存在着与神真正同化，亦即是我们的生命在某种程度上成为至高存在的摹本。"④净化之后的灵魂成为神的形象的"摹本"；在自身之中，灵魂可以窥见它的"原型"。"镜子"的比喻同时出现在《圣经》与柏拉图作品中。保罗曾在《哥林多前书》（13：12）中提到："我们如今仿佛对着镜子观看，模糊不清，到那时，就要面对面了。"柏拉图则在《阿尔喀比亚德前篇》（133c-d）借苏格拉底之口表达："我们要通过最壮美的镜子来瞩目神，于人而言就是要看到灵魂的美德，这样我

① 尼萨的格列高利：《论灵魂与复活》，第 58 页。
② 柏拉图：《会饮》，第 68 页、第 74 页。
③ 尼萨的格列高利：《论灵魂与复活》，第 58 页。
④ 尼萨的格列高利：《论灵魂与复活》，第 58 页。

们才最好地看到和认识了我们自己。”① “镜喻”一方面让我们感受到净化之后，达至美善的灵魂与神相似，另一方面又提醒我们人与神之间不可逾越的距离，这一点在《圣经》传统与柏拉图传统中都有所体现。如《腓利比书》（4：7）：“神所赐的平安，超乎人的理解（transcends all understanding）。”柏拉图的《巴门尼德篇》则强调神的“不可知性”（unknowability）。

玛格里娜继而用“盼望”和“回忆”两个术语取代了此前的欲望。由于“人拥有一个会运动的身体结构，他的意志的冲动指向哪个方向，他就朝哪个方向前进，因此灵魂前面的东西与留在灵魂后面的东西对灵魂的影响是不同的，盼望引导着它前行，当她已经向着盼望迈进时，继迈进之后的是回忆。”②如果盼望引领灵魂朝向真正的善，则这一行动在回忆中留下光明的印记；反之，如果盼望仅把灵魂引向善的幻影，那么继之而来回忆则是耻辱。于是灵魂之中就展开了盼望与回忆的激烈内战。Roth 指出，这段话中“光明”一词的希腊文为 paidron，格列高利有可能在此戏仿柏拉图《斐德若篇》的书名。③在《斐德若篇》中柏拉图提出了著名的“灵魂马车”比喻：掌握着人类灵魂的御者驾驭着两匹温顺与顽劣的马，温顺之马带领灵魂向上升腾，顽劣之马迫使灵魂向下堕落，两匹马时常处于激烈的竞争状态。灵魂因此忽高忽低，异常痛苦。通过提及抽打灵魂的“鞭子”，玛格里娜隐晦地表明对柏拉图“灵魂马车”的化用：“于是灵魂之中就展开了盼望与回忆之间的内战。这就是耻辱一词所表示的心灵状态，灵魂由于这个结果而刺痛……这种懊悔之情就像鞭子的抽打，痛入骨髓。”④柏拉图曾在《斐德若篇》谈到御者使用鞭子抽打那匹不驯服的劣马。

在论述即将接近尾声之际，玛格里娜将此前使用的术语，诸如“欲望”“盼望”“回忆”及“美”与“至善”融合在一起。神圣的本质不缺乏任何美与善，其本身就是最充分的美与善；它不是分有美与善的领域，它本身就是纯美与至善。因此欲望在它面前止歇，它也不再给任何盼望留下空间。玛格里娜引用保罗的话：“如果一个人已经拥有了，他为什么还要盼望。”（《罗马书》8：24）也无需对事物的知识进行回忆，因为对于眼前所见无需加以回忆。可见玛格里娜认为，美与善皆是至圣者的属性，换言之，灵魂上升的过程可以用审美与道德两套术语加以描述。

在欲望、盼望与回忆都止歇之后，灵魂中留存的唯有爱：“她没有留下任

---

① 柏拉图：《阿尔喀比亚德前篇》，梁中和译疏，北京：华夏出版社，2009 年，第 172 页。

② 尼萨的格列高利：《论灵魂与复活》，第 58 页。

③ Roth C P. Platonic and pauline elements in the ascent of the soul in gregory of Nyssa's dialogue on the soul and resurrection[J]. Vigiliae Christianae，1992，46(1)：25.

④ 尼萨的格列高利：《论灵魂与复活》，第 58 页。

何其他习性，只是留下了爱，由于爱天然地接近于美，因而能依附在灵魂之上。这就是爱，亦即对于所选目标的内在钟爱之情。当灵魂在形式上变得简朴而纯粹，酷似神的时候，她会发现那真正值得热爱、极其纯粹的、非物体的善。于是她通过爱的运动和行为与善相依附、相混合，按照她的不断发现和领悟来塑造自己。”[①]

在这段讨论的结尾，玛格里娜最终转向保罗的权威，详尽阐释《哥林多前书》第 13 章“爱颂”。玛格里娜征引保罗之言：“先知讲道之能终必归于无有，知识也终必归于无有，”唯有“爱是永不止息”。她并解释道：保罗认为爱比信与望更长久，因为“望只有在所向往之享受尚未到来时才起作用，同样，信也只是在所盼望之事尚未明确时的一种信心”[②]；一旦所盼望之事物真的来临，所有灵魂活动都归于沉寂，唯有爱无可取代、永远持存：“爱是所有杰出成就中最重要的，并且居于律法诸诫命之首……至高存在的生命就是爱，美对那些认识它的人而言必然是可爱的，由于神认识美，神所认识的在本质上是美的，于是这种认识就成了爱……神的生命将在爱中行动，因此这生命本身就是美的，与生俱来就对美有一种爱的倾向，不会接受对爱的任何限制。事实上，美里没有限制，因此爱也不会因为美所有限制而停止。”[③]

灵魂上升之途的终点是爱（agape）；在达致终点之后，灵魂并非完全静止，因为爱是永恒的运动：“先知讲道之能终必归于无有，知识也终必归于无有，”唯有“爱是永不止息”（《哥林多前书》13：8-9）。在灵魂上升讨论的最后一段，通过频繁征引保罗，回归《圣经》传统，格列高利最终揭示自己构建的“爱的阶梯”与柏拉图有所不同。首先，柏拉图的灵魂活动止步于对美的理式的凝神静观，即对最高知识的沉思。但在以格列高利为代表的东方“否定”神学派则认为人的理性永远无法获得最高的知识即关于神圣的知识，“通过这一否定教导我们，没有人——事实上，没有任何被造的智慧——可以获得神某一方面的知识”[④]；其次，东方教父强调对上帝“荣耀”的参享，灵魂通过与神圣之物融合而“成圣”，但这种参享最终来自上帝的启示：“在另一种意义上，天上的号角成了那升向非人手所造之物的人的老师。因为诸天的奇妙和谐显明了在被造物中闪耀的智慧，通过那可见之物展示了神的伟大荣耀，就是经上所说：‘诸天诉说神的荣耀’。”[⑤]在格列高利看来，柏拉图建造的以人类灵魂对知识的“爱欲”为驱动力的通天之梯已经达到人力“攀登所能上升到的极限”；如

① 尼萨的格列高利：《论灵魂与复活》，第 59 页。
② 尼萨的格列高利：《论灵魂与复活》，第 60 页。
③ 尼萨的格列高利：《论灵魂与复活》，第 60 页。
④ 尼萨的格列高利：《摩西的生平》，石敏敏译，北京：生活·读书·新知三联书店，2010 年，第 78 页。
⑤ 尼萨的格列高利：《摩西的生平》，第 79 页。

若人想要上升到更高处，他就必须静心聆听来自天上的号角。“以色列啊！你要听……”（《申命记》6：4），希伯来的 shema（听从）取代了希腊的 ousia（本质），探究神圣本质的爱智欲望让位于对神的话语的遵从。

柏拉图在灵魂上升的各个阶段展现了一致性——皆由爱欲（eros）引导。自爱欲经由最低层次——对身体的爱而上升到对灵魂的爱之后，身体便被抛掷不顾；摆脱身体的灵魂更为轻盈，更能朝向“精纯不杂”的美。但在格列高利心目中，灵魂与身体是不可分割的整体，灵魂的攀升暗含身体随之一同攀升。因此在上升的各个阶段，身体的冲动必须被替代：与身体联系更为密切的欲望让位于更为属灵的盼望与回忆；在最后阶段，属人的欲望、盼望、回忆在神圣大爱的光照下消弥于无形，人完成了自己的“圣化”，参享神的荣耀。正如但丁《神曲》中那位朝圣者在向天堂的声籁与大光明飞升中的最终所见：

永恒之光啊，你自身显现，
寓于自身；你自知而又自明；
你自知、自爱，而又粲然自眄！
……
高翔的神思，至此再无力上攀；
不过这时候，吾愿吾志，已经
见旋于大爱，像匀转之轮一般；
那大爱，回太阳啊动群星。①

① 但丁：《神曲·天堂篇》，黄国彬译注，北京：外语教学与研究出版社，2009年，第474页。

“砢碜”考源

李伟大*

摘　要　东北方言中“砢碜”一词的来源不明。语料显示，“砢碜”是“可+碜”的词汇化，“碜”是“惨”的俗字，继承了“惨”的“羞愧”义，后来又引申出“丑、难看”的意思。

关键词　砢碜，碜，惨，俗字，词义引申

东北方言中有“砢碜”一词，义为“长相难看”“丢人”“使人难堪”。学者们谈到这个词时多是从释义、用法的角度进行论述①，没有涉及这个词的来源。“砢碜”的来源可以追溯到元明时期，《汉语大词典》②在解释这个词时，举了元杂剧中的两个语例，多为后来者引用：

> （1）见放一轴老君，挂下十王神幅。待诏他也世情，说着的便决应。画的十分可碜，怎觑那般行径？我则见城狱里画何真，油镬油铛，里头札定，偌多生灵，都是俗俗人，元来无一个和尚。（元佚名《蓝采和》第二折）
>
> （2）[正末云]将盏儿来!郭马儿，你吃了我吐的残茶，教你有子嗣。[正末吐科][郭做意不吃科]……[正末又吐科，郭云]可碜杀我也。（元马致远《岳阳楼》第二折）

其实，从严格意义上说，这两个例子中“可碜”都不是“砢碜”的意思。语例（1）中，《汉语大词典》释“可碜”为“粗劣”，本文认为“碜”是“惧怕”之义，“可碜”即可怕也，意思是十殿阎君画像虽画得十分可怕，但不如城狱中所画真实。王贵元《诗词曲小说语辞大典》③正释作“可怕”。文献中有

---

* 中山大学中国语言文学系。

① 王福利：《戏曲小说中“渗人”、“可碜”音义正解》，《语言科学》2008年第6期。

② 汉语大词典编辑委员会：《汉语大词典》第三卷，上海：上海辞书出版社，1989年，第39页。

③ 王贵元：《诗词曲小说语辞大典》，北京：群言出版社，1993年。

“惨可可”一词，就是“可怕”的意思，如元王晔《小令·双调·庆东原》：“惨可可说下神仙愿，却原来都是谝。”或写作“碜可可”，《汉语大词典》[①]“碜可可”条：“亦作碜磕磕。凄惨可怕的样子。元王伯成《哨遍·项羽自刎》套曲：‘子见红飘飘光的的绛缨先偏侧了金盔顶，碜可可湿浸浸鲜血早淋漓了战袍领。’”顾学颉、王学奇《元曲释词》[②]：“碜磕磕，形容凄惨可怕的样子，现在北京话，还用‘碜’字形容可怕。或作碜可可、嗲可可、参可可、惨可可，音近义并同。按：‘嗲’‘参’音近；‘惨’‘碜’义通；磕磕，一作可可，语助词，无义。”清代小说中“可惨”有用如可怕义者，亦可为参证。清佚名《善恶图全传》第四十回：“那兽吃饱归洞。众人找寻兵丁，正走之间，只见前面那些死尸实在可惨，有的吃了半段，有的没有头的，有得身上咬了几个大洞。”清无垢道人《八仙得道传》用例较多，如第六十八回：“武帝虽是英主，奈年已老迈，平日又迷于酒色，精力不济。况以天子之尊，自来未上刑场，不亲战阵，一旦见此可惨怕人之事，怎能支持得定，先已向后仰倒。”语例（2）中“可碜杀我也”的结构可能有两种：“可碜”可能已经成词，即是“砢碜”；但也可以看成“可|碜杀我也”，“可”读上声，“碜”为“羞愧”之义，这种结构在元杂剧中常见，如元范康《竹叶舟》第一折：“[送茶科，陈季卿云]我饭也不曾吃，被这个道者可缠杀人也。”又元高文秀《双献功》第一折：“[正末云]还到这里怕做什么？[宋江云]可打杀人也。”又元贾仲明《玉壶春》第二折：“好受用也鸳枕牙床，风流尽绣褥罗衾，可喜杀翠屏锦帐。”在“可×杀……”结构中，“可”又可作“可端的”，如关汉卿《裴度还带》第二折：“可端的羡杀冯夷！”又作“可不”，如关汉卿《蝴蝶梦》第一折：“你兄弟可不打杀他也。”又关汉卿《救风尘》第二折：“[带云]赵盼儿，[唱]你做的个见死不救，可不羞杀这桃园中杀白马、宰乌牛。”“可碜杀我也”可能与以上诸例结构相同。另外，“碜”在元代有单用的，也表明语例（2）中“可碜”可能是“可+碜”，如元刘庭信《越调·赛儿令·戒嫖荡》曲：“掂折了玉簪，摔碎了瑶琴，若提着娶呵我到碜。一去无音，哪里荒淫，抛闪我到如今。”又元无名氏《玩江亭》第二折：“虽然不得神仙做，则我是躲奸避懒碜东西。”语例（2）这种两可的情况正提示了“砢碜”的成词过程。

至少到《金瓶梅》时，“砢碜”已经成词，但用字并不固定，有多种词面。或写作“砢碜”，如《金瓶梅词话》第五十九回：“如何天生恁怪剌剌的儿，红赤赤，紫淹淹，好砢碜人子。”又写作“砢磣”，同上第十七回：“奴与他这般顽耍，可不砢磣杀奴罢了。”“磣”与“碜”同；又作“砢硶”，同上第三十二回：“好合的刘九儿，把他当个孤老，什么行货子，可不砢硶杀我罢了。”又写

① 汉语大词典编辑委员会：《汉语大词典》第七卷，上海：上海辞书出版社，1991年。
② 顾学颉、王学奇：《元曲释词》一，北京：中国社会科学出版社，1983年。

作“磕碜”，清嫏嬛山樵《补红楼梦》第十七回：“你瞧那些男人们赤身露体，血迹淋漓的，又害怕又磕碜，咱们到西边女狱里看看去罢。”或作“呵嘇”，清李百川《绿野仙踪》第五十二回：“会钟一见，笑的了不得，指着说道：‘好呵嘇行货子，活活的怕杀人。’”或作“磕碜”，清秦子忱《续红楼梦》卷二：“你们快瞧来，前边来了一个女人，那个样儿好磕碜怕人啊，好像鸳鸯姐姐似的。”亦作“割碜”，《醒世姻缘传》第八十四回：“童奶奶说寄姐道：‘俺小姑娘，你待怎么，只是要他？叫他说的割碜杀我了！’”郭维认为上述不同写法所表示的是不同的词：“现当代以后，‘砢碜’基本取代了其他同义词，固定地作为表示‘丑陋、羞辱’等意义的词语。”[①]把同一词的不同词面看成同义词是错误的，是没有分清语言和文字的关系，上述词面只是同一个词的不同写法。

从以上词面来看，“砢碜”是个派生词，它的意义主要是由“碜”承担的，“砢”只是个词缀，“砢碜”是“可+碜”受“可怜”“可恨”等词影响，在底层结构中发生了重新分化，从而造成词汇化的结果。后“可”字又受“碜”字形影响，被同化为“砢”，音随字转，读成了平声。因此考察“砢碜”词义的来源即是考察“碜”的来源。“碜”的本义是“食物里夹杂着沙子”，唐慧琳《一切经音义》卷四十八“碜毒”条：“又作惨，同初锦反。又墋，恶也。《通俗文》：‘沙土入食中曰墋也。’”《玉篇·石部》：“碜，食有砂。”“碜”的本义是食物中混有沙子，缘何会有“羞愧”“丑陋”之义呢？盖因“碜”是“惨”的俗字，唐慧琳《一切经音义》卷四十二“惨心”条：“《说文》云：‘惨，毒也，从心参声。’经作碜，俗字也。”又卷五十七“惨毒”条：“经文作碜，亦通用也。”又如《大正藏》第十六册姚秦鸠摩罗什译《灯指因缘经》卷一：“忧愁惨毒，嫌责罪负。”《大正藏》第十六册梁曼陀罗仙共僧伽婆罗译《大乘宝云经》卷六：“第于碜毒者多修忍辱，于恶赖者多修慈心。”可见，“惨”很早就可以写作“碜”。“惨”唐代已有“羞愧”义，《汉语大字典》[②]“惨”条：“惨，羞惭。唐李愿《观翟玉妓》：‘艳粉宜斜烛，羞蛾惨向人。’白居易《裴常侍以〈题蔷薇架十八韵〉见示》：‘蕙惨倚栏避，莲羞映浦藏。’金董解元《西厢记诸宫调》卷六：‘君瑞怀羞惨，心只自思念：这些丑事，不道怎生遮掩？’”因为“惨”有“羞愧”的意思，“碜”又是“惨”的俗字，所以“碜”也就有了“羞愧”的意思，由“羞愧”“难以见人”之义又引申出“丑”义，这是较自然的引申过程。如“体面”为有面子、光彩之义，又引申用来形容人的长相，长得漂亮为“体面”，如《老残游记》第六回：“王三见他长的体面，不知怎么，胡二巴越的就把他弄上手了。”而没面子即为“不体面”，又由“没面子”“难以见人”

① 郭维：《说“砢碜”》，《现代语文》2010年第10期。
② 汉语大字典编辑委员会：《汉语大字典》第二版，成都：四川辞书出版社，武汉：崇文书局，2010年，第2514页。

引申为长相不好，如《续济公传》一七八回：“作为俺拗骨头样子生得不体面，狄小霞不合式，你们两个姐也可以带了去应一应急，比那三更半夜活守寡总好得多呢！”

东北方言中又有“寒碜”一词，义与“砢碜”略同，但与“砢碜”结构不同，“寒碜”是复合式合成词，因“寒”而“碜”，因贫困、身份低微等觉得不体面，羞愧为“寒碜”。这个词是受到“砢碜”的影响产生的，最初是个口语词，词面也不固定，或作“寒碜”，如清烟霞散人《斩鬼传》第二回：“原来他还有两个结义兄弟，一个唤做扢渣鬼，一个唤做寒碜鬼，自幼与他情投意合，声气相符。”或作“罕碜”，《补红楼梦》第十九回：“那下面的少年笑道：‘大爷说的倒好，就是太罕碜了些儿，只怕他未必肯呢？’”或作“寒伧”，清叶德辉《书林清话》卷十：“微论知不足斋、振绮堂力能雇佣选纸者，不肯为之，即寒畯如吴枚庵、张青芝，亦觉视此为寒伧之甚。反本复古，梦寐思之。”因“亻”与“忄”多相通，后又写作“寒怆”，如何其芳《画梦录·楼》：“那大概是个老头儿，怪寒怆的。”或作“寒尘”，《二十年目睹之怪现状》第八十三回：“你就去办吧，一切都从丰点，不要叫人家笑寒尘。要用钱，打发人到账房里去要。”又第一百回：“那总办、提调，都是一个人一辆马车；其余各委员，也有两个人一辆的，也有三个人一辆的，最寒尘的是四个人一辆。”或作“寒蠢”，《老残游记续集遗稿》第三回：“青云、紫云他们没有这些好装饰，多寒蠢，我多威武。”同“砢碜”一样，“寒碜”后来又引申出“长相难看”义，1931年《建平县志》卷四《方言》：“难看曰可嗔，亦曰顸村。”“可嗔”即“砢碜”，“顸村”即“寒碜”。

综上，“砢碜”是“可+碜”词汇化的结果，“碜”来源于“惨”，最初为“羞愧”义，后来由此引申出“丑陋”义，这在“寒碜”一词由“羞愧”到“丑陋”义的引申过程中得到了印证。

参考文献

[1] 顾学颉、王学奇：《元曲释词》一，北京：中国社会科学出版社，1983年。

[2] 郭维：《说“砢碜”》，《现代语文》2010年第10期。

[3] 汉语大词典编辑委员会：《汉语大词典》第七卷，上海：上海辞书出版社，1991年。

[4] 汉语大词典编辑委员会：《汉语大词典》第三卷，上海：上海辞书出版社，1989年。

[5] 汉语大字典编辑委员会：《汉语大字典》第二版，成都：四川辞书出版社，武汉：崇文书局，2010年。

[6] 王福利：《戏曲小说中“渗人”、“可碜”音义正解》，《语言科学》2008年第6期。

[7] 王贵元：《诗词曲小说语辞大典》，北京：群言出版社，1993年。

从张爱玲的生存姿态内观其创作执着
——读《张爱玲私语录》

王　琨*

摘　要　本文主要以张爱玲生前与友人的书信《张爱玲私语录》和其部分作品为参照，从知文论人的角度，以张爱玲的创作生涯为时间秩序，还原其作为一位创作者的生存执着。那份心无旁骛的信心，是她创作生涯中与外界保持距离的精神保障。作为一位历经世事沧桑的独立女性，对文学的执着与自信并没有因为晚年的拮据和颠沛流离而有丝毫折损，张爱玲百折不挠地坚守着最初的写作意愿，历尽颠沛流离依然不悔初心的执着实在令人可敬可佩。

关键词　张爱玲，《张爱玲私语录》，创作执着

张爱玲这位几乎被传奇化了的女作家，自1952年离开内地后，在世人眼里，倾其余生所完成的，不过是最绚烂两年的寥落注脚。在1943～1945年，张爱玲的小说集《传奇》与散文集《流言》的出版，以极其惊艳的方式亮相文坛，并引起注目。诚然“出名是要趁早”，但作为一个一生执着写作的人，保持一个孜孜不倦的写作状态——也许更接近于张爱玲的毕生所求。张爱玲1952年离开内地，曾短暂居留中国香港，之后漂洋去美国，无论处于何种状态，她一直尽可能地隔绝一切外来的干扰，埋头于自我创作世界。撇去外在的光环与世人的万端猜想，作为一位作家，张爱玲除了人生得意时期的两部著作《传奇》与《流言》外，之后还创作有长篇小说《十八春》《秧歌》《赤地之恋》《小团圆》，中篇小说《同学少年都不贱》，散文集《余韵》《对照记》《惘然记》《续集》，方言小说国语本《海上花开》《海上花落》，论著《红楼梦魇》，以及诸多剧本和翻译等。

* 中山大学中国语言文学系。

一

纵使已经成为驰名的女作家，在与终身挚友宋淇夫妇的通信中，张爱玲依然娓娓道出自己对于写作赤子般的挚爱和雄心，“我要写书——每一本都不同……也许有些读者不希望作家时常改变作风（They expect to read most of what they enjoyed before），Marquand 写十几年，始终一个方式，像自传——但我学不到了”。在写作上“要比林语堂还出风头”的宿愿在早年就已立下，张爱玲离开内地后英文写作运途多舛，英语处女作《秧歌》虽在美国面世——她清楚出版商看中的是小说立足依凭的意识形态立场。《赤地之恋》虽然是在授权情形下写成的，故事大纲在写之前就已固定，但是连她自己都不满意。她所有写给美国人的作品，包括以《金锁记》作蓝本改写的 *The Rouge of the North*，还有按照畅销书路数写的张学良传奇 *The Young Marshal*，无一例外被浇冷水。不过即使人生后半段生活拮据动荡，她也只是“想找个收入奇少，工作也不多的小事”，因为如此才能有更多余暇投入自己的写作。她还劝友人宋邝文美，将生命浪费在不相干的人事上，是一种可惜的浪费。“我个人的经验是太违心的事结果从来得不到任何好处。”她是一位难得能够固守住自我精神与生活领地的成年人，即使与孤独长年日久地结伴，也丝毫不为外界喧嚣所诱导。在美国每一次搬家，她都小心翼翼地对新地址进行保密，安装的电话往往是为了她有事时找别人，如果别人想找到她，则一般很难。对于拜访者，她更是能避则避。水晶的《蝉——夜访张爱玲》是二人在张爱玲的公寓对谈七小时之久的结果，但这次采访从预约到成形，水晶先生足足等候了九个月之久。“像这样的谈话，十年大概只能一次！”连张爱玲自己都这样感叹。

要改善人生，只得与人生隔绝。深居简出的她把时间和精力都倾给了写作，她自称是个很固执的（stubborn）人，对于写作的顽强信念与过人的天资，令她的作品无不带有典型的张氏特色。《倾城之恋》《金锁记》《桂花蒸阿小悲秋》《十八春》等小说自不必说，就连她自动腰斩的《连环套》及后来宣称自己都不喜欢的《小艾》，也都富有很强的张氏风味。《连环套》中霓喜对物质生活单纯的爱，对身后故乡又畏又惧的矛盾心态，以及渴望安稳又不甘于枯燥家庭生活的复杂心情，令人对这个饱经情场漂泊离散的女人又怜又憎；《小艾》中无爱的席五太太在丈夫面前典型的那两声局促的“啃啃”，以及小艾在恋爱时甜蜜又苦涩的心态，无一不透出张爱玲对人性无与伦比的洞察力与写作智慧。

因为个人生活经验有限，张爱玲所依凭的创作素材很多是“道听途说”，她总是不放过身边任何一个可能写成小说的材料，她曾把舅舅写进《花凋》，也就是郑先生的原型，然而这位郑先生分明就是个落魄而精神萎靡的纨绔遗少，她称他是“酒精缸里泡着的孩尸”，据说这篇小说引来张爱玲舅舅的大发雷霆。《红玫瑰与白玫瑰》里男主角的原型就是取自张爱玲母亲的一位男性朋友（小说刊出后，她自言觉得有点对不住母亲的那位朋友）。除了个人见闻，朋友宋淇先生对张爱玲1952年以后的创作产生了不小的影响。宋先生有着精明而长远的文学和商业眼光，对张爱玲的著作及其影响力的推广起到了决定性的作用。夏志清当年写作《中国现代小说史》时，正是宋淇把张爱玲的小说推荐给他，故而令夏志清眼前一亮。夏志清认为张爱玲是中国最优秀的小说家，同时认为“《金锁记》长达五十页，据我看来，这是中国从古以来最伟大的中篇小说”。夏志清在《中国现代小说史》中对张爱玲的评价为张爱玲在国内的再次受捧广开了舆论通道。

二

张爱玲寡居美国后曾一度消沉，她曾在信中坦白自己的低落时，是宋淇夫妇在遥远的彼岸为她加油打气，并督促、帮助她将近年写的文字编集成书，散文集《余韵》的名字都是宋淇先生起好后，经张爱玲定夺的。《小团圆》早在20世纪70年代就已基本写成，张爱玲想在台湾和香港两地同时连载，但碍于胡兰成的存在，宋淇先生诚恳地劝其先放一放，客观地为她分析出版的利弊。他对《小团圆》的当即发表持保留态度，因为对于当时还在世的胡兰成来说：“《小团圆》一出，等于肥猪送上门，还不借此良机大出风头，与其自成一格的怪文？不停的说：九莉就是爱玲，某些地方是真情实事，某些地方改头换面，其他地方与我的记忆稍有出入等等，洋洋得意之情想都想得出来。”张迷乐于从《小团圆》中九莉对雍之的感情来揣测张胡二人彼时的恋爱细节，但在与挚友宋淇先生的通信中，张爱玲这样阐述自己的《小团圆》：“这是一个热情故事，我想表达出爱情的万转千回，完全幻灭了以后也还有点什么东西在。”紧接着她又道：“我现在的感觉不属于这故事。”她认为人在爱情里会将人性里的恣肆发挥得更彻底。当年她与胡兰成恋爱，明知胡的身份，且已有太太，并且可能同时还与别的女人有着暧昧关系，但就因为那份能使她低到尘埃里的欢喜，她可以置一切人情是非于不顾。不过她有着当机立断的果决，在发现所执着的人已不再留恋她这片故地后，她能够断然抽身离场。

在1976年12月15日给宋淇夫妇的信件中，张爱玲开篇写道，“阿妹骂胡兰成的一篇也真痛快”。这位阿妹便是后来在华语界驰名的言情小说家亦舒，而这篇深得张爱玲之心的文章便是后来收入《舒服集》的《胡兰成的下作》，在短短千字文中，亦舒大为张爱玲鸣不平，认为胡兰成未曾对张爱玲尽过做丈夫的责任，却在分手后一直消费张爱玲，恬不知耻，老而不尊。在读过《今生今世》后，亦舒越过虚伪的文字外衣，直接揭穿这个男人的卑劣："忽然出一本这样的书，以张爱玲作标榜，不知道居心何在，读者只觉得上路的男人觉不会自称为'张爱玲的丈夫'。女人频频说'我是某某的太太'，已经够烦的，何况是这种男人，既然这门事是他一生中最光彩的事，埋在心底作个纪念又何不可。"几十年前的情感经历固然令张爱玲曾经回肠荡气过，但时间是往前走的，在更大的破坏到来之前，来不及轻抚伤口，便得整装上阵去迎接下面无尽的"咬啮性的小烦恼"。

夏志清先生遗憾张爱玲的一生中所出现的三个男人，即张父、胡兰成、第二任丈夫赖雅，他们对她的一生来说都是消耗，无任何建构意义，比如第二任丈夫剥夺了她为人母的权利。但"张爱玲的幸福决不是中国或全世界女人传统的幸福"，在与第二任丈夫赖雅结婚后，张爱玲不无兴致勃勃地描述这段婚姻：这婚姻说不上明智，但充满热情。至于纽约打胎的经历是她的主动还是被动，我们无从探知，但张爱玲一直对下一代是无望的，早在 1944 年她在《造人》中写道："我们的天性是要人种滋长繁殖，多多的生，生了又生。我们自己是要死的，可是我们的种子遍布于大地。然而，是什么样的不幸的种子，仇恨的种子！"

她把跟胡的恋爱经历及纽约打胎经历等个人体验装进小说，只能说是出于写作者对于写作本身的忠诚，这诱使她紧抓住可能成就作品的任何点滴个体记忆，一路携着它们。生命不息，对写作的热情不减，这份顽强的记忆之光就永不会熄灭。

三

"一个好知己就好像一面镜子，反映出我们天性中最优美的部分来。"人们往往以为张爱玲的终身挚友是多次在其早期散文中出现的炎樱，其实在她的生命中存在时间最久的是宋淇夫妇。她对这对夫妇的信任从其遗嘱中可以见出其情深意切，遗嘱有三项，第一项就是"我去世后，我将我拥有的所有一切都留给宋淇夫妇"。张爱玲与他们相识于 20 世纪 50 年代的香港，宋邝文美女士有着博大宽厚而温润的女性情怀，她的丈夫曾评价她有着薛宝钗似的性情，却没有后者的心机。这样一位近乎完美的女性出现在张爱玲的后半生，耐心地倾听张爱玲不愿示人的温柔与哀愁。

移居美国后张爱玲一直深居简出，让外界对她的状况多方揣测，虽然从后来有限的人物见证中可以获知一二，而在历史现场里，宋淇夫妇是第一时间清楚了解张爱玲所有境况的人。虽然相隔遥远，但灵魂里的信任早已消弭了空间的距离。《张爱玲私语录》中记载了他们跨度近 30 年的通信记录，其中所涉及的点滴日常，从起居饮食到人际关系，从案牍文章到家国大事，其中的繁琐所闪耀的却是日常的光彩，也正是张爱玲在文字世界里勾勒的“人生的安稳”，只是这份安稳并不存在于她所居的现实。

早年所看的蹦蹦戏中的花旦，平实而富有生命的强力，这给她以深刻启示，“将来的荒原下，断瓦颓垣里，只有蹦蹦戏花旦这样的女人，她能够夷然地活下去，去任何时代，任何社会里，到处是她的家”。蹦蹦戏里的花旦，只是一个再平凡不过的妇人，然而她却有着鲜活的爱恨私欲，在张爱玲的笔下她化身为霓喜，为流苏，亦为张爱玲自己，只是与霓喜对物质生活单纯的爱不同，亦迥异于流苏对现世安稳的孜孜以求，终其一生，张爱玲所竭力寻找的是一片自由的净土，这片净土要能够容纳得住她庞大而执着的写作雄心。其他的，纵使广厦万间，精神上若不够自由，与写作绝缘，也与她无干。

张氏风格一直以来都拥有众多效仿者，但真正能承其衣钵者却并无其二，宋邝文美曾问她对此作何感想，张的回答巧妙而不失犀利，“就好像看见一只猴子穿了我自己精心设计的一袭一衣，看上去有点像又有点不像，叫人啼笑皆非”。对于创作才能，她有着深刻的自我认知，还在刚开始眺望这世界的年纪，张爱玲写道：“我要比林语堂还出风头，我要穿最别致的衣服，周游世界，在上海有自己的房子，过干脆利落的生活。”之所以拿林语堂来比较是因为“从小妒忌林语堂，因为觉得他不配”。作为一位孜孜不倦的生命个体的记录员、观察者，她只是希望在可能的范围内能够获得足够的空间，让自己活得恣肆一点。但“生命是一袭华美的袍，上面爬满了蚤子”，如学者许子东所说，这一早年的象征成为晚年的隐喻，晚年的张爱玲几乎每天过着搬家、动荡不安的日子，夏志清深为惋惜张爱玲晚年的奔波，认为这才是致使她创作力耗损的主要原因。对张爱玲生活了解最多的宋淇先生也忍不住在跟友人的信中这样怨叹：“平信会遗失，挂号信不能收，到手后忘了看，看到了又不入脑。想不到一代才女会落到这地步，不禁怃然。”但是对于张爱玲本人来说，为了那份在没有人与人交接的场合才有的“生命的欢悦”，晚年的她，生活上无论再如何清苦、动荡、孤独，作为彻底的欢悦代价，相信她从未怀疑过是否值得。

参考文献

[1] 夏志清：《中国现代小说史》，上海：复旦大学出版社，2005 年。

[2] 夏志清编注：《张爱玲给我的信件》，武汉：长江文艺出版社，2014 年。

[3] 亦舒：《舒服集》，香港：天地图书出版社，1985 年。

[4] 张爱玲、宋淇、宋邝文美：《张爱玲私语录》，宋以朗编，北京：北京十月文艺出版社，2013 年。

[5] 张爱玲：《流言》，北京：北京十月文艺出版社，2012 年。

[6] 张爱玲：《小团圆》，北京：北京十月文艺出版社，2015 年。

[7] 庄信正编注：《张爱玲庄信正通信集》，北京：新星出版社，2012 年。

从《红楼梦》观其礼制文化

邱子玲*

摘　要　《礼记·曲礼上》曰："道德仁义非礼不成，教训正俗非礼不备，纷争辩论非礼不决；君臣上下，父子兄弟，非礼不定；宦学事师非礼不亲；班朝治军莅官行法，非礼威严不行。祷祠祭祀，供给鬼神，非礼不诚不庄。是以君子恭敬撙节退让以明礼。"由此可知，"礼"成为人们生活中重要之依循典范。自周公制礼作乐以来，礼乐文化始成为周代文化的核心，"礼"亦成为道德礼义行为标准。曹雪芹将清朝诸多礼制描写于《红楼梦》中，举凡对于婚姻礼制、居家礼法、宗法礼制、丧礼礼制，甚而人微言轻、卑下阶层之奴婢制度等皆有诸多着墨，综观学术界关于《红楼梦》之研究，诸多前贤对《红楼梦》之研究层面甚为广泛，多以《红楼梦》之人物性格分析与比较、文学素养、性别文化、文本比对、诗歌美学、文本情节考析、修辞分析、诗化意境等诸多层面深入研究，众多文献资料中鲜少专以《红楼梦》之礼制为研究对象，故笔者以《红楼梦》中之礼制为探讨对象，以居家服制礼，如饮食之礼、贾府尊师礼仪，《红楼梦》中婚姻礼制，如政治经济联姻、强聘之婚、抢夺之婚、买卖婚姻、正式聘娶婚等礼制，以及《红楼梦》主要人物丧葬礼仪——以秦可卿、贾敬、贾母为例等丧葬礼仪，加以探究清代礼制对当朝民众之影响。

关键词　《红楼梦》，婚姻礼法，丧葬礼仪，清代礼制

"礼"简单而言，即为传统伦理规准的代称。《说文解字》："礼，履也，足所依也，所以事神致福也。从示从丰，丰亦声。"说明"礼"如同人走路所依循之足迹般，为人们之行为准则。人是群居于社会的动物，只要活着就与他人有所互动，因此唯有遵守约定俗成之礼，始能获得社会之认可。众所皆知，中国为礼仪之邦，以重"礼"而著称。"礼"维护社会秩序，在社会、政治、

* 台湾"中山大学"文学院中国文学系。

经济、文化等领域中有着不可取代之功能。[①]“礼”既是一种社会道德之行为典范，同时亦为治国安邦的法则。《论语·先进》曰：“为国以礼”[②]，此处之“礼”为治理国家之礼制；《论语·子罕》曰：“约我以礼”[③]，这里的“礼”则是利用礼节对个人行为的约束力。《礼记·曲礼上》曰：“道德仁义非礼不成，教训正俗非礼不备，纷争辩论非礼不决；君臣上下，父子兄弟，非礼不定；宦学事师非礼不亲；班朝治军莅官行法，非礼威严不行。祷祠祭祀，供给鬼神，非礼不诚不庄。是以君子恭敬撙节退让以明礼。”[④]由此可见，“礼”成为人们生活中重要之依循典范。自周公制礼作乐以来，礼乐文化便成为周代文化的核心，“礼”亦为道德礼义行为标准。礼有“礼仪”与“礼义”之分，“礼仪”是礼的外在形式，“礼义”则是礼的灵魂与核心，[⑤]“礼仪”之推衍必定以“礼义”为中心，如此才不会导致徒具形式之“礼”，亦始能将“礼义”之精神推发至极。曹雪芹于《红楼梦》中将清朝诸多礼制描写于其中，举凡对于婚姻礼制、居家礼法、宗法礼制，甚而人微言轻，但不可或缺的奴婢制度等皆有诸多着墨，本文以《红楼梦》之居家礼法、婚姻礼制、丧葬之礼仪等，探究清代礼制对当朝民众之影响。

一、《红楼梦》居家礼法

（一）饮食之礼

贾府乃封建之豪门大家庭，其规矩无所不在，饮食之礼仪，举凡坐次、上桌之辈分位阶。甚而餐具亦依其身份而有所区别。贾母为荣国府的大家长，辈份最高，贾府儿孙媳妇们皆唯她是命，不敢不从，贾母每日三餐由孙儿、孙女们陪侍。第三回林黛玉初到荣国府进餐时，贾母正面榻子上主位独坐，黛玉是客，坐左边第一张椅子即“西方为上”[⑥]，仅次于贾母之主位。迎春、探春、惜春三人为贾府未出嫁之孙女，因此可按长幼顺序入座。儿媳妇王夫人为贾母进羹，孙媳妇李纨捧杯，王熙凤安箸。尽管王夫人和凤姐在荣国府地位并不低，皆为“当家”太太，地位仅低于贾母及其各自夫君，但在贾母面前，也得按规矩行事。当贾母用餐时，媳妇的身份并不能入座，仅能站于餐桌旁陪餐。

---

① 夏桂霞：《〈红楼梦〉镜像下的清朝礼制文化》，北京：中国经济出版社，2013年，第3页。
② 何晏等注：《十三经注疏·论语注疏》，邢昺疏、阮元校勘，台北：新文丰出版公司，1993年，第101页。
③ 何晏等注：《十三经注疏·论语注疏》，第79页。
④ 郑玄注：《十三经注疏·礼记注疏》，孔颖达等正义、阮元校勘，台北：新文丰出版公司，1993年，第14-15页。
⑤ 夏桂霞：《〈红楼梦〉镜像下的清朝礼制文化》，第4页。
⑥ 郑玄注：《十三经注疏·礼记注疏》，第34页。

等贾母吃完了饭，王夫人方引李纨、凤姐退下，各在各的房里用饭。凤姐为贾琏之妻，贾赦的媳，并不与贾赦邢夫人同桌而食。凤姐为王夫人的内侄女，亦不在王夫人处吃饭。所以荣府虽然不曾分家，而已名爨分食，《礼记·曲礼上》云："姑姊妹、女子子、已嫁而反，兄弟弗与同席而坐，弗与同器而食。"[①]以凤姐言之，当贾琏同黛玉往扬州办理林如海丧事，回京之日，第十六回"凤姐命摆上酒馔来，夫妻对坐，凤姐虽善饮，却不敢任兴，只陪侍着"[②]……"正说看，王夫人又打发人来瞧凤姐吃完了饭不曾。凤姐便知有事等她，赶忙的吃了饭，漱口要走"[③]，第二十三回"贾琏正同凤姐吃饭，一闻呼唤，放下饭便走人"[④]，"凤姐忙安放杯饬，上面一桌，贾母、薛姨妈、宝钗、黛玉、宝玉，东边一桌为湘云、王夫人迎探惜，西边靠门一小桌为李纨与凤姐虚设坐位，二人皆不敢坐，只在贾母王夫人两桌上伺候"[⑤]……以上总总可显示出贾母、王夫人两位婆婆地位，当婆婆用餐时，李纨与凤姐两位媳妇仅能在旁服侍，不敢也不能入座，须等婆婆用完餐后，才能听令下去自行用餐，行事作风相当干练的凤姐，在贾母面前依旧须遵从礼制，莫敢逾矩。《论语·乡党》云："食不语，寝不言。"[⑥]所以曹雪芹形容这顿饭外间伺候之媳妇丫鬟虽多，却连一声咳嗽都不敢出。第七十一回："邢夫人、王夫人带领尤氏、凤姐并族中几个媳妇，两溜雁翅，站在贾母身后侍立。林之孝、赖大家的带领众媳妇，都在竹帘外面，侍候上菜上酒，周瑞家的带领几个丫鬟，在围屏后侍候呼唤。"[⑦]由此更可观察出媳妇侍立于旁，并不入席，众婢女执拂尘、漱盂、巾帕之类在旁伺候。[⑧]贾母赏饭菜给尤氏，《礼记·郊特牲》云："舅姑卒食，妇馂余私之也。"[⑨]其义为：儿媳侍奉舅姑用餐，须待舅姑食毕，儿媳始能食用舅姑所剩余之食物，《尔雅·释亲》又曰，"妇称夫之父日舅，称夫之母日姑"[⑩]，"舅姑"即妻称丈夫之父与母为其公婆。第七十五回中秋节，各房孝敬贾母各色菜肴。贾母对尤氏说："我吃了，你就来吃了吧!"婆婆将吃不完的饭菜赏赐给孙媳妇尤氏，尤氏答应着，待侍奉贾母漱口洗手毕，始能开始享用。在恪守传统之礼制社会中，能得到大家长赏赐，当时被视为是孙媳尤氏的无上光荣。

① 郑玄注：《十三经注疏·礼记注疏》，第37页。
② 曹雪芹、高鹗：《红楼梦》，冯其庸等校注，台北：里仁书局，1984年，第241页。
③ 曹雪芹、高鹗：《红楼梦》，第244页。
④ 曹雪芹、高鹗：《红楼梦》，第359页。
⑤ 萨孟武：《红楼梦与中国旧家庭》，台北：东大图书公司，1986年，第53-54页。
⑥ 何晏等注：《十三经注疏·论语注疏》，第89页。
⑦ 曹雪芹、高鹗：《红楼梦》，第1188页。
⑧ 陈诏：《红楼梦的饮食文化》，台北：台湾商务印书馆，1997年，第137页。
⑨ 郑玄注：《十三经注疏·礼记注疏》，第506页。
⑩ 郭璞注：《十三经注疏·尔雅注疏》，邢昺疏、阮元校勘，台北：新文丰出版公司，1993年，第63页。

（二）贾府尊师礼仪

礼之兴废，关系着社会之治与乱，礼让民众行为活动有所准则，小至居室有宾主之位，坐席亦有上下之分。贾府是传统制度代表的大家庭，因此在教育子孙过程中，对尊师拜师之礼极为重视之，《红楼梦》第九十二回描述林如海请贾雨村“在家做西席”：

> 雨村革了职以后，那时还与我家并未相识。只因舍妹丈林如海林公在扬州巡盐的时候，请他在家做西席，外甥女儿是他的学生。因他有起复的信，要进京来，恰好外甥女儿要上来探亲，林姑老爷便托他照应上来的。①

“西席”则指林黛玉之启蒙老师贾雨村。宾主坐席，以西方为上，因此称老师为“西席”。第七回秦钟对贾宝玉言，“业师于去岁辞馆”，宝玉言，“业师上年回家去了，也现荒废着呢”②，俩人所说之“业师”，即指为学生授课之家庭教师。第八回描述秦钟拜师之礼，秦邦业晚年得子，五十三岁才得了秦钟，因此对秦钟之学业极为重视，虽宦囊羞涩，依“贽见礼”，凑足银两让秦钟入塾：

> 那秦业至五旬之上方得了秦钟，因去岁业师亡故，未暇延请高明之士，只得在家温习旧课，正思要和亲家去商议送往他家塾中去，暂且不致荒废。可巧遇见宝玉这个机会，又知贾家塾中现司塾的乃是贾代儒，秦钟此去，学业料必进益，成名可望，因此十分喜悦。只是宦囊羞涩，那贾家上上下下都是一双富贵眼睛，容易拿不出来，为儿子的终身大事，说不得东拼西凑的恭恭敬敬封了二十四两贽见礼，亲自带了秦钟，来代儒家来拜见了，然后听宝玉上学之日，好一同入塾。③

其中“贽见礼”指初次见面时馈赠的礼物。老师地位相当崇高，即使是太子，面对其师亦须尊重之，清朝也是一个尊师重教的朝代，清朝皇帝及皇子皆尊崇尊师重教之礼，何况是上流社会之贾府，因此贾宝玉第二次上学堂时，贾政亲自陪同，第八十一回云：

> 代儒站起身来，贾政早已走入，向代儒请了安。代儒拉着手问了好，又问：“老太太近日安么？”宝玉过来也请了安。贾政站着，请

① 曹雪芹、高鹗：《红楼梦》，第1442页。
② 曹雪芹、高鹗：《红楼梦》，第131页。
③ 曹雪芹、高鹗：《红楼梦》，第150页。

代儒坐了，然后坐下。贾政道："我今日自己送他来，因要求托一番。这孩子年纪也不小了，到底要学个成人的举业，才是终身立身成名之事。"[①]

贾政虽是朝廷命官，但在学堂里仍然以儿子的老师为尊、为大，故贾政请代儒坐定了以后，自己才坐下，而代儒仅以拉手问好。贾政展现文人该有的尊师礼仪，为儿子贾宝玉做了最佳典范。尊师重道是我国传统的礼仪文化，即使天子面对自己的老师亦须敬重三分。

二、《红楼梦》之婚姻礼制文化

一个家庭的组成，须由男与女之两大家族结合而成，男女婚嫁须由父母之命、媒妁之言始能定之，《易·序卦》："有天地然后有万物，有万物然后有男女，有男女然后有夫妇。"[②]说明一个家庭的组成，由男与女结合而成。《诗经·齐风·南山》："娶妻如之何？必告父母。……娶妻如之何？匪媒不得。"[③]子女的婚姻之权掌握于尊长手中，而主婚权的顺序：首先是祖父母、父母，其次是伯、叔父母、姑、兄姊、外祖父母，倘若以上尊长皆无，则听从伯叔祖父母等余亲尊长主婚，现代之婚姻制度，虽允许自由恋爱之婚姻，然而最有决定权的，依旧为子女的亲生父母，特例则另当别论。宋朝、元朝沿用唐朝的婚姻礼法，明、清时期亦如此，而父母决定两家婚姻的结合之要件则为"门当户对"，此传统封建之观念，尚存于现今，更遑论距今三四百年前之清代，《红楼梦》中的贾、史、王、薛四大家族对于婚姻礼制更是恪守传统，以下就《红楼梦》中婚姻制度进行说明。

（一）政治、经济联姻

父母或尊长决定儿女的婚姻大事，通常以是否可兴旺家族，增加家族经济效益为优先考虑，此现象不论是上中下任一阶层皆如此，上层如皇亲国戚娇生惯养之尊贵太子、公主，其婚配对象亦常因政治因素而联姻，美其名为为国家做好外交，使国家间之紧张情势趋缓；中层如上流贵族社会，为儿女子孙选择婚配对象，"门当户对"是必要条件，如此始能风光迎娶媳妇、出嫁女儿。

① 曹雪芹、高鹗：《红楼梦》，第1292页。
② 王弼、韩康伯注：《十三经注疏·周易正义》，孔颖达等正义、阮元校勘，台北：新文丰出版公司，1993年，第187-188页。
③ 毛公传、郑玄笺：《十三经注疏·毛诗正义》，孔颖达等正义、阮元校勘，台北：新文丰出版公司，1993年，第196-197页。

下层如一般平民阶级，虽并不一定恪守“门当户对”之准则，因倘若遵守“门当户对”之准则，则无法飞上枝头当凤凰。然而，父母或尊长依旧以家庭利益为要件，若能将女儿嫁到富贵人家，即使女儿不愿，亦不可能如其所愿，因此不论是哪一阶层之子女儿孙之婚姻，往往在悲剧中度过，而女性在父权至上之传统封建制度下，更是其中之牺牲品。如《红楼梦》中的贾、史、王、薛四大家族的联姻，是打着“亲上加亲”的门第择偶标准，而结成连理的政治联姻，如元春入宫。清代除了从民间征选美女以外，清廷还堂而皇之地进行“选秀女”，清代的后妃制度是在明代后妃制度的基础上建立起来的，“选秀女”是从顺治皇帝开始的。八旗“选秀女”，每三年一次，由户部主持。挑选秀女的目的，除了充实皇帝的后宫，就是为皇室子孙指婚而用，或为亲王、郡王和他们的儿子指婚，简而言之，未出嫁之女在朝廷规定制度之下，就是为皇族传宗接代，元春参加选秀女，而成为贤德妃，也提升了贾府在朝廷的地位。曹雪芹在《红楼梦》第四回中讲得非常清楚：“今上崇尚诗礼，征采才能，降不世之隆恩，除聘选妃嫔外，凡世宦名家之女，皆亲名达部，以备选择为公主郡主入学陪侍，充为才人赞善之职。”[①]然而嫁入宫中的元春毕竟身处勾心斗角之深宫中，怎有任何幸福可言之？此点可由第十八回元妃省亲时，与家人相聚时的言谈中可窥倪：

当日既送我到那不得见人的去处，好容易今日回家娘儿们一会，不说说笑笑，反倒哭起来。一会子我去了，又不知多早晚才来！[②]

句句都显现出元春对于进宫的无奈与埋怨，然而对于身处那个时代的元春只能听从安排，却无力反击。其婚姻虽有着显赫的贤德妃光环，然而在现实的婚姻生活中，是毫无幸福可言的，是封建制度及清代婚姻制度下的牺牲品。

（二）强聘之婚

强聘，即依仗自己之强大威势，强迫纳聘或者订婚。从《红楼梦》第七十二回《来旺妇倚势霸成亲》即可见其端倪。来旺之子“酗酒赌博，而且容颜丑陋，一技不知”，初次说媒不成，旺儿家的因自己是王熙凤的陪房，求她做主，贾琏在王熙凤面前为旺儿家做主说：

什么大事，只管咕咕唧唧的。你放心且去，我明儿做媒打发两个有体面的人，一面说，一面带着定礼去，就说我的主意。他十分不依，

① 曹雪芹、高鹗：《红楼梦》，第71页。
② 曹雪芹、高鹗：《红楼梦》，第272页。

叫他来见我。[①]

这话就是强聘的最好例子，可谓霸道。之后凤姐亲自向彩霞之母来说媒，那彩霞之母即使不愿意，见凤姐亲自出面，是何等的体面，便言不由衷地答应了。一桩婚姻就这样三言两语的被强订了，完全不顾婚姻当事人的感受，最可怜的莫过于彩霞，而不成才的旺儿之子却倚靠其娘和凤姐的威势得逞，女性的命运就如此葬送在这种不平之婚姻礼制中。贾迎春之父贾赦，不听贾政的劝阻，硬将亲生女儿许配给疯狂粗暴之孙绍祖，这又是一桩建立于家庭经济利益之婚事，孙家为往日宁荣府中之门生，算来亦至交，如今孙家只有一人在京，担任指挥一职。孙绍祖生得相貌魁梧，体格健壮，弓马娴熟，应酬权变，年纪未满三十，且又家资饶富。因未曾娶妻，贾赦见是世交子侄，且人品家当都相称合，遂择为东床娇婿。然贾母心中却不大愿意，但想儿女之事，自有天意，况且他亲父主张，何必出头多事？因此由亲父决定的婚姻，让贾迎春受到残暴之人孙绍祖蹂躏，甚至于他虐待贾迎春时还愤愤地说：

你别和我充夫人娘子！你老子使了我五千银子，把你准折卖给我的。好不好，打你一顿，撵到下房里睡去！当日有你爷爷在时，希冀上我们的富贵，赶着相与的。论理，我和你父亲是一辈，如今压着我的头，晚了一辈，不该做了这门亲。倒没的叫人看着赶势利似的。[②]

贾赦欠孙家五千两银子，将女儿迎春嫁给孙绍祖后，就赖着不还。如此父亲罔顾女儿之婚姻幸福，贪图自己的享乐，使迎春受到孙绍祖的百般蹂躏，尽管迎春为庶出，然在贾府尽管不是极受宠幸，至少也是贾府的女儿，其生活尚称安乐，然出嫁后，娘家之父不仅因为经济效益，贪图钱财，甚至不顾女儿婚后生活，导致丈夫孙绍祖对她的藐视，致使其遭受到丈夫荼毒。这也是买卖婚姻的不平之处，葬送了一位好女孩的婚姻。略懂清初历史的人，就不会觉得奇怪，翻开满族初期的开疆历史，哪一个“金枝玉叶”不是政治、经济利益的联姻牺牲品？所以，当代研究清史学者李景屏、康国昌二人无不为“大清公主”所惋惜，[③]更遑论区区一位庶出之女，其能受到多大重视，女性处于婚姻中终究属于商品，不论上中下任何阶层皆是如此，实令人鼻酸。

---

① 曹雪芹、高鹗：《红楼梦》，第 1209 页。

② 曹雪芹、高鹗：《红楼梦》，第 1367-1368 页。

③ 夏桂霞：《〈红楼梦〉镜像下的清朝礼制文化》，第 57 页。

（三）抢夺、买卖婚姻

《周易·屯卦》中有“屯如邅如，乘马班如，匪寇，婚媾”[①]之语，这是抢夺婚姻较早见于文字的记载。抢夺婚姻是男子在未得到女子和她亲属同意的情况下，以掠夺方式娶该女子为妻妾，是早期的嫁娶方法。买卖婚姻是把女子作为商品，用其他的财物换取为妻妾。《红楼梦》第四回描述：拐子偷拐甄英莲养至十二三岁，卖给冯渊作妾，又偷卖于金陵薛家。于是发生一桩命案：

> 谁晓这拐子又偷卖与薛家。他意欲卷了两家的银子，再逃往他省，谁知又不曾走脱，两家拿住，打了个臭死，都不肯收银，只要领人。那薛公子岂是让人的，便喝着手下人一打，将冯公子打了个稀烂。抬回家三日死了。这薛公子原已择定日子要上京的，头起身两日前，就偶然遇见这丫头，意欲买了就进京的，谁知闹出这事来。既打冯公子，夺了丫头，他便没事一般，只管带了家眷走他的路，这里自有弟兄奴仆在此料理。也并非为此些小事值得他一逃走的。这且别说，老爷可知这被卖之丫头是谁？雨村道：“我如何得知？”门子冷笑道：“这人算起来还是老爷的大恩人呢！他就是葫芦庙旁住的甄老爷的小姐，名唤英莲的。”[②]

无论拐子将英莲卖与冯家，还是卖与薛家，都是标准的买卖婚姻。冯家买英莲在先，薛蟠倚势暴打冯渊致死，夺走英莲，又有掠夺婚姻的痕迹。[③]命运乖舛的英莲，自幼被拐走，后卖与冯渊又被转卖至薛蟠，当薛蟠之妾，受到夏金桂的荼毒，也展开她悲惨的人生。

（四）正式聘娶

以上为非正常途径之婚姻制度，接着谈正式聘娶。聘娶是指男子以聘的程序为要，女子因聘的方式而嫁。所谓的聘，包括三个关键因素：一要有媒妁之言；二要有父母之命；三要有聘约。《红楼梦》中多数婚姻皆为纯正之聘娶婚姻，贾府如贾代善娶史氏太君；贾政娶王夫人；贾琏娶王熙凤；庶民、下层奴仆如王狗儿娶刘姥姥之女，王夫人、王熙凤的陪房周瑞家、林之孝家、来旺家等婚姻皆是。书中较为典型者为薛蝌、邢岫烟之定亲与贾宝玉、薛宝钗之定

---

① 王弼、韩康伯注：《十三经注疏·周易正义》，第 22 页。
② 曹雪芹、高鹗：《红楼梦》，第 68 页。
③ 付善明：《〈红楼梦〉与古代婚姻制度》，《江西教育学院学报》，2009 年第 30 卷第 4 期。

亲。第五十七回薛姨妈见邢岫烟生得端雅稳重，家道贫寒，是个荆钗裙布的女儿，欲将其纳为媳，辗转让贾母知情后而定下此亲：

> 凤姐儿便和贾母说："姑妈有件事求老祖宗，只是不好启齿的。"贾母忙问何事，凤姐儿便将求亲一事说了。贾母笑道："这有什么不好启齿？这是极好的好事。等我和你婆婆说了，没有不依的？"因回房来，即刻就命人来请邢夫人过来，硬作保山。邢夫人想了一想：薛家根基不错，且现今大富，薛蝌生得又好，且贾母硬作保山，将机就计便应了。……贾母吩咐道："咱们家的规矩，你是尽知的，从没有两亲家争礼争面的。如今你算替我在当中料理，也不可太省，也不可太费，把他两家的事周全了回我。"尤氏忙答应了。薛姨妈喜之不尽，回家来忙命写了请帖，补送过宁府。①

由此可看出，邢岫烟虽家境贫寒，然其婚事依旧不能免俗，同样具备三个条件，媒妁之言由贾母之口，父母之言则为薛姨妈自选媳妇邢岫烟，第三条件之聘约也没免俗，说定亲事后，薛姨妈也立刻写了请帖，命人补送到宁府，三个条件无一不备。在传统婚姻制度下的宗法社会，婚姻当事者皆无婚姻自主权，即使是集众宠爱于一身的贾宝玉，对于婚姻同样亦没有自主权，第九十七回描述贾宝玉在神志不清时，贾母做主为其定了亲：

> 目今老爷又要起身外任去，不知几年才来。老太太的意思，头一件叫老爷看着宝兄弟成了家，也放心；二则也给宝兄弟冲冲喜，借大妹妹的金琐压压邪气，只怕就好了。薛姨妈心里也愿意，只虑着宝钗委屈，又说："姨太太既作了亲，娶过来，早早好一天，大家早放一天心。"……薛姨妈也答应了，便议定凤姐夫妇作媒人。②

在这场婚姻"游战"中，宝钗握有三张牌，这就是婚姻所遵循的三条基本原则。而黛玉则只握有一张牌，这就是她与宝玉之间的情爱。但黛玉的这张"牌"恰恰是这场"游戏"所不承认的。稳操胜券的是宝钗，注定失败的是黛玉。宝钗并不主动争取，其信心来自支持她的婚姻传统要求。③宝钗赢得上下人心，且遇上时机得宜，贾政要起身外任，贾宝玉在失了玉后，呈现疯癫、神志不清之状，贾母做主让他与宝钗结婚，待生米煮成熟饭，完成迎娶仪式后，宝玉才发现娶的不是他朝思暮想的林黛玉，而是薛宝钗，又让其病情加重。第九十七回云：

---

① 曹雪芹、高鹗：《红楼梦》，第968-969页。
② 曹雪芹、高鹗：《红楼梦》，第1502页。
③ 成穷：《从红楼梦看中国文化》，上海：新书书店上海发行所，1994年，第219页。

> 宝玉悄悄儿的拿手指着道："坐在那里这一位美人儿是谁？"袭人握了自己的嘴，笑的说不出话来，歇了半日才说道："是新娶的二奶奶。"众人也都回过头去，忍不住的笑。宝玉又道："好胡涂！你说，二奶奶到底是谁？"袭人道："宝姑娘。"宝玉道："林姑娘呢？"袭人道："老爷作主娶的是宝姑娘，怎么混说起林姑娘来？"宝玉道："我才刚看见林姑娘了么，还有雪雁呢，怎么说没有。你们这都是做什么玩呢？"凤姐便走上来，轻轻的说道："宝姑娘在屋里坐着呢，别混说，回来得罪了她，老太太不依的。"宝玉听了，这会子胡涂更利害了。本来原有昏愦的病，加以今夜神出鬼没，更叫他不得主意，便也不顾别的了，口口声声只要找林妹妹去。[①]

贾宝玉与薛宝钗的婚姻同样是长辈做主，依旧具备了婚姻礼制中所必备之条件，但却让一对相爱的恋人天人永隔。尽管宝钗已如大家所愿，嫁于宝玉，成就了金玉良缘，然却又是一桩以悲剧收场的婚姻。虽然贾宝玉如大家所愿，顺利完成亲事，但最终贾宝玉出家，让薛宝钗独守空闺，遭受年纪轻轻就守活寡的悲惨命运。笔者认为，贾宝玉虽对林黛玉深爱，但却无法勇于捍卫自己的爱情，缺乏主动捍卫自己爱情的勇气，他虽与薛宝钗之婚姻是在他精神恍惚、神志不清时而结成的，然而在此之前倘若贾宝玉未曾向深宠他的贾母禀报他与林黛玉的爱情，虽当时处于传统婚姻制度下之贾府，成就宝玉与黛玉的婚姻可能性不大，然未曾尝试，未曾正式表态，也是他们的爱情遭受拆散，毫无翻盘之余地的原因之一。最终贾宝玉、薛宝钗、林黛玉三人之婚姻亦在封建的婚姻制度下被牺牲了，没有一个胜利者。

三、《红楼梦》主要人物丧葬礼仪

从《仪礼·丧服》的服丧条例中，可归类出丧服可分为五种类别，分别为斩衰、齐衰、大功、小功、缌麻，每个类别代表不同身份之象征，透过丧服穿戴，可将服丧者与外界作一适度的区隔，以便服丧者可尽情宣泄对于死去亲人的悲伤情绪，同时还要慢慢学习与死者逐渐割离现实的羁绊，而将对死者的感情妥为收藏，且能转移至永远的怀念，在疗伤止痛的过程中，重新培养迎接新生活的信心与动力。[②]人为群居动物，在血缘、姻亲之系连下，有所接触与交流，情感亦由此产生，情感之浓淡也可别之。亲人过世，正常人类的情感是哀

① 曹雪芹、高鹗：《红楼梦》，第1512页。
② 林素英：《丧服制度的文化意义——以〈仪礼·丧服〉为讨论中心》，台北：文津出版社，2000年，第179页。

痛，无法接受，然而亲疏有别，丧服之设立可大致分别其中情感之区别性，丧葬礼仪连贯之流程，可使家属由无法接受到接受事实，西方心理学家帕克斯于 1970 年提出对于死亡所引起的悲伤反应，必须经历麻木期、渴念期、解组绝望期和重组期的四个哀悼时期[①]，因此通过筹备丧葬礼仪之过程，使家属得以逐渐接受亲人离开人世的事实，在此期间可以尽情宣泄情绪。

自先秦以来，将养生送死视为大事，丧葬礼为人生四礼中最要之礼，为生命旅程之最后一站。《仪礼·昏义》讲述各种礼仪的意义，谓“夫礼始于冠，本于昏，重于丧、祭，尊于朝聘，和于乡射，此礼之大体也”[②]，以丧礼与祭礼为重，五礼，惟丧葬礼为大，以慎终为先。丧葬礼仪以庄严肃穆为宗旨，然从丧葬礼制亦可看出往生者之身份位阶，此点于《红楼梦》中，可充分显现，以下就《红楼梦》主要人物丧葬礼仪论之。

（一）秦可卿之丧礼

秦可卿之丧礼，堪为《红楼梦》丧礼之重要代表，其丧葬礼于《红楼梦》中有极完整的描述，秦可卿往生之际，以云板连敲四下，发出丧音为始，不论平辈、长辈、晚辈对秦可卿的致哀之意，完全显现出其在大家心中之重要地位：

> 凤姐还欲问时，只听二门上传出云板，连叩四下，将凤姐惊醒。人回：“东府蓉大奶奶没了。”凤姐吓了一身冷汗，出了一回神，只得忙穿衣服，往王夫人处来。彼时合家皆知，无不纳闷，都有些疑心。那长一辈的想他素日孝顺；平一辈的，想他素日和睦亲密；下一辈，想他素日慈爱；以及家中仆从老小，想他素日怜贫惜贱爱老慈幼之恩：莫不悲号痛哭。[③]

秦可卿虽仅为媳妇之女辈，然其受到晚辈敬重、平辈尊敬、长辈疼惜，对于其丧礼尤其隆重豪奢，由第十三回至第十五回，停灵、开丧、探丧、伴宿、请灵、摔丧驾灵、出殡、送殡、各家路祭、接祭、接灵、安灵等步骤礼仪写得一丝不乱。丧葬礼仪的详细描写，对于研究古代殡葬制度极具价值，是弥足珍贵的资料。[④]王国凤曾于其著作《〈红楼梦〉与“礼”：社会语言学研究》中观察到一个特殊现象：“最令人感兴趣的是约定俗成的嚎哭。……凤姐的哀戚，不是做戏。但是依照凤姐的个性，如若不是有约定俗成的规矩，当不至于哀戚

① 林素英：《丧服制度的文化意义——以〈仪礼·丧服〉为讨论中心》，第 221 页。
② 郑玄注：《十三经注疏·礼记注疏·昏义》，第 1000-1001 页。
③ 曹雪芹、高鹗：《红楼梦》，第 200 页。
④ 李娟：《论明清世情小说的宗教文化与婚丧习俗》，《沈阳农业大学学报》（社会科学版），2014 年第 1 卷第 16 期，第 122-125 页。

到不顾身份地嚎哭。凤姐的嚎哭，是‘礼’。不如此嚎哭，才是‘无礼’。”[①] 贾珍在情感上难以接受秦可卿之往生，对于秦可卿丧礼筹备更是不遗余力：

> 贾珍便命贾琼、贾琛、贾璘、贾蔷四个人去陪客；一面吩咐去请钦天监阴阳司来择日。择准停灵七七四十九日，三日后开丧送讣闻。这四十九日，单请一百零八众僧人在大厅上拜大悲忏，超度前亡后死鬼魂；另设一坛于天香楼，是九十九位全真道士，打四十九日解冤洗业醮。然后停灵于会芳园中，灵前另外五十众高僧，五十位高道，对坛按七作好事。[②]

贾珍对于每个治丧环节皆极为重视，不论仪式、流程、丧具等以上皆按高规格处之，如棺木之材质采用上等之木。贾珍听说有质量甚优之棺椁，甚为欢喜，即命抬来。大家看时，只见帮底皆厚八寸，纹若槟榔，味若檀麝，以手扣之，声如玉石。大家称奇。尽管贾政规劝，暗示使用此棺椁材已逾礼，不甚恰当，贾珍如何肯听？贾珍不仅对于棺椁有所要求，对于位阶也愿能风光，花费千两银子与戴权为贾珍捐官得了五品职之防护内廷紫禁道御前侍卫龙禁尉一职：

> 贾珍心中早打定主意，因而趁便就说要与贾蓉捐个前程的话。戴权会意，因笑道："想是为丧礼上风光些？"贾珍忙道："老内相所见不差。"戴权道："事倒凑巧，正有个美缺。"……贾珍忙命人写了一张红纸履历来。……戴权看了，回手递与一个贴身的小厮收了，道："回去送与户部堂官老赵，说我拜上他起一张五品龙禁尉的票，再给个执照，就把这履历填上，明日我来兑银子送过去。"……戴权道："若到部里兑，你又吃亏了；不如平准一千二百两银子送到我家就完了。"贾珍感谢不尽，说："待服满，亲带小犬到府叩谢。"[③]

秦可卿的葬礼，堪称当时官宦世家主要丧葬仪式的代表。贾珍为了儿媳"灵幡经榜"写得更风光些，用一千两银子捐了龙禁尉的职位，用一千两银子买来一口棺木[④]。秦可卿的丧礼极尽之铺张豪奢，显示其地位之要，显现官宦世家于葬礼中的尊贵逼人。"贾珍令贾蓉次日换了吉服，领凭回来。灵前供用执事等物俱按五品职例，灵牌疏上皆写'诰授贾门秦氏宜人之灵位'。会芳园临街大门洞开，两边起了鼓乐厅，两班青衣按时奏乐；一对对执事摆的刀斩斧截。更有

---

① 王国风：《〈红楼梦〉与"礼"：社会语言学研究》，杭州：浙江大学出版社，2011 年，第 85 页。
② 曹雪芹、高鹗：《红楼梦》，第 201-202 页。
③ 曹雪芹、高鹗：《红楼梦》，第 200 页。
④ 高连凤：《论〈红楼梦〉中的丧葬习俗》，《古典文学新探》，2008 年第 10 期，第 136 页。

两面朱红销金大牌竖在门外，上面大书：'防护内廷紫禁道御前侍卫龙禁尉。'对面高起着宣坛，僧道对坛。榜上大书'世袭宁国公冢孙妇、防护内廷御前侍卫龙禁尉贾门秦氏宜人之丧，四大部洲至中之地，奉天永建太平之国，总理虚无寂静沙门僧录司正堂万虚，总理元始三一教门道录司正堂叶生等，敬谨修斋，朝天叩佛'"，以及"恭请诸伽蓝、揭谛、功曹等神，圣恩普锡，神威远镇，四十九日消灾洗业平安水陆道场"等语，亦不及繁记。[①]贾珍家发丧，一条宁国府街上，白漫漫，人来人往；花簇簇，官去官来。如此亲朋你来我去，也不能计数，秦可卿之崇高地位，丧礼铺张之能事，可见贾珍对于秦可卿之格外重视。历史上贾珍与秦可卿之暧昧关系有诸多观点，因本节着重丧礼之探讨，故其两人之暧昧关系本文先略谈。

（二）贾母丧礼

贾母地位于贾府中，位高权重。贾府家世显赫，然贾母归天之际，已近家道中落之时，府内虽不若以往之铺张华奢，然筹备贾母之丧礼，仍不余遗力，为贾母穿衣、停床、孝棚高起，大门前的牌楼立时竖起，上下人等登时成服等，皆可显示出贾府对贾母之慎终，第一百一十回：

> 贾母的牙关已经紧了，合了一回眼，又睁着满屋里瞧了一瞧。王夫人宝钗上去，轻轻扶着，邢夫人凤姐等便忙穿衣。地下婆子们已将床安设停当，铺了被褥。听见贾母喉间略一响动，脸变笑容，竟是去了。享年八十三岁。众婆子疾忙停床。于是贾政等在外一边跪着，邢夫人等在内一边跪着，一齐举起哀来。外面家人各样预备齐全，只听里头信儿一传出来，从荣府大门起至内宅门扇扇大开，一色净白纸糊了；孝棚高起，大门前的牌楼立时竖起；上下人等登时成服。贾政报了丁忧，礼部奏闻。主上深仁厚泽：念及世代功勋，又系元妃祖母，赏银一千两，谕礼部主祭。家人们各处报丧。众亲友虽知贾家势败，今见圣恩隆重，都来探丧。择了吉时成殓，停灵正寝。[②]

考古学家已证实原始社会中即出现"归葬"习俗，[③]人死后，不论位于何处，将死者送回原生祖茔，则谓"归葬"。贾母往生后，贾琏依循"归葬"习俗，欲将贾母送回南边，"贾琏道：……老太太是在南边的坟地虽有，阴宅却没有。老太太的柩是要归到南边去的。留这银子在祖坟上盖起些房屋来，再余

① 曹雪芹、高鹗：《红楼梦》，第 204 页。
② 曹雪芹、高鹗：《红楼梦》，第 1662 页。
③ 刘先维：《墓志资料所见唐代归葬习俗研究》，上海：华东师范大学，2010 年，第 10-11 页。

下的，置买几顷祭田。咱们回去也好；就是不回去，便叫那些贫穷族中住着，也好按时按节早晚上香，时常祭扫祭扫。”[①]此点于贾敬、黛玉丧礼中亦可看出，养生送死，慎终追远，不论生前纷扰、身份、地位、年龄，在生命终结后，总愿能落叶归根，安葬于祖茔，回到生命起点之家乡。

（三）贾敬丧礼

贾敬长年于元真寺修炼，醉心于炼丹、服灵砂，导致烧胀而殁。贾敬丧礼无法与秦可卿、元妃比拟，但亦属庄严，尤氏见贾珍父子、贾琏皆不在家，得知贾敬往生，当下家中无一男子可做主，心虽慌，然却不失礼，先卸了妆饰，再赶往处理，请天文生择了日期入殓，破孝开吊，准备灵堂事宜，第六十三回：

> 便向媳妇回说："系道教中吞金服砂，烧胀而殁。"……尤氏也不便听，只命锁着，等贾珍来发放，且命人飞马报信，一面看视。里面窄狭，不能停放，横竖也不能进城的，忙装裹好了，用软轿抬至铁槛寺来停放。掐指算来，至早也得半月的工夫，贾珍方能来到。目今天气炎热，实不能相待，遂自行主持，命天文生择了日期入殓。寿木早年已经备下，寄在此庙的，甚是便宜。三日后，便破孝开吊，一面且做起道场来。[②]

贾珍得知贾敬之丧，火速赶回奔丧，一下马便遵循“哭丧”习俗，从大门外便跪爬起来，至棺前稽颡泣血，筹备丧礼过程也极为慎重，更换凶服、停灵，忙命前厅收桌椅，下槅扇，挂孝幔子，门前起鼓手棚、牌楼等事宜，无一省略，“贾珍下了马，和贾蓉放声大哭，从大门外便跪爬起来，至棺前稽颡泣血，直哭到天亮，喉咙都哭哑了方住。尤氏等都一齐见过，贾珍父子忙按礼换了凶服，在棺前俛伏，无奈自要理事，竟不能目不视物，耳不闻声，少不得减了些悲戚，好指挥众人。因将恩旨备述给众亲友听了，一面先打发贾蓉回家来料理停灵之事，贾蓉巴不得一声儿，便先骑马跑来。到家，忙命前厅收桌椅，下槅扇，挂孝幔子，门前起鼓手棚、牌楼等事”[③]。大臣有疾，最高当局亲自探望，遣医疗治，礼（理）应如此。大臣卒，朝廷宣布辍朝日数，派亲王或大臣往奠茶酒，置丧事，送赙金，赐谥号，此为满清大臣丧葬礼之常。大臣丁忧，朝廷惠予关照，给予人力与物资资助，将荣誉称号赐给死者，成全大臣守孝之

---

① 曹雪芹、高鹗：《红楼梦》，第 1664 页。
② 曹雪芹、高鹗：《红楼梦》，第 1065 页。
③ 曹雪芹、高鹗：《红楼梦》，第 1066 页。

志，皆所谓礼（理）也。[①]贾敬虽不问世事，未服公职，然其属功臣之裔，仍受祖职之庇荫，当朝皇帝崇尚孝悌，因此礼部不敢自专，具本请旨，天子知悉，下诏于贾府：

> 礼部代奏："系进士出身，祖职已荫其子贾珍。贾敬因年迈多疾，常养静于都城之外玄真观，今因疾殁于观中。其子珍，其孙蓉，现因国丧随驾在此，故乞假归殓。"天子听了，忙下额外恩旨，曰："贾敬虽无功于国，念彼祖父之忠，追赐五品之职。令其子孙扶柩由北下门入都，恩赐私第殡殓，任子孙尽丧礼毕扶柩回籍。外着光禄寺按上例赐祭，朝中由王公以下，准其祭吊。钦此。"[②]

可见天子善待功臣之后裔，且遵循古礼"归葬"之习俗，恩赐私第殡殓，任子孙尽丧礼毕扶柩回籍。尊重落叶归根之"归葬"习俗，让往生者能回到祖茔。对于往生者贾敬追赐其五品之职封号，使其德有所终。丧葬之礼为最大、最重要之礼仪，亲人过世，其家属必定忧伤至柔肠寸断，故立为丧葬掩埋之礼，以安顿死者躯体；设有守丧之制，以平抚生者哀伤之心灵[③]；家属在哀伤之际总愿能圆往生者之梦，使其能落叶归根，回到祖茔的怀抱，展现皇帝仁慈之一面。

结　论

《红楼梦》中之贾府是封建传统大家族，因此严守传统之礼仪制度，身在贾府之人，不论位阶、身份、地位皆须严守礼法，即使在一般日常生活中亦相当重视。本文就《红楼梦》之居家礼法、婚制礼制及丧葬礼仪为之着墨，分析其中礼制，其中居家礼法以饮食之礼与尊师之礼为主，加以探究。笔者探究《红楼梦》其中蕴含"礼"之层面极为广泛，于《红楼梦》中可窥探出《论语》《礼记》《尔雅》《周易》《诗经》……众经典中"礼"之形态。《红楼梦》中的婚姻礼制更是不胜枚举，几乎涵盖封建社会所有婚姻文化现象。例如，为了家族利益的政治联姻，元春入宫选秀，虽是因当时法制而为之，但终究成就了贾府之家族利益"一人得道，鸡犬升天"。亦有为经济利益而买卖之婚姻，例如，迎春受到亲父贾赦之荼毒，将其卖给粗暴野蛮之中山狼孙绍祖；甚至出现恶人坑蒙拐骗婚，巧姐险被贾环等拐卖了；香菱，即让拐子卖给薛蟠为妾的。有主子出

---

① 陈戍国：《中国礼制史·元明清卷》，长沙：湖南教育出版社，2002年，第571页。
② 曹雪芹、高鹗：《红楼梦》，第1065-1066页。
③ 林素英：《古代祭礼中之政教观》，台北：文津出版社，1997年，第324页。

面，为奴才做强媒，胁迫奴婢缔结婚姻。贾府主子们的纳妾，那更是司空见惯的日常生活常态。

贾府贵为钟鸣鼎食、诗礼簪缨之家族，因而居于贾府高位者，其丧葬之礼必定遵循古礼，依礼论葬，秦可卿的葬礼堪称当时官宦世家之代表，元妃位于尊位，且为王家之妃，其葬礼之奢靡风光可想而知。贾敬虽未服公职，然其为功臣后裔，当朝皇帝提倡孝悌，且丧葬之礼为最重要之礼，故对于身为功臣后裔之贾敬仍念彼祖父之忠，追赐五品之职。令其子孙扶柩由北下门入都，恩赐私第殡殓，任子孙尽丧礼毕扶柩回籍，展现天子广大之恩慈。即使贾府后期已历尽沧桑，几近家道中落之状，仍遵循该有之礼数，例如，贾母归空之时，贾府家道中落，家中服侍奴才们纷纷走避，攒有积蓄的已先开溜，其他的告病、下庄，留下来的眼见拿不到钱财也不愿照管。面对贾母如此尊贵雍容之长者，在其往生后，为其治丧之奴才们多视钱如命，最终于王熙凤的打理下，才勉为其难先办事。即使面对如此困顿之境，该循之丧礼依旧照办，当贾母阖眼那刻，众婆子急忙停床，子孙媳等辈跪着一齐举哀。外面家人各样预备齐全，只听里头信儿一传出来，从荣府大门起至内宅门，扇扇大开，一色净白纸糊了；孝棚高起，大门前的牌楼立时竖起；上下人等登时成服。显见贾母丧礼之壮观。因此可以说，《红楼梦》就是一部传统礼法制度史料，几乎全面地彰显了清朝时期的礼制与文化。清代重视礼教，但《红楼梦》作者认为礼教是后天的，即非自然或天生而有，大观园中恪守当时所谓妇道的李纨，其所居住之稻香村即被贾宝玉批评为“人力穿凿扭捏而成”（第十七回）；年轻守寡的李纨，其生命形态早已成“槁木死灰”（第四回），也就是说在礼教的压迫之下，其自然生趣早已斲丧，其所以被礼教压迫是因为女性处于伦理（阳为阴纲、夫为妻纲）纲常之卑属[①]。笔者认为“礼”之本质是为民众良善风俗之准则，群体生活之依归，亦是与禽兽分隔之界，然若假“礼”之虎皮，行荼毒女性、欺压弱势族群之实，如此之“礼”并非民众所需。然而社会上若缺乏“礼”之规准，犹如马路上无设立红绿灯、斑马线，行道上没有单（双）黄线存在，如此在车水马龙之虎口上，其将造成之伤亡是可预想而知的。一切之礼随着时代之变迁而有所改异，现今距清代约莫百余年，现代礼制有所变异，社会变迁，民众自我意识抬头，视礼为迂腐、陈腔滥调之章法，造成社会极大混乱。因此如何拿捏礼法之尺度，有赖睿智之民众审度之。《红楼梦》带领我们进入清朝，了解各类礼制之状况，使后代之于我们可窥见当朝之礼制，有所知悉，亦有所警惕，良善之法可依循，然罔顾人权之法势必须革除之。

① 郭玉雯：《〈红楼梦〉渊源论——从神话到明清思想》，台北：台湾大学出版中心，2006年，第259页。

参考文献

[1] 曹雪芹、高鹗：《红楼梦》，冯其庸等校注，台北：里仁书局，1984 年。

[2] 陈戍国：《中国礼制史·元明清卷》，长沙：湖南教育出版社，2002 年。

[3] 陈诏：《红楼梦的饮食文化》，台北：台湾商务印书馆，1997 年。

[4] 成穷：《从红楼梦看中国文化》，上海：新书书店上海发行所，1994 年。

[5] 付善明：《〈红楼梦〉与古代婚姻制度》，《江西教育学院学报》，2009 年第 30 卷第 4 期。

[6] 何晏等注：《十三经注疏·论语注疏》，邢昺疏、阮元校勘，台北：新文丰出版公司，1993 年。

[7] 高连凤：《论〈红楼梦〉中的丧葬习俗》，《古典文学新探》，2008 年第 10 期。

[8] 郭璞注：《十三经注疏·尔雅注疏》，邢昺疏、阮元校勘，台北：新文丰出版公司，1993 年。

[9] 郭玉雯：《〈红楼梦〉渊源论——从神话到明清思想》，台北：台湾大学出版中心，2006 年。

[10] 李娟：《论明清世情小说的宗教文化与婚丧习俗》，《沈阳农业大学学报》（社会科学版），2014 年第 1 卷第 16 期。

[11] 林素英：《古代祭礼中之政教观》，台北：文津出版社，1997 年。

[12] 林素英：《丧服制度的文化意义——以〈仪礼·丧服〉为讨论中心》，台北：文津出版社，2000 年。

[13] 刘先维：《墓志资料所见唐代归葬习俗研究》，上海：华东师范大学，2010 年。

[14] 毛公传、郑玄笺：《十三经注疏·毛诗正义》，孔颖达等正义、阮元校勘，台北：新文丰出版公司，1993 年。

[15] 萨孟武：《红楼梦与中国旧家庭》，台北：东大图书公司，1986 年。

[16] 王弼、韩康伯注：《十三经注疏·周易正义》，孔颖达等正义、阮元校勘，台北：新文丰出版公司，1993 年。

[17] 王国凤：《〈红楼梦〉与"礼"：社会语言学研究》，杭州：浙江大学出版社，2011 年。

[18] 夏桂霞：《〈红楼梦〉镜像下的清朝礼制文化》，北京：中国经济出版社，2013 年。

[19] 郑玄注：《十三经注疏·礼记注疏》，孔颖达等正义、阮元校勘，台北：新文丰出版公司，1993 年。

岭南诗作整理与《全粤诗》

杨　权*

摘　要　岭南曾是蛮荒之地，在相当长的时间里人文乏善可陈。但到中古后，该地区的诗歌创作逐渐发育起来，从元末明初到清末民初，诗人的群体活动活跃，岭南诗派在诗坛崛起，出现了一个长达六七百年的诗歌创作繁荣期，并产生了数量众多的诗歌作品。为使这些成果流于不坠，自明代以来，便不断有留心乡邦文献建设的人士努力搜求前贤的作品，并把它们结集出版，但规模都不大。20 世纪 40 年代，粤港文化学术界的一批人士曾出版了《广东丛书》；1949 年后，大陆学者先后出版了《岭南丛书》《清代稿钞本》与《广州大典》，为对岭南诗歌文献的进一步整理研究创造了有利的条件。中山大学中国古文献研究所的团队在此背景下，启动与展开了大型区域诗歌总集——《全粤诗》的编纂工程，迄今已取得阶段性重要成果，受到了社会的广泛关注。目前项目仍在进行中。

关键词　岭南，古近代，诗作，整理，《全粤诗》

此番来台，原本打算递交的交流文章是《〈全粤诗〉、〈全台诗〉与区域诗作整理》。为什么想作这篇文章？因为广东早在十多年前，中山大学中国古文献研究所的学术团队就已经在陈永正教授的主持下，开始了岭南的大型诗歌总集——《全粤诗》的编纂工作，到现在已取得了阶段性的重要成果，汉代至明代部分已编纂完成，清代部分的编纂工作则在紧锣密鼓进行中。无独有偶，台湾地区也约略在这个时候，由成功大学中文系的施懿琳教授主持，启动了台湾岛的诗歌总集——《全台诗》的编纂计划，至今已由台南台湾文学馆与远流出版社出版了若干册，并建立了可对作者与诗作全文检索的电子库。两地不

* 中山大学中国语言文学系。

约而同开展同样的工作[①]，反映了区域文学研究价值的凸显，也反映了粤、台学术界对本地区诗歌作品整理的意义与价值在认识上的接近。把两地所做的工作做一番比照研究，应当是有意思的事情 但是笔者发现，由于海峡两岸的分隔，其实自己对台湾方面编纂《全台诗》的情况的了解相当有限。窃思与其不知而妄言，不如先利用此次来台的机会做一点调查，知然后畅言。以是之故，文章题目也改成了现在的样子。

一、古近代的岭南诗歌创作

在展开正式的讨论之前，笔者想先对“岭南”与“诗歌”的概念作必要界定。岭南在地理上是指中国南方横亘于江西、湖南与两广之间的五岭（大庾岭、骑田岭、都庞岭、萌渚岭、越城岭）以南地区，其地域范围在历史上是一个动态的概念，唐代的岭南道曾覆盖当时属于中国管辖范围的越南红河三角洲地区，宋代以后岭南的地域收缩为“两粤”（粤东与粤西）或“两广”（广东与广西）。目前的岭南是指广东、广西、海南、香港、澳门。不过在笔者此文的语境中，岭南只包括今天的广东省、海南省、香港特别行政区、澳门特别行政区的全部，以及广西壮族自治区原属于广东省的一部（钦州、北海、防城港三市），其范围大致相当于旧时的“粤东”或“东粤”[②]。

“诗歌”，从定义上来说，本是用高度凝练的语言形象表达作者思想情感与反映社会生活的、具有一定节奏和韵律的文学体裁。在古代，不合乐者为“诗”，合乐者为“歌”。广义的诗歌不仅包括诗，而且包括赋、词、曲、民歌等；狭义的诗歌则仅指诗。在本文的语境中，诗歌取狭义概念，只是指古体诗（包括古诗、楚辞体、新乐府等）与近体诗（律诗与绝句），而不包括赋、词（“诗余”）、曲，也不包括岭南民间谣谚之合韵者（如粤讴、南音、龙舟、咸水歌、子夜歌、摸鱼歌、儿歌、汤水歌、山歌、采茶歌、浪花歌、禾楼歌、踏月歌、拜月歌之类），更不包括新诗。

相对于华夏政治、文化中心地区的中原，在上古时代，岭南曾是一个位置偏僻、经济落后、人文不倡的蛮荒之地，在相当长的时间里人文乏善可陈。进入中古之后，随着岭内外交流的密切，以及本地区社会发展水平的提升，局面悄然发生了变化，岭南的诗歌创作逐渐发育了起来。如果说在唐代以前岭南

① 除《全台诗》外，台湾地区还出版了《全台赋》（台南台湾文学馆）、《全台文》（台中文听阁图书有限公司）。

② 之所以做此界定，是因为这一地区一直是岭南诗歌创作的主体，“岭南诗派”的标志性诗家与作品均产生在这个地区。如果要对“粤西”或“西粤”的诗歌作品进行整理，这项任务还是交由广西学术界来完成较为合适。

的诗歌创作还谈不上有什么生气，那么唐代诗宗张九龄的出现无疑是粤诗竖帜的信号。这位曾被唐玄宗誉为“文场元帅”的诗宗以他的杰出创作，在为岭南诗坛争得了一席之地的同时，也开创了粤海的百代诗风。唐代以后，越来越多的岭南文人产生了向中原学习的自觉意识，中原的士子也开始注意到岭南诗家的存在。唐至五代，邵谒、陈陶、孟宾于等有名于时。宋代，先是有余靖与张九龄相业、诗才前后辉映，紧接着崔与之、李昴英、葛长庚、区仕衡、赵必瑑相继称雄，岭南诗坛于是出现了崭新气象。元代则有罗蒙正、黎伯元并称作手，他们的诗作调高字响、元气浑然。经过唐以来数百年的培育酝酿，岭南诗家到元末明初发展成了一股具有重大影响的创作力量，并终于以群体形式崛起于诗坛，产生了影响长达六七百年之久的“岭南诗派”。岭南诗派形成的标志是“南园五子”（亦称“前五先生”）——孙蕡、王佐、赵介、李德、黄哲的出现。五子以孙蕡最为出色，温汝能称其“无所不学，而炉锤独运，自铸伟词，固卓然名家”[①]；另外四子亦超群拔俗，为一时之杰。继“南园五子”之后，又有名诗家陈献章、丘浚和黄佐等巍然出世。陈献章之诗本性原情，自然超妙。丘浚之诗矩度精严，深得风人深旨。黄佐之诗体貌雄阔，思意深醇，有“吾粤之昌黎”[②]之誉。在他们的引领下，岭南诗坛旗鼓振发，群英竞从。在陈献章门下出现了湛若水，黄佐门下出现了“南园后五子”（亦称“后五先生”）——欧大任、梁有誉、黎民表、吴旦、李时行。这些诗家在明中叶高张风雅，使岭南诗名远扬中原、江左。降至万历，岭南诗坛又出现了着力摆脱复古主义羁縻的新局，导其先路者是主张“力祛浮靡，还之风雅”的区大相，温汝能评曰：“模范百家，陶镕万象，含华佩实，纯瑜无疵，必也其海目乎？”[③]明末，广东成为南方抗清的最后重要战场，并因此产生了大批慷慨激昂的具民族气节的诗人，他们的诗作多激情喷薄，无意求工而自然法立，足以流传千古。其中以有“吾粤之太白”之称的黎遂球、有“吾粤之少陵”之称的陈邦彦和有“吾粤之灵均”之称的邝露最具时名，他们被并称为“岭南前三大家”[④]。“牡丹状元”黎遂球诗少负才名，其诗屈伸如意，灵光异彩满目，在他的引领下，又有著名的“南园十二子”（黎遂球、陈子壮、陈子升、欧主遇、欧必元、区怀瑞、区怀年、黎邦瑊、黄圣年、黄季恒、徐棻、僧通岸）。南园诗人，标榜汉魏，力追三唐，尤重风骨，诗风雄直，对岭南诗派的发展壮大起了重要的作用。陈邦彦笔力老健，气贯长虹，“直摩少陵之垒而拔其帜”[⑤]。邝露诗品格高尚，古色璀璨。其他著名诗家还

① 温汝能：《粤东诗海》，清嘉庆十八年文畲堂刻本，例言。
② 温汝能：《粤东诗海》，清嘉庆十八年文畲堂刻本，例言。
③ 温汝能：《粤东诗海》，清嘉庆十八年文畲堂刻本，例言。
④ 温汝能：《粤东诗海》，清嘉庆十八年文畲堂刻本，例言。
⑤ 温汝能：《粤东诗海》，清嘉庆十八年文畲堂刻本，例言。

有张穆、张家玉等。在这些代表性诗家的倡导与引领下，岭南地区的诗歌创作出现了繁盛的局面。温汝能曾赞叹："自唐以诗取士，海内多事声律。五岭以南，作者奋兴，日月滋广，遂蔚为奇观。明区启图尝荟萃诸集，编为《峤雅》，采择孔翠，芟简繁芜，自唐迄明，得三百余家，可谓盛矣！"①据不完全统计，自汉至元末，有诗作流传的岭南诗人不到 200 家，仅明代就有诗人 2200 余家。考虑到版籍散佚、资料匮缺等因素，实际参与创作活动的明代诗人应当远超上述统计。

清初岭南出现了屈大均、陈恭尹、梁佩兰三位具全国影响的大诗人，他们被称为"岭南三大家"。屈大均之诗雄奇高浑，慷慨超迈；陈恭尹之诗沉郁苍劲，精警隽永；梁佩兰之诗伉爽排宕，深稳雅健。他们以超拔的作品，将岭南的诗歌创作推到了前所未有的高度，赢得了崇高声誉。他们的出现标志着岭南诗家已可与中原、江南颉颃。邓之诚《清诗纪事初编》卷八丁编考证，清初王隼编辑屈大均、陈恭尹、梁佩兰之诗，把书名定为《岭南三大家诗录》，隐含与当时的"江左三大家"（钱谦益、吴伟业、龚鼎孳）相抗之意。与"岭南三大家"差不多同时的名诗家，还有梁朝钟、黄公辅、郭之奇、程可则、方殿元等一批骚客，以及以函昰、函可、成鹫等为代表的一批禅门人士。程可则诗声早擅海内，与王士禛等并称"海内八家"，名重一时。方殿元诗以神行，深远古澹。成鹫之诗或意度闲雅，或郁聿有神，论者认为"本朝僧人鲜出其右者"②。此外吴文炜之诗疏快清逸，王隼之诗宛曲典赡，易弘之诗苍凉深沉，均各擅胜场。到乾嘉时期，又有冯敏昌、黎简、宋湘、李黼平、张锦芳、胡亦常、黄丹书、吕坚等并称名家。冯敏昌学识渊博，功力深厚，其诗意境阔大，气势宏大。黎简与张锦芳、黄丹书、吕坚并称"岭南四家"，黎简的诗如玉梅拒霜，古香独绝，富有禅意，在诗界长有令誉。宋湘在其所生活的时代即有"岭南第一才子"之誉，《清史列传》卷七二说"粤诗自黎简、冯敏昌后，惟湘为巨擘"。嘉道年间，"粤东三子"——谭敬昭、黄培芳、张维屏相继而起，谭敬昭之诗超脱浏亮，黄培芳之诗清微淡远，张维屏之诗一唱三叹，这些诗人共同拉开了岭南古代诗歌向近代诗歌转变的序幕。

进入近代之后，岭南的诗歌创作出现了更为繁盛的局面，著名诗家有朱次琦、黄节、梁鼎芬、康有为、陈伯陶、张其淦等。而由黄遵宪发其端、由梁启超导其向的"诗界革命"，更是在诗界掀起了一股变革的巨浪，使在全国的影响力空前巨大的岭南，引领全国诗坛，开始了中国诗歌的近代化进程。梁启超是第一位明确提出"诗界革命"口号的诗家，主张"以旧风格含新意境"③；

① 温汝能：《粤东诗海》，清嘉庆十八年文畲堂刻本，例言。
② 沈德潜：《清诗别裁集》，北京：中华书局，1975 年，第 586 页。
③ 梁启超：《饮冰室诗话》第六十三则，《饮冰室合集》，北京：中华书局，1989 年。

而其师康有为亦主张“新世瑰奇异境生，更搜欧亚造新声”[①]，追求新思想、新事物。其实在他们之前，黄遵宪已经提出“我手写我口，古岂能拘牵”[②]的口号，并以成功的创作使自己成为了“诗界革命”的一面主要的旗帜，在理论与创作两方面给“诗界革命”开辟了道路。以岭南诗家为骨干的“诗界革命派”的作品，无论是思想境界还是艺术贡献，在当时诗坛都居于压倒性的地位。

二、诗人群体与“岭南诗派”

古近代岭南诗歌创作的兴盛是与诗人的群体活动紧密联系在一起的。岭南诗人结社最早见于载籍者，是宋末赵必瑑、李春叟、陈纪等在东莞建立的吟社。元末明初，孙蕡、王佐等在广州南园抗风轩组织“南园诗社”，力矫元代诗歌的纤弱萎靡之风，这是岭南文学史上最负盛名的诗社。明嘉靖年间，欧大任、梁有誉等为振拔“风雅中坠”的岭南诗坛，又续五子故事，重建南园诗社。梁有誉、黎民表、欧大任诸诗人还曾在广州城光孝寺西廊组织“诃林净社”。刑部主事王渐逵、祭酒伦以训则在广州越秀山麓结“越山诗社”。明万历间，学士赵志皋谪官广州，在城西开“浮丘大社”，与粤中士大夫赋诗。稍后，郭棐与王学曾等十六人又组建“浮丘诗社”，以续南园。明末天启年间，顺德人梁元柱复与陈子壮、黎遂球、赵焞夫、欧必元、李云龙、梁梦阳、戴柱、梁木公等重辟诃林净社。黎遂球、陈子壮、陈子升等则复集南园，还结社于浮丘。崇祯末年，诗人陈虬起与萧奕辅、梁佑逵、黎邦瑊、区怀年等于广州创建“芳草精舍诗社”。陈子壮还曾在广州城北的兰湖边与同好结“兰湖诗社”，清人颜师孔曾有《兰湖诗社》诗记其事。清初王之蛟在其东皋别业聘屈大均、陈恭尹、梁佩兰创“东皋诗社”。雍正、嘉庆年间，还有诗人再结社于此。顺治年间，梁佩兰、陈恭尹、张穆、陈子升、王邦畿、何绛等人常集于高俨的旅舍唱和，结“西园诗社”，参与雅集者尚有程可则、潘楳元、屈大均、王隼、梁无技等。“诸子吟社，初无寻址，多集于西园丛桂坊六莹堂、梅花村等处。康熙乙卯后，则多集于新迁法性寺。”[③]顺治年间，光孝寺僧愿光与梁佩兰、周大樽诸人结社于诃林净社，此社自明中叶建立，在光孝寺存在了百年左右，影响仅次于南园诗社。梁佩兰与陈恭尹、陶璜、方殿元等也重建了兰湖诗社，称“白莲诗社”。清梁宪《花朝社集西禅寺》题注提到，康熙二十三年（1684），

---

① 康有为：《与菽园论诗兼寄任公孺博曼宣》，郭绍虞：《中国历代文论选》第4册，上海：上海古籍出版社，1980年，第188页。

② 黄遵宪：《杂感五首》之二，钱仲联：《人境庐诗草笺注》，上海：上海古籍出版社，1999年，第42页。

③ 吕永光：《梁佩兰年谱》，未刊稿。

吴绮“集海内之词人于西禅寺，结‘越台诗社’，至期则宴叙分题”。[①]康熙二十九年（1690），岭南三家恢复了浮丘诗社，屈大均曾有诗《修复浮丘诗社有作》。康熙三十五年（1696），黄登于广州东郊黄村辟“探梅诗社”，延梁佩兰主持社事，在梅花开时约名流饮酒赋诗其下，诗人梁无技、释成鹫等参与其事。康熙年间，诗人何执隐居于广州南塘小岛，开“湖心诗社”，何栻曾有《湖心诗社》诗记其盛。雍乾年间，广州诗社如林，安徽人檀萃南游粤东，亲见岭南诗社之盛，曾很有感触地说：“仆客粤三年，居羊城者久，见士大夫好为诗社，写之于花宫、佛院墙壁间皆满。其命题多新巧，为体多七律。每会计费数百金，以谢教于作诗者，第轻重之。流离之英俱得与，不具姓名，以别号为称，有月泉吟社之遗风。”[②]其中可述者有何梦瑶组织的“南香诗社”、潘正衡组织的“常荫轩诗社”。道光年间，谭莹、熊景星、徐荣、徐良琛等又重结西园吟社，成员均为学海堂的生员。咸丰二年（1852），许祥光在广州太平沙结“袖海楼诗社”。稍后，沈世良、陈澧、谭莹等又在广州结“东堂吟社”。清末梁鼎芬、黄节等八人在广州组建了“南园后社”。陈永正先生曾指出：“通过雅集活动，诗人互相交流切磋，品评高下，并培育了一批青年诗人，如王隼、梁无技、陈阿平、周大樽、邓廷喆、徐璇、韩海以及女诗人王瑶湘等，都是在频繁的诗坛活动中成长起来的。还有一些外省入粤的诗人，也参与诗社的组织和活动，如越台诗社就是以‘多风力、尚风节、饶风雅’著名的诗人吴绮所倡议的，赵执信、潘耒、严绳孙、周在浚、徐釚、张尚瑗等一大批游宦诗人，都加入诗社唱和，通过这些创作交流活动，岭南诗家逐渐为中原、江左人士所知，也提高了岭南诗派在全国诗坛中的地位。”[③]

元末明初，孙蕡、王佐等“南园前五先生”首开南园诗社，同时也竖起了岭南诗派的旗帜；明中叶以欧大任、梁有誉为代表的“南园后五先生”续开南园诗社，明末清初则陈邦彦、黎遂球等人“南园十二子”，清中叶则有学海堂的南园雅集，丘逢甲的南园“诗钟会”、梁鼎芬、黄节的“后南园诗社”、民国时期的“南园今五子”到当代的“南园新五子”。可以说，从元朝末年到当代的六百余年的时间里，南园聚集了岭南最重要的文人群体，通过南园结社，集合力量，培养后学，岭南诗歌不仅形成了一个由诗社、家族、乡邦酬唱构成的文学传播网络，形成了一种文雅宏焕的氛围，而且形成了风流标映的承传系统；南园诗人多数先后走出岭南，积极参与明清两代的官方和民间文化活动，与其他地域诗派展开文学交流，在传播了个人和群体诗名的同时，也推动了岭南诗派的全国性崛起。南园后学对南园的修葺、对“南园五先生”的祭祀，

① 梁宪：《花朝社集西禅寺》题注，张其淦：《东莞诗录》卷22，东莞张氏1921年刻本。
② 檀萃：《楚庭稗珠录》卷4《粤琲上》，广州：广东人民出版社，1982年。
③ 陈永正：《广州历代诗社考略》，《羊城今古》，1998年第6期。

对他们诗集的刊刻，对结社传统的传承，在创作上对“南园五先生”的模仿，在诗学批评上对本地文学传统和地域特征的强调，实质上都是在汇合着岭南的诗歌传统，这种传统实际上包含着四种因素：以韩愈和苏轼为代表的入粤诗人的传统、汉唐诗歌传统、岭南文人的诗歌传统及岭南的民歌传统。而在汇合传统的同时，岭南诗派也因此得以在代际间传承。

除了组织诗歌社团之外，在岭南还有某些诗家由于意趣相投而经常聚集在一起切磋诗艺，又有诗人因诗风接近、水平相当而常被当时与后世的论者相提并论，从而形成文学上的集群或并称。有些集群或并称与社团活动有关，如“南园五子”（或称“南园派”）、“南园后五子”和“南园十二子”；有些则无关，如“陈庄体”（陈献章与庄定山）、“岭南前三大家”（邝露、黎遂球、陈邦彦），“海云诗群”（以释函昰为首的海云系众诗僧）、“岭南三大家”（屈大均、陈恭尹、梁佩兰）、“岭南四家”（黎简、吕坚、张锦芳、黄丹书）、“近代岭南四家”（梁鼎芬、曾习经、罗惇曧、黄节）等，这些集群或并称对岭南骚坛的振拔与诗派的形成与稳固也起到了重要作用。

诗歌创作的繁盛与诗歌社团与集群活动的频繁，促进了岭南诗派在元末明初的崛起，并引来历代评家不绝如缕的关注。从现在所能见到的文献资料来看，“岭南诗派”这一概念最早出现在明天顺朝东莞籍进士祁顺的《宝安诗录序》，序文说道：“吾宝安诗人为岭南称首，盖岭南诗派也……百十年来，声诗洋溢，复有结‘凤台’、‘南园’二社以大肆其鸣者，于是岭南之派益大且远，噫，盛哉！”[①]祁顺的议论，反映了明朝前期在诗坛崛起的岭南诗人自视为诗派的事实。明嘉靖时欧大任则在《潘光禄集序》中说：“五岭以南，孙蕡、黄哲、王佐、赵介、李德五先生起，轶视‘吴中四杰’远甚。”[②]说明“南园五先生”这些标志性的岭南诗家的水平并不在江左诗家之下。无独有偶，明万历年间浙东诗家胡应麟也说：“国初吴诗派昉高季迪，越诗派昉刘伯温，闽诗派昉林子羽，岭南诗派昉于孙蕡仲衍，江右诗派昉于刘崧子高。五家才力，咸足雄踞一方，先驱当代。”[③]他不仅指出了“岭南诗派”在明初异军突起、与“闽诗派”“吴诗派”“越诗派”“江右诗派”并驾齐驱的事实，而且把位列“南园五子”之首的孙蕡看作该诗派的开辟者。胡应麟又提到，明正德、嘉靖年间的诗坛，“自吴、楚、岭南外，江右独为彬蔚”[④]，说吴、楚、岭南、江右是明中叶诗歌创作的四大中心，也隐含着岭南是当时诗歌创作的一大流派的观点。清初的诗坛盟主王士禛在《池北偶谈》卷一一评价粤诗时说，广东“僻在岭海，不

① 祁顺：《巽川集》卷11，清康熙二年在兹堂刻本。
② 转引自屈大均：《广东新语》，《屈大均全集》四，北京：人民文学出版社，1996年，第321页。
③ 胡应麟：《诗薮》续编卷1，北京：中华书局，1962年，第336页。
④ 胡应麟：《诗薮》续编卷2，北京：中华书局，1962年，第354页。

为中原、江左风气熏染，故尚存古风耳”[①]，他虽然没有用“诗派”的字眼来指称岭南的诗人群体，但以岭南来与中原、江左并举，岭南独成一派的意思已寓于其中。在《渔洋诗话》卷下中，他又说：“粤东诗派皆宗区海目，而开其先路者邝露湛若也。”[②]明确说岭南诗派是独立的流派，而区大相是该派的诗宗，邝露是该派的先驱。清初“浙西词派”的创始者朱彝尊也把“岭南诗派”看作明代中叶诗坛的流派之一，他在《静志居诗话》中说：“岭表自‘南园五先生’后，风雅中坠，文裕力为起衰，如黎惟敬、梁公实辈，皆其弟子。嘉靖中，‘南园后五先生’，二子与焉。盖岭南诗派，文裕实为领袖，不可泯也。”[③]《四库全书总目提要》卷一八九集部四二总集类四评《广州四先生诗》说，四先生诗“虽网罗放失，篇帙无多，然如（黄）哲之五言古体，祖述齐、梁；（李）德之七言长篇，胎息温、李；俱可自名一家。惟（王）佐气骨稍卑，未能骖驾；而（赵）介诗所存太少，不足以见所长耳。然粤东诗派，数人实开其先，其提唱风雅之功，有未可没者”。这里明确提到了“粤东诗派”的概念，并说四先生是其开创者。乾嘉时期常熟的学者与诗人洪亮吉在评陈恭尹诗时说，“尚得昔贤雄直气，岭南今不逊江南”[④]。清末常熟诸生沈汝瑾的评论更进一步，说若论气概雄壮豪迈，岭南诗家还在江南诗家之上——“珠光剑气英雄泪，江左应惭配岭南”[⑤]。这类说法，虽包含有江南士人的自谦成分，却也反映出岭南诗派在清人心目中具有重要地位。清代诗人林枫曾在其诗《论诗仿元遗山体》之五中写道：“岭南诗派屈梁陈，一代风骚鼎足身。”[⑥]清道光年间，湖南新化举人邓显鹤在《九芝草堂诗存序》中说：“今海内竞称岭南诗派，岭以西阒如。”[⑦]说明岭南诗派为当时诗人所推重。清末洋务大员盛宣怀在为郑观应《罗浮待鹤山人诗草》所作的序中，也标举过岭南诗派之名。其实岭南诗家也是把自家作为独立诗派来看待的，嘉庆时嘉应诗人李黼平曾言：“至唐张曲江公出，实有以追正始之音。流风未微，积而发于胜国，维时天下之诗派有三：河朔为一派，江左为一派，岭南诗自为一派。”[⑧]光绪间巡抚邓华熙撰《罗浮待鹤山人诗草序》有言：“吾粤诗派代有闻人，国初屈氏、陈氏、梁氏刊成合集，鼎峙争雄，世称‘岭南三大家’，脍炙人口，殆四子继之，二百年来瓣香弗替。”[⑨]古人这些议论，反映了岭南诗派自元末明初中以来直至晚近一脉相续的事实。

---

① 王士禛：《池北偶谈》卷 11，北京：中华书局，1982 年，第 251 页。
② 王士禛：《渔洋诗话》卷下，北京：人民文学出版社，1963 年，第 274 页。
③ 朱彝尊：《静志居诗话》卷 11，北京：人民文学出版社，1990 年，第 297 页。
④ 洪亮吉：《道中无事偶作论诗截句二十首》，《更生斋诗集》卷 2，涵芬楼影印北江全书本。
⑤ 转引自吕永光：《粤东诗海》，前言，广州：中山大学出版社，1999 年，第 6 页。
⑥ 转引自郭绍虞等：《万首论诗绝句》，北京：人民文学出版社，1991 年，第 1361 页。
⑦ 邓显鹤：《南村草堂文钞》卷 4，《续修四库全书》，集部，别集类 1501。
⑧ 李黼平：《着花庵集·序》，清嘉庆以文堂刻本。
⑨ 邓华熙：《罗浮待鹤山人诗草序》，《续修四库全书》，集部，别集类 1570。

汪辟疆特别对近代岭南诗派的格局与影响等作了系统的研究，他曾在《近代诗人述评》一文中说，“岭南诗派，肇自曲江”，“迄于明清，邝露、陈恭尹、屈大均、梁佩兰、黎遂球诸家，先后继起，沉雄清丽，蔚为正声”，“乾嘉之间，黎简、冯敏昌、张维屏、宋湘、李黼平诗尤为有名”[①]。在另外一篇名文《近代诗派与地域》中，他又把“岭南派”作为近代诗家六派之一与“湖湘派”“闽赣派”“河北派”“江左派”“西蜀派”并举，认为它们“皆确能卓然自立蔚成风气者也”。他又说，岭南之所以能力标派，是因为它在诗坛曾“振雄奇之逸响”[②]。“岭南诗派，初囿一隅，至黄公度、康长素二氏出，乃益宏大，海内响风，群尚新体。”[③]他认为：“此派诗家，大抵怵于世变，思以经世之学易天下，及余事为诗，亦多咏叹古今，指陈得失。……故比辞属事，非学养者不至，言情托物，亦诗人之本怀。其体以雄浑为归，其用以开济为鹄，此其从同者也。”[④]陈永正是继汪辟疆之后，对岭南诗派进行过较多研究的学者，他曾在《岭南文史》1999 年第 3 期发表论文《岭南诗派略论》，对岭南诗派的发展演变历史及历代评论做了勾勒。其后，他又在专著《岭南诗歌研究》（中山大学出版社 2008 年版）中辟专章探讨该诗派的发展线索与基本特点。陈先生还曾发表过论文《韩愈诗对岭南诗派的影响》[⑤]，认为韩愈对岭南文化有着巨大而深远的影响，韩愈雄奇险劲的诗作更成为岭南诗人效法的榜样，岭南诗派是在“韩潮苏海”的灌溉下成长起来的。刘世南也在其专著《清诗流派史》中开辟专章研讨岭南诗派，书中说道：“岭南诗派的名称，由来已久。即以明末清初而论，它除了反映一种地方色彩，……更主要的却因为它风格遒上，和当时的江左三大家完全不同。”[⑥]严迪昌的专著《清诗史》[⑦]则把屈大均、陈恭尹、函可三人列叙为“岭南诗派”在清初的代表性诗人。郑礼炬在论文《闽中诗派对明代翰林诗歌创作的影响》中谈到：“元代末年以及明初的诗坛，出现了闽中派、越中派（包含在‘浙东文派’中）、岭南派、吴中派、江右派（或称西江派）等五个以地域分野命名的创作群体。”[⑧]杨权则在论文《诗派标准与“岭南诗派”》[⑨]中提出了诗派成立应具备的四项标准，即：①由一定数量的诗家组成，并有其代表人物；②以某种组织形式聚合在一起，并有明确、共同的诗学主张（此条标准仅为“自觉的”诗派所必备）；③彼此审美旨

① 汪辟疆：《近代诗人述评》，《南京大学学报》（人文科学版）1962 年第 1 期。
② 汪辟疆：《近代诗派与地域》，《汪辟疆文集》，上海：上海古籍出版社，1988 年，第 291 页。
③ 汪辟疆：《近代诗派与地域》，第 319 页。
④ 汪辟疆：《近代诗派与地域》，第 314-315 页。
⑤ 陈永正：《韩愈诗对岭南诗派的影响》，《中山大学学报》（社会科学版）1993 年第 2 期。
⑥ 刘世南：《清诗流派史》，北京：人民文学出版社，2004 年，第 15 页。
⑦ 严迪昌：《清诗史》，北京：人民文学出版社，2012 年。
⑧ 郑礼炬：《闽中诗派对明代翰林诗歌创作的影响》，《闽江师院学报》2007 年第 6 期。
⑨ 杨权：《诗派标准与“岭南诗派”》，《学术研究》2012 年第 3 期。

趣大体一致，诗风接近或类似；④在诗坛产生过重要影响，为当时或后代的评家所认可。并以此来衡量岭南诗人创作群体的创作情况，得出了岭南诗派是一个纵向型的“非自觉”诗派的结论。翁筱曼的论文《古代诗学视境下的“地域意识”——以岭南地域诗学为个案》[①]与陈恩维的论文《论地域文人集群与地域诗派的形成——以南园诗社与岭南诗派的形成为例》[②]，研究了地处文化边缘区域的岭南所以能形成一个诗派的原因，认为诗家社团集群的存在、地方文化特质在创作中的作用、诗作的异地与代际传播、审美特质和精神文化传统的凝定与内化等因素，是岭南诗派成为地域性诗派的前提。李玉栓的《文人结社与明代岭南诗派的发展》[③]，探讨了社团活动与岭南诗派的关系。而张纹华的《朱次琦与近代岭南诗派——以汪辟疆所论为中心》[④]、左岩的《沈世良与岭南诗派》[⑤]、徐世忠的《论谭莹对岭南诗派的贡献》[⑥]则是从个案入手研究岭南诗派的论文。2011 年 12 月，中山大学中国语言文学系、中国古文献研究所曾与广东省文学艺术界联合会在广州合作举办了首次“岭南诗派”学术研讨会，由陈永正与杨权共同主编的研讨会论文集《岭南诗史论丛》已列入广东人民出版社的出版计划，将作为“岭南文库”面世。

三、岭南诗作汇辑整理

岭南文化是在中原文化的影响下产生与发育起来的一种独具特色的区域文化，它一方面是悠久灿烂的中华文化的一个组成部分，具有中华文化的一般共性；另一方面，它又因为本地区自然、人文因素乃至海外因素的影响，形成了有别于中原文化的独特面目。岭南的地貌、气候、物产、语言、饮食、风俗、习惯等都与内陆地区有明显不同，表现在岭南民众身上的务实、开放、相容、创新、多元等的思维特征也是生活在相对封闭的内陆地区的民众所较为缺乏的。岭南诗歌是岭南文化的重要组成部分，因此也不可避免地会打上本地区的烙印，显示出不同于中华其他地区的文化特质。正是这种文化特质，使对岭南诗歌作品的整理编纂有了独特的意义。

古近代岭南诗歌创作活动的兴盛，促进了大量诗作成果的产生。为使它

① 翁筱曼：《古代诗学视境下的“地域意识”——以岭南地域诗学为个案》，《汕头大学学报》（人文社会科学版）2008 年第 6 期。

② 陈恩维：《论地域文人集群与地域诗派的形成——以南园诗社与岭南诗派的形成为例》，《学术研究》2012 年第 3 期。

③ 李玉栓：《文人结社与明代岭南诗派的发展》，《安徽师范大学学报》（人文社会科学版）2013 年第 6 期。

④ 张纹华：《朱次琦与近代岭南诗派——以汪辟疆所论为中心》，《广东广播电视大学学报》2011 年第 6 期。

⑤ 左岩：《沈世良与岭南诗派》，《汉语言文学研究》2013 年第 3 期。

⑥ 徐世忠：《论谭莹对岭南诗派的贡献》，《文艺评论》2011 年第 8 期。

们流于不坠，自明代以来，便不断有留心乡邦文献建设的人士努力搜求前贤的作品，并把它们结集出版。据文献记载，明代区启图曾编《峤雅》，不过未成；现存最早的粤诗总集，是明代万历时期张邦翼编纂的《岭南文献》。清代具有总汇性质的诗歌或诗文作品有康熙年间屈大均的《广东文选》、黄登的《岭南五朝诗选》，乾隆年间梁善长的《广东诗粹》、陈兰芝的《岭南风雅》，嘉庆年间刘彬华的《岭南群雅》、温汝能的《粤东诗海》、罗学鹏的《广东文献》、凌扬藻的《国朝岭海诗钞》，道光年间梁九图与吴炳南的《岭表诗传》、伍崇曜的《楚庭耆旧遗诗》，近人何藻翔的《岭南诗存》、邬庆时与屈向邦的《广东诗汇》、余祖明的《广东历代诗钞》、黄文宽的《岭南小雅集》等。除了这些具有总汇性质的作品集之外，岭南地区还出现了不少选集，它们有的是郡邑之选，如明代陈琏的《宝安诗录》、祁顺的《宝安诗录》，清康熙年间蔡均的《东莞诗集》、陈珏的《古瀛诗苑》、顾嗣协与顾嗣立的《冈州遗稿》，乾隆年间罗元焕的《粤台征雅录》，道光年间邓淳与罗嘉蓉的《宝安诗正》、言良钰的《续冈州遗稿》，咸丰年间黄登瀛的《端溪诗述》，同治年间彭泰来的《端人集》，清末张煜南与张鸿南的《梅水诗传》、胡曦的《梅水汇灵集》、罗嘉蓉与苏泽东的《宝安诗正续集》，民国张其淦的《东莞诗录》、黄绍昌与刘芬的《香山诗略》、温廷敬的《潮州诗粹》，近人王国宪的《琼台耆旧诗集》、杨柳风的《阳江诗钞》等；有的是家族之选，如清康熙年间陈恭尹的《番禺黎氏存诗汇选》、屈士煌的《番禺屈氏诗钞》，光绪年间冯询的《冯氏清芬集》、潘仪增的《番禺潘氏诗略》，清末黄映奎的《香山黄氏诗略》等；有的是师友之选，如清嘉庆道光年间刘彬华的《岭南四家集》、同治年间李长荣的《柳堂师友诗钞》《柳堂师友诗录》等；有的是闺阁之选，如近人黄任恒的《粤闺诗汇》等；有的是方外之选，如康熙年间徐作霖与黄蠡的《海云禅藻集》等。上述的总集规模都不大，最大的温汝能编《粤东诗海》只有 106 卷，入集诗人 1055 家，远谈不上已囊括岭南诗人创作的大部，更别说全部。

对岭南诗歌或诗文别集的系统搜辑汇编，开始的时间距今并不是太长。二十世纪三四十年代，粤港文化学术界的一批人士在粤籍著名学者与社会活动家叶恭绰的倡导下，曾以“中国文化协进会”的名义，成规模地汇编出版粤人的诗文著述。他们通过各种渠道搜辑珍本、孤本，于 1941 年编成《广东丛书》第一集。入集作品包括唐代张九龄的《唐丞相曲江张文献公集》（附清温汝适的《曲江集考证》《年谱》），宋代余靖的《武溪集》（附黄佛颐的《武溪集补遗》《余襄公奏议》），明代黄公辅的《北燕岩集》、陈子壮的《礼部存稿》、黎遂球的《莲须阁文钞》、梁朝钟的《喻园集》、屈大均的《翁山文钞》（附徐信符的《翁山佚文》）等，多半为诗文别集。不过直至 1945 年抗日战争胜利，丛书才由商务印书馆香港分馆全璧出版。之后，1946 年，叶恭绰又自任主任委员，与简又文、陆丹林、黄荫普、徐绍棨等十余人组成《广东丛书》编印委员会，筹划续编《广东丛书》。1947 年《广东丛书》第二集编成，收入明薛始亨的《蒯缑馆十一草》等孤本，于次年由商务印书馆香港分馆出版。紧接着叶恭绰等又辑编了《广东丛书》第三集。后因解放战争，事难赓续。

二十世纪八九十年代，广东一批高校学人有感于“岁月不居，屡经蠹鱼之蛀蚀；沧桑世变，每遭兵火之摧残”，“时愈久而版册弥湮，岁月迈而耆宿遂老”①，乃在全国高校古籍整理研究工作委员会的指导下，成立了《岭南丛书》编委会，黄灼耀、管林先后任主任委员。他们踵武前贤，分门别类，对存世的岭南地方文献提出了一个宏大的整理计划。项目开局，便完成了十多种岭南文献的整理工作，分别由中山大学出版社、暨南大学出版社与广东高等教育出版社出版。这些被列入整理范围的文献，有不少是诗歌或诗文别集，如南宋李昴英撰《文溪存稿》（杨芷华点校，暨南大学出版社 1994 年版）、明代孙蕡等撰《南园前五先生诗》（梁守中、郑力民点校，中山大学出版社 1990 年版）、欧大任等撰《南园后五先生诗》（梁守中、郑力民点校，中山大学出版社 1990 年版）、张家玉撰《张家玉集》（杨宝霖点校，广东高等教育出版社 1992 年版）、清代陈恭尹撰《独漉堂集》（郭培忠点校，中山大学出版社 1988 年版）；邝露撰《峤雅》（黄灼耀点校，广东高等教育出版社 1990 年版）、梁佩兰撰《六莹堂集》（吕永光点校，中山大学出版社 1992 年版）、黎简撰《五百四峰堂诗抄》（梁守中点校，中山大学出版社 1990 年版）、宋湘的《红杏山房集》（黄国声校辑，中山大学出版社 1988 年版）、张维屏的《张南山全集》（陈宪猷等点校，广东高等教育出版社 1995 年版）等，它们的出版对岭南的文史研究产生了积极的作用，可惜后来由于多种因素的影响，整理出版工作未能顺利进行下去。

除上述丛书外，其他一些丛书也收入了若干经整理的岭南诗歌或诗文别集。例如，中山大学中国古文献研究所主持整理的《清初岭南佛门史料丛刊》第一辑，收入了清代释函昰的《瞎堂诗集》，释今释的《徧行堂集》（正、续集），释成鹫的《咸陟堂集》（初、二集），释大汕的《大汕和尚集》，于 2006 年至 2008 年分别由中山大学出版社与广东旅游出版社出版。即将出版的第二辑收有方外诗歌或诗文别集 14 种，分别是释函可的《千山诗集》，释今无的《光宣台集》，释二严的《啸楼前集》《啸楼后集》，徐作霖等的《海云禅藻集》，释弘赞的《木人剩稿》《观音慈林集》《六道集》《兜率龟镜集》，释一机的《涂鸦集》《涂鸦集杂录》，释开沩的《鼎湖外集》，释道忞的《布水台集》，释愿光的《法性禅院倡和诗》等。近年来广东人民出版社出版的《岭南文库》，所收

① 《〈岭南丛书〉编辑缘起》，梁佩兰：《六莹堂集》，广州：中山大学出版社，1992 年。

作品以专著为主，不过其中亦有诗歌或诗文别集，如黄节的《蒹葭楼自定诗稿原本》（1998 年版）。此外，还有一些重要岭南诗人的诗歌或诗文别集经学者整理后以单行形式出版，例如，刘斯翰校注的张九龄《曲江集》（广东人民出版社 1986 年版），李玉宏校注的张九龄《曲江集》（当代中国出版社 2004 年版），熊飞的《张九龄集校注》（中华书局 2012 年版），欧初、王贵忱主编的《屈大均全集》（人民出版社 1996 年版），陈香白点校的翁万达《稽愆集》（中山大学出版社 1997 年版），黄志辉整理的余靖《武溪集校笺》（天津古籍出版社 2000 年版），林子雄点校的《廖燕全集》（上海古籍出版社 2005 年版），黄国声主编的《陈澧集》（上海古籍出版社 2008 年版），严志雄、杨权点校的函可《千山诗集》（“中央研究院” 2008 年版），等等。

近年来广东文化学术界在地方文献汇辑方面有重大举措，推出了《清代稿钞本》与《广州大典》两部大型丛书。桑兵主编的《清代稿钞本》于 2006 年立项，是国家清史工程框架内规模最大的地方藏文献发掘抢救整理项目，也是 1949 年以来规模最大的历史未刊珍稀稿本、钞本出版工程，已作为“十一五”国家重点出版选题由广东人民出版社出版。丛书以广东省立中山图书馆、中山大学图书馆馆藏稿本、钞本和少量稀见刻本为影印对象，出版了六辑共 300 册，所收内容大都是清代文献，其中有不少是岭南作者的诗歌或诗文别集。以初编为例，共收诗集或诗文集 144 种，其中包括潘有为的《南雪巢诗钞》、何若瑶的《海陀华馆诗草》、何巩道的《越巢诗集》、唐大经的《舫楼诗草》、陈华封的《复斋诗钞》等数十种粤人作品。续编的诗歌与诗文别集作者，有南海招衡玉、叶官桃、陈如龙、谢兰生、朱次琦、梁达卿，番禺陈子瑞、梁松年、陈澧，顺德马肇梅、邓华熙，香山刘世重、黄培芳，新会黄炳堃，鹤山吕冠雄，东莞张其淦等 16 人是粤人。

《广州大典》是一项由地方政府出资编纂的大型文献丛书，于 2005 年 5 月启动，由陈建华任编纂委员会执行主任、曹淳亮任主编，已于 2006 年上半年全部出齐。丛书以广东省立中山图书馆与中山大学图书馆所藏文献为基础，所收作品为过去的“广州府”籍人士（含寓贤）的著述及穗版丛书，入选文献下限为清宣统三年（1911），个别门类延至民国，地域则以清中期广州府所辖南海、番禺、顺德、东莞、从化、龙门、增城、新会、香山（今中山、珠海）、三水、新宁（今台山）、新安（今深圳）、清远、花县（今花都），以及香港、澳门、佛冈、赤溪（今台山）为界。集部共 123 册，收入文献 1294 种，其中有相当部分是粤人的诗歌或诗文别集。

此外，上海古籍出版社自 1979 年起陆续影印出版的《清人别集丛刊》，也收录有一些岭南人士的诗歌或诗文别集。

上述的别集汇编出版工作，为对岭南诗歌文献的进一步整理研究创造了有利的条件。不过，前贤的工作还是存在着局限性的，具体表现在以下两个方面：一是搜辑范围还较为有限。如《广东丛书》只重视珍本、孤本，《岭南丛书》整理计划宏大却未能进行下去，《清初岭南佛门史料丛刊》与《华严丛书》只收方外作品，《清代稿钞本》只有一部分是岭南的诗歌与诗文别集，《广州大典》所收作品的作者范围只限于“广府”。二是大部分作品都未经点校整理，只是以影印原始文本的形式出版。如《广东丛书》是照古籍原样排版印刷的，《清代稿钞本》强调的是保持作品的“原生态形式”，《广州大典》对古籍的处理原则是“不选、不编、不校、不点”。因此对岭南诗歌文献的整理，还存在很大的空间。

四、《全粤诗》的编纂

1998 年，中山大学中国古文献研究所的团队在陈永正教授带领下，启动了岭南诗歌总集——《全粤诗》的编纂工程。《全粤诗》是全国高校古籍整理研究工作委员会的重点规划项目，位列“七全一海”（《全元文》《全宋文》《全宋诗》《全明戏曲》《全明文》《全明诗》《全粤诗》与《清文海》）之一，它是岭南地区有史以来最大规模的诗歌总集，也是目前大陆唯一在编的大型区域诗歌总集，具有“大而全”的特征。它的编纂目标，是不分时代、作者、体裁、题材、内容、长短，把迄今存世的可知古近代岭南诗人的作品——包括集内诗和集外诗——全部采编入集，编纂规模前无古人。该书所收诗家估计超过万人，所收诗作在 20 万首以上，卷帙将有百册之巨。项目在开展之初，因资金匮缺、人手不足，进展缓慢。进入 21 世纪之后，广东省有关方面从弘扬岭南文化、建设文化大省的战略高度出发，在经费上对项目给予了大力支持，因此编纂进度明显加快。《全粤诗》的参编人员除了中山大学中国古文献研究所的研究人员之外，还有中山大学中国语言文学系、中山大学图书馆、华南师范大学、广东财经大学、华南农业大学、广东省立中山图书馆、香港中文大学等单位的师生与研究人员。经过全体参编者的不懈努力，项目已取得了重要的进展，由陈永正教授主持的汉代至明代各卷的编纂工作已在 2009 年完成。该部分共有 804 卷，收录诗家 2500 余人、诗作 6 万多首，共分 26 册出版，至今已出版 20 册。清代部分的编纂工作从 2010 年开始在笔者的主持下展开（陈永正教授任荣誉主编）。清代部分的篇幅估计有七八十册。迄今，清前期（顺治、康熙、雍正、乾隆四朝）的全部别集与清中期（嘉庆、道光两朝）的部分别集已整理完成，编纂工作正在向清后期（咸丰、同治、光绪、宣统四朝）推进。俟全部清代别集整理完成，再开展补遗工作。整个《全粤诗》的编纂工程，估计要到 2020 年左右才能完成。

《全粤诗》编纂的工作步骤或模式大致是这样的：从文献综录一类的工具书与各种图书馆馆藏目录入手，辅以计算机检索手段，摸查各种岭南诗集或诗文集的版本讯息，形成整理总目。在全面、系统掌握相关讯息的基础上，以复印、拍摄、下载、誊抄等方式采集各图书馆、研究机构、高等院校及私人藏家的收藏资源，或者以购买的方式获得已出版的图书资源，建立原始文献数据库。选定合适的工作底本来进行标点校勘，原则上尽量以原刊本/钞本为底本，近人、今人的整理本、覆刻本可作底本但不能径作底本；如果原刊本/钞本属善本，复制成本过高，或者收藏单位根本不准复制，则用近人整理本为底本，然后依原本复校，还原本来面貌，整理过程需严格遵守古文献整理的规范。别集整理完成后，再从各种诗歌总集、省府州县志、山志寺志书院志、家乘族谱、金石碑刻及书法绘画中搜辑、采集无别集作者的零星诗作或有别集作者的集外诗作，并按照作者生活时代的先后把它们收入到《全粤诗》中。整理对象只限于岭南籍（包括落籍）诗人的作品，寓粤人士的诗作不在其列；整理的时间下限为宣统三年（1911），部分曾在清朝生活的重要民国诗人的作品亦在整理之列。对每位诗人都提供一篇文字简明扼要的小传，俾让读者了解作者籍贯、生卒、举业、宦迹、创作、著述等。

《全粤诗》的编纂规模这般宏大，我们为什么要开展此项目呢？

编纂《全粤诗》，是为了有效地发掘与保存岭南的文化遗产。如上文所述，在唐宋时期岭南已有诗坛大家出现，而元末明初至清末民初是该地区诗歌创作的繁荣期。在历史的长河中，岭南诗人曾创作了为数众多的诗歌作品。这些诗作是岭南的宝贵文化财富，它们不仅具有重要的文学价值，是研究诗人的生活时代、思想感情、活动交游、创作实践与文学成就等的珍贵资料；而且也具有重要的文献价值与历史价值，可为研究本地区的政治、经济、哲学、民生、宗教、风俗等提供丰富的佐证。然而由于天灾人祸、虫蠹兵燹的破坏，许多作品已散佚不存；由于各种自然的、社会的因素的影响，随着时间流逝，将来还会有越来越多的粤诗作品面临损毁的危险，因此很有必有必要对它们进行系统的汇编、整理。对它们的汇编、整理，实际上就是抢救、保护的过程。

编纂《全粤诗》，是为了便于对作品进行学术利用。古近代岭南诗人的创作的诗歌数量众多，分布零散，要把它们收集齐全是非常不容易的事情。特别是由于版本珍贵等原因，有一部分诗集或诗文集被深藏密扃于公私收藏中，一般读者很难有机会接触；就算有机会接触也需付出不少的费用。这种状况，显然给文学欣赏与学术利用带来了不便。如果能够全面、系统地把岭南的古近代诗歌作品汇集在一起出版，就可以在很大程度上解决这个问题；而现代图书馆的收藏规模、检索手段与借阅条件，也使得编纂这样一部超大型区域诗歌总集成为可能。《全粤诗》编纂完成后，将可以给研究者提供完整、齐全、可靠的诗作文本，夯实学术研究基础。

编纂《全粤诗》，是为了摸清岭南文学的“家底”、展示诗人的成就。虽然岭南的诗歌创作曾有过长达六七百年的繁荣期，但是现在的人们对古近代诗人们的创作，在数量与质量上并没有一个清晰的概念；通过编纂《全粤诗》，就可以对岭南诗歌文学的“家底”做一次系统的摸查统计，从而掌握各种相关信息。岭南诗歌的创作主体是历代的诗人，因此编纂整理这些诗歌作品的过程其实也是展示他们的创作成就的过程。通过这样的展示，人们就可以了解到他们在不同时期有过哪些什么样的创作，水平怎样，成就多大，影响多广，在全国诗坛的地位怎么样。过去由于搜辑条件与编纂规模的限制，有一些海内外罕见的诗集或诗文集珍本、孤本既未被区域性的通代诗歌总集收录，也未被全国性的断代诗歌总集收录，通过这次全面、系统的整理，它们都将会被搜辑出来，一些长期以来被忽略的杰出诗家与优秀作品也可能“浮出水面”。

编纂《全粤诗》，是为了进一步深化岭南的地域文化研究。地域文化研究对全面、深刻认识中华文化的整体风貌和本质特征具有重要意义。近年来在各地纷纷兴起、此呼彼应的地域文化研究，如齐鲁文化、巴蜀文化、湖湘文化、吴越文化、燕赵文化研究，都相当重视从文献、史料、民俗、方言等元素入手来展开。之所以如此，究其原因，就在于这些元素最能反映一个地区的文化特质。岭南诗歌是岭南文化的重要组成部分，也是其最精粹的部分，对它们作品进行全面、系统的整理，自然会推动“岭南学”的进步，对岭南文化研究起到深化的作用。

《全粤诗》不但在内容上收罗宏富，在校雠方面也力求精审。例如，新会陈献章诗，以清康熙四十九年何九畴刻《白沙子全集》为底本，参校了明弘治九年吴廷举刻《白沙先生诗近稿》、明万历元年何子明刻《白沙先生全集》、明万历九年何上新刻《白沙子全集》九卷本、清顺治十二年黄之正刻本，其中《白沙先生诗近稿》（台湾“中央研究院”历史语言研究所藏）为罕见版本。此外整理者还从《陈献章诗文补遗》《岭南五朝诗选》《广东诗粹》《石斋八月稿》《香山主人遗草》等总、别集，《颂斋书画小记》《广东书画征献录》《广东历代书法图录》《中国书画图目》《书法图史》《鹤山诗词四百首》诸书及明嘉靖《广东通志》等13种方志中辑出了不少集外诗，所收作品比内容向称齐全的孙通海点校本《陈献章集》多了56首。又如揭阳翁万达诗，以广东省立中山图书馆藏道光约心轩版《思德堂诗集》为底本，作品比通行的翁氏《稽愆诗》多 115 题。在《全粤诗》中，还有许多诗作是从通过特殊渠道搜集来的。例如，收入卷三百九十三的番禺何其伟诗录自明代天启版《瞉音集》，书藏香港中文大学图书馆，是连《中国古籍善本书目》都未著录的海内孤本。收入卷四百八十三的区大伦诗，是以中山图书馆特藏部所藏清初善本《区罗阳集》为底本整理的。收入卷二百五十四的兴宁张天赋诗，是以兴宁县图书馆藏明代嘉靖孤本《叶冈诗集》为底本整理的。收入卷五百六十九的东莞王猷诗原无刻本，是以在其族内流传的钞本《壮其遗集》为底本整理的。收入卷七十一的东莞陈琏的诗作，是以香港学海书楼藏清康熙六十年万卷堂陈氏后人重刊的《琴轩集》为底本整理的。

《全粤诗》项目启动后，尤其是前面各册问世后，已引起社会的广泛关注。粤、港、澳的许多传播媒体，像《羊城晚报》《广州日报》《南方都市报》《南方日报》《大公报》《澳门日报》等，以及一些学术期刊，都曾对项目做过多次报道与评论，一致认为这部诗歌总集规模宏大、内容广博、点校精审、份量厚重，是岭南文化建设的标志性工程之一。例如，《羊城晚报》2009 年 11 月 21 日发表了署名文章《〈全粤诗〉证广东非“文化沙漠”》，香港《大公报》2009 年 10 月 15 日发表了署名文章《全粤诗〉为“蛮荒之地”正名》，香港《大公报》2011 年 1 月 17 日发表了署名文章《〈全粤诗〉展示岭南诗坛的繁荣》，南方网 2009 年 11 月 19 日发表了署名文章《〈全粤诗〉编纂成果获专家肯定》；广州的《荣誉》第 21 期（2014）发表了署名文章《传承中华文化的“接力棒”——记古典文献〈全粤诗〉主编杨权教授》，广州的《华声》2014 年第 1 期发表了署名文章《为往圣继绝学，为万世传诗篇——中山大学整理区域性古典诗歌文献〈全粤诗〉》。

上文围绕《全粤诗》的编纂，简要介绍了大陆岭南地区的诗歌创作与诗作整理情况，对台湾的学术同行了解、掌握有关方面的信息或有所帮助。笔者当然也期待着能有机会听到台湾的学术同行围绕《全台诗》的编纂，对台湾的诗歌创作与作品整理情况的介绍。

广东怀集下坊话的声调

金　健*

摘　要　声调归一实验结果证明广东怀集下坊话的 9 个单字调调值分别为：阴平 51[˥˩]、阳平 231[˨˧˩]、阴上 53[˥˧]、阳上 23[˨˧]、阴去 334[˧˧˦]、阳去 324[˧˨˦]、上阴入 5[˥]、下阴入 334[˧]、阳入 23[˧˨˥]。谐波分析结果下坊话的阴上和阳上无论在单念还是连读时调尾都带紧喉特征，这为“唐时上声带喉塞”提供了一项来自粤语的佐证。

关键词　粤语，怀集，下坊，声调，声学分析，上声，紧喉

引　言

怀集县位于广东省西北部，肇庆市北部。怀集县内方言有粤语和客家话，少数民族语有标话和壮语。怀集粤语属粤语勾漏片，分上坊话和下坊话，还有桥头镇粤语和诗洞镇的白崖话，本文研究的是怀集下坊话的声调。

据杨璧菀①，下坊话共有 9 个单字调，分别为：阴平 42[˦˨]、阳平 231[˨˧˩]、阴上 53[˥˧]、阳上 13[˩˧]、阴去 33[˧]、阳去 325[˧˨˥]、上阴入 5[˥]、下阴入 33[˧]、阳入 325[˧˨˥]。他指出：阴平时值较长，阴上较短，听感上很短促，阴去和下阴入调尾略有上升，上阴入比较短促，下阴入比较舒缓。杨璧菀②还对下坊话的两字组连读变调规律进行了描写，指出：舒声阴平、阳平、阴去、阳去在其他音节前，一般读 31 调，阴上、阳上读作 32 调，31 调舒缓，32 调短促；下坊话三个促声调在其他音节前，一般读 31 调。

在实际调查中，我们发现，杨璧菀对下坊话声调的描写大多能反映下坊话声调的真实面貌，但是对个别声调的描写还不够精确，为准确描写下坊话的声调，本文对下坊话的单字调和两字组连读变调进行了声学分析。

---

* 中山大学中国语言文学系。

① 杨璧菀：《广东怀集下坊话同音字汇》，《方言》2012 年第 4 期。

② 杨璧菀：《怀集白话语音研究》，西安：陕西师范大学，2007 年。

一、研 究 方 法

本次实验单字调发音人是三位男性和两位女性，其本人和父母都是土生土长的怀集下坊人，年龄在 22～24 岁，有较好的下坊话语感。连读变调发音人是上述发音人中的一男一女。调查字表设计参照杨璧菀①的同音字表及本人的实际调查：单字调每个调类 3 个例字，3 个例字的韵母分别为 i、a、u，声母首选唇音声母，没有唇音声母的情况下选别的塞音声母，为减少声母对声调的影响，选字时尽量不选送气音、塞擦音、擦音；连读变调每个调类跟不同调类的例字分别搭配一次。

录音采用配置良好的手提电脑和外接 USB 外接声卡（TERRATEC DMX6Fire usb）和专业话筒（SHURE SM86），录音软件采用上海师范大学开发的田野调查软件斐风，录音时的背景噪音严格控制在 60dB（A）以下。录音时，单字调例子分别以独字和承载句“我要的 X 分你听我要读 X 给你听”形式出现 5 遍，例词则打乱次序出现 5 遍。

对声学样本的标注利用 Praat 软件，标注时，标出音节边界和声韵母边界。

标注完成后，先利用 Praat 软件提取各发音人单字调和连读变调声调曲线上 10 个点的 pitch 值，后利用朱晓农②提出的 Lz-Score 归一公式 $Z'_i=\frac{y_i-m_y}{s_y}$（m_y 和 S_y 分别是原始基频的对数几何平均值和标准偏差）进行调值归一。由于调长在下坊话声调中是一项比较重要的声学参数，在绘制声调曲线图时，我们将各调类时长关系一并画出。

二、下坊话的单字调

图 1～图 10 分别是下坊话单字调的 Lz-Score 值曲线图。

从图 1 到图 10 可见，阳平调是凸降调，可记作 231[˨˧˩]，在承载句中有时会变成低平调，可记作 22[˨]；阴去调大多数时候调尾上升，有时还比较明显，可记作 334[˧˧˦]；阳去调是曲折调，有时凹得比较明显，有时凹得不那么明显。凹得不明显时，调型跟阴去调很像（如图 1、图 2），区别在阳去调起点、拐点音高都比阴去调低，阳去调的调尾有时升得很高，有时升得不那么高，与其他调类相比，阳去调是一个变体比较多的声调，其得以与其他调类互相区别的声调区别

① 杨璧菀：《广东怀集下坊话同音字汇》，《方言》2012 年第 4 期。

② 朱晓农：Shanghai tonetics，堪培拉：澳大利亚国立大学，1999 年。

性特征应是[+低 +凹]，可记作 324[˧˨˦]。上阴入是一个短促的高调，可记作 5[˥]，下阴入和阳入都比上阴入要长，下阴入可记作 <u>334</u>[˧˧˦]，阳入可记作 <u>23</u>[˨˧]。

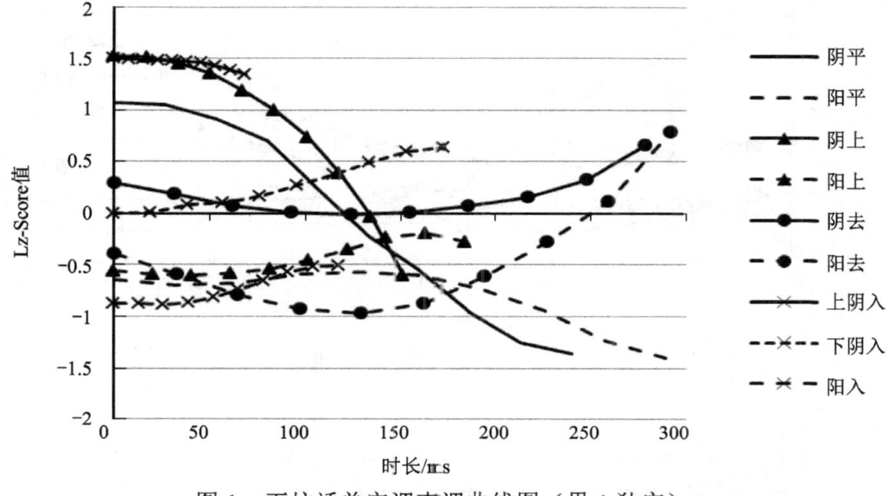

图 1　下坊话单字调声调曲线图（男 1 独字）

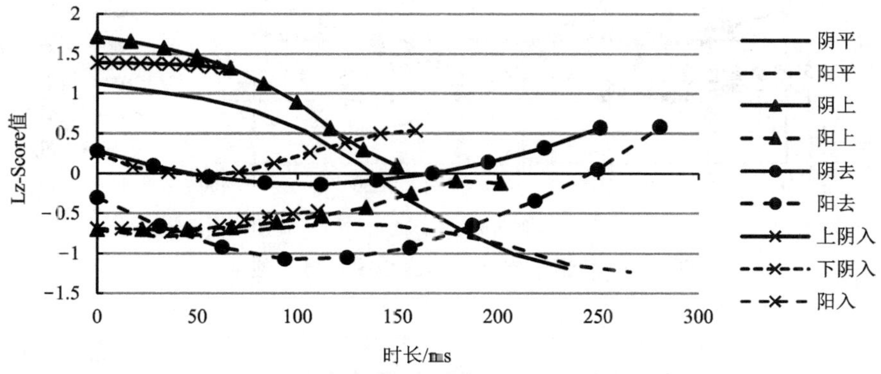

图 2　下坊话单字调声调曲线图（男 1 承载句）

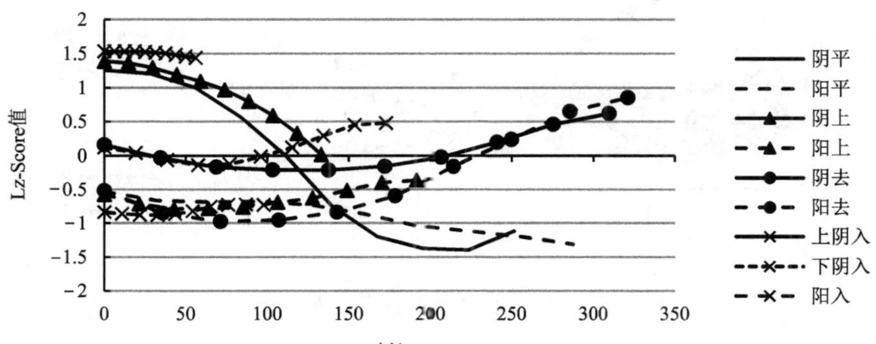

图 3　下坊话单字调声调曲线图（男 2 独字）

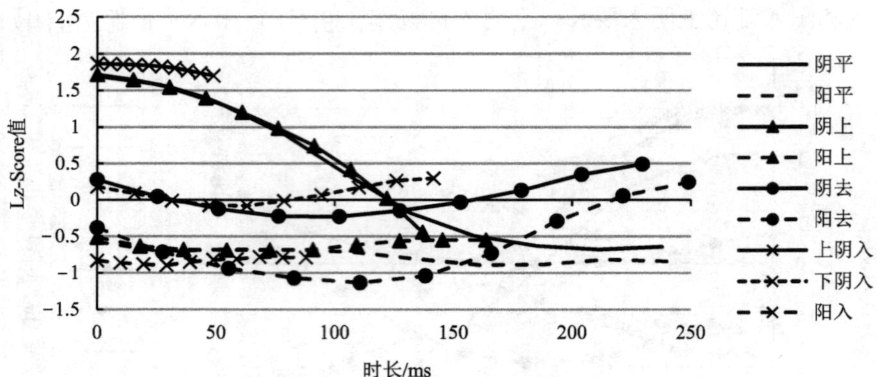

图 4　下坊话单字调声调曲线图（男 2 承载句）

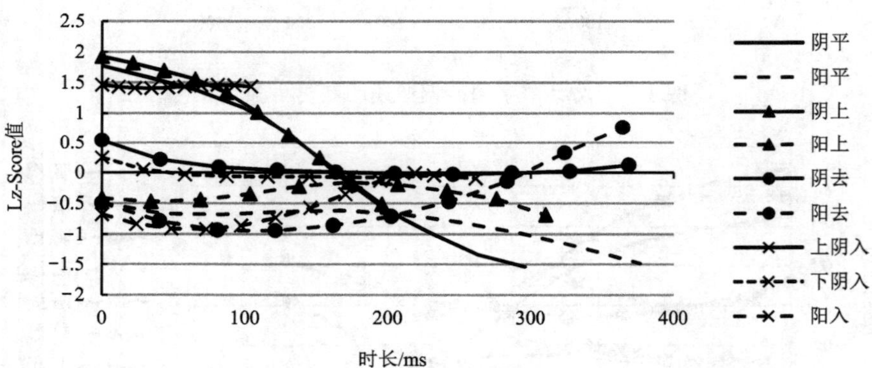

图 5　下坊话单字调声调曲线图（男 3 独字）

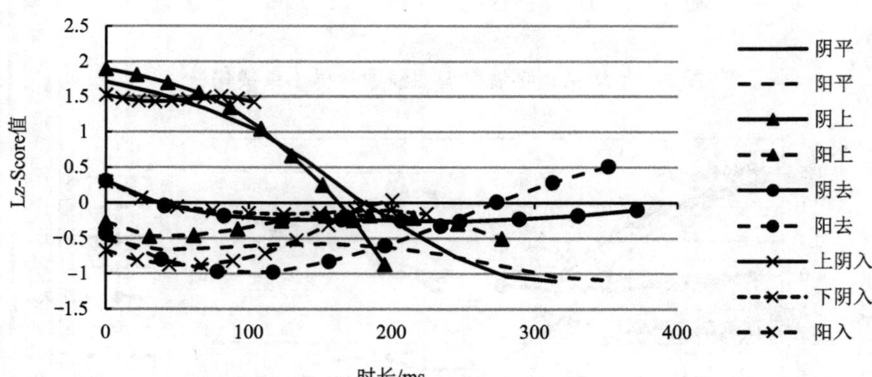

图 6　下坊话单字调声调曲线图（男 3 承载句）

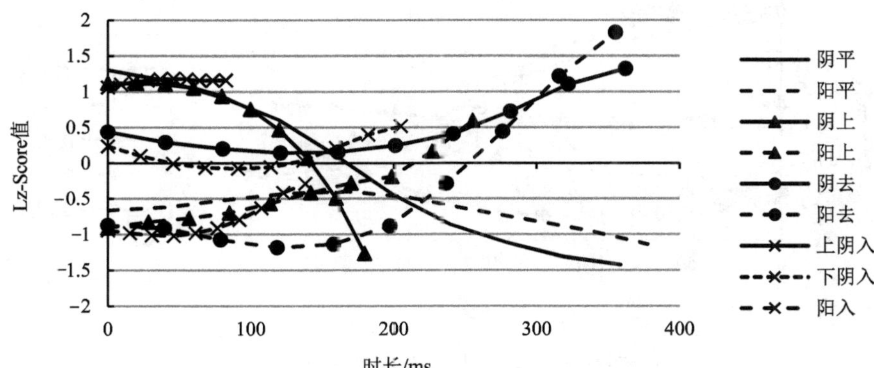

图 7　下坊话单字调声调曲线图（女 1 独字）

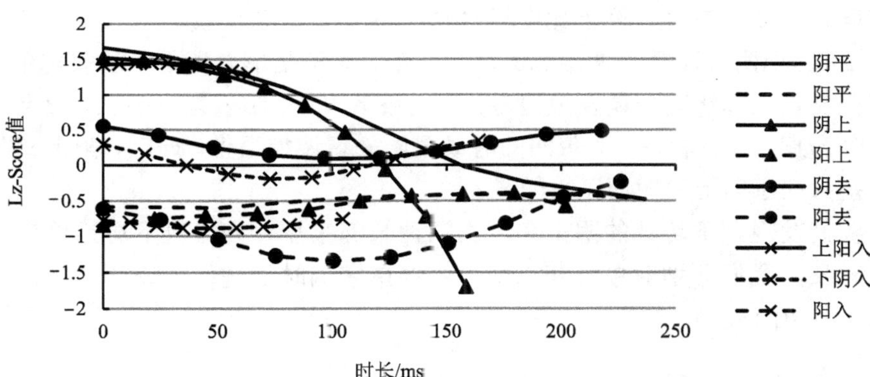

图 8　下坊话单字调声调曲线图（女 1 承载句）

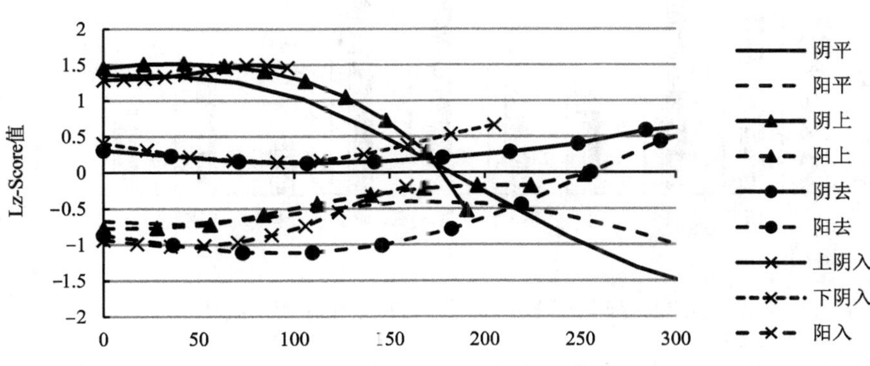

图 9　下坊话单字调声调曲线图（女 2 独字）

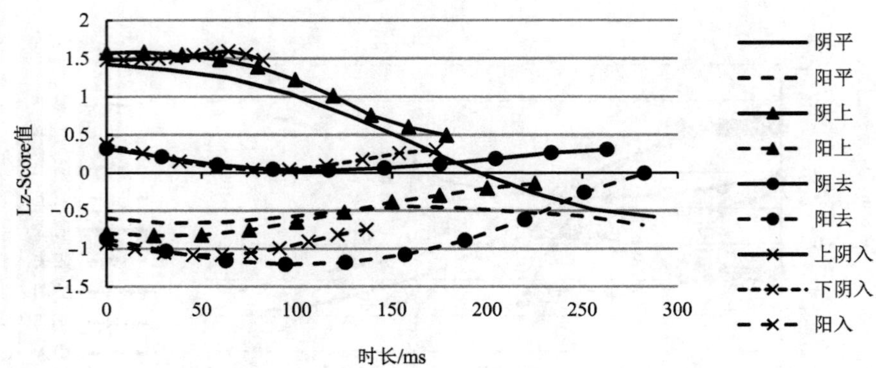

图 10　下坊话单字调声调曲线图（女 2 承载句）

值得讨论的是阴平、阴上和阳上调。阴平和阴上都是高降调，两个声调起点相同，大多数时候，阴上比阴平调尾音高要高，在承载句中，某些发音人（女 1）出现阴上比阴平调尾低的现象，然而无论是单念还是在承载句中，阴上调在调长上都比阴平调要短得多，甚至跟下阴入、阳入差不多长。阳上调调型有时为直升，有时带凹，带凹的时候跟阳去调调型很像，此时，阳上和阳去的差别只在于阳上较短而阳去较长。

我们发现，下坊话的阴上和阳上调调长都很短，为比较下坊话单字调各调类时长，我们分别对单念和承载句中的单字调时长进行了统计分析，结果见图 11～图 15。

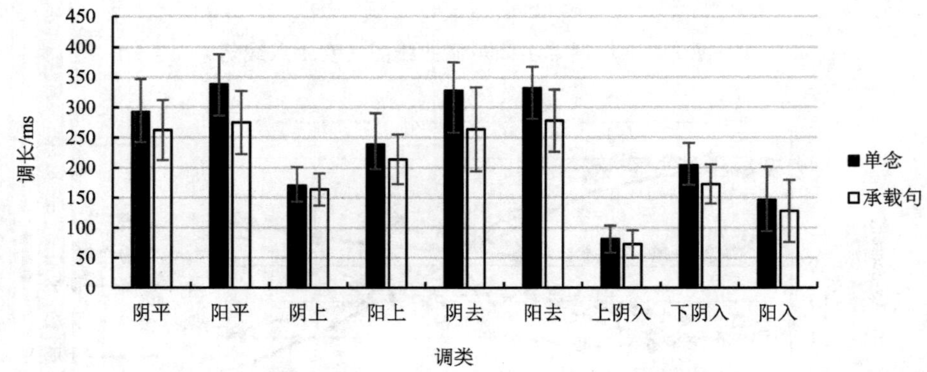

图 11　下坊话单字调单念及承载句中调长统计图

从图 11 可见，阴上和阳上调调长无论在单念时还是在承载句中都很短，阴上调调长几乎跟下阴入相同，甚至比下阴入还稍短些。在听感上，我们发现，阴上和阳上调调尾似乎带紧喉，为了验证我们的听感，我们对这两个调类的单字音节尾往前 30ms 处做了谐波分析。

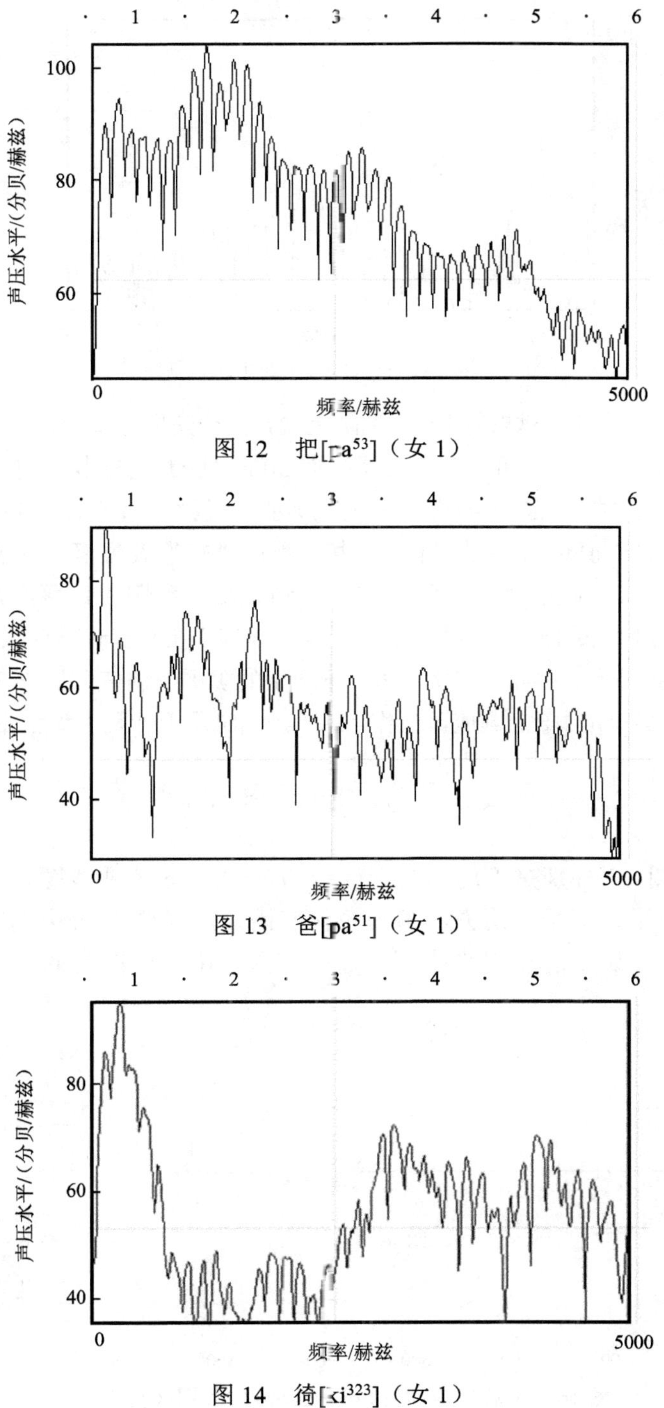

图 12 把[pa^{53}]（女 1）

图 13 爸[pa^{51}]（女 1）

图 14 徛[ki^{323}]（女 1）

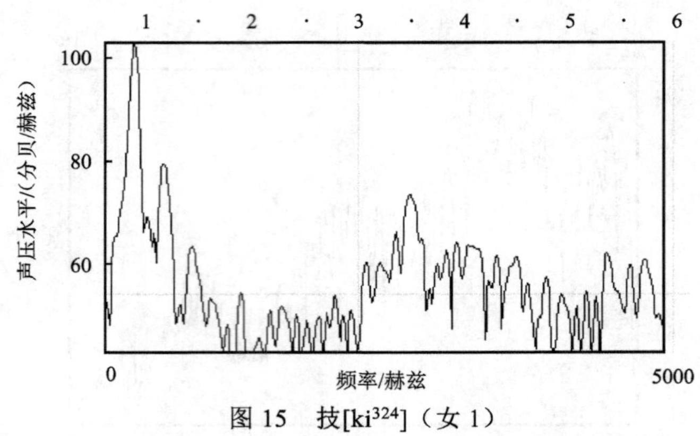

图 15　技[ki³²⁴]（女 1）

“把”和“爸”在下坊话中一个是阴上调，一个是阴平调，两个声调都是高降调，图 12 和图 13 是这两个字音节尾往前 30ms 处的谐波图，比较左右两图，很明显可以看到“把”的 H0-H1[①]的差值是负值，“爸”的 H0-H1 的差值是正值，“把”的 H0-H1 值远远小于“爸”，也就是说“把”在发音时喉部状态要比“爸”紧张得多。同理，“徛”和“技”分别念阳上和阳去，两个声调都是曲折调，比较图 14 和图 15，同样发现，阳上调的“徛”在发音时喉部状态要比阳去调的“技”紧张得多。由此，本文认为，下坊话的阴平调调值可记作 51[˥˩]，阴上调调值可记作 53[˥˧]，阳上调值可记作 23[˨˧]，同时阴上和阳上调都带紧喉。

三、下坊话的连读变调

图 16、图 17 分别是下坊话连读变调的 Lz-Score 值曲线图。图中前变调 A 指舒声调阴平、阳平、阴去、阳去的前变调，前变调 B 舒声调阴上、阳上的前变调，前变调 C 指促声调上阴入、下阴入、阳入的前变调。

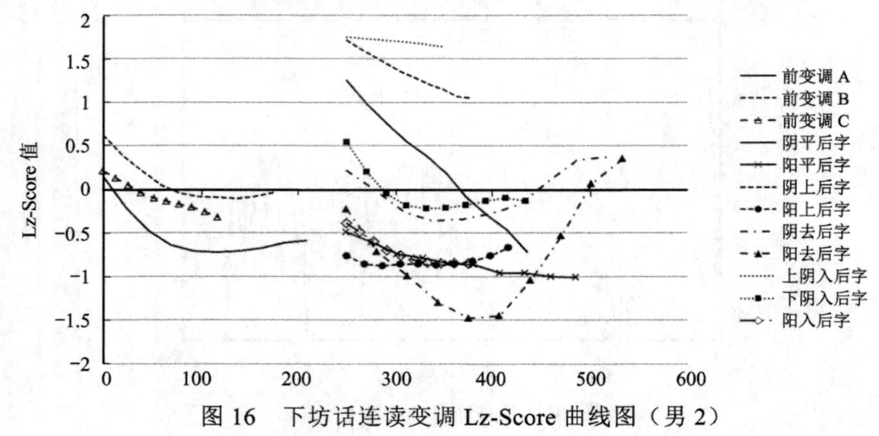

图 16　下坊话连读变调 Lz-Score 曲线图（男 2）

① H0 指第一谐波能量；H1 指第二谐波能量。

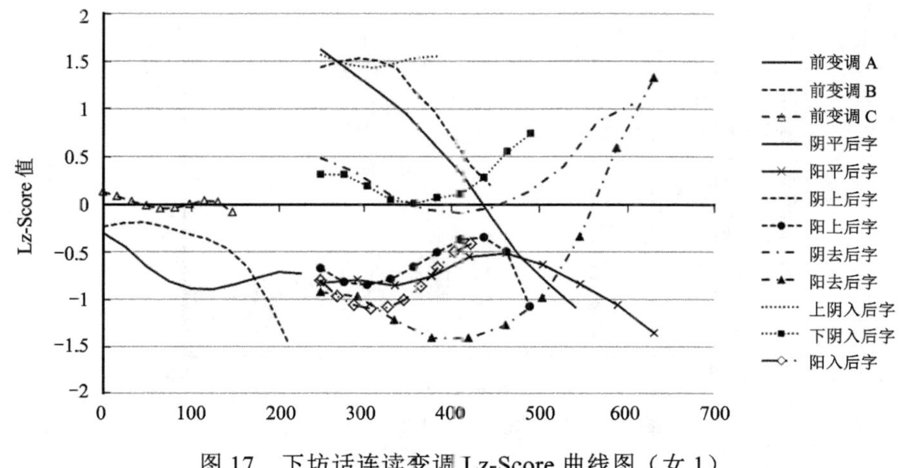

图 17 下坊话连读变调 Lz-Score 曲线图（女 1）

从图 16 和图 17 可见，前变调 A 和前变调 B 在调长上确实存在差别，前变调 B 比前变调 A 要短，但是在调尾音高上并不存在绝对差别，图 16 中前变调 B 的调尾音高比前变调 A 高，在图 17 中则相反。我们认为，对前变调 A 和前变调 B 起区别性作用的特征并非调尾音高，而是发声态特征。如前文所述，下坊话的阴上和阳上带紧喉特征，我们认为在连读中，这项特征依然存在，对前变调 A 和前变调 B 起区别作用的特征应是紧喉。为验证我们的推测，我们对前变调 A 和前变调 B 音节尾往前 30ms 处做了谐波分析。结果如下。

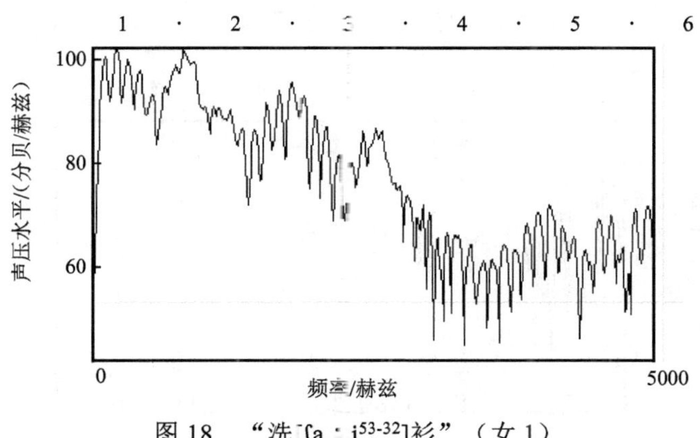

图 18 “洗[ʃa：i$^{53-32}$]衫”（女 1）

比较图 18 与图 19、图 20 与图 21 可以很明显发现，图 18 和图 20 中的 H0-H1 值明显小于图 19 和图 21。这证明，下坊话的前变调 B 在发音时音节尾带紧喉特征。

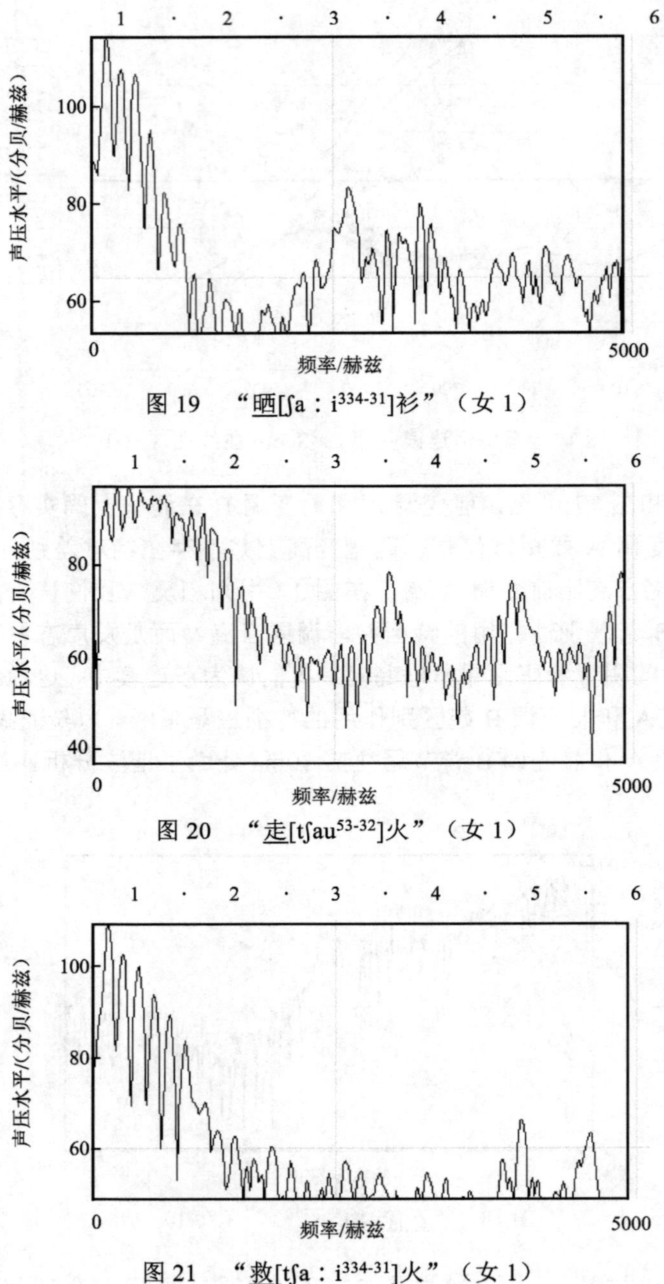

图 19 “晒[ʃa：i$^{334-31}$]衫”（女 1）

图 20 “走[tʃau$^{53-32}$]火”（女 1）

图 21 “救[tʃa：i$^{334-31}$]火”（女 1）

结　论

本文通过声学实验，证明下坊话的阴上和阳上调无论在单念还是连读时调尾都带紧喉特征。郑张尚芳指出四声中的上声来自ʔ尾，文中并提到“温州上声是一种带喉塞或紧喉特征的极高的短升调 45（浊母是 34，都比其他各调高出一个调域），听来跟其他吴语的阴入调相似”。“现知汉语方言这种现象分布很广。吴语中温州十来个县市，台州黄岩、天台、三门、温岭，处州青田，福建浦城，浙南闽语、蛮话、海南闽语，闽北话建阳、顺昌（洋口），徽语屯溪、祁门、黟县、休宁、婺源，以至北方陕西汉阴、山西孝义《方言》1989.1 皆有。”①郑张尚芳并指出：“方言上声紧喉现有两种读法：突促式（如温州急高升短调）、顿折式（如黄岩、海南之‘略降—喉紧缩—急升’调，喉塞插在降升调的升调之前，所以一个音节像被拗成两段）。后者应从前者发展而成，即先降一下为强力的急升作预备态势。”②

下坊话的阴上和阳上调虽不像温州上声一样是超高调，但与温州上声一样都带紧喉色彩，且在类型上跟温州一样属“突促式”。郑张尚芳文中指出：“……多种材料都可证明唐时上声原带，从汉越语音、西北方音、到北京上声的类似反映，说明它并非浙闽徽部分方言的特点，而是全国性的现象，目前的方言现象只不过是古音的残留。”③此前尚未有人报道过粤语上声带紧喉的现象，本文的发现为郑张先生的观点提供了一项来自粤语下坊话的佐证。

参考文献

[1] 杨璧菀：《广东怀集下坊话同音字汇》，《方言》2012 年第 4 期。

[2] 杨璧菀：《怀集白话语音研究》，西安：陕西师范大学，2007 年。

[3] 郑张尚芳：《上古音系》，上海：上海教育出版社，2003 年。

[4] 朱晓农：Shanghai tonetics，堪培拉：澳大利亚国立大学，1999 年。

① 郑张尚芳：《上古音系》，上海：上海教育出版社，2003 年，第 206 页。
② 郑张尚芳：《上古音系》，第 206 页。
③ 郑张尚芳：《上古音系》，第 208 页。

东莞常平话
——一种只有27个韵母的粤方言*

李 宁**

常平镇位于东莞市东部，全镇总面积108平方公里，总人口近50万。西北部距莞城33公里左右，可接广州，南部靠近深圳、香港。东与桥头、谢岗为邻，南与樟木头、黄江相接，西与大朗、东坑毗连，北与横沥、企石接壤。境内东有石马河，西有寒溪水。截至2014年7月常平镇辖31个行政村和2个社区。常平镇各村使用的语言皆为粤语，詹伯慧的《广东粤方言概要》将常平话划入粤语莞宝片。《中国语言地图集》中将其归入粤语广府片。

2015年三、四月间，笔者跟随导师调查了常平镇苏坑村的汉语方言使用情况，并归纳整理出音系。发音人周瑞莲，女，生于1947年，世居常平，发音是地道的常平话。除常平话外，发音人还会讲广州话，能清楚分辨广州音和常平音。下面先给出调查得到的常平话声韵调，再重点分析它的韵母系统。

一、常平话的声、韵、调

1. 声母（19个，包括零声母）

常平话声母见表1。

表1 常平话声母

p	百扁包班北	p^h	破被赔劈平	m^b	门闻微明木	f	房寒父粉开	v	华横围换安
t	知典到搭等	t^h	偷条脱淡天	n^d	难怒女袄年	ɬ	心宋锡星丝	l	吕连路兰力
ts	精招争追扎	ts^h	齿陈昌曹潮			s	书射赎烧山	z	二鱼用移弱
k	江举瓜结军	k^h	葵挂局吸群	$ŋ^g$	硬危钩饿耳	h	去虚红血向		
∅	哑恶矮屋鸭								

注：1）z来自古疑、日、影、喻母，与非ʅ韵母相拼时，摩擦部位有时偏后，实际读音为ʒ。少数情况下则摩擦轻微，实际读音为j。

2）ɬ声母来自古心母，有时变读为s；s声母来自古知庄章组，绝不变读为ɬ。

3）m^b、n^d、$ŋ^g$三声母出现不同程度的塞音化倾向，有的已经很接近浊塞音b、d、g。

* 本文受到东莞市档案局委托项目“建立东莞方言档案”（项目编号1409093）的资助。

** 中山大学外语教学中心，中国语言文学系。

2. 韵母（27个，包括自成音节的ŋ）

常平话韵母见表2。

表2 常平话韵母

ɿ 诗齿猪鱼	u 多歌摸祸		
ɑ 打瓜把茶			
e 斜车爷蛇			
o 流偷走豆			
ai 怪坏拐歪			
ɐi 资眉被梨			
oe 蚁溪贵米			
	ui 追水嘴位		
		iu 桥腰烧朝	
ɛu 校交找闹			
ɐu 布脑草高			
ɑm 含林心寻			
aŋ 正庆命顶			
ɛŋ 万关顽山			
eŋ 棉钱延变			
œŋ 唱想两娘			
ɔŋ 光港装帮			
əŋ 肝安同冲			
ɑp 十立集汁			
ak 失骨力色			
ɛk 夹塔辣达			
ek 碟贴杰热			
œk 雀弱脚药			
ɔk 各索角学			
ək 活局谷六			
ŋ̍ 吴唔			

注：1）ɛu、ɛŋ和ɛk中的元音ɛ，实际发音为带有动程的ɛa。
2）单韵母u偏低偏松，介于u与o之间。
3）单韵母o偏低，介于o与ɔ之间。
4）eŋ中的元音e偏高，介于i与e之间。
5）ai中的a偏央。
6）oe为复合元音，œŋ、œk中的œ为单元音。

3. 声调（8 个）

常平话声调见表 3。

表 3　常平话声调

阴平	32	诗东僧粗开多秋	阳平	21	时同谈红茶胡年
上声	55	史董坦赌减饱丑			
阴去	34	试冻探舅抱李永	阳去	33	视洞动袋妹地万
上阴入	5	识捉得七北谷急	阳入	3	实族十墨石药落
下阴入	23	杀桌搭脚托割贴			

二、常平话韵母的共时考察

通过观察表 2 列出的韵母，笔者发现常平话的韵母数量非常少，包括自成音节的 ŋ̍ 在内只有 27 个韵母。

这在粤语区内是并不多见的。根据詹伯慧的《广东粤语概要》，广州市区有 85 个韵母，顺德大良有 84 个韵母，中山石岐有 83 个，东莞莞城有 50 个，斗门上横有 70 个，台山台城有 42 个，开平赤坎有 42 个，韶关市区有 85 个，信宜东镇有 55 个，云浮云城有 70 个，廉江市区有 73 个。其中广州市区的 85 个韵母是包含 u 介音和 i 介音的。按照现在学界的主流观点，广州话无介音，另设 kw、k^hw 两个声母，如此广州话的韵母数量为 53 个[1]，数量仍比常平多。即便将考察的视野放到全部汉语方言，低于 30 个韵母的方言仍然极为少见。《汉语方音字汇》列出了 20 个主要方言代表点的音系，其中没有一个方言的韵母少于 30 个。李如龙先生[2]在讨论汉语方言的类型学研究时曾经注意到韵母数量的问题，认为“韵母类别多少也有对立的两极，保留多种阳声韵、入声韵尾的闽、粤、客、赣等方言通常有 60～80 个甚至更多的韵类，而鼻音尾合并、塞音尾脱落的南方方言韵类最少，通常在 35 个左右（如温州、双峰、建瓯），北方话加上儿化韵，韵类介于二者之间”。

当然，由于研究者认识上的差异，整理、归纳一种方言的声韵调系统，方案未必只有一个。如果依从高本汉的声母“j 化说”，中古音的声母就会多出不少，韵母就会相应减少。对广州话所谓“u 介音”的处理也是一个很好的例子。一般来说，只要整理出的音系具有相同音位的语音近似性、不同音位的对立性和音系的简洁性三个特点，这样的音系就是合格的。

① 袁家骅：《汉语方言概要》，北京：语文出版社，2001 年。
② 李如龙：《论汉语方言的类型学研究》，《暨南学报》（哲学社会科学版）1996 年第 2 期。

如果说有什么因素会影响到最终整理出的常平韵母的数量的话，那应该在于笔者对 v、z 两个声母的取舍上。v 声母字很多是广州话的 w 声母字，z 声母字很多是广州话的 j 声母字。那么，是不是常平话声母韵母的界定也存在“争议”呢？本文的做法是设置 v、z 两个声母，而不是另外增加 u、i 两个介音。原因如下。

首先，v、z 两个音的摩擦性都比较强。从听感上来讲，v 是个很典型的唇齿摩擦音。z 在与 ɿ 韵母相拼时，是个很典型的舌尖摩擦音；与其他韵母相拼时，摩擦部位虽然靠后，但仍有较强的摩擦性。

其次，常平 v 与广州 w，常平 z 与广州 j 并不完全对应

广州：岸 ŋɔn22≠换 wun22　熊 hʊŋ21＝雄 hʊŋ21
常平：岸 vəŋ33＝换 vəŋ33　熊 zəŋ21≠雄 həŋ21

再次，常平话在声韵搭配上是比广州话更为彻底的“无介音派”。主张广州话没有介音的学者，都会为广州话另外设置 kw、kʰw 两个声母。但是，常平话连这两个声母都没有。广州话中的 kw、kʰw 声母字，在常平话中已经没有了声母的唇化成分，变成了纯粹的 k、kʰ声母。例如：

广州：家 ka55≠瓜 kʷa55　国 kʷɔk3≠角 kɔk3　光 kʷɔŋ55≠江 kɔŋ55　关 kʷan55
常平：家 kɑ32＝瓜 kɑ32　国 kɔk23＝角 kɔk23　光 kɔŋ32＝江 kɔŋ32　关 kɛŋ32

综上，由于舌尖韵母 ɿ 的存在，我们必须设置 z 声母。即使硬要设置 i 介音，z 声母也不能取消。“岸”这个古开口字今读 v 声母，且与“换”这个合口字同音，如果我们硬要设置 u 介音，“岸”这个古开口字就要读成合口，这似乎不太符合汉语开合口发展的常例。因此，笔者认为，设置 v、z 声母，不设 u、i 两个介音，是最合理的解决方案。

那么，常平话的韵母系统为什么会精简到这样的程度呢？可以从以下三个方面来考察。

首先，它的单元音韵母数量不多，有 ɑ、ɿ、u、e、o 共 5 个。叶晓峰[①]在其博士论文《汉语方言语音的类型学研究》中列出了 140 个汉语方言的声、韵、调，笔者考察这些方言的单元音韵母数量之后发现，只有清溪、茶陵、潮阳、仙游四地的单元音韵母数量为 5 个，没有少于 5 个单元音韵母的汉语方言。其中，清溪、茶陵属客家话，潮阳、仙游属闽语。常平话属粤语，它的单元音韵母数量在汉语方言中处于最少之列。

其次，与绝大多数汉语方言相比，传统音韵学的开、齐、合、撮“四呼”

① 叶晓峰：《汉语方言语音的类型学研究》，上海：复旦大学，2011 年。

在常平话中没有得到体现。常平话没有 i 韵母，也没有撮口的 y 韵母，单元音韵母 u 也不是典型的后高圆唇元音 u，而是介于 u 和 o 之间的一个音。复合元音 ui 中的 u 发音时间长，是主元音，i 是韵尾；复合元音 iu 中的 i 发音时间长，是主元音，u 是韵尾。一个没有 i、u、y 三种介音的汉语方言，韵母数量自然大为减少。

最后，跟粤语广府片的代表点广州话相比，常平话的阳声韵和入声韵合并得非常紧密。广州话与《广韵》音系一样，-m、-n、-ŋ 和-p、-t、-k 三套韵尾一应俱全，对应齐整。而常平话只有古咸摄的个别字（如含 hɑm21、暗 ɑm34/ɛŋ34，显示出咸摄字由-m 尾向-ŋ 尾转化的痕迹）及古深摄字（例如：品 p^haŋ55）还保留-m、-p 韵尾，其余古咸、山、臻、宕、江、曾、梗、通摄字一律收-ŋ、-k 尾。整个韵母体系中缺少-n、-t 韵尾。

三、常平话韵母的历时考察

从以《广韵》音系为代表的中古音，发展到现代各个方言，汉语韵母演变的总趋势是归类合并、趋于减少。根据王力的《汉语史稿》，《广韵》音系共有 92 个韵类，这 92 个韵类所含的不同韵母共有 142 个，其中阴声韵 40 个，阳声韵 51 个，入声韵 51 个。现代各方言韵母数量均少于这个数目。绝大多数官话方言入声韵消失，并入阴声韵；m 韵尾消失，并入其他阳声韵，从而导致韵母数量大幅减少。一般而言，保留入声韵尾（包括喉塞音?）的方言，韵母数量均较多，《汉语方音字汇》中所列 40 个方言点中，保留入声韵尾的方言韵母数量均在 40 个以上（太原话除外）。因此，作为一种仍有-m 韵尾和-p、-k 入声韵尾的粤语，常平话 27 个韵母的组合就显得非常独特了。下面是常平话韵母与中古音的对应表（表 4）。

表 4　常平话韵母与中古音的对应表

韵母	中古音来源	例字
ɿ	止摄三等开口知系、影组、疑（部分字）i 遇摄三等知章组、日、疑、影组 y	知纸儿师衣 书如鱼雨主
u	果摄一等 ɔ 遇摄一等见系（除疑母）u 遇摄三等非组（除微母外）u、庄组（部分字）ɔ 流摄三等非组 u	多左可婆火 古苦裤虎乌 府付父所初 妇富
ɑ	假摄二等 a	爬马沙下假
e	果摄三等 ɛ、œ 假摄三等 ɛ	茄靴 姐写野射谢
o	流摄（除非组、明母）ɐu	楼豆走狗流
ai	蟹摄二等 ai	拜排戒柴鞋

续表

<table>
<tr><th>韵母</th><th>中古音来源</th><th>例字</th></tr>
<tr><td>ɐi</td><td>止摄三等开口帮端见系 ei</td><td>碑地戏梨耳</td></tr>
<tr><td>oe</td><td>止摄三等合口见系 ɐi
蟹摄三四等 ɐi</td><td>规亏鬼位胃
币世米低犁</td></tr>
<tr><td>ui</td><td>遇摄三等端系、见晓组 œy
蟹摄一等 ui、ɔi</td><td>区许去取徐
贝台开海来</td></tr>
<tr><td>iu</td><td>效摄三四等 iu</td><td>桥腰烧朝摇</td></tr>
<tr><td>ɛu</td><td>效摄二等 au</td><td>校交找闹敲</td></tr>
<tr><td>ɐu</td><td>遇摄一等帮端系 ou
遇摄三等微、庄（部分字）ou
效摄一等 ou
流摄一等帮组 ou</td><td>布土奴路做
雾武数（名）数（动）
宝毛早高刀
母</td></tr>
<tr><td>ɑm</td><td rowspan="2">咸摄一等见系（个别字）ɐm
深摄 ɐm</td><td>含暗
林心寻深任</td></tr>
<tr><td>ɑp</td><td>立集习急入</td></tr>
<tr><td>aŋ</td><td rowspan="2">深摄帮系 ɐn
臻摄（除一等合口帮组、泥来、精组外）ɐn、øn
曾摄一三等开口 aŋ、iŋ
梗摄三四等 ɛŋ</td><td>品
吞根陈准云
灯能肯证升
兵庆城瓶兄</td></tr>
<tr><td>ak</td><td>七北黑色积历</td></tr>
<tr><td>ɛŋ</td><td rowspan="2">咸摄一等端系、见系（绝大部分）am
咸摄二等开口、三等合口 am
山摄一等开口端系 an
山摄二等开合口 an
山摄三等合口非组 an
梗摄二等 aŋ</td><td>贪南感
三咸犯
单烂
山班颜顽
反翻晚万饭
猛冷棚生横</td></tr>
<tr><td>ɛk</td><td>搭八滑发袜隔</td></tr>
<tr><td>eŋ</td><td rowspan="2">咸摄三四等开口 im
山摄一等合口端系 yn
山摄三四等开口（除三等合口非组外）yn
臻摄一等合口泥来、精组 yn</td><td>尖盐念店甜
端暖乱算短
鲜钱建年显
村存寸孙蹲</td></tr>
<tr><td>ek</td><td>业协脱夺灭节</td></tr>
<tr><td>œŋ</td><td rowspan="2">宕摄三等开口（除庄组）œŋ
江摄庄组 œŋ</td><td>娘两唱姜样
窗双</td></tr>
<tr><td>œk</td><td>雀约</td></tr>
<tr><td>ɔŋ</td><td rowspan="2">宕摄一等开合口 ɔŋ
宕摄三等开口庄组、三等合口 ɔŋ
江摄（除庄组）ɔŋ</td><td>帮堂浪光黄
床壮方王网
绑撞江讲项</td></tr>
<tr><td>ɔk</td><td>作恶郭缚学角</td></tr>
<tr><td>əŋ</td><td rowspan="2">山摄一等开口见系 ɔn
山摄一等合口帮见系 un
臻摄一等合口帮组 un
通摄 oŋ</td><td>肝看汉岸安
搬满官换碗
本盆门
红风梦中穷</td></tr>
<tr><td>ək</td><td>割渴拨末谷肉</td></tr>
<tr><td>ŋ̍</td><td>遇摄合口三等疑 ŋ</td><td>五吴</td></tr>
</table>

注：1）表中未提及开合口的摄皆为不分开合口。
2）各中古音来源后所附为相应广州话读音。广州音阳声韵尾包括同部位塞音韵尾。广州话梗摄字有文白读的差别，为制表方便，这里只列白读。
3）本表只论大类，少数例外字未列入。

从表 4 可以看出，从中古音到常平音，韵母发生了大范围的合并。果、假、蟹、臻摄（除一等合口帮组、泥来、精组外）、宕摄一等不再区分开合口，蟹摄三四等、效摄三四等、山摄三四等开口、臻摄（除一等合口帮组、泥来、精组外）一三等、梗摄三四等、曾摄一三等，各自失去了等的差别，咸（除个别字）山臻宕江曾梗通诸摄失去了韵尾的差别。

有趣的是，常平韵母的差别都可以在广州话中找到来源。即从中古音的角度看，广州话有分别的，常平话未必有分别；但常平话有分别的，广州话一定有分别（这也是能够制作上述表格的原因之一）。以山摄字为例，一等合口端系和三四等开口（除三等合口非组外）常平话同韵，广州话也同韵；一等开口端系、二等开合口、三等合口非组常平话同韵，广州话也同韵；一等开口见系、一等合口帮见系常平话同韵，广州话则不同韵。

这让笔者可以大胆地假设常平话在历史上曾经经历过类似广州话的发展阶段，即广州话是常平话的前身，常平话的韵母系统是在广州话的基础上进一步归并整合的结果。从广州话韵母系统到常平话韵母系统，具体来说有四种演变模式。

第一种，保持原来韵母的独立地位，音值亦不变。如：

ai→ai iu→iu ɔŋ→ɔŋ œŋ→œŋ（箭头前为广州话韵母，后为常平韵母。下同）

第二种，保持原来韵母的独立地位，音值发生改变。如：

a→ɑ　ɐu→oe　i→ɐi　ɐi→oe　au→ɛu　ou→ɐu　ɐm→ɑm

第三种，原来独立的韵母合并成新的韵母。如：

i、y→ɿ
ɔ、u → u
ɛ、œ → e
œy、ui、ɔi→ ui
ɐn、øn、iŋ、ɛŋ→ aŋ
im、yn→ eŋ
am、an、aŋ→ ɛŋ
ɔn、un、oŋ→ əŋ

第四种，原来的单个韵母一分为二，与其他韵母合并。如：

aŋ→（曾摄一等）aŋ
　↘（梗摄二等）ɛŋ

很显然，第三种情形，即“合并”是其发展演变的主要模式。合并的整体态势是：单元音韵母与单元音韵母合并，双元音韵母与双元音韵母合并，阳声韵与阳声韵合并，入声韵与入声韵合并。可以说各自据守本分，有条不紊。合并的条件或者动因也不难找到，那就是发音的相似性，i、y 两个前高元音合并，ɔ、u 两个后元音合并，ɛ、œ 两个前半低元音合并。œy、ui、ɔi 三个复合元音的主元音都圆唇，韵尾都是前高元音；ɐn、øn、iŋ、ɛŋ、aŋ 五韵中的元音都是前元音，合并成一个前低元音阳声韵母 aŋ；im、yn 二韵中的元音都是前高元音，合并成一个前半高元音阳声韵母 eŋ，与单韵母 i、y 的合并如出一辙、并行不悖；am、an、aŋ、ɛŋ 四韵中的元音都是前低元音，合并成一个前半低元音阳声韵母 ɛŋ；ɔn、un、oŋ 三韵中的元音都是后元音，合并成一个央元音阳声韵母 əŋ。简而言之，韵母的类别（单、双、阳、入）和元音舌位的高低前后这两个因素在广州话到常平话的韵母合并过程中起到了核心作用，这是符合语音演变规律的。

一般来说，大城市和中心城市由于本城及外来人口较多且往来频密，人们的语言交流往往追求“最大公约数”，长此以往就容易导致大城市的语言或方言的音类趋向于合并减少。所谓“礼失求者野”，郊区和地方上的村镇往往音韵上分得比大城市要细，更多地保留古音的痕迹。比如，梅县话作为客家话的代表，只有 ts 一套塞擦音、擦音，周边大埔县却有两套塞擦音、擦音，保存了照二、照三的分别。

然而，笔者观察广州、莞城、常平的韵母系统，却发现它们竟然是反其道而行之。广州分化最细，莞城次之，常平又次之（根据调查，莞城话有 35 个韵母），这是为什么呢？

这可能跟广州话的特殊地位有关。一直以来，广州话在整个粤语区享有“标准音”的地位，是粤语区甚至整个广东省的“普通话”，在各类传播媒体的强力助推下，它日益成为粤语区人民语言交际的稳定媒介。在粤语区人民的语言心理中，广州话是粤语的标准，不能随意改动，这就使广州话在语音演变上具有了相当的保守性。莞城、常平话则没有这种“顾虑”，依然按照语言自身的规律（具体到本个案，即语音相似者倾向于合并的规律）发展演变，具体到韵母系统上，就是韵类的进一步合并和韵母数量的进一步减少。

结　　论

综上所述，常平话单元音韵母数量较少；没有 i、u、y 等介音；从中古到现在韵摄发生了大范围的合并，不计少数例外，果、假、蟹、臻摄（除一等合口帮组、泥来、精组外）、宕摄一等开口字开合口失去意义，蟹摄三四等、效摄三四等、山摄三四等开口、臻摄（除一等合口帮组、泥来、精组外）一三等、梗摄三四等、曾摄一三等各自失去了等的差别，咸（除个别字）山臻宕江曾梗通诸摄失去了韵尾的差别，大量元音相似的韵母各自归并。这些因素导致常平话韵母数量较少。这些因素里边，有些是粤语（尤其是广府片粤语）的特点，如韵母体系中没有介音、古音有三四等的摄今音三四等不分、除非组明母外的流摄字同韵等；有些很可能是珠江口东岸整个东莞地区粤语的特点，如咸摄丢失唇音韵尾并入山摄；有些则是常平话自身的特点，如单元音韵母数量少、果摄一等与遇摄一等见系字合并等。

从中古到现在，汉语韵母的数量逐渐归并减少。这是明显的事实，一般不会有异议。然而，长期以来，学者们好像很少关注韵母数量的问题（前文提到的李如龙先生的论述是很少见的），似乎汉语的韵母减少到一定程度就会放慢脚步，或者停下来“休息”一下。在一般的印象当中，粤语的韵母数量应该比较多，至少应该比官话方言多，因为它有入声韵。而现在，常平话却给我们提供了一个韵母数量大量减少的新类型。研究分析常平韵母归并、减少的原因，探索其中的规律，对思考粤语乃至所有汉语方言韵母系统的演变，无疑具有启发意义。

如果入声韵尾的消失在汉语方言韵母系统的演变过程中是一种必然，就像曾经在绝大多数汉语方言中发生的一样，那么，本文讨论的常平话以后会变成什么样呢？会有新的韵母产生，还是韵母继续减少？这是否代表了粤语的发展方向？这些都是值得思考的问题。

参考文献

[1] 北京大学中国语言文学系语言学教研室：《汉语方音字汇》（第二版重排本），北京：语文出版社，2003年。

[2] 黄家教：《广州话无介音说》，《学术研究》1964年第2期。

[3] 李如龙：《论汉语方言的类型学研究》，《暨南学报》（哲学社会科学版）1996年第2期。

[4] 王力：《汉语史稿》，北京：中华书局，1980年。

[5] 叶晓峰：《汉语方言语音的类型学研究》，上海：复旦大学，2011年。

[6] 袁家骅：《汉语方言概要》，北京：语文出版社，2001年。

[7] 詹伯慧：《广东粤方言概要》，广州：暨南大学出版社，2004年。

[8] 中国社会科学院、澳大利亚人文科学院：《中国语言地图集》，香港：香港朗文（远东）有限公司，1987年。

论苏轼华严法界观

黄玉真*

摘　要　佛法对苏轼的生命智慧、文艺创作与理论产生深远影响，在学界引起诸多关注。历来研究苏轼与佛教关系者，多关注禅法对其人生态度、文艺创作及审美理念之影响，但是从其对佛经广泛的涉猎及佛法意象的运用，可得知苏轼所汲取的佛法智慧不唯禅法或净土，禅法之外，交融着华严与天台宗思想。他阅读过宗密的《注华严法界观门》及诗集引用《华严经》多达二十五次，对于大乘佛教法界缘起观是不陌生的。再者，北宋禅宗深受华严梦幻泡影的大乘空观、消解分别的圆融观念，绝言离相的禅定智慧影响，以至于禅诗受理事圆融、事事圆融、现量直观境体验的影响，苏轼处于禅教合一的氛围，其禅观中融入了华严法界观，是他禅学思想的特色。本文藉苏轼诗文来阐述其华严法界观平等不二及圆融无碍的思想，同时藉苏轼作品来说明华严法界观对北宋文人的影响，期望有助于研究此相关命题学者之观察。

关键词　苏轼，华严，法界观，平等，圆融

引　言

佛教认为人生有八苦，生苦、老苦、病苦、死苦、爱别离苦、怨憎会苦、求不得苦、五阴炽盛苦。①面对八苦，“人生无常”这一大课题，即使身为佛门

---

* 台湾“中山大学”文学院中国文学系。

① 八苦：“(1) 生苦，有五种，即：①受胎，谓识托母胎之时，在母腹中窄隘不净。②种子，谓识托父母遗体，其识种子随母气息出入，不得自在。③增长，谓在母腹中，经十月日，内热煎煮，身形渐成，住在生脏之下，熟脏之上，间夹如狱。④出胎，谓初生下，有冷风、热风吹身及衣服等物触体，肌肤柔嫩，如被物刺。⑤种类，谓人品有富贵贫贱，相貌有残缺妍丑等。(2) 老苦，有二种，即：①增长，谓从少至壮，从壮至衰，气力羸少，动止不宁。②灭坏，谓盛去衰来，精神耗减，其命日促，渐至朽坏。(3) 病苦，有二种，即：①身病，谓四大不调，疾病交攻。如地大不调，举身沉重；风大不调，举身倔强；水大不调，举身胖肿；火大不调，举身蒸热。②心病，谓心怀苦恼，忧切悲哀。(4) 死苦，有二种，即：①病死，谓因疾病寿尽而死。②外缘，谓或遇恶缘或遭水火等难而死。(5) 爱别离苦，谓常所亲爱之人，乖违离散不得共处。(6) 怨憎会苦，谓常所怨仇憎恶之人，本求远离，而反集聚。(7) 求不得苦，谓世间一切事物，心所爱乐者，求之而不能得。(8) 五阴炽盛苦，五阴，即色受想行识。阴，盖覆之义，谓

弟子也往往心随境转，无法出离。而苏轼（1037～1101年）[①]虽未皈依三宝，然他深受原生家庭的佛学熏习、当代士大夫习佛参禅之风、方外友人的交游、仕途一波三折等内因外缘的影响，凝炼出他的般若智慧与圆融无碍，摅于诗中，成为北宋诗禅融合的第一人。

佛学之于苏轼而言，不是信仰，不是迁客骚人的逃禅，更不是文人附庸风雅的写作素材或雪泥鸿爪般的禅悦，而是身心安顿的一帖良方。行于生死一线、生命偃蹇处，即使只有竹杖、芒鞋的单薄，却有轻胜马的富足。佛法智慧之于苏轼是“百忧冰解，形神俱泰”[②]的一门生命哲学，敬佛而不媚佛。他藉助华严法界观宽广的时空观照，突破有限价值的束缚，自在地进出真、俗二谛的世界，看清楚诸多现象的表里内外，穿透过去、现在、未来的时间分际及世事正邪、是非、善恶的对立，积极活出生命的新视野。

历来研究苏诗的学者，早已注意到苏诗得自于佛法之妙，[③]其诗与禅法会通的相关研究非常可观，[④]笔者的硕士论文也曾以此为题，[⑤]内容偏重文字禅的写作方法及其艺术风格的探讨，得知其以禅法为诗、以禅论诗、诗禅辩证，深受禅宗语言、美学影响，但蕴含在文字禅背后的甚深法义，除了禅机之外，还有诸多大乘佛法义理，一时之间无法考证条缕，深以为憾，直至今日，对苏轼受哪些佛法义理影响的深入探讨的相关论文仍不多。[⑥]因此，笔者尝试做相关的归纳分析，得知苏轼所汲取的佛法智慧不唯禅法，或净土、禅法之外，交融着华严、天台宗思想，他阅读过宗密的《注华严法界观门》及诗集，引用《华

能盖覆真性，不令显发。盛，炽盛、容受等义，谓前生老病死等众苦聚集，故称五阴炽盛苦。（中阿含卷七分别圣谛经、大毘婆沙论卷七十八、大乘阿毘达磨杂集论卷六）。”见佛光大辞典电子版 https://www.fgs.org.tw/fgs_book/fgs_drser.aspx。

① 苏轼生于宋仁宗景佑三年(1036)十二月十九日(此日已是1037年1月8日)。中国历史纪年，首次见文时，标明公元纪年，再出现时则省略。文中出现之人物，除帝王后妃之外，一律连名带姓，使用全称。参见张撝之、沈起炜、刘德重等主编，《中国历代人名大辞典》，上海：上海古籍出版社，1999年，第803页。本文人名央注生卒年，皆引自本书，下不赘注。

② 《海月辩公真赞》并引，见苏轼：《苏轼文集》，孔凡礼点校，北京：中华书局，1996年，第638页。

③ 赵翼《瓯北诗话》云：“(《书焦山纶长老壁》、《闻辩才复归上天竺》) 二首绝似《法华经》、《楞严经》偈语。”见郭绍虞编选：《清诗话续编》，台北：艺文印书馆，1984年，第1203页。

④ 目前以苏轼诗禅为论的论文约有：朴永焕：《苏轼禅诗研究》，北京：中国社会科学出版社，1995年；萧丽华：《东坡诗论中的禅喻》，《佛学研究中心学报》2001年第6期，第243-270页；萧丽华：《佛经偈颂对东坡诗的影响》，《第四届通俗与雅正文学全国学术研讨会论文集》，台北：新文丰出版公司，2003年，第543-583页；萧丽华：《苏轼诗禅合一论对惠洪“文字禅”的影响》，佛学与文学学术研讨会，新竹，2003年12月，第56-83页；《东坡诗中的般若譬喻》，圣传与诗禅：文学与宗教国际学术研讨会，2004年12月；《从庄禅合流的角度看东坡诗中的舟船意象》，中国近世文学国际学术研讨会，2005年10月；林碧珠：《苏东坡禅诗的形成》，《中国文化月刊》1998年第224期，第104-113页；钟美玲：《苏轼禅诗山水意象的表现》，《中国文化月刊》2000年第246期，第44-62页。

⑤ 黄玉真：《东坡文字禅研究》，高雄：高雄师范大学，2005年。

⑥ 目前以苏轼诗禅与佛法义理论文约有：王渭清：《佛家中道思想对苏轼的影响》，《宝鸡文理学院学报》(社会科学版)，2001年第2期，第31-36页；萧丽华：《东坡诗的〈圆觉〉意象与思想》，《佛学研究中心学报》，2006年第11期，第183-199页；林文钦：《苏东坡禅意诗特质与〈维摩诘经〉关系研究》，《国文学报·高师大》2012年第15期，第33-63页；丁庆勇、阮延俊：《〈坛经〉与苏轼诗歌创作》，《湖南第一师范学院学报》，2012年第12卷第1期，第98-101页；张宏生：《苏轼与〈楞伽经〉》，《人文中国学报》2001年第8期，第29页。

严经》多达二十五次，对于大乘佛教法界缘起观是不陌生的。再者，北宋禅宗深受华严梦幻泡影的大乘空观、消解分别的圆融观念、绝言离相的禅定智慧影响，以至于禅诗受理事圆融、事事圆融、现量直观境体验的影响，苏轼处于禅教合一的氛围，其禅观中融入了华严法界观，是他禅学思想的特色。本文藉苏轼作品来阐述其华严法界观平等不二及圆融无碍的思想，同时藉苏轼诗文来说明华严法界观对北宋文人的影响，期望此文有助于研究此相关命题学者之观察。

一、孕育苏轼佛学思维的内因外缘

苏轼学佛习禅有内因、外缘，本文将环境熏习与释典涉猎归为潜移默化的内在因素；将僧人交游与宦海浮沉纳为锻炼心智的外在因缘。

（一）内因——环境熏习与释典涉猎

环境熏习是成长过程中不容小觑的潜力量，分为家庭环境与时空背景。

就家庭熏习而言，苏轼出生在佛教氛围浓厚的家庭，父亲苏洵（1009～1066 年）结交名僧云门宗圆通居讷（1010～1071 年）[①]和宝月大师惟简（1012～1095 年），僧传甚至将他列为居讷法嗣。[②]苏轼《真相院释迦舍利塔铭》云："昔予先君文安主簿赠中大夫讳洵，先夫人武昌太君程氏，皆性仁行廉，崇信三宝，捐馆之日，追述遗意舍所爱作佛事，虽力有所止而志则无尽。"[③]父母是崇信三宝的佛教徒，辞世时，苏轼追述遗意将生平所爱遗物布施佛寺。

苏轼于黄州（今湖北省黄冈市）[④]撰写《与子由弟十首》，与苏辙（1039～1112 年）讨论佛法，表达自己对禅悟境地与修学方法的见解：

> 任性逍遥，随缘放旷，但尽凡心，无别胜解。以我观之，凡心尽处，胜解卓然。但此胜解，不属有无，不通言语，故祖师教人，到此便住。如眼翳尽，眼自有明，医只有除翳药，何曾有求明方？明若可求，即还是翳。固不可于翳中求明，即不可言翳外无明。而世之昧者，得将颓然无知，认作佛地。若如此是佛，猫儿狗子，得饱熟睡，腹摇

---

① 《中国佛教人名大辞典》，上海：上海辞书出版社，1999 年，第 470 页。本文僧侣法号夹注生卒年，皆出自本书，下不赘注。

② 孙昌武：《佛教与中国文学》，台北：东华书局，1989 年，第 147 页。

③ 苏轼：《真相院释迦舍利塔铭》，《苏轼文集》，第 578 页。

④ 戴均良、刘保全、邹逸麟等主编，《中国古今地名大辞典》，上海：上海古籍出版社，2005 年，第 2847 页。本文古地名夹注今地名，皆出自本书，下不赘注。

鼻息，与土木同，当恁么时，可谓无一毫思念，岂可谓猫儿狗子已入佛地？故凡学者，但当观心除爱，自麤及细，念念不忘，会作一日，得无所除，弟以教我者是如此否？因见二偈警策，孔君不觉悚然，更以问之。[①]

在惠州（今广东惠阳东），他也曾向苏辙请教佛法，告以“本觉必明，无明明觉”[②]。甚至曾说：“兄自觉谈佛不如弟。”[③]兄弟常于义理及体证上切磋。

其妻室也多习佛，继室王闰之（1047～1093年）临终遗言要三个儿子“为画阿弥陀佛”。画成后，苏轼为她作《阿弥陀佛赞》。[④]侍妾朝云（1063～1096年）从泗上比丘尼义冲习佛。随苏轼流贬惠州，经常念佛，弥留之际仍颂《金刚经》四句偈。苏轼《朝云墓志铭》中曰：“浮屠是瞻，迦蓝是依，如汝宿心，惟佛之归。”[⑤]。

再者就时空环境而言，北宋士人以欧阳修（1007～1072年）为首的反佛风潮，意外促成了教界佛子纷纷提倡“修身以儒，治心以释”等“三教合一”之说，其中以释契嵩（1007～1072年）《辅教篇》，明儒释之道一贯；或大慧宗杲（1089～1163年）《大慧普觉禅诗语录》，“世间法则佛法，佛法则世间法也”[⑥]，同时在这股声浪中，士人为了“知己知彼”阅读大量佛典，意外发现儒家经典之外的新思维并为之风靡，如苏轼认为“台阁山林本无异，故应文字不离禅”[⑦]。更造成士人禅悦之风的普及。除了禅悦之风鼎盛之外，士大夫特别爱好《华严经》。朱时恩《居士分灯录》、晓莹《罗湖野录》、彭绍升《居士传》等均有这方面的记载。[⑧]

在释典涉猎的部分，苏轼很早就接触，如《子由生日，以檀香观音像及新合印香银篆盘为寿》中有：“东坡持是寿卯君，君少与我师皇坟。旁资老聃释迦文，共厄中年点蝇蚊。”[⑨]在初任凤翔签判时，与王大年论佛：“予始未知佛法，君为言大略，皆推见至引以自证耳，使人不疑。予之喜佛书，盖自君发之。”[⑩]

在苏轼诗文中直接套用经名，大量征引的禅释语汇和义理概念有《金刚经》《六祖坛经》《景德传灯录》《维摩诘经》《般若经》《圆觉经》《楞伽经》《楞严经》《华严经》《金光明经》《阿弥陀经》，其涉猎的禅释典籍相当广泛。[⑪]这

① 苏轼：《与子由弟十首》之三，《苏轼文集》，第1834页。
② 苏轼：《思无邪斋铭》，《苏轼文集》，第574页。
③ 苏轼：《与子由六首》之四，《苏轼文集·苏轼佚文汇编》，第2514页。
④ 苏轼：《阿弥陀佛赞》，《苏轼文集》，第619页。
⑤ 苏轼：《朝云墓志铭》，《苏轼文集》，第473页。
⑥ CBETA T47 No. 1998A《大慧普觉禅师语录》卷27(《大正新修大藏经》，第47册，No. 1998A，《大慧普觉禅师语录》，CBETA电子佛典，V1.35 普及版)。
⑦ 苏轼：《次韵参寥寄少游》，《苏轼诗集》，孔凡礼点校，北京：中华书局，1982年，第2755页。
⑧ 皮朝纲：《华严境界与中国美学》，《普门学报》，2003年第13期，第11页。
⑨ 苏轼：《子由生日，以檀香观音像及新合印香银篆盘为寿》，《苏轼诗集》，第2015页。
⑩ 苏轼：《王大年哀词》，《苏轼文集》，第1965页。
⑪ 萧丽华：《佛经偈颂对东坡诗的影响》，《第四届通俗与雅正文学全国学术研讨会论文集》，台北：新文丰

些经典中蕴含的义理，大体上以两个主要的核心思想来统摄，一是以“般若”空观与“佛性”真常，二是《华严经》万法平等与圆融无尽思想。[①]

（二）外缘——僧人交游与宦海浮沉

苏轼结识的僧友满天下，二十岁时结识成都僧人惟度、惟简并成为好友；入京后，又与怀琏往来密切；[②]通判杭州时，道潜、佛印、慧辩等都与之过从甚密。贬至黄州后，这些僧友仍继续与之交往，情意弥足珍贵。

最初认识的僧友为宝月大师惟简，于《宝月大师塔铭》曰：

> 大师宝月，古字简名，出赵郡苏，东坡之兄。自少洁斋，老而弥刚。领袖万僧。名闻四方。寿八十四，腊六十五。莹然摩尼，归真于上。锦城之东，松柏森森。子孙如林，蔽芾其阴。[③]

惟简为其族兄，昆仲情深。苏洵去世之后，听从建议，将父甚爱与己所不忍者即吴道子所画的四菩萨布施与他。[④]而后贬官黄州时，惟简特别派弟子来看他。[⑤]

辩才（1011～1091年），即元净，从慈云研习天台之教。苏轼初任钱塘时所结识，于《祭龙井辩才文》曰：

> 虽大法师，自戒定通。律无持破，垢净皆空。讲无辩纳，事理皆融。如不动山，如常撞钟。如一月水，如万窍风。八十一年，生虽有终。遇物而应，施则无穷。[⑥]

苏轼对于辩才的持戒严谨及事理无碍相当景仰，常向他请教佛法，并且

出版公司，2003年，第543-583页。

① 萧丽华：《东坡诗的〈圆觉〉意象与思想》，《佛学研究中心学报》，2006年第11期，第189页。根据冯应榴《苏轼诗集合注》的注文资料，统计苏轼诗与佛经的关系，发现凡用《大毘婆娑论》2次、《大般若涅盘经》10次、《景德传灯录》144次、《六祖坛经》2次、《心经》3次、《四十二章经》4次、《法苑珠林》10次、《法华经》38次、《金光明经》2次、《金刚经》17次、《阿弥陀经》9次、《高僧传》22次、《智度论》3次、《华严经》25次、《圆觉经》18次、《楞严经》113次、《维摩诘经》78次，这个数据透显出苏轼佛思与佛教信仰的几个面向：一、苏轼以禅宗为主轴，《景德传灯录》144次是最明显的痕迹；二、禅之外，交融着华严宗与天台宗思想，如用《法华经》38次、《华严经》25次；三、融合净土信仰，如对《金光明经》、《阿弥陀经》的接触。虽然学术上，学者都将苏轼佛学修养归属为禅宗或禅净双修，但从其用《华严经》25次、《圆觉经》18次之多，苏轼与华严思想必有某种程度的绾合。一般苏诗研究者都认为最明显的主题是人生的虚幻不实，即《罢徐州往南京马上走笔寄子由》所云“吾生如寄耳”的一贯思维，这是苏轼从人生中实际体证经典的道理，又由经典中体现而成的文学譬喻。但如果从佛经来爬梳苏诗，可以发现苏轼以“人生如梦幻”此一人生主题的重要创造，是结合着般若空观与《圆觉经》的“如幻三昧”而来，这正显出宋代禅宗的华严走向。

② 苏轼：《次韵水官诗》，《苏轼诗集》，第86页。

③ 苏轼：《宝月大师塔铭》，《苏轼文集》，第467页。

④ 苏轼：《四菩萨阁记》，《苏轼文集》，第385页。

⑤ 苏轼：《宝月大师塔铭》，《苏轼文集》，第467页。

⑥ 苏轼：《祭龙井辩才文》，《苏轼文集》，第1961页。

能扣问如撞钟，时有所得。

慧辩（1015～1073 年），即海月，修天台。苏轼在钱塘时，每遭心神不安，就前往请法。听完开示即有所领悟，曾说“余固喜从之游”[①]。大师逝后二十一年，于惠州还为他作《海月辩公真赞》曰：

> 人皆趋世，出世者谁？人皆遗世，世谁为之？爰有大士，处此两间，非浊非清，非律非禅。惟是海月，都师之式，庶复见之，众缚自脱。我梦西湖，天宫化城。见两天竺，宛如平生。云披月满，遗像在此。谁其赞之？惟东坡子。[②]

慧辩以出世精神来入世化众的态度，对苏轼佛学思想影响很大。

道潜（1043～1102 年），即大觉怀琏之法嗣，号参寥子。绍圣元年（1094），苏轼贬为岭南时，他连坐被罚，一时还俗。徽宗建中靖国元年（1101）蒙赦，复僧籍。苏轼僧友满天下，然与参寥友谊最深挚，可说是无话不谈。谪居黄州时，思念参寥之情在《与参寥子》表露无遗：

> 去岁仓卒离湖，亦以不一别太虚、参寥为恨。留语与僧官，不识能道否？到黄已半年，朋游稀少，思念二公不去心。懒且无便，故不奉书。远承差人致问，殷勤累幅，所以开谕奖勉者至矣。仆罪大责轻，谪居以来，杜门念咎而已。平生亲识，亦断往还，理故宜尔。而释、老数公，乃复千里致问，情义之厚，有加于平日，以此知道德高风，果在世外也。[③]

苏轼与参寥子交情笃厚，与“平生亲识，亦断往还”，甚至对他落井下石，乘机“推骂”[④]，相形之下，参寥子的友谊弥足珍贵。所以称他：“道德高风，果在世外。”直至苏轼辞世之前，双方一直是心灵的挚交。

了元（1032～1098 年），即佛印禅师。[⑤]佛印与苏轼交情深厚，留下许多发人深省的故事。苏轼的捷才与佛印的机智，令人赞佩。佛印致书苏轼说：

> 尝读退之《送李愿归盘谷序》，愿不遇主知，犹能坐茂林以终日。子瞻中大科，登金门，上玉堂，远放寂寞之滨，权臣忌子瞻为宰相耳。人生一世间，如白驹之过隙，三二十年功名富贵，何不一笔勾断，寻求自家本来面目，万劫常住，永无堕落，纵未得到如来地，亦可以参

① 苏轼：《海月辩公真赞》并引：“余通守钱塘时，海月大师惠辩者，实在此位。神宇澄穆，不见愠喜，而缁素悦服，予固喜从之游。时东南多事，吏治少游，而余方年壮气盛，不安厥官。每往见师，清坐相对，时闻一言，则百忧冰解形神俱泰。”《苏轼文集》，第 638 页。

② 苏轼：《海月辩公真赞》并引，《苏轼文集》，第 638 页。

③ 苏轼：《与参寥子二十一首》，《苏轼文集》，第 1859 页。

④ 苏轼：《答李端叔书》，《苏轼文集》，第 1432 页。

⑤ 普济：《五灯会元》，苏渊雷点校，台北：文津出版社，1991 年，第 1026 页。

鸾驾鹤，翔三岛为不死人，何乃胶柱守株，待入恶趣，昔有问师：“佛法在什么处？”师云：“在行住坐卧处，着衣吃饭处，痾屎撒尿处，没理没会处，死活不得处。”子瞻胸中有万卷书，笔下无一点尘，到这地位不知性命所在，一生聪明要做什么？三世诸佛，则是一个有血性汉子，子瞻若能脚下承当，把一二十年富贵功名，贱如泥土，努力向前，珍重珍重。①

佛印以佛法棒喝之，期许他当下承当，出脱名利羁缚，寻求自家本来面目。

苏轼交往僧人不可胜数，他曾自称“吴越多名僧，与予善者常十九”。在嘉泰普灯录里，甚至被列为黄龙派黄龙慧南（1002～1069 年）弟子、东林常总（925～1091 年）法嗣，透由与僧友心灵激荡的历程，淬炼生命中的纯粹。

宦海浮沉对于苏轼而言是不幸也是大幸，所谓“不禁一番寒彻骨，哪得梅花扑鼻香”。三谪是人生困顿期却是创作巅峰期。笔者尝试从《苏轼诗集》逐一爬梳，统计其人生重要阶段佛理诗创作数量，以佐证宦海浮沉对其佛法之浸濡，占有举足轻重的影响因素（表 1）。

表 1　苏轼人生重要阶段佛理诗创作数量

时间	仕途状况	文字禅作品数量
仁宗嘉佑四年至熙宁三年	历任凤翔签判、直史馆、开封府推官等	5 首
熙宁四年至熙宁六年	通判杭州	29 首
熙宁七年至元丰二年	知密州、徐州、湖州、乌台诗案入狱、出狱	22 首
元丰三年至元丰七年	谪居黄州团练副史	25 首
元丰八年至元佑四年	知登州、翰林学士知制诰兼侍读、龙图阁学士（仕途得意期）	10 首
元佑五年至元佑七年	知杭州、颍州、扬州、还朝	15 首
元佑八年至绍圣三年	知定州谪惠州	23 首
绍圣四年至宋徽宗建中靖国元年	昌化军安置、谪居儋州、廉州安置、舒州团练副使、归常州、逝于常州	30 首
其他	未能确认时	16 首

乌台诗案至黄州时期是他佛理诗创作的第一个高峰，共计 47 首；第二高峰是在谪惠州、儋州，共计 53 首。仕途的得意期却是创作的欠收期。黄州是他佛学思想的深化期，其弟苏辙《亡兄子瞻端明墓志铭》云：

既而谪居于黄，杜门深居。……后读释氏书，深悟实相，参之孔老，博辩无碍，浩然不见其涯也。②

① 朴永焕：《苏轼禅诗的研究》，台南：成功大学，1992 年，第 75 页。
② 苏辙：《亡兄子瞻端明墓志铭》，《栾城集·后集》，台北：台湾商务印书馆，1968 年，第 11 页。

乌台诗案初次面临生死交关，使他饱受折磨和屈辱，禅释要义此时成为风雨中的竹杖芒鞋，身心安顿之方，在深厚的儒、道本土思维基石上，将西来的佛法要义与之融通，益发博辩无碍。黄州时期也是苏轼自号“东坡居士”的开始。在《黄州安国寺记》：“道不足以御气，性不足以胜习。不锄其本，而耘其末，今虽改之，后必复作。盍归诚佛僧，求一洗之？得城南精舍曰安国寺，有茂林修竹，陂池亭榭。闲一二日辄往，焚香默坐，深自省察，则物我相忘，身心皆空，求罪垢所从生而不可得，一念清净，染污自落，表里翛然，无所附丽。私窃乐之。旦往而暮还者，五年于此矣。”[①]黄州五年以习佛参禅蓄积生命的资粮，使他成为超越苦难的智者。

绍圣年间再贬惠州、儋州（今海南省儋州市），其佛学修养已充分会通三教，是他佛学思想的圆熟期。其《南华寺》[②]诗云：

云何见祖师，要识本来面。亭亭塔中人，问我何所见。
可怜明上座，万法了一电，饮水既自知，指月无复眩。
我本修行人，三世积精炼，中间一念失，受此百年谴。
抠衣礼真相，感动泪两霰，借师锡端泉，洗我绮语砚。

此诗反映了苏轼缘法深入本来面目，皈命真寂，饮水自知的心境。

内在的家学渊源或是外在的时空氛围是孕育佛思的沃土；阅读释典与僧人的交游酬唱是佛思的根芽；宦海浮沉是佛法的开枝散叶。佛法对生命实相的深刻探讨及禅法生动活泼的特质与他聪明机智的性格相契，因此在他生命中开枝散叶，提升生命的格局，同时也为创作注入一泓清泉。

二、苏轼与华严法界观

（一）华严法界观之要义

法界观是指悟入华严本经所说法界真理（以“一真法界”总赅万有）的修行观法，为华严宗初祖杜顺（557～640年）所立。杜顺在《修大方广佛华严法界观门》一书，他提出真空观、理事无碍观、周遍含容观三观，为实践修行悟入“一真法界”的观门枢要，二祖智俨（602～667年）在这基础上进而提出法界为一切诸佛的所依相有染净之别，[③]“法界缘起”因此成为华严宗的常用语。四祖澄观（738～

① 苏轼：《黄州安国寺记》，《苏轼文集》，第391-392页。

② 苏轼：《南华寺》，《苏轼诗集》，第2060页。

③ 智俨：《华严经搜玄记》卷三：“依大经本，法界缘起乃有众多，今以要门略摄为二：一约凡夫染法以辨缘起，二约菩提净分以明缘起。”见《大方广佛华严经》搜玄分齐通智方轨卷第三(之下)，《佛教经典图书馆。佛经电

839 年）则主张法界为一切众生身心的本体，[①]宇宙则涵括在这“一真法界”中。若由现象与本体来观察法界，则可分为事法界、理法界、理事无碍法界、事事无碍法界观等四观。[②]华严宗的法界分类与定义至澄观臻于圆熟。但必须指出，澄观在重视理事范畴过程中所建立的“四法界”说，还只是把它作为诸种法界分类中的一种，此后经过华严宗五祖宗密的整理，“四法界”才成为从总体上论证“法界缘起”的完备的学说。宗密在注释“法界”一词时指出：“清凉（澄观）《新经疏》云：统唯一真法界。谓总该万有，即是一心。然心融万有，便成四种法界。”[③]“一真法界”即“一心”，是产生万有的本源，它又“融”入“万有”之中，成为一切现象的共同本质。作为“心”的表现，有四种相状，即为“四法界”，这样就把四法界完全建立在“一心”的基础之上。这样，“法界”这个范畴既是华严宗人关于宇宙人生的境界论范畴，又是华严宗人关于宇宙人生的本原论范畴。[④]意即一真法界摄四法界，法界圆融自在无碍，因此，华严宗又被称为“法界宗”。

法界三观[⑤]概念如下：

一、真空观，穷尽法界之事相，无一有自尔之别性，皆归于平等之空性，以空为性也。空者，非顽无之空，真如之理性超然而离诸相，故名为空观。吾人所见之森罗万象，悉为妄情之遍计，犹如空华之实性为虚空，于中泯亡妄情所见之事相，显真空之妙体，名为真空观。真空，即四法界中之理法界也。

二、理事无碍观，今显实空，泯情所见之事相，以显真如之空性。然共此真如，非凝然无为之顽体，具不变随缘之二义，虽以不变之故，常往无作，然以随缘之故，变造一切诸法。然则吾人所见之万象，皆为真如之随缘；随缘之万象，即真如也。犹如水即为波，波即为水。所谓色即是空，空即是色，是也。如是观真如性起万法，万法一一以真如为性，名为事理无碍观。此四法界中，事理无碍法界也。

三、周遍含容观，即知法界一一之事相，为真如之随缘性起矣。而其起也。非分取真如之性，性为一味平等，不可分取。一微一尘，悉完具真如之全体也。故完具理之一一事相，如其理性之法界融通，一一事相亦遍含容一切法界，而重重无尽也。此名周遍法界性。是为四法界中之事事无碍法界，随缘观之至极也。

子书 Sutra Buddhism Book》，http://www.muni-buddha.com.tw/sutra-buddhism-zen-buddhist-mercy/%A6%F2%B1%D0-wiki/in.35/1732_006.htm。

① 续法辑：《法界宗五祖略记》，《卍续藏》本，台北：新文丰出版社，1975 年，第 622 页。

② 佛光大辞典电子版 https://www.fgs.org.tw/fgs_book/fgs_drser.aspx。

③ 宗密，《注华严法界观门》，《中国佛教思想资料选编》，北京：中华书局，1984 年，卷 3，第 395 页。

④ 皮朝纲：《华严境界与中国美学》，《普门学报》2003 年第 13 期，第 7 页。

⑤ 《新编佛学大辞典》，台北：嘉丰出版社，2011 年，第 177 页。

四法界[1]概念如下：

一、事法界：乃指差别之事物。含色、心情器万差诸法，一一差别各有分际。如泥土可陶冶成各种器物，各器物是异，泥土是同。水有三态是异，氢二氧是一。事法界亦即事物之殊相，从差别上看，万法皆殊。

二、理法界：理法界即是理体（本质），乃真如法性之异名，真如法性不增不减，生、佛平等无二无别，亦如众金，其相虽异，其体则一。扩言之，乃指一切事法界皆是此一理体所显。

三、理事无碍法界：乃指差别之事物，与平等之理体不一不异，理由事显，事即是理；据理，事乃有成，即事，亦可显理。如是理事交融，真如即万法，万法即真如。如水是理体，波是事相，水不异波，波不离水。故曰，理事无碍。

四、事事无碍法界：万法皆从理法生，因理事无碍，故事事亦无碍。如中国之五行相克相生，相反相成，从一期生灭看乃生灭相济；若从整个宇宙来看，此正是“生生之德”。此正说明万物并行不悖，一一称性融通。如一树之花叶虽异，但红花绿叶相资，更能相得益彰，使此一树充满着生命生机。理事无碍、事事无碍亦是如此。

法界观意谓大千世界的万象，皆为真如之随缘；随缘之万象，即真如；“法界缘起”，万象皆处于“全体交彻”即“彼中有此，此中有彼”的状态，也就是“自在圆融”的境界。[2]因此，法界便是依因待缘，穷尽法界的所有事相，无一有自尔之别性，皆归于平等之空性，以空为性也，则万法平等也。

（二）对苏轼的影响

华严宗传至五祖宗密（780～841年），产生了禅化的现象，宗密本为南派荷泽道圆的弟子，后又师事华严宗四祖澄观，他融禅入教，以禅学阐释《华严经》。自此，华严思想与禅学思维相互激荡，对宋代士大夫产生莫大影响。《华严经》的悟性思想对禅宗及诗歌的影响深远，吴言生先生在《华严帝网印禅心——论〈华严经〉、华严宗对禅思禅诗的影响》一文说：“华严思维，是大乘圆教的悟性思维，蕴含着丰富的禅悟因子，潜蕴着丰厚的禅悟内涵，主要表现为梦幻泡影的大乘空观、消解分别的圆融观念，绝言离相的禅定智慧，奠定了华严宗理事无碍、事事无碍观的基础，影响了禅思禅诗对理事圆融、事事圆融、现量直观境的体验。”[3]《华严经》常以梦幻光影、声音谷响、阳焰泡沫、画图彩色等

① 李志夫释义、张其昀编纂：《中华百科全书》，1983年，http://ap6.pccu.edu.tw/Encyclopedia/index.asp。

② 法顺：《华严五教止观·第三事理圆融观》，《中国佛教思想资料选编》，卷2，第7页。

③ 吴言生：《华严帝网印禅心——论〈华严经〉、华严宗对禅思禅诗的影响》，《人文杂志》2002年第2期，第85页。

精彩绝伦的譬喻，表达了对“空”的直观体证。其次，《华严经》通过对十二因缘的深邃感悟，形象地描绘了由于分别而产生的生死轮回因果链。最后，大乘空观诸相皆空，不二法门远离分别，由此产生离言离相的《华严经》式的禅定智慧。华严梦幻泡影的大乘空观，消解分别的圆融观念，绝言离相的禅定智慧，对禅宗思想、禅悟思维、禅宗机锋公案、禅宗诗歌产生了深刻的影响。苏轼处于禅教合一的佛教氛围，其禅观中融入了华严法界观，是他禅学思想的特色。[①]

北宋文坛除了禅悦之风鼎盛之外，士大夫特别爱好《华严经》。朱时恩的《居士分灯录》、晓莹的《罗湖野录》、彭绍升的《居士传》等均有这方面的记载。苏轼是典型的例子。他曾广涉佛教大乘经典，十分熟悉华严学说，他在不惑之年因苏辙推荐，与《注华严法界观门》结下一段甚深法缘。在和子由四首中之《送春》诗云：“凭君借取法界观，一洗人间万事非。”[②]希望有机会一读此书，来洗尽人间的纷纷扰扰。几年后，如愿接触此书，《送刘寺丞赴余姚》：“我老人间万事休，君亦洗心从佛祖。手香新写法界观，眼淨不觑登伽女。”[③]苏轼四十四岁，时值湖州（今浙江湖州）任上。历经亲人相继离世及新旧党争，渐渐勘破世间的诸法无常，自叹年老万事休，此时他不但手抄法界观，还将《楞严经》中阿难受摩登伽女之难[④]的典故来说明自己渐渐不受外境声色之诱惑，以手香、眼净透露出自性清净，具足一切，不受动摇的体悟。同年又写《南都妙峰亭》云：“孤云抱商丘，芳草连杏山。俯仰尽法界，逍遥寄人寰。”[⑤]俯仰尽法界，意即能体会华严法界观对宇宙时空独特的领会。

华严学说的圆融无碍、重重无尽的思想，对苏轼的诗文的说理表现手法影响很深，使他能在极其丰富的想象和多向度的思辨中进行自由的理性思考。清代文艺美学家刘熙载明确指出了苏轼古诗与华严学说的关系：“滔滔汩汩说去，一转便见主意，《南华》、《华严》最长于此。东坡古诗惯用其法。”[⑥]清代诗学家方东树也指出苏诗的说理方式是“全从华严来”[⑦]。清代王士祯引钱谦益云：“然则子瞻之文，黄州以前得之于庄，黄州以后得之于释。吾所谓有得于《华严》者，信也。”[⑧]苏轼研究之大家——王水照先生，也认为他长期浸濡

① 达亮：《苏东坡与佛教》，台北：文津出版社，2010年，第172页。
② 苏轼：《和子由四首·送春》，《苏轼诗集》，第623页。
③ 苏轼：《南都妙峰亭》，《苏轼诗集》，第1944页。
④ 李志华：《佛陀解救阿难的摩登伽难——〈楞严经〉启教因缘》，《人生杂志》，台北：法鼓文化出版社，2014年第368期，第106页。
⑤ 苏轼：《和子由四首·送春》，《苏轼诗集》，第2060页。
⑥ 刘熙载：《艺概·诗概》，上海：上海古籍出版社，1978年，第67页。
⑦ 方东树：《昭昧詹言》，北京：人民文学出版社，1984年，第299页。
⑧ 王士祯：《古夫于亭杂录·东坡文》，台北：新兴书局，1979年。

佛学，对华严宗尤有偏嗜[1]，华严学说关于宇宙人生万事万物圆通无碍的思想，使诗人墨客领悟到各艺术门类之间是可以互相打通的，不要拘泥于艺术语言的束缚。[2]

华严梦幻泡影的大乘空观、绝言离相的禅定智慧，对于苏轼思想与创作的影响，已受到大多数研究者的关注。但是对于其法界平等观及圆融观，尤其在历经乌台诗案、饱受精神折磨与生死威胁的他而言，是引领他突围现象界二元对立迷阵的良策，亦是指引他挣脱生命层层桎梏迈向生命实相探究的良方。学术界对此尚未有深入的探讨，而这正是本文欲探析的。

（三）苏轼法界平等观

中国佛教华严宗圆融思想提出心、佛、众生三法，于本质上是没有差别、融通无碍的，所以说三者平等。[3]法藏说："众生及尘毛等，全以佛菩提之理成众生故。所以于菩提身中，见佛发菩提心、修菩萨行，当知佛菩提，更无异见。今佛教化尘内众生，众生复受尘内佛教化，是故佛即众生之佛，众生即佛之众生，纵有开合，终无差别。"[4]《华严经》说，众生与佛以"佛菩提之理"为本体，心、佛、众生在理体上平等无差别而可互即；而佛为教化众生而将其摄入己身、己心，因而"众生即佛"，又不碍在现象上的隐显互现。不只心具万法，万法的每一法都本自圆满，具足一切，一一法相即相入，重重无尽。列举相关诗文以说明之。

元丰二年（1079），于徐州任上所作的《泗州僧伽塔》：

我昔南行舟系汴，逆风三日沙吹面。舟人共劝导灵塔，香火未收旗脚转。
回头顷刻失长桥，却到龟山未朝饭。至人无心何厚薄，我自怀私欣所便。
耕田欲雨刈欲晴，去得顺风来者怨。若使人人祷辄遂，造物应须日千变。
今我身世两悠悠，去无所逐来无恋。得行固愿留不恶，每到有求神亦倦。
退之旧云三百尺，澄观所营今已换。不嫌俗士污丹梯，一看云山绕淮甸。[5]

自汴入泗护父丧归蜀，在僧伽塔祷风于神，使逆风成了顺风。前六句是回忆这件事，写了阻风之苦、祈神之灵、舟行之速。但是，诗人并不因此而相信神灵。尽管他私心感谢神灵给他提供了方便，却马上想到号称"无心"的神灵为什么厚己而薄彼的问题。因为处在不同环境中的人对神的祈求并不相同。

① 王水照：《苏轼研究》，北京：中华书局，2015年，第7页。
② 皮朝纲：《华严境界与中国美学》，《普门学报》2003年第13期，第11页。
③ 《夜摩天宫菩萨说偈品》言："心如工画师，画种种五阴，一切世界中，无法而不造。如心佛亦尔，如佛众生然，心佛及众生，是三无差别。"见CBETA T09 No. 278《大方广佛华严经》，卷10。
④ 法藏：《华严经义海百门》，《中国佛教思想资料选编》，卷2，第109页。
⑤ 苏轼：《泗州僧伽塔》，《苏轼诗集》，第289页。

如果人人求神辄验，那么，神岂不是要一日乃至一刻千变？这里平淡而又诙谐地揭示了一个简单却常被人忽视的道理。

下面四句“今我身世两悠悠，去无所逐来无恋。得行固愿留不恶，每到有求神亦倦”写诗人当时的心情。他认为自己已与世俗遥隔，对去留行止已无所谓，因而，也用不着去求神，增添他的麻烦。这里，既有对仕途的感慨，又有“不染万境而常自在”及他在习佛过程中一贯的理性态度。

这首诗看似与佛禅无关甚至反佛门，但仔细参究，会发现万法平等的精神流转其间。佛法在“俗谛”上说鬼论神，画天堂说地狱，乃为俗众“方便说法”，在“真谛”上追求的则是一种自我精神上的自由。因而，也可以说，苏轼这首诗正是他不同意佛禅“俗谛”而系心于佛禅“真谛”的表现。通观全诗，可得知苏轼“万法平等”，所以“至人”无分别心。

于元丰三年（1080）所作的《迁居临皋亭》：

我生天地间，一蚁寄大磨。区区欲右行，不救风轮左。
虽云走仁义，未免违寒饿。剑米有危炊，针毡无稳坐。
岂无佳山水，借眼风雨过。归田不待老，勇决凡几个。
幸兹废弃余，疲马解鞍驮。全家占江驿，绝境天为破。
饥贫相乘除，未见可吊贺。澹然无忧乐，苦语不成些。[①]

首两句的意思是，作者认为自己之于大千世界犹如寄居于大磨子的微渺的蚂蚁。虽然有意走右行，而磨子总是向左旋转。所谓“风轮”出自《宗镜录》：“觉明空昧相待成摇，故有风轮执持世界。”[②]“风轮”就是人生命运的主宰。虽然由仁义行，但还是“未免违寒饿”。作者认为自己的遭遇正是如此。又“幸兹废弃余”，对于众人认为不幸的流刑表示庆“幸”。所以，东西的大小或事情的是非、幸与不幸，只是相对而言，并没有绝对的不同。虽在乌台诗案后被贬至黄州，看似陷入人生之困境，但是“全家占江驿”，这也算是不幸中的大幸。所以，“饥贫相乘除”意谓在黄州能得以与世隔绝，自是好事，但却不免于饥贫，好事与坏事相抵。即宇宙万物之一切现象，都没有绝对不变的价值标准。所以，对于目前的情况，不值得祝贺，也不必悲哀，只要保持“澹然”“无忧无乐”的态度。这正是作者超脱之处，表现他的万法平等、理无碍的思想。

元佑七年（1092）所作的《轼在颍州，与赵德麟同治西湖，未成，改道扬州。三月十六日，湖成，德麟有诗见怀，次韵》：

① 苏轼：《迁居临皋亭》，《苏轼诗集》，第 1053 页。

② CBETA T48 No. 2016《宗镜录》卷 12。

太山秋毫两无穷，巨细本出相形中。大千起灭一尘里，未觉杭颍谁雌雄。[①]

于扬州甫上任不久，接到赵德麟报告治湖完成，诗中充满兴奋之情，大有与杭州西湖争雄之慨，因此作此诗。这四句为全首诗的精华，诗的一开头以哲理说明宇宙事物只是相对而言。前两句引用道家《齐物论》。道出泰山虽大，比起更巨大的则为小；秋毫虽小，比起更细微的又为大。大小只是比较的差别，纵如大千世界的广大，最终也只是同一尘，又何必分别谁雄谁雌。苏轼具有万法平等的精神，因此不管面对任何顺逆之境，均能保持乐观自在的心怀。

绍圣元年（1094）6月9日苏轼三子依其母王闰之遗言所画的阿弥陀佛像成，奉于金陵清凉寺，苏轼为其撰《阿弥陀佛赞》：

见闻随喜悉成佛，不择人天与虫鸟，但当常作平等观，本无忧乐与寿夭。丈六全身不为大，方寸千佛夫岂小。此心平处是西方，闭眼便到无魔娆。[②]

苏轼认为人与天、虫与鸟、忧与乐、寿与夭、丈六全身与方寸千佛，皆在理体上平等无差别。之后又于冥寿之日为她作《释迦文佛颂》并引："我愿世尊，足指按地。三千大千，净琉璃色。其中众生，靡不解脱。如日出时，眠者皆作。如雷震时，蛰者皆动。同证无上，永不退转。"[③]认为所有众生是平等，靡不解脱，皆可同证无上，永不退转。

元丰五年（1082）五月，苏轼在黄州得一怪石，用以供奉佛印了元，并作《怪石供》一文：

禅师尝以道眼观一切，世间混沦空洞，了无一物，虽夜光尺璧与瓦砾等，而况此石？[④]

以及在《跋王氏华严经解》："若一念清净，墙壁瓦砾皆说无上法，而云佛语深妙，菩萨不及，岂非梦中语乎？"[⑤]依据大乘空观诸法性空，用法界平等来观察世界，明珠美玉与粗石瓦砾则无二无别都是平等的，这些事物皆是一真法界的体现，进而以此观待人生，自然可以泯是非、齐荣辱、通达无碍，不忮不躁。

总而言之，超越分别执着，重现清净本心，对于万物无所住心，一即一切，人生就没有甚么罣碍，对生死也就能自在处之。

---

① 苏轼：《轼在颍州，与赵德麟同治西湖，未成，改扬州。三月十六日，湖成，德麟有诗见怀，次韵》，《苏轼诗集》，第1876页。

② 苏轼：《阿弥陀佛赞》，《苏轼文集》，第619页。

③ 苏轼：《释迦文佛颂》并引，《苏轼文集》，第586页。

④ 苏轼：《怪石供》，《苏轼文集》，第1986页。

⑤ 苏轼：《跋王氏华严经解》，《苏轼文集》，第2060页。

（四）苏轼法界圆融观

事理无碍的“事”是指个别的事物或现象，“理”是指事物的本性或本体。“理事无碍”就是通过智慧了解到理为事之理体，事为理体之显现，最后达到事事无碍的境界。[①]能达到事理无碍，生与死，出世与入世、得与失、荣与辱等就能超越自在。

华严宗的圆融无碍思想对苏轼影响很大，苏轼在诗中常常对华严法界表现出向往之情，以下列举几则诗文以说明。

于绍圣元年（1094）苏轼于汴京作《和子由四首·送春》诗：

梦里青春可得追，欲将诗句绊余晖。酒阑病客惟思睡，蜜熟黄蜂亦懒飞。
芍药樱桃俱扫地，鬓丝禅榻两忘机。凭君借取法界观，一洗人间万事非。[②]

苏轼自言青春已逝，唯有梦里得追！本想以诗词伴余生，只是禅心寂寂；客身懒病惟思睡，徒让芍药、樱桃空落地。只有和子由一样借取《华严法界观门》，才能“一洗人间万事非”。人世间的分别扰攘，都由法界真理的体验而扫尽抚平。这并不意味着逃离世俗人间跑到另外一个真理世界去，而是借由无明风动的止息，照见周遭事象、行住坐卧，无非法界真理的呈现，心中一片平坦。

元符四年（1101），回首黄州五年偃蹇岁月所作《龟山辩才师》：

此生念念浮云改，寄语长淮今好在。故人宴坐虹梁南，新河巧出龟山背。
木鱼呼客振林莽，铁凤横空飞彩绘。忽惊堂宇变雄深，坐觉风雷生謦欬。
羡师游戏浮沤间，笑我荣枯弹指内。尝茶看画亦不恶，问法求诗了无碍。
千里孤帆又独来，五年一梦谁相对？何当来世结香火，永与名山供井硙。[③]

他与辩才禅师交情很好。在这一首诗中，言及历经黄州五年之后，他非常欣羡辩才禅师的洒脱出世，“羡师游戏浮沤间，笑我荣枯弹指内”。由此二句，更可以映衬出宦途的坎坷多舛，尤其是在历经乌台诗案后。所以，在他回首中，荣枯只在弹指间。他觉得世俗人平凡的生活也很好，所以他说“尝茶看画亦不恶，问法求诗了无碍”。世俗生活不论是问法或求诗也不会遭受文字狱。

---

① 冷成金：“所谓事事无碍，意谓不必于现象界之外寻求超现象的世界，不必离现象而求本体，当每一个现象都是本体，而每一个本体又都是现象时，每一法都是绝对的法，这就打通众生与佛、现象与本体、个别与一般的隔绝，达到了圆融无碍，此时见山只是山，见水只是水。这样一来，就必然得到这样的结论，要想实现佛教的最高境界——涅盘——就是不能脱离现实人生的了。”《苏轼的哲学观与文艺观》，北京：学苑出版社，2003 年，第 306 页。

② 苏轼：《和子由四首·送春》，《苏轼诗集》，第 628 页。

③ 苏轼：《龟山辩才师》，《苏轼诗集》，第 1295 页。

回首黄州五年犹如南柯一梦，他期盼着来世能够永与佛门结缘，所以，他最后以“何当来世结香火，永与名山供井硙”。作结。人世间的艰难困苦，反而是领悟法界圆融的契机，时间上久暂相即，空间上小大互融，争长争短的虚妄作为实属可笑，勘破俗世的一切执着，何处不能逍遥自在？何必为了尘俗的荣枯小事而自我系缚心灵，与佛法结缘，了悟法界真理，此中大乐不尽言传。

徽宗建中靖国元年（1101），病危的苏轼写下《答径山琳长老》：

> 与君皆丙子，各已三万日。一日一千偈，电往那容诘。
> 大患缘有身，无身则无疾。平生笑罗什，神咒真浪出。[①]

这一首诗是苏轼临终前二日所写的。维琳（1036～1101年）是苏轼知杭州时径山寺的住持，这次为了探病到常州来，作《与东坡问疾》云：“扁舟驾兰陵，自援旧风日。君家有天人，雄雄维摩诘。我口吞文殊，千里来问疾。若以默相酬，露柱皆笑出。”[②]所以，这首诗是响应维琳的。所谓“平生笑罗什，神咒真浪出”，据《晋书》记载，后秦时天竺高僧鸠罗摩什病危，便口出三道神咒，叫他的外国徒弟颂读禳解，结果毫无效果。苏轼觉得他的举动非常可笑，认为能超然生死才是真正的大悟。所以，他说“大患缘有身，无身则无疾。平生笑罗什，神咒真浪出”。再者，表达对于生死的坦然自在的人生态度。

以上三首诗，表现苏轼事理无碍的心境来观照现实，超越了个别的事物或现象及事物的本性或本体，因此乐观旷达、生死自在。

苏轼还用华严法界观来论艺术，如《送钱塘僧思聪归孤山叙》一文：

> 钱塘僧思聪，七岁善弹琴。十二舍琴而学书，书既工。十五舍书而学诗，诗有奇语。云烟葱珑，珠玑的皪，识者以为画师之流。聪又不已，遂读《华严》诸经，入法界海慧。今年二十有九，老师宿儒，皆敬爱之。……使聪日进不止，自闻思修以至于道，则《华严》法界海慧，尽为蘧庐，而况诗书与琴乎？……聪若得道，琴与书皆与有力，诗其尤也。聪能如水镜以一含万，则书与诗当益奇。吾将观焉，以为聪得道浅深之候。[③]

僧思聪的善弹琴、能诗书且能日进不止，完全得益于华严学说的启迪与滋养。“如水镜以一含万”，融会贯通，一以驭万，控引天地，正是华严圆融无尽、万法相即相入思想的体现。换言之，只要真正得道，琴、书、诗都是相互

① 苏轼：《答径山琳长老》，《苏轼诗集》，第2459页。
② 苏轼：《答径山琳长老》，《苏轼诗集》，第2459页。
③ 苏轼：《送钱塘僧思聪归孤山叙》，《苏轼文集》，第325页。

融通。这是对道与艺术关系的更高一层的理解。这既是僧思聪以艺术实践的成果对华严学说的确证，也是苏轼用华严思想解释诗、书、琴三者在思维创作表达及欣赏品评上的共同要求，开创一种新的审美趋向。

结　语

苏轼本是一介儒者，身处北宋初年排佛风潮之末，也曾沿欧阳修、范仲淹之儒志，有过批评佛教的相关言论。然而，在释契嵩等人之努力下，调和儒学的风气渐开，加以五宗七派振兴枝叶之世，造成士人禅悦之风的普及；又苏轼自幼在佛教氛围浓郁的成长环境熏习下，适乌台诗案生死的胁迫，以及黄州、惠州、儋州等仕宦偃蹇之缘，期间结识诸多高僧大德及广泛阅读经藏，开启他融儒入佛、以文字为佛事的道路。

本文主要透过苏轼所涉猎的禅典释籍及文字禅诗所映现的佛教义理去归纳分析，得知苏轼受到大乘般若空观及华严法界观的启迪最深。华严宗传至宗密，禅教合一，华严与禅学思维相互激荡，对宋代士大夫产生莫大影响。华严法界观，展现对宇宙时空独特的体悟，其空间是多次元的，具无量无边，大能含小，小中可以显大，一尘中含有万有法界，相即相入，一即一切，一切即一，相即相入，开展平等无二、圆融无碍等特点。

《华严经》消解分别，心、佛、众生三无差别，体悟万法平等，一即一切的思想影响苏轼世界观及人生观，以他所作的《阿弥陀佛赞》："见闻随喜悉成佛，不择人天与虫鸟，但当常作平等观，本无忧乐与寿夭。丈六全身不为大，方寸千佛夫岂小。此心平处是西方，闭眼便到无魔娆。"他认为人天与虫鸟、忧与乐、寿与夭、丈六全身与方寸千佛，其相虽异，其体则一。换言之，也就是一切事法界皆是此一理体所显，平等无二，展现天地与我同根，万物与我同体、芥子纳须弥宏伟的世界观。作者观待自己的际遇也是如此，《迁居临皋亭》提到幸兹废弃余、全家占江驿、饥贫相乘除，对于众人是不幸的事表示庆"幸"；《自题金山画像》："问汝平生功业，黄州、惠州、儋州"，或许诗中带有自嘲的意味，但是回首这期间的创作及生命的纯熟度是该流露自豪，一生功业是当之无愧。再者，面对屡屡欲置他于死地的章惇，他可以一笑泯恩仇，甚至，在章惇被贬谪雷州，覆信章援时，仍不计前嫌，提神费思回复他，并以自身岭海经验与养生所得谆谆叮咛，关切之情溢于言表。[①]消灭魔鬼最好的方式就是消灭上帝，因为魔鬼是上帝创造出来的。要挣脱痛苦的枷锁，就先破除我们的

① 刘昭明：《苏轼与章惇关系考——兼论相关诗文及史事》，台北：新文丰出版公司，2011年，第689-691页。

分别心。华严法界观宽广的时空观照，突破有限价值的束缚，自在的进出真、俗二谛的世界，看清楚诸多现象的表里内外，穿透时间过去、现在、未来的分际及世事正邪、是非、善恶的对立，正是帮助苏轼超越二元对立的分别，积极活出生命新视野的动力。

圆融无碍观（事事无碍）强调不必于现象界之外寻求超现象的世界，不必离现象而求本体，当每一个现象都是本体，而每一个本体又都是现象时，每一法都是绝对的法，这就打通众生与佛、现象与本体、个别与一般的隔绝，达到了圆融无碍，此时见山只是山，见水只是水。苏轼可谓是生命的最佳代言人，当他身陷政治迫害时，他从不追求飘飘乎如遗世独立、羽化而登仙的隐逸成仙之道，而是掌握当下"江上之清风，与山间之明月，耳得之而为声，目遇之而成色"。因此，临终前二日危惙之际，所写的《答径山琳长老》："大患缘有身，无身则无疾。平生笑罗什，神咒真浪出。"他深知拟向即乖，也就是当苦心孤诣要追寻涅槃时，涅槃即远离，真正要想实践佛教的最高境界——涅槃，涅槃就需在现实中如实地完成。诸法皆是法，生死只是现象之别，实则本体不二，因此他生死自在。

佛法之于生命偃蹇的苏轼而言，绝非是遁世的避风港；相反地，苏轼资取华严的平等圆融无碍甚深智慧，勇敢地迎向风雨，面对、接受、处理人生接二连三的苦难，最后潇洒地放下苦乐、得失、荣辱、生死，成为一位为后世传唱千古超越困境的智者。

参考文献

[1] 《大方广佛华严经》，《大正新修大藏经》第九册，No. 278，CBETA 电子佛典 V1.36 普及版 http://www.cbeta.org。

[2] 《大方广佛华严经》搜玄分齐通智方轨卷第三，《佛教经典图书馆。佛经电子书 Sutra Buddhism Book》http://www.muni-buddha.com.tw/sutra-buddhism-zen-buddhist-mercy/%A6%F2%B1%D0-wiki/in.35/1732_006.htm。

[3] 《第四届通俗与雅正文学全国学术研讨会论文集》，台北：新文丰出版公司，2003 年。

[4] 《佛光大辞典电子版》，佛光山全球信息网，佛学文库，佛光大辞典 https://www.fgs.org.tw/fgs_book/fgs_drser.aspx。

[5] 《中华百科全书》，张其昀编纂，1983 年，典藏版。

[6] 《宗镜录》，《大正新修大藏经》第四十八册，No.2016，CBETA 电子佛典 V1.36 普及版 http://www.cbeta.org。

[7] 达亮：《苏东坡与佛教》，台北：文津出版社，2010 年。

[8] 戴均良、刘保全、邹逸麟等主编：《中国古今地名大辞典》，上海：上海古籍出版社，2005 年。

[9] 丁庆勇、阮延俊：《〈坛经〉与苏轼诗歌创作》，《湖南第一师范学院学报》2012 年第 12 卷第 48 期。
[10] 法顺：《华严五教止观》，《中国佛教思想资料选编》，北京：中华书局，1983 年。
[11] 法藏：《华严经义海百门》，《中国佛教思想资料选编》，北京：中华书局，1983 年。
[12] 方东树：《昭昧詹言》，北京：人民文学出版社，1984 年。
[13] 冯应榴辑注：《苏轼诗集合注》，黄任轲、朱怀春校点，上海：上海古籍出版社，2001 年。
[14] 黄玉真：《东坡文字禅研究》，高雄：高雄师范大学，2005 年。
[15] 冷成金：《苏轼的哲学观与文艺观》，北京：学苑出版社，2003 年。
[16] 李志华：《佛陀解救阿难的摩登伽难——〈楞严经〉启教因缘》，《人生杂志》，2014 年第 368 期，台北：法鼓文化出版社。
[17] 林碧珠：《苏东坡禅诗的形成》，《中国文化月刊》1998 年第 224 期。
[18] 林光明监修、林胜仪汇编：《新编佛学大辞典》，台北：嘉丰出版社，2011 年。
[19] 林文钦：《苏东坡禅意诗特质与〈维摩诘经〉关系研究》，《国文学报》2012 年第 15 期。
[20] 林湘华：《禅宗与宋代诗学理论》，台北：文津出版社，2002 年。
[21] 刘熙载：《艺概》，上海：上海古籍出版社，1978 年。
[22] 刘昭明：《苏轼与章惇关系考——兼论相关诗文及史事》，台北：新文丰出版公司，2011 年。
[23] 皮朝纲：《华严境界与中国美学》，《普门学报》2003 年第 13 期。
[24] 朴永焕：《苏轼禅诗的研究》，台南：成功大学，1992 年。
[25] 朴永焕：《苏轼禅诗研究》，北京：中国社会科学出版社，1995 年。
[26] 苏轼：《苏轼词编年校注》，邹同庆、王宗堂编校，北京：中华书局，2002 年。
[27] 苏轼：《苏轼诗集》，孔凡礼点校，北京：中华书局，1982 年。
[28] 苏轼：《苏轼文集》，孔凡礼点校，北京：中华书局，1996 年。
[29] 苏辙：《栾城集》，台北：台湾商务印书馆，1968 年。
[30] 孙昌武：《佛教与中国文学》，台北：东华书局，1989 年。
[31] 王士祯：《古夫于亭杂录》，台北：新兴书局，1979 年。
[32] 王水照：《苏轼研究》，北京：中华书局，2015 年。
[33] 王渭清：《佛家中道思想对苏轼的影响》，《宝鸡文理学院学报》（社会科学版）2001 年第 2 期。
[34] 吴言生：《华严帝网印禅心——论〈华严经〉、华严宗对禅思禅诗的影响》，《人文杂志》2000 年第 2 期。
[35] 萧丽华：《“文字禅”诗学的发展轨迹》，台北：新文丰出版公司，2012 年。
[36] 萧丽华：《从庄禅合流的角度看东坡诗中的舟船意象》，成功大学文学院主办“中国近世文学国际学术研讨会”，2005 年 10 月。
[37] 萧丽华：《东坡诗的〈圆觉〉意象与思想》，《佛学研究中心学报》，2006 年第 11 期。
[38] 萧丽华：《东坡诗论中的禅喻》，《佛学研究中心学报》，2001 年第 6 期。
[39] 萧丽华：《东坡诗中的般若譬喻》，“中央研究院”中国文哲所主办“圣传与诗禅：文学与宗教国际学术研讨会”，2004 年 12 月。

[40] 萧丽华：《苏轼诗禅合一论对惠洪“文字禅”的影响》，玄奘大学主办“佛学与文学学术研讨会”（第一届），2003 年 4 月。

[41] 续法：《法界宗五祖略记》，《卍续藏》，台北：新文丰出版社，1975 年。

[42] 曾枣庄：《苏诗汇评》，成都：四川文艺出版社，2000 年。

[43] 张宏生：《苏轼与〈楞伽经〉》，《人文中国学报》，2001 年第 8 期，上海：上海古籍出版社。

[44] 张撝之、沈起炜、刘德重等主编：《中国历代人名大辞典》，上海：上海古籍出版社，1999 年。

[45] 赵翼：《瓯北诗话》，郭绍虞编选：《清诗话续编》本，台北：艺文印书馆，1984 年。

[46] 震华法师：《中国佛教人名大辞典》，上海：上海辞书出版社，1999 年。

[47] 钟美玲：《苏轼禅诗山水意象的表现》，《中国文化月刊》，2000 年第 246 期。

[48] 宗密：《注华严法界观门》，《中国佛教思想资料选编》，北京：中华书局，1984 年。

人与动物的伦理困境
——以非物质文化遗产的“动物使用”为例

林海聪*

摘　要　依托联合国教科文组织这一国际平台，许多国家通过引入《保护非物质文化遗产公约》的对话精神与可持续发展理念，在全球化与现代化的语境下开展地方性与民族性的文化遗产保护实践工作。然而在本土化过程中，由于各国民众的自然观与文化观不尽相同，在不同层面的申报与保护工作中有不少涉及动物的“非遗”项目面临着文化多样性与动物保护之间的冲突或困境，而“文化多样性”与“生物多样性”这两种内在价值在实践中存在着选择的优先性问题也由此得以彰显。当涉及特殊物种资源时，无论是基于《公约》精神还是人类自身的创造性，“非遗”保护实践都应该让渡于保护动物资源；当涉及动物处理方式是否恰当的问题时，应该充分理解《公约》所蕴含的“人类共享”与“可持续性发展”两项基本原则，丰富各国民众在文化与生态选择上的多样性。通过实践《公约》的核心精神，拥有不同文化理念的社区或许能够重新建立起文化交流的“巴别塔”。

关键词　动物使用，非物质文化遗产，文化多样性，生物多样性，可持续发展

引　言

从2013年开始，广西玉林地区的“荔枝狗肉节”引发了全国性的广泛关注，支持吃狗肉的“狗肉粉”与反对吃狗肉的爱狗人士两大阵营就该习俗的存废问题展开旷日持久的言论交锋。[①]这场势同水火的社会辩论与不同群体之间的文化对抗在2014年达到最高峰，两方在“可不可以吃狗”与“要不要

* 中山大学中国语言文学系。

① 有媒体记者追踪纪录并整理了整个事件的发展过程，详细的论辩观点参见：《玉林“狗肉节”：错位的对峙》，http://www.infzm.com/content/101786（登录访问时间：2015年7月27日）；《玉林狗肉节开幕：禁止当街贩卖屠宰 警察随处可见》，http://www.guancha.cn/local/2015_06_22_324246.shtml（登录访问时间：2015年7月27日）。

吃狗”[①]这两个不同的逻辑层面上各执一词。这场对抗延续到2015年，所幸当事双方开始走向理性与克制。

回顾整个事件过程，其中最耐人寻味的是玉林地区的官方态度及其应对策略。尽管当地执法部门认为“现行法律对狗只有产地检疫的要求，没有屠宰检疫规定”，因此无法强行禁止吃狗肉。虽然官方和地方民众都一再声明“夏至日吃狗肉”并非由官方主办的节庆活动，而只是一个历史悠久、顺应时令的地方习俗，但是当地政府却将其改头换面为“荔枝狗肉节”，然后申报为第一批玉州区非物质文化遗产项目，再向自治区一级申报。官方或许认为，假设“申遗”成功，根据《中华人民共和国非物质文化遗产法》规定，该项传统习俗及其传承就将受到法律保护，通过“非遗”的“文化化”操作，“食用狗肉”的地方习俗获得法律话语与文化话语的双重认可，“非遗”必须为地方群体食用狗肉的合法性背书。不过，该“申遗”计划最终因为遭到民众的反对而未实行，引发的争议也就不了了之。[②]

可是，像食用狗肉习俗这种涉及“非物质文化遗产中的动物使用”（the use of animals within intangible cultural heritage）且存在巨大社会争议的项目，是否符合“非遗”认定条件呢？如果仔细阅读联合国《保护非物质文化遗产公约》（以下简称《公约》）和《中华人民共和国非物质文化遗产法》（以下简称《非遗法》），就会理解将未能达成共识、存在争议的项目纳入“非遗”名录的行为并不合宜，它违背了“非遗”相关国际、国内文件的基本精神：寻求社区之间的文化尊重。那么，当“非遗”工作遇到类似的“动物使用”问题时，我们应该如何在动物保护与文化多样性之间做出恰如其分的选择呢？在具体的操作过程中，我们的“非遗”工作又应如何来申报、认定与保护不同的“文化表现形式”，从容应对社会舆论的质疑呢？

---

① 已有不少人类学者指出人类在食物选择上实际上有一套诸如“生/熟”“洁净/危险”的文化逻辑，因此“一种动物是否可以食用”这一问题在不同地方可能有不同的答案。相关研究参见利奇：《语言的人类学：动物范畴和骂人话》；史宗主编：《20世纪西方宗教人类学文选（下卷）》，上海：上海三联书店，1995年，第331-362页；Nelson Graburn：《人类学与旅游时代》，赵红梅等译，桂林：广西师范大学出版社，2009年，第393-396页；李亦园：《饮食文化的内在逻辑》；张珣：《疾病与文化》，板桥：稻香出版社，1989年，第Ⅰ-Ⅶ页；周星：《“生”与“熟”：关于一组民俗分类范畴的思考》，《乡土生活的逻辑：人类学视野中的民俗研究》，北京：北京大学出版社，2011年，第3-24页。

② 在玉林打算将“狗肉节”申请为“非遗”进行保护之前，“沛县鼋汁狗肉烹制技艺”于2009年列入江苏省第二批省级非物质文化遗产名录，列于“传统技艺（传统手工技艺）”类别。“黄塘香肉宴”在2007年被列入佛山三水区第一批非物质文化遗产名录。早在2008年玉林市编撰的《玉林非物质文化遗产普查资料汇编》的“玉州区卷”中，“荔枝狗肉节”就被列入其中。不过，当地政府的这个“申遗”计划一经曝光，立刻遭到动物保护组织和爱狗人士的强烈反对。详情见《亚洲动物基金：强烈反对玉林狗肉节申请非遗》，http://roll.sohu.com/20130627/n380017932.shtml（登录访问时间：2015年5月27日）。

一、社会的动物保护观念变迁

首先，让我们先回顾一下人类社会的动物观念变迁，了解产生该问题的文化语境。

西方人认知动物事实上具有较长的学术历史，自古希腊时代至中世纪，就有很多哲学家、思想家对人、神、动物的关系与动物的分类进行过谈论，某种意义上也反映出西方神学对人类动物观念的影响。英国学者基思·托马斯（Keith Thomas）的《人类与自然世界》、瑞典学者奥维·洛夫格伦（Orvar Löfgren）与乔纳森·弗雷克曼（Jonas Frykman）合著的《美好生活》等学术著作已经清楚地谈及西方国民对动物的认知由野生转向宠物、对待动物的生活习惯从崇尚狩猎过渡到动物保护的这一转变过程。尽管西方宗教神学认为人类与动物都是上帝的创造物，但是我们必须承认它是建立在“人类中心主义”的基础之上展开的，带有浪漫主义的色彩①。

1911 年瑞典百科全书中的文化观念很好地体现了近现代的动物观念走向。该书对“文化”进行定义时，明确指出它是“道德和智识的发展”，在社会层面应该体现为“民族间能和平共处”，个人层面则应该“具有全面发展的权力”，并且应该“善待动物和其他生灵”②。这种文化观念促使人类对动物的态度发生了根本性的变化，③反过来又将影响着近代社会的文化创造与日常生活的调整。富有意味的动物观念变化对当代文化保护政策的讨论乃至当代文化遗产保护的实践，都具有颇为深远的影响。

及至当代，一些西方伦理学家重新思考上述自然观传统认知，引发了“动物权利运动”的兴起，最有代表性的观点有彼特·辛格（Peter Singer）与汤姆·里根（Tom Regan）。辛格认为人类的“物种歧视”导致人对动物进行剥削，实际上有感情的动物具备道德的权利，因此我们应该赋予动物以平等的权利。④但是他这种从人类角度出发的素食主义立场被里根视为“功利主义”的生物伦理学。里根在批判辛格的动物伦理观的基础上，重新认识动物的内在伦理价值。他激进地认为动物有自己的情感世界和喜好能力，能在意愿之下自主地做出行为选择，与人类一样也是生活的主体。⑤尽管两者在动物道德

① Perkins D. Romanticism and animal rights. Cambridge：Cambridge University Press，2003；基思·托马斯：《人类与自然世界：1500～1800 年间英国观念的变化》，宋丽丽译，南京：译林出版社，2008 年。

② 转引自奥维·洛夫格伦、乔纳森·弗雷克曼：《美好生活：中产阶级的生活史》，赵炳祥等译，北京：北京大学出版社，2012 年，第 1 页。

③ 奥维·洛夫格伦、乔纳森·弗雷克曼：《美好生活：中产阶级的生活史》，第 60-70 页。

④ 彼特·辛格：《动物解放》，祖述宪译，青岛：青岛出版社，2004 年。

⑤ 汤姆·里根：《动物权利研究》，李曦译，北京：北京大学出版社，2010 年。

的具体观点上持以根本性的不同解释，但是他们的观点成为动物保护主义者的理论基础，现代的人们开始重新认知人与动物的关系，并且有意识地改变人类对动物的偏激与暴力态度，激发了一批保护主义者密切关注动物的生存境遇，投身“动物权利运动”之中①，并催生出一种跨专业领域、以动物主体性为研究重点的动物研究模式。甚至有学者特意创造出一个不同于“animal（动物）”新的词汇“anymal（生灵）”来指称包括人类在内的“动物”，破除过去人与非人类动物之间的二元划分，强调不同物种之间灵性的连续性与共通性。②

但是，目前自然科学领域对动物是否拥有语言与行动的主体意愿和情感选择能力这一问题尚无定论，这种伦理学的动物保护主义立场同样引来不少学术批评。美国的人类动物互动学家哈尔·贺札格（Hal Herzog）曾集中地回应了上述动物保护主义者的诸多主张。③他认为，人对动物是否具有思维与道德能力的认知是人的自我情感投射的移情结果，心理学实验结果并不支撑这些观点，人在食物与宠物的选择上受到自身文化的限制，并非纯粹的“动物中心主义”。他还指出，人还有学者认为，无论是科学家描述动物的行为习性，还是民众在日常生活中驯养宠物，这些行为都受到思维与语言这一社会文化的塑造，是一种拟人化（anthropomorphism）的文化逻辑。④

反观我国动物保护与自然观的产生，根据诸多环境史的研究所示，也经历了较为复杂的文化变迁过程。⑤伊懋可（M. Elvin）认为中国古人对自然的态度是相互矛盾的，“一方面，他们认为自然不是某种超然存在的意象或反映，而是超然之力本身的一部分。智者要法自然，并认识到人无法再造自然。另一方面，他们驯化、改造和利用自然的程度，实际上在前现代世界几乎无出其右者”⑥，可谓精辟。许多学者曾指出，受到儒、释、道等宗教文化的渗透，中国的“天人合一”与“爱物”思想实际上将整个世界看作一个统一体，主张尊重与爱护自然生命，重新认识人与自然之间一种生命的情感与价值联系，这些观念已

① 例如，近来就有国际动物保护组织和联合国下属相关机构联名抗议湖南卫视在动物园拍摄的一档真人秀综艺节目《奇妙的朋友》，认为该节目为了刻意制造娱乐与新鲜的节目效果，让普通人与圈养动物共同生活，产生非自然的亲密接触，这将有损动物的生存福利，传递了关于野生动物保护的错误认知信息，并且可能对公共健康产生一定的潜在威胁。详细内容参见：“Joint Statement on ‘Wonderful Friends’ a Reality Show Promoting Unnatural Contact Between People and Captive Great Ape，” http://www.un-grasp.org/joint-statement-wonderful-friends/ 登录访问时间：2015年5月27日）;《世界动物园联合会谴责〈奇妙的朋友〉》，http://www.waza.org/en/site/pressnews-events/news/-1426683346（登录访问时间：2015年5月27日）。

② Kemmerer L. In search of consistency：ethics and animals. Leiden：Brill，2006.

③ 哈尔·贺札格：《为什么狗是宠物？猪是食物？——人类与动物之间的道德难题》，彭绍怡译，新北：远足文化事业股份有限公司，2012年。

④ DeMello M. Animals and Society：An Introduction to Human-Animal Studies. Columbia University Press，2012，357-359.

⑤ 陈业新：《儒家生态意识与中国古代环境保护研究》，上海：上海交通大学出版社，2012年；莽萍等：《物我相融的世界：中国人的信仰、生活与动物观》，北京：中国政法大学出版社，2009年。

⑥ 伊懋可：《大象的退却：一部环境史》，梅雪芹等译，南京：江苏人民出版社，2014年，第335-336页。

经内在地蕴含了人与自然和谐相处的思想。[①]不同于汉族的动物观念，少数民族的自然观在宗教与神话之中体现得最为突出，尤其是某些古老的创世神话表明部分少数民族认为“人与动物共一个祖先”，体现出一种非人类中心主义的平等共生的自然观，并且在饮食与生产习俗上存在禁忌。[②]尽管古人已经有了护生理念，但是这些观念并没有将动物视为独立的认识对象来思考人与动物的关系，而是隐含在宗教观与宇宙观的框架之内，具有神秘主义与科学主义的双重色彩。

动物保护观念在中国的真正兴起是近代社会在现代化进程中的思想产物。早在民国时期，旅居欧美、信奉佛学的新知识女性吕碧城就仿效英国伦敦禁止虐待牲畜会“同情于可怜无告之牲畜”的组织宗旨，向国人倡导创立“中国保护动物会”，同时致信美国芝加哥屠牲公会咨询如何可以免除被屠宰牲畜的痛苦。作为一位“世界主义者”，吕碧城认为善待动物有利于培养全人类的仁慈之心，“虽谋设于中国，而成效期于世界，无畛域之见也”[③]。1934 年，国民政府推动“新生活运动”，其中也明确规定禁止虐待动物，甚至出台了相关法律法规作为处罚的依据，意在改良社会风俗。[④]及至 1992 年，中国成立了第一个合法的动物保护组织“中国小动物保护协会”，努力维护动物不受虐待，反对任何虐待、残杀动物的暴力行为。同时，不断有民间人士与专家学者倡议反对食用鱼翅、燕窝，并且倡议语文辞书在编写与动物有关的词条时，应该避免从“食物”的角度来描述其用途。近年来，我国政府不断打击野生动物走私与滥杀的违法行为，积极履行《生物多样性公约》等国际文件的基本义务，同时有关立法机构也开始考虑颁布《中华人民共和国动物保护法》，并向社会广泛征集意见。这些都体现出中国从政府到国民都开始日益关注动物、保护自然环境所释放出的一种积极信号。

在国际领域中，《生物多样性公约》与《教科文组织世界文化多样性宣言》事实上构成了《公约》的法理基础。一方面，作为一种全球性文化实践的遗产保护工作，既受到动物资源发展现状的直接约束，还受到不同社区、国家的自然观与动物观的限制甚至抵制，某些特殊的传统手工艺、宗教仪式、生活习俗

---

① 田广清：《和谐论：儒家文明与当代社会》，北京：中国华侨出版社，1998 年，第 104 页；蒙培元：《人与自然：中国哲学生态观》，北京：人民出版社，2004 年，第 36-41 页；Weller R P. Chinese Cosmology and the Environment// Palmer D A，Shive G，Wickeri P L. Chinese Religious Life，New York：Oxford University Press，2011，124-138。

② 田松：《神灵世界的余韵——纳西族：一个古老民族的变迁》，上海：上海交通大学出版社，2008 年；莽萍等：《物我相融的世界：中国人的信仰、生活与动物观》，第 163-218 页。

③ 吕碧城的动物保护观念糅合了佛教义理与西方动物伦理，尽管她的动物保护思想略显极端，但是在具体操作上却是现实主义的，充分认识到“不杀生”观念的接受需要漫长的时间。详细资料参见吕碧城：《谋创中国保护动物会之缘起》《致伦敦禁止虐待牲畜会函》《致美国芝加哥屠牲公会函》，《吕碧城诗文笺注》，李保民笺注，上海：上海古籍出版社，2007 年，第 237-245 页。

④ 沈岚：《新生活运动与中国近代的治安处罚法——以妨害风俗类治安处罚的立法演变为视角》，《比较法研究》2012 年第 1 期，第 17 页；莽萍等：《物我相融的世界：中国人的信仰、生活与动物观》，第 271-272 页。

都将逐渐消失，难以为继。另一方面，某些国家或地区反其道而行，利用遗产保护与“文化多样性”作为理由，对其国内的动物资源开发进行“文化化”的重新建构，意图突破国际在环境保护、动物资源上设置的政治话语批判与国际公约限制，如日本的“捕鲸”问题。

总而言之，人类通过生产实践、娱乐生活与象征想象，不断改变对动物的认知与定位，它促使人类开始考虑如何协调社区之间的观念差异，努力寻求文化多样性与生物多样性平衡，以期推动地球的“可持续性发展”这一现代性议题。正是在这种动物观念变迁的文化语境之中，当代“非遗”保护遭遇到文化多样性与生物多样性的伦理选择困境。

二、“非遗”保护在动物保护与文化多样性之间的两难选择

为了更集中地讨论“非物质文化遗产中的动物使用”所产生的动物保护与文化发展之间的伦理困境与文化张力，下文将从项目申报、舆论宣传与保护实践三个角度分析“非遗”项目对动物使用的处理模式。首先，根据目前国务院公布的四批非物质文化遗产名录及其扩展名录，以动物的具体使用情况为分类标准，相应的“非遗”项目可分为“以动物为加工材料”“以动物为活动媒介”和“以动物为生产对象”三大类，具体的项目分类情况见表 1。

表 1　与动物有关的国家非遗名录分类及具体的项目概况[①]

使用类型	项目概况		
	项目类别	项目名称	是否涉及稀有或保护动物
以动物为加工材料	传统技艺	制扇技艺（象牙）、剧装戏具制作技艺（点翠）、花丝镶嵌制作技艺（点翠）	是
		赫哲族鱼皮制作技艺、鄂伦春族狍皮制作技艺、滩羊皮鞣制工艺、同盛祥牛羊肉泡馍制作技艺 、牛羊肉烹制技艺、火腿制作技艺 、烤鸭技艺 、天福号酱肘子制作技艺、六味斋酱肉传统制作技艺	否
	传统美术	象牙雕刻	是
	传统戏剧	皮影戏（牛皮、驴皮、羊皮）	否
	传统医药	同仁堂中医药文化	是

① 某些项目虽然名称上与动物有关，但是内容只是对动物习性与动作的“模仿”，如“塔吉克族鹰舞”。这类项目主要集中在“传统舞蹈”与“传统体育、游艺与杂技”之列。还有一类是“以动物为演述对象”，该类项目主要包含在“民间故事”与“传统音乐”中，一般传递的都是民间道德伦理与民众的审美化情感。除了部分地区民歌中包含“打猎歌”以外，这两大类项目很少涉及“生物多样性”与动物资源化这一主题，故不作罗列。本表格所参考的国家非遗名录资料来源，参见：http://www.ihchina.cn/show/feiyiweb/html/com.tjopen. define.pojo. feiyiwangzhan.GuoJiaMingLu.guojiamingluMore.html 及 http://www.gov.cn/zhengce/content/2014-12/03/content_9286.htm（登录访问时间：2015 年 5 月 27 日）。

续表

使用类型	项目概况		
	项目类别	项目名称	是否涉及稀有或保护动物
以动物为活动媒介	民俗	雪顿节（赛牦牛和马术表演）、独龙族卡雀哇节（剽牛）、苗族鼓藏节（“审牛”、杀猪祭鼓）、羌族瓦尔俄足节（祭杀山羊仪式）、彝族火把节（赛马、斗牛、斗鸡、斗羊）、鄂伦春族古伦木沓节（赛马）	否
		壮族蚂蜗节（青蛙）	是
	传统体育、游艺与杂技	马戏	是
		马球、赛马会、挠羊赛、叼羊、掼牛	否
以动物为生产对象	民俗	柯尔克孜族驯鹰习俗、鄂温克驯鹿习俗	是
		装泥鱼习俗、蒙古族养驼习俗、查干淖尔冬捕习俗	否

诚如表 1 所示，可以一目了然地看到，作为文化的“非遗”项目与动物之间关系如此密切，且贯穿在不同民族地区的衣食住行、医疗体育等生活内容与节日庆典之中。其中，“以动物为生产对象”的项目是顺应天时、节制捕杀、符合自然规律的牧业生产模式，实质上有利于动物的繁衍生息，基本不存在争议。而真正引发社会舆论争议的，是“以动物为加工材料”和“以动物为活动媒介”两个类别下的某些具体项目。

首先是项目申报认定过程中，“动物使用”被“发现”为“非遗”项目存在的“问题”。最为典型的案例就是“以动物为活动媒介”的“彝族火把节”。“彝族火把节”又称“祭火”，与彝族对火的崇拜有关系，主要目的是为了祈祷来年的丰收。第一天会请祖先和家畜的神灵回家，第二天举行各种民间竞技活动，包括斗牛、斗羊、斗鸡、赛马、摔跤等内容，第三天送他们回去。四川、云南两省在 2006 年就已经将“火把节（彝族火把节）”联合申报为第一批国家级非遗项目，获得国务院审批通过，在国内的各级非遗申报过程中并未受到任何群体的质疑。然而，2013 年 3 月，中国政府向联合国教科文组织保护非物质文化遗产政府间委员会（以下或简称委员会）提交申报材料，希望“彝族火把节”能够在 2014 年列入“人类非物质文化遗产代表作名录”；在长达两年的评审周期中，从委员会附属机构的多次讨论，到委员会第九届常会进行最后审议，皆因该项目涉及斗牛、斗羊、斗鸡活动[①]而引起巨大争议。尽管斗牛、斗羊、斗鸡只是“彝族火把节”在第二天举行的民俗活动，并且委员会决议也承认“彝族火把节”不仅是“承载着各种世代传承的文化表现形式和实践”，是“族际对话和文化交流的和谐渠道，因此增进了社区之间的相互

① “彝族火把节”的“赛马”内容并未受到质疑，且在 2008 年，法国传统马术已经转入“人类非物质文化遗产代表作名录”。其他活动中的“斗牛”尤为敏感，这与“西班牙斗牛”的历史发展不无关系。

理解和尊重”，注意到该项目的申报尊重了社区成员的意愿、获得其同意，但是考虑到申报材料“涉及动物搏斗的构成成份”，委员会认为还需补充“涉及动物搏斗（animal fights）的构成成份”及“该节日涉及使用活体动物以供娱乐（the use of living animals for entertainment）的某些构成成份”，以便“说明这些要素是否与尊重不同社区、群体和个人的敏感性、尊重可持续发展的要求相一致”“如何能够在有不同敏感性的社区之中鼓励对话”。委员会最终决定将“彝族火把节”的申报材料退回给申报国进行补充，并提请中国在下一轮再次提交申报材料以便委员会评审。[①]这个决定的特殊性就在于给出的两条退回理由都是拿“动物”这一“构成成份”大做文章，且认为该项目中的动物被用于“娱乐”，因此质疑“彝族火把节”是否充分考虑到不同敏感性的“社区”之间对话与交流的可能性。事实上，我们必须承认该委员会的理由存在合理性，该决定可从《公约》中找到依据：第二条“定义”中就明确指出了非物质文化遗产的认定必须符合“各社区、群体和个人之间相互尊重的需要和顺应可持续发展”；第三条“与其他国际文书的关系”也明确指出关乎可持续发展的生物资源保护与生物多样性的维护优先于文化遗产的保护。当然，作为地方性知识且具有社会整合功能的“彝族火把节”，符合国家法律规定及其习惯法和习俗，根据《公约》第五章第十九条之规定，“彝族火把节”及彝族民众有充分的理由受到国际社会的尊重。尽管该决定对“彝族火把节”的“动物使用”存在文化的误读[②]，然而委员会之所以做出如是决定，更多的是从“不同文化的交流”与“人类的可持续性发展”两个更为超然和理想化的角度审慎斟酌得出的结果，紧扣《公约》的基本原则，无可非议。不过，相较于更为糟糕的结果，“退回申报国补充材料”的决定说明委员会同时也考虑了“文化多样性”与“文化表现形式多样化”的文化发展价值，在涉及地方性与国际化的两种价值观之间对“彝族火把节”的申报做出了带有鼓励意味的折中选择。

正是因为了解到国际社会对“动物使用”的敏感、他者对主体文化误读而存在文化偏见，某些项目的申请与宣传吸取了各方的经验，努力避免在动物保护与“非遗”传承的“文化表现形式”之间出现冲突。浙江省嘉兴市南湖区“非遗”项目“掼牛”，无论是其项目申报书的具体表述还是在国际交流平台上的对外宣传，除了将其起源追溯为“伊斯兰教古尔邦节（宰牲节）”，认为掼牛“是回族文化的一种体现，是回族的一项传统民族体育活动”，拥有着悠久

① UENSCO：ITH/14/9.COM/Decisions，2014 年 11 月 28 日，巴黎，第 34-35 页。以上译文来自朱刚摘译自联合国教科文组织保护非物质文化遗产政府间委员会第九届常会决议的中文稿，感谢巴莫曲布嫫教授惠赐译稿，在此谨致谢忱。

② 彝族火把节的“斗牛”“斗羊”“斗鸡”之“斗”乃是一种仪式（ritual），模拟天神与地神的斗争，关乎来年六畜是否兴旺。由于委员会未能放置在彝族文化语境之中理解这些民俗活动，将之误解为类似于西班牙斗牛的“动物搏斗”（animal fights）类娱乐行为。

的发展历史以外，还特别强调其形式“有别于西班牙斗牛和其他杀戮式、残忍式的斗牛，掼牛体现的是人和牛的角力之美，绝无血腥、残暴场面”[①]。有媒体报道该“非遗”时会将之冠以“中国式斗牛”[②]的称号，强调其形式上的特别，即“嘉兴掼牛不同于中国其他地方的斗牛是两头牛之间的互搏，而是和西班牙斗牛一样，是人与牛之间的搏斗，但不像西班牙斗牛那样血腥”[③]，以示其文明。该项“非遗”的传承人韩海华在接受采访时也提到“徒手掼牛，不伤害牛，也体现了人与动物、人与自然和谐相处”[④]。无论是官方的话语、媒体的书写还是传承人的说辞，我们都能明确地感受到该项非遗的地域独特性，并弱化动物的使用情况。即便“掼牛”并未涉及到动物的稀缺性与生物多样性的破坏等生态问题，嘉兴地区不同群体之所以采用更为温和的“环保”话语来描述作为非遗的“掼牛”，显然受到西班牙斗牛[⑤]在国际上面临动物保护主义者的尖锐批评局面的启发，以便缓解或消解对国际宣传时的价值偏见与文化误读，可谓明智之举，因此“掼牛”最终得以跻身第四批国家级非物质文化遗产[⑥]，这也给各方处理“以动物为活动媒介”的“非遗”项目在“动物使用”上存在的问题提供了较为成功的经验。

那么，当我们的视线从国际与国家的角度转移到地方的“非遗”保护实践层面时，是否就意味着各方能够凝聚文化认同感与价值共识，使“动物使用”问题迎刃而解呢？恐怕并非如此。最为明显的案例莫过于前面提到的“狗肉”问题。中国对狗肉的食用历史十分悠久，且与古代的祭祀、宴饮文化息息相关。[⑦]但是随着当代社会动物保护观念的增强，食狗习俗遭到不少爱狗人士与

① 浙江省嘉兴市南湖区非物质文化遗产保护中心：《第三批国家级非物质文化遗产名录项目申报书：嘉兴掼牛》，未刊稿。该申报资料由嘉兴市非物质文化遗产保护中心工作人员王晓涛提供，在此谨致谢忱；南湖区文化馆：《嘉兴掼牛掼到中阿文化产业发展合作论坛》，http://www.zjfeiyi.cn/news/detail/31-2210.html。

② 该说法来自时任国务院副总理万里，参见 http://www.zjfeiyi.cn/xiangmu/detail/54-1144.html（登录访问时间：2015年5月27日）。

③ 《掼牛士神采奕奕》，《嘉兴日报》2009年2月12日。

④ 《嘉兴掼牛牛气逼人》，《浙江日报》2012年6月1日。

⑤ 长期以来，西班牙的斗牛一直受到动物保护组织的抨击，认为该项活动虐待与折磨牛，充满血腥味。但是也有人坚持认为这是一项文化传统和民间艺术，应该作为“文化遗产”受到保护。作为斗牛活动的举行地，巴塞罗那市议会于2004年4月通过决议谴责斗牛，成为反对斗牛的第一个西班牙城市。2010年7月，加泰罗尼亚大区议会投票通过决议，从2012年1月1日开始，整个加泰罗尼亚大区彻底禁止持续数百年的斗牛赛。详细内容参见：《西班牙斗牛陷入“生死”辩论 争议长达2000年》，《文汇报》2012年3月6日；《西班牙斗牛赛禁令2012年生效 巴塞罗那不再斗牛》，http://sports.sohu.com/20110927/n320696661.shtml（登录访问时间：2015年5月27日）。

⑥ 此外，还有“金华斗牛”这一民俗活动。“斗牛”在金华地方方言中被形象地叫为“牛相操”，鲁迅的《观斗》和钟敬文的《金华斗牛的风俗》都曾对提及该项活动，并指出其与西班牙斗牛有别。该项目目前为浙江省级“非遗”项目。详见鲁迅：《观斗》，《鲁迅全集》第5卷，北京：人民文学出版社，2005年，第9-10页；钟敬文：《金华斗牛的风俗》，《钟敬文学术论著自选集》，北京：首都师范大学出版社，1994年，第539-555页。

⑦ 桂小兰在《古代中国的犬文化》中曾经详细梳理了中国古代祭祀的牺牲制度、宴饮仪礼与食物、传统医学对犬与犬肉的使用情况，同时还讨论了食犬习俗与阴阳五行的内在关系、犬的御蛊效力在鬼神文化中的具体体现。该著作还指出宗教文化与饮食结构的调整都带来了食犬习俗的衰落。当然，由于信仰与禁忌不同，也有少数民族是禁食狗肉的。也有同一个民族在不同地区、不同时代对狗肉的禁忌态度并不一

动物保护组织的强烈反对，广西玉林的“荔枝狗肉节”[①]与浙江金华的“湖头狗肉节”[②]就引发了极大争议。本文无意介入这种“文化表现形式多样性”与“动物保护权益之争”的判断，但是食狗习俗与狗肉烹饪技术在社会上所引发的巨大争议，本身就在提醒我们在“非遗”认定工作中应谨慎对待动物类元素，更应该避免“非遗”被工具化为文化争论的辩护借口。

尤其是有些“非遗”项目需要以珍稀野生动物作为加工材料，而中国已经加入《濒危野生动植物种国际贸易公约》，且为《生物多样性公约》的缔约国，因此中国对野生动物的贸易受到国际公约的严格限制，与之相关的“非遗”项目的保护与传承现状自然也受到现实条件的制约与阻碍。如广州、北京与常州三地共有的“象牙雕刻”这项国家级“非遗”项目，其传承与保护所面临的最大问题就在于象牙这一原料极为稀缺。中国的象牙主要自来海外货源，尽管国际公约限制在一定期限内可按配额进行小幅度交易，但是仍无法满足我国该项非遗手工艺的需求，其传承保护的形势极为严峻。与中国的象牙资源稀缺情形形成鲜明对比的，是作为世界上第一个象牙合法进口国日本。因为对象牙的销售采取严格的内部监控制度，符合《濒临绝种野生动植物国际贸易公约》的相关规定，日本获得了《濒临绝种野生动植物国际贸易公约》（CITES）组织秘书处的资格认证，可以经年稳定地合法进口象牙，用于发展日本的“根付”工艺[③]与制作私人印章。最近，中国严厉打击象牙走私制品，并集中起来彻底销毁，就是为了树立良好的国际形象，以便争取日后向 CITES 组织申请进口象牙的合法资质认证，为中国非物质文化遗产“象牙雕刻”赢得有利的客观发展条件。

类似的情况，还有近日一位京剧演员在网上晒出天价“点翠”头面，受到许多网友的关注与批评。[④]“点翠”头面涉及“剧装戏具制作技艺”与“花丝

致的情况，如福建与广东的畲族。详细论述参见桂小兰：《古代中国の犬文化：食用と祭祀を中心に》，大阪：大阪大学出版会，2005 年；高君：《满族、赫哲族不食狗肉略考》，《黑龙江民族丛刊》，1989 年第 3 期，第 79 页；莽萍等：《物我相融的世界：中国人的信仰、生活与动物观》，第 185-189 页；濑川昌久：《客家：华南汉族的族群性及其边界》，河合洋尚、姜娜译，北京：社会科学文献出版社，2013 年，第 110-111 页。

① 广西、广东多地都有“夏至吃狗”的食狗习俗，实际上是传承自古代秦地为了补充阳气，伏日杀狗御蛊的古老习俗。“狗”作为一种“阳性”的牲畜，可辟不祥。处于舆论中心的“玉林狗肉节”虽然命名带有节日色彩，但是当地政府否认该节日的官方认定意味，强调该节乃是民间的集体行为。详细论述参见桂小兰：《古代中国の犬文化：食用と祭祀を中心に》，第 286-302 页；《玉林“狗肉节”：错位的对峙》，《南方周末》2014 年 6 月 26 日。

② 《叫停“狗肉节”，体现现代价值》，《浙江日报》2011 年 11 月 1 日。

③ 详细的研究介绍，参见田中俊睎：《思い通りにできる 根付の彫り方：匠が伝える　木で彫る石見根付》，誠文堂新光社，2011 年。

④ 详细的信息可查阅：《京剧演员晒天价点翠头面，被骂惨了 网友：太残忍！刘桂娟：太委屈》，《扬子晚报》2015 年 4 月 25 日；《新华社：京剧演员置办点翠头饰不会使翠鸟灭种》，http://www.fawan.com/Article/fwkx/2015/04/25/080039285654.html；《果壳网科普“普通翠鸟”》，http://www.guancha.cn/Media/2015_04_25_317290.shtml（登录访问时间：2015 年 5 月 27 日）。

镶嵌制作技艺”两门传统手工技艺类国家级“非遗”项目，且与京剧和昆曲两类传统戏剧类国家级“非遗”项目直接相关。该事件争论的焦点即在于头面的“点翠”工艺所使用的原材料来自翠鸟的羽毛。不过，查阅法律法规资料可知“并非所有翠鸟科的翠鸟都是保护动物、三有动物或者濒危物种”，但这一事件引发关注，恰恰说明国人对生态环境与动物保护的意识确有增强。

正如上述案例所示，倡议传统文化发展的同时，也应该关注生物多样性发展，这就要求当代“非遗”保护有更高的生物伦理原则。因此，如何协调现代生活与文化传统之间的内在张力，并且承担起世界公约所规定的责任与义务，推动生物多样性与文化多样性的可持续发展，是当代中国乃至世界各国处理“非遗”保护的重要课题。

结　语

2010 年 7 月，国家林业局下发《进一步规范野生动物观赏展演行为》的通知，并非是要通过行政干预来取消这种民众喜闻乐见的民间技艺，而是意在引导像“埇桥马戏”这类非物质文化遗产在传承与保护过程中，应该避免体罚动物的手段，发展人与动物通过情感进行交流与合作的新理念。这一案例实际上已经在协调文化发展与动物保护的问题上做出了实践性探索，对后续相关的“非遗”保护工作与政策出台将具有积极的启发意义。

事实上，除了联合国教科文组织的《公约》倡议“非遗”应该尊重不同社区的文化价值，应努力推动文化主体之间的对话与交流以外，我国的《非遗法》[①]第四条也明确强调“非物质文化遗产”应该“有利于增强中华民族的文化认同，有利于维护国家统一和民族团结，有利于促进社会和谐和可持续发展”。况且，某些涉及动物的“非遗”项目仍然处于活态传承之中，甚至被商业化、规模化生产，且其“历史、文学、艺术、科学价值”并不突出，在文化价值与理念上尚难以充分凝聚社会共识，地方政府将这些项目纳入“非遗”名录的做法或许就有欠考虑，与“非遗”保护诸多法律文件所传递的文化精神有所抵牾。

人类文明并不像我们想象的那么脆弱，一旦生态环境遭到破坏，我们就将面临“巧妇难为无米之炊”的灾难性窘境。因此，涉及“动物使用”的传统习俗在申请登录不同级别的“非遗”名录及其保护宣传过程中，必须在充分凝聚共识、符合

① 值得注意的是，该法律的附则第四十四条明确规定“非遗”的保护应该符合其他法律、行政法规的相关规定。换言之，即便某些涉及动物的项目进入保护名录之中，但是如果与其他法律文件的规定兼容斥，则应取消该对项目的认定与保护。

生物可持续性发展的前提下进行，这也是《公约》和《非遗法》的核心精神。诚如列维-斯特劳斯所言，“多样性与社群之间的孤立状态无关，而与使社群联合起来的关系有关”[①]，拥有不同文化理念的社区唯有如此方有可能重新建立文化交流的“巴别塔”。除此之外，还需要明确区分涉及“动物使用”的传统习俗是仪式环节还是其他社会实践：若为了凝聚民俗主体认同而使用动物，来完成“文化表达形式”的核心环节“仪式”，这一情况理应得到其他社区的充分尊重和社会认可；其他社会实践若出于娱乐、经济、饮食等功利目的使用动物，可根据情况适当地调整“动物使用”的范围、方式和程度。更为重要的是，很多“动物使用”并非是某些“非遗”项目的核心要件，要知道“非遗”保护的核心是“技艺”而非“物质载体”。因此，我们完全可以选择可替代性材料进行加工、生产的方式来保护与延续这些“非遗”项目，又或者通过详细记录制作工艺和流程以待日后恢复生产与加工，亦未尝不可。

① 克洛德·列维-斯特劳斯：《种族与历史》，《种族与历史·种族与文化》，于秀英译，北京：中国人民大学出版社，2006年，第10页。

南京图书馆藏祁彪佳尺牍论曲文字辑考（上）

张诗洋[*]　李　洁[**]

摘　要　今藏于南京图书馆的祁彪佳尺牍，有不少讨论戏曲的文字，反映了天启三年到崇祯十四年间（1623—1641），祁彪佳与诸友人借阅、抄录、品评、搜集戏曲的情况，记录了祁彪佳与袁于令、沈泰、王应遴、叶宪祖等戏曲家的交游，对考索晚明戏曲及祁氏曲目的编纂情况，有重要价值。这批尺牍目前尚未影印出版，不易见到，今特作辑录与笺注，以便读者使用。

关键词　祁彪佳，《全节记》，剧品，曲品

祁彪佳（1602～1645年），是晚明重要的戏曲理论家、藏书家，所编《明剧品》《明曲品》，是考索有明一代杂剧、传奇的重要文献。此外，祁氏文集和尺牍中，也有不少讨论戏曲的文字，值得关注。本文主要对藏于南京图书馆的祁彪佳尺牍中的论曲文字作辑录笺注。这批尺牍反映了天启三年到崇祯十四年间（1623—1641），祁彪佳与诸友人借阅、抄录、品评、搜集戏曲的情况，记录了祁彪佳与袁于令、沈泰、王应遴、叶宪祖等戏曲家的交游，对于了解祁彪佳的戏曲活动，祁氏剧作的撰写情况，《剧品》《曲品》的编纂过程，沈泰《盛明杂剧》的辑刊情况等，均具有重要意义。书信中还提到多种未见记载的剧名，亦可补以往曲史之阙。

南京图书馆所藏祁彪佳尺牍中的论曲文字，主要由三部分组成：

第一部分，据藏祁彪佳“莆阳尺牍”辑录。写于天启三年至崇祯元年（1623—1628）。原件不分卷，明末抄本，共十七册，藏书号：114713。藏者已制作胶卷，共3盘，编号GJ胶0085。其中，第四册封面注“此本尺牍时在谒选前后 未履莆田任之前 民国庚辰年三月初二日允记”。

第二部分，据“远山堂尺牍”辑录。写于崇祯二年至崇祯四年（1629—1631）。原件不分卷，明末抄本，共五册，藏书号：114714。藏者已制作胶卷，

* 中山大学中国语言文学系。
** 广陵书社编辑。

共1盘，编号GJ胶0078。

第三部分，据“里中尺牍”辑录。写于崇祯十一年至崇祯十四年（1638—1641）的论曲文字。原件不分卷，明末抄本，共十册，藏书号：114718。藏者已制作胶卷，共1盘，编号GJ胶0077。其中，第一册封面写有“里中尺牍十本 崇祯十一年春起 崇祯十四年冬止”。

此为本文上篇，据“莆阳尺牍”辑录。此部分包含与许自昌、彭本之、吕师着、余应科、朱公番、柯尔珍等的信札，涉及《全节记》（或《玉节记》）的写作时间、刊刻过程，祁彪佳编纂“二品”的起始时间，以及对“梅花墅传奇”的评价等。

笔者整理时，以册数所注年代先后排列；同一册内，依据尺牍内容，如相识先后顺序、借阅归还等内在逻辑，对部分信札次序，较原藏品有所调整。同年内同一人有多封尺牍，则在标题后注明编码。

所辑文字，由李洁摘抄录入。后由张诗洋转为繁体字，作标点校理笺注，并再赴南京图书馆复核原藏本。

天启四年甲子（1624）之前

➤ 与许玄佑*（一）

昨者道经金阊，只以倦游欲返，遂失良会，仅留片札，以代晤言。至今神情脉脉，飞越淞江，徒有临风把酒，仰挹高谊而已。复承翰章郑重，筐筐陆离，捧诵再三，感与愧并，拘局如不肖者，未获一奉颜色，少展寸忱，而台丈不我遐弃，千秋襟期，即古人犹难之矣。叶史**转悉台意，昆山新令君与不肖同籍同乡，其人古朴喜交游，自当式庐之敬，无俟不肖之赘及，决不至交臂而失贤豪也。佳制梅花墅传奇，宇内传诵已久，不肖究心此道，兴颇不浅，便中幸乞捡示，使贫儿骤饱珠玉，当不啻什袭藏之矣。一缕之私，非敢言报。统惟台照，临楮神往。（录自第四册）

➤ 【注】

* 许玄佑：许自昌（1578～1623年），字玄佑，苏州人。官至中书舍人。万历间筑梅花墅，因以为号。创作、改订传奇九部，总名“梅花墅传奇”，今存五部。

** 叶史：叶宪祖（1566～1641年），字美度，号六桐，别署槲园居士。浙江余姚人。创作杂剧二十四种，今存八种[①]；传奇七部，今存四部。黄宗羲评

① 《四艳记》，即《天桃纨扇》《碧莲绣符》《丹桂钿盒》《素梅玉蝉》，今多著录作杂剧，而祁彪佳在崇祯二

其剧作“古澹本色，街谈巷语，亦化作神奇，得元人之髓”。

➢ 【笺】

此与后一封《与许玄佑》，原归于“莆阳尺牍”第四册，该册封面注“甲子年、乙丑年”（1624、1625）。按，许玄佑卒于天启三年（1623）六月，彪佳与其通信断，不可能晚于此时。今将二信移置于前。

据此信，祁氏此时似已有编纂“二品”的计划，故向许氏求其传奇一览。

许自昌于彪佳为父执。祁承㸁（字夷度）与许交谊颇深，董其昌《中书舍人许玄佑墓志铭》谓“与玄佑交者，吾邑陈征君、竟陵钟伯敬、山阴祁夷度及不佞辈，咸乐其旷逸”。同册中有《与许兄》，即与许自昌长子许元溥，值许自昌卒，彪佳去信相慰。

➢ 与许玄佑（二）

> 屡辱台翰，云天之谊，心佩已久矣。捧读佳作，如倾米家舡，宝色连斗，而毫端风雨，又如蓬莱蜃市，随云气合离，变幻之妙，莫可言测。《四梦》之后，大作其空谷之音乎！弟每谓传奇一道，立局为上，科诨次之，炼词又次之。要令观场者真若置身古人境界，可歌可泣，愤之欲死，怜之欲涕，乃始称吴道子写生手。其他字栉句批，排音鳌调，品斯下矣。台丈以为何如？明秋渡金阊，当以一帆直抵佳园，为平原卜夜之欢，罄所未罄，直是第一快心事。不然，山阴道上主人，盈盈鉴曲，色色溪花，颇堪作供，台丈其有意乎？短函附谢不尽。（录自第四册）

➢ 【笺】

此承前一信，获许氏所寄诸剧，给予佳评，称“《四梦》之后，大作其空谷之音”。

此函言及彪佳之戏曲主张“立局为上，科诨次之，炼词又次之”，值得关注。此三者，实为《曲品》品评之准绳。“局”，即“剧本结构”。此前王骥德《曲律》以“工师作室”喻传奇布局，主张结构完整，情节之间相互联系。彪佳则倡言“构局”乃传奇第一要义，“全不识构局之法，安得以畅达许之”①。及至李渔《闲情偶寄》论词曲，则开篇以“结构第一”论“局”之关捩。科诨次之，彪佳要求科诨语言恰到好处，与剧本情节、曲白“无不妙合”。“科诨尚

年（1629）《与沈大来》信中称：“如许时泉之《太和》，沈词隐之《博笑》，叶桐柏之《四艳》，车柅斋之《四梦》，彼已汇成全记，似不宜仍作散剧。”今未见二品著录。又《琴心雅调》，祁彪佳《剧品·雅品》着録，评云：“翫其局段，是全记体，非剧体，岂必八折，而长卿之事，乃陈其概。”此则仍作为杂剧收入《远山堂剧品》。

① 《曲品·具品》评《赐剑》，明崇祯稿本。

不识，又安能求其词采乎”①。此外，“炼局炼词”，亦在“寻常绳规之内”②。“作南传奇者，构局为难，曲白次之”③。

➢ **与蔡文学***

读诸诗逼真袁石公**矣，令人一读一叫绝。不肖向亦摩袁，然笔性不近，辄复弃去，所呈拙作，大抵皆唾余耳。惟是不肖有曲僻，此道颇解。闲居时构得一本，录呈尊览。然实不韵，幸勿多示人也。此中有能曲及藏曲家，乞示之。阅完乞掷还。不一。（录自第三册）

≺ 【注】

* 蔡文学：蔡定光，字静卿，号岂夫，后改名甘光，字稼卿。同安（今福建厦门）人。天启元年（1621）岁贡生，著有《恢斋集》。其父蔡献臣，字体国，号虚台，天启三年（1623）癸亥夏抵南京，就任南光禄寺少卿。

** 袁石公：袁宏道（1568～1610 年），字中郎，号石公。明“公安派”代表人物，反对“文必秦汉，诗必盛唐”的风气，提出“独抒性灵，不拘格套”的性灵说，诗歌情真而语直。

≺ 【笺】

据信札封面所题，“莆阳尺牍”第四册及以前应为赴莆阳任之前所作。彪佳天启三年（1623）冬，得选福建兴化推官，次年正月赴任，三月初十到任。此信应写于彪佳返乡待选之时，即 1622 年春至 1623 年冬间。而蔡定光父蔡献臣，天启三年（1623）夏抵南京，任南光禄寺少卿。本册尺牍中，另有一封《与蔡文学》：“《册府元龟》，家君屡求而不得。闻老师有原本，乞世兄数行家书付敝役，致老师以为信，得取来录出为感。”“老师”，彪佳称蔡虚台为老师，有丙寅年《与蔡虚台老师》札为证。若当时蔡定光在福建，彪佳自不必远道寄信，并请他从福建寄家书给时在南京的蔡献臣。因此知此信写于 1623 年夏冬之间。

赵素文以祁彪佳天启六年（1626）《与吕》一信为据，认为至迟在该年，祁彪佳已经阅览过吕天成《曲品》，并产生了撰述“曲品”的念头④。裴喆则以《与郭朗山》（1624 或 1625 年）函中“南曲传奇已刻、未刻者，台台笥中所蓄必多，乞以目录见示为祷”，认为此系祁彪佳从事“二品”写作之端倪⑤。而据《与蔡文学》，则又可向前推，盖祁氏于 1623 年，已有编纂《剧品》《曲品》

---

① 《曲品·具品》评《觅莲》，明崇祯稿本。
② 《曲品·艳品》评《金丸》，明崇祯稿本。
③ 《曲品·具品》评《玉丸》，明崇祯稿本。
④ 赵素文：《祁彪佳研究》，北京：中国社会科学出版社，2011 年，第 224-225 页。
⑤ 裴喆：《祁彪佳与〈远山堂曲品〉〈剧品〉考论》，开封：河南大学出版社，2015 年，第 66 页。

之计划，故有向蔡定光求示“能曲及藏曲家”。又“闲居时构得一本”，当即《全节记》传奇，时已完成初稿，此后频向友人求教；因惧曲律有欠完善，故请勿示他人。

➢ **与倪鸿宝年兄***

弟客岁岁暮，雪窗无事，走笔（原作“节”）作《玉节》一记，自顾不韵，所恃有年兄点铁手，倘亦上碧胡眼乎。千乞年兄点数语于简端，吉光片羽，正自足宝。不敢多求也。然曲有别调，弟非其人，今更非其时矣。万勿示人为祷。初七日将南辕，先期走领，面别不悉。（录自第四册）

➢ 【注】

* 倪鸿宝：倪元璐（1593～1644 年），字汝玉，号鸿宝，上虞（今浙江绍兴）人。官至户、礼两部尚书，书、画俱工。

➢ 【笺】

此请倪元璐为《玉节记》作序，此序《倪文贞集》卷七收录，题《祁世培司李玉节传奇序》，序中言“世培既登第”“故是记，则祁氏之刑书也”。按，推官，又称司李，掌刑名、赞计典。可知倪序作于彪佳授推官（1623 年冬）之后。祁氏因初授官，以“更非其时”，嘱其万勿示人。

“初七日将南辕”，即南下莆田任官。此信写于就职之前，其后一封《留别赵龙封》有“弟将远投闽海”一语可参证。若按其封面所示“甲子年、乙丑年（1624、1625）”，则至晚写于 1624 年正月初七之前。又，请倪写序，似不应在临行前甫提出，故此信盖作于 1623 年腊月。

“客岁”，一指“去年”；一指“客居岁月”，即赴北京应礼部试并候选。若此信作于 1623 年，恰二者时间重合，均为壬戌年（1622）。但言“岁暮”，则已从北京返乡[①]，非赵素文所言“《玉节记》创作于天启三年（1623）冬，当时彪佳正寓居京城等待受职”[②]。《玉节记》（或作《全节记》），未见二品收录。

天启四年（1624）或五年乙丑（1625）

➢ **与郭朗山***

不肖一扇勿余，大抵积劳积感，至今支离床褥，未有起色。辱台召，未克趋赴，可谓缘悭矣。南曲传奇已刻、未刻者，台台笥中所蓄

① 杨艳琪：《祁彪佳〈远山堂曲品·剧品〉研究》后附“祁彪佳年谱”，北京：中国戏剧出版社，2007 年，第 185 页。

② 赵素文：《祁彪佳研究》，第 59 页。

必多，乞以目録见示为祷。诸俟晤悉。（录自第五册）

【注】

* 郭朗山：为莆田名士，家多藏书。李世熊《李寒支先生歲纪》记癸亥（1623）二十二岁事云："九月游莆田，谒畬先生。……先生复介予寓郭朗山家，与郭邦篼同业，互有资益。……朗山家多藏书，始肆阅汉魏丛书及经史编年。予时嗜读《管子》，朗山勉予熟读《史记》，心甚感之。"（清道光木活字寒支二集本）

【笺】

此札写于赴莆田任职之后。原札系于天启甲子、乙丑间，今从。

天启六年丙寅（1626）

与彭本之*

日者一枝借栖，深荷垂注，言念高谊，日不去心。不佞于十一日始抵莆，而簿书冗集，又复困人矣。不佞于传奇一道，颇有嗜芰之僻，每恨耳目未广。白门固藏书薮也，欲将未获诸本，祈门下购之。敝笥中所蓄者，列单奉览，不必再购也。不既临风。（录自第八册）

【注】

* 彭本之：《远山堂诗集》有《宿崇安彭本之文学山房因题以赠》，诗云："吏俗身犹隐，心闲境亦空。市声黄岛外，山色翠屏中。石带烟霞性，书披羲上风。小楹多逸趣，傲杀武夷翁。"因知其为崇安人。后戊辰年（1628）《与彭本之》有"门下大雅宏博"，盖为彪佳门人。

【笺】

信中所言"于十一日始抵莆"，是年秋祁母思归，送其回山阴而后返莆。

搜求剧本时，除向友人借阅外，购买亦是一途。彪佳将所藏曲目列一单，嘱彭本之，凡所未藏而得见于南京者，一并购之。后《与郑觐于》请求"倘有便人至南京，乞台台托文士多方觅之，即抄本亦可"，可见集曲之心切，亦可见南京曲谭之兴盛。

与何兰池*

匆匆一晤，主人礼缺焉未展，正望沈太翁至，攀台台未一夕佳话，不意台体偶有采薪之忧，弟适在冗极，不获躬候，罪歉罪歉。道尊前敬致台意，勿敢忘也。承惠传奇，弟所求而未得者，今贫儿骤富矣，并此附谢，不既注切。（录自第八册）

➤ 【注】

* 何兰池：何舜龄（1566～1632年），字廷永，号兰池，浙江台州临海人。明万历十七年（1609）举人，次年登副榜进士，署萧山教谕。天启二年（1622）升福建泉州同知，职司海防。

➤ 【笺】

此亦必彪佳先有求曲之函，因得何氏惠赠传奇，作此以谢。

➤ 与吕*

不肖牛马风尘，日企老姊丈清标，每作天际真人之想，顾未获以一介候询，歉仄之念常抱于寤寐。恭谂老姊丈绝世才华，兼之邃养，转盼搏风，生戚末之色，不肖惟旦夕拭目以望矣。尘冗之余，偶读尊公老亲翁**《曲品》，鉴赏之精，可足千古。因忆尊公老亲翁所制诸调，皆黄钟大吕之音，字字可垂不朽，而自《神剑记》之外，余皆未及一见，窃以为恨。凡已刻者，俱乞老姊夫简惠，未刻者并掷一抄，不啻拜百朋之锡矣。再有，《品》中所载诸曲，皆生平未尝经目，而必为邺架之所有，兹録其目以奉清览，不知可得借阅否？若沈词隐诸本为尊公老亲翁所手较者***，半在敝斋，已令书坊刊刻，原本随当附璧，外不腆一芹，仰祈鉴存。（录自第九册）

➤ 【注】

* 与吕：与吕天成之长子吕师着（1599～1664年），师着为彪佳表姊祝氏之夫。

** 尊公老亲翁：吕天成（1579～1617年），字勤之，号郁蓝生，余姚人。[①]彪佳《曲品叙》言："予素有顾惧之僻，见吕郁蓝《曲品》而会心焉。其品所及者，未满二百种；予所见新旧诸本，盖倍是而且过之。欲嚬评于其末，惧续貂也。"

*** 沈词隐诸本为尊公老亲翁所手较：吕天成曾师事沈璟，并整理、刊刻沈璟作品。王骥德《曲律》卷四载："词隐生平著述，悉授勤之，并为刻播，可谓尊信之极，不负相知耳。"

➤ 【笺】

彪佳向吕师着借阅吕天成已刻、未刻诸作，对于吕品所载而彪佳未见传奇，彪佳抄录一目录，以求借阅。据王骥德《曲律》等论述可知，吕天成曾校刻沈璟诸曲。今由此信又知，此中多半藏于祁氏，并经彪佳之手付书坊刊刻。

① 李洁：《吕胤昌、吕天成父子生平资料新证》，《戏曲研究通讯》，2016年第10期。

天启七年丁卯（1627）

➢ **与郑觐于**[*]

昨承厚款，霏霏玉屑，醉饱多矣。谢谢。新亭得仙舟山水，两居其胜，又叨盛馔，是何主人之多情也。不肖于音有嗜痂之癖，倘有便人至南京，乞台台托文士多方觅之，即抄本亦可。《曲品》所载而弟未得者，已六十二；若《曲品》之外，又不知几千百，令人抱望洋之叹也。恃在夙爱，并书目附之贵从，临楮神往。（录自第十四册）

➢ 【注】

* 郑觐于：祁彪佳《役南琐记》崇祯六年（1633）正月十二日载："十二日，就小楼饮，观《灌园记》。以郑觐于促赴其招，与吴磊斋、李生拱，观《唾红记》。"未知生平。

➢ 【笺】

1627 年时，吕天成《曲品》著录的二百余部传奇中，彪佳所未见者，尚有六十二部。至 1631 年春夏季，彪佳"剧已见二百四十余种，曲已见五百四十余种。"[①]《远山堂曲品》完稿时，言"见吕郁蓝《曲品》而会心焉。其品所及者，未满二百种；予所见新旧诸本，盖倍是而且过之"[②]，是多年搜集之功。

崇祯元年戊辰（1628）

➢ **与彭本之（一）**

不佞每以于役，幸亲君子之光。门下大雅宏博，超然尘外，与世无竞，不佞深所企服。睹尊翁之令德，偶申一语；愤强暴之诬罔，适效片言。曾何足为门下重，而烦齿及之也。贵县令君，乃不佞所夙昔深契者。前尚有两邑侯，拟议之未定，如即莅崇，深为门下得贤父母喜也。不佞当即端托之，不特寻常垂盼。即令郎试事，亦可以力任矣。承惠过腆，愧浮于感，远意稠切，谨登美人壶、太乙杯、牙杖、银箸、衣扣、犀杯、杂剧、建莲八种，以志不朽。相晤之期，计在仲冬。诸容面谢，不既欲言。（录自第十六册）

➢ 【笺】

彪佳赠礼，杂剧亦列其中一种，可见其珍视。

---

① 辛未春夏季（1631 年），《与屠用明》，南京图书馆藏。
② 《曲品叙》。

➢ 与彭本之（二）

不佞生而好音，故于调律颇矙其微，适敝乡一友人新构一曲，读之甚爽，不佞因再为点定，稍加更改，序而行之。建阳书坊亦有刻传奇以行者，烦门下觅相识之书坊，命其一刻。竣事日寄来，较正无讹，即听其贸易取利，不佞惟欲得二十部致之友人，亦甚便也。但须极精工、无差错乃妙耳。今先与门下商之行当并刻式寄上，烦一使者端致，必期于二十日内竣工，颙望回音，并祈示一书坊姓名，以便督刻，不一。（录自第十七册）

➢ 【笺】

彪佳所言"敝乡一友人新构一曲"，为《全节记》。其后与余应科信中，亦有此类表达。至1629年《与陶啬轩》言："《全节》是六、七年前之作，即小剧亦是无聊中之呓语，于音律一毫未解，人方敝帚弃之。"同年《与郑寿子》："《全节》是六、七年前作，已为敝帚矣。"方又提及创作《全节记》一事，盖作于1622～1623年。

彪佳自撰《全节记序》（今存），并设定样式，请彭本之寻"极精工、无差错"的建阳书坊刊刻，欲得二十部致之友人。

➢ 与彭本之（三）

别来许时，梦寐清光，时在武夷山头也。令郎想益精进，此番必再就童子试，欣羡欣羡。适有小役，赍邮符回乡，前寄尊宅书三横，乞付小役顺便带回，感感。不佞有嗜奇之僻，欲得新旧传奇而尽品评之，署中甚少，前见仁兄案头诸曲，不佞择而携归，有留遗者，烦仁兄尽简付回役，不佞为之较阅品评，竣即仍归邺架也。晤期或在秋末，临楮不尽欲言。（录自第十七册）

➢ 【笺】

彪佳其时正创作"二品"。此信知会彭本之，彪佳携其案头诸曲归，为较阅品评之事，并请彭留意是否有遗留作品。

➢ 与朱公番（一）

访款恐未真，须印之以台台，耳目所及者，乃便于研审耳。邺架上有钟伯敬所著《诗归》，乞借一观，外《咨访册》*及余生**家所刻《书目》并祈赐览，临楮不一。（录自第十七册）

➢ 【注】

* 姜采《沈兵科传》："例考选，吏部发印册于本乡科道采月旦，名曰'咨访册'，以圈之多寡为差等，部按册参其条奏错置之。本乡科道以是为权衡在

手，慫其猎取。”（《敬亭集》卷八，光绪己丑山东书局重刊）。

** 余生：余应科。

➤ 【笺】

从朱公番处得知书坊主余象斗、余应科父子，并祈余家所刻书目一览。

➤ **与朱公番（二）**

顷拜佳刻及府刻诸书，领台教宏矣。谢谢。启稿稍斲之亦可用。刻书之俞生*如此在，乞介绍一晤之。偶箧中携有沈词隐诸曲，多未刻之本，敢供鉴赏，不一。（录自第十七册）

➤ 【注】

* 俞生：原文作此，当为“余生”，与前文所提均指余应科。

➤ 【笺】

彪佳看过余家所刻书目，萌生请其刊刻《全节记》之念，故请朱公番为其牵线。

此又及沈璟诸传奇，为彪佳所藏，多未刻之本。

➤ **与朱公番（三）**

屡费郇厨，皆精腆之物，殊觉福分难消耳。感谢何如。门役一人而有余矣，不必增之也。邵武衙止开应戒识字一名，是亦可以已乎。他处皆从府开，想此间不同耳。日来幸无他冗，惟畏热之甚。架上有新旧传奇，俱示之，以为清凉一帖何如。新邸报并望见示，小刻呈博一笑。（录自第十七册）

➤ 【笺】

彪佳向朱公番借阅其所藏新旧传奇。

➤ **与朱公番（四）**

明晨走泰建，晤期不远。不敢作别，以烦起居也。编年十六本，乞台台命县粮户房书役一写之。乞一查其名，定以十日为期，恳恳。传奇五本奉还，其未经目四种，当藏为帐中鸿宝矣。顺昌县观风巻顷又送二封，共四封，烦世兄裁定。俟不肖回樵日来领教也。不既瞻注。（录自第十七册）

➤ 【笺】

此承上彪佳求曲之函，得朱氏惠赠传奇五本，其中四种未见，视作珍宝，作此以谢。

➢ 与余文学*

昨所言敝友之曲，不佞已为较正改拨，殊费苦心，今尽觉可观，要不下于《玉玦》**、《红拂》***也。刻手写手万祈留神，必于精工刻法，另具二书式并附来，期于四五日内先刻数篇见教。内不佞有较未精处，并烦门下再细阅之，此后不妨陆续寄至，较订必订完无一字之差，后可发行也。佳作容阅毕，奉来《唐诗归》，并璧不一。（录自第十七册）

➢ 【注】

* 余文学应科：余象斗（1561？～1637年）之子。余应科刊印其父《地理统一大全》，请时任福建莆田推官的祁彪佳为之作序。祁彪佳序曰："余勾稽樵川，即知有闽知名之士两余生，亟进而见之，翩翩玉树，麈屑霏纷，固已知发祥之有自矣。语次寻绎，出其尊人仰止翁所著堪舆全书，欲余言以弁之。"余应科刊印了祁彪佳传奇《全节记》[①]。

**《玉玦》：《远山堂曲品·艳品》评云："以工丽见长，虽属词家第二义，然元如《金安寿》等剧，已尽填学问，开工丽之端矣。（虚舟不□取□□，故无□□硬字。如此工丽，亦岂易哉　且每一折一调。）此记每折一调，每调一韵，五色管经百炼而成，（当与《玉合》并驾视绣襦，又出一韵境矣。）如此工丽，亦岂易哉！（笔者按：括号内为《远山堂曲品》稿本作者删改部分，□为笔者未辨识字。）

***《红拂》：《剧品·逸品》着录，评云："汤海若序此记云：'《红拂》已经三演：在近斋外翰者，鄙俚而不典；在冷然居士者，短简而不舒；今屏山不袭二家之格，能兼诸剧之长。'然吕郁蓝谓其'通篇不脱俗气'，当亦不能为屏山讳。"

➢ 【笺】

彪佳对己作颇为得意，认为"今尽觉可观，要不下于《玉玦》《红拂》也"，故再三叮嘱精工精校精刻。

➢ 与余文学应科

五印封附之门下，刻完者即于邮传递之，以便较正。地理书领教，稍暇当为捉笔，或烦作者先构一序以示不佞。三曲已曾阅过，先奉璧，略为润色之。不佞尚有十日之别，回樵或可图一晤，不既。（录自第十七册）

---

① 陈国军《余象斗生平事迹考补》，《明清小说研究》，2015年第2期。

➤ 【笺】

言留五印封与余应科，嘱其将刻完者邮传递之以便较正，是承上信中“期于四五日内先刻数篇”，有较未精处，请余应科细阅之，并陆续寄给彪佳再审阅，以达“无一字之差”。

➤ **与柯尔珍（之一）***

昨得握领麈教，尽涤尘襟，谢谢。黄于文刻手甚佳，晶章加深，亦是一法。顷其郎君来致，已领之矣。大作洋洋洒洒，可垂不朽，但不肖不敢当耳。稍暇望同陈体老**于舟中为韵牌之会。昨恳觅藏曲家，幸留神不一。（录自第十七册）

➤ 【注】

* 《祁彪佳日记·弃录》己卯（1639）九月初五日：“出寓山，方小憩，赵呦仲来晤。得莆中诸友来书，柯尔珍诸君附以《寓山咏》，彭让木师寄《岸圃志略》，求五言絶句。”后一封信中称柯“翁台”，年长于彪佳。《薜荔园诗集》卷二存畲翔诗，记夏日林晋伯邀蔡伯达明府避暑清溪事，与柯尔珍、林元和、钱叔达、黄尧衢相唱和。按，畲翔，字宗汉，号凤台，福建莆田人，万历初年前后在世。柯尔珍应为同时期莆田人。

** 陈体老：居于莆中。庚辰年（1628）八月至武林与彪佳晤面。《祁彪佳日记》八月初二日载：“入武林，得陈体玄书，已至湖上，即遣奴子过候。”八月十九日，“先慈生诞之祭，即奉主入前楼，以待大祥归祠，遵古礼也。吴中旧役三人来吊。送诸亲别去。得张士标、陈体玄、柴云倩诸书先复，陈体玄留之数日，以待予晤”。至八月二十八日，“再晤陈体玄。陈自莆中远来遇病，深为关情。便道访一二客归。午后再出陈体玄寓，携酌饷之。值张卿子来为之诊脉，乃别”。至九月初二日，“雨竟日，先是与姚玄叔、沈玄樗作半山之约，为雨阻，乃走别陈体玄”。故此信应写于八、九月间。

➤ 【笺】

此言见柯尔珍时，已当面请其寻觅藏曲家，此处再请托。

➤ **与柯尔珍（之二）**

昨所示二手，为翁台见赏，必系大匠。希各以四章畀之一刻，每章各二字，约十六字，或名或字或号，不必拘，每字四分。今并价奉来，烦即致之。莆中有藏传奇之家否？乞访之以教。尊足如全愈，当来订期，同一看延寿桥工也。临楮不一。（录自第十七册）

➤ 【笺】

此询柯尔珍莆中是否有藏传奇之家，有寻书访曲之意。

清代传奇《十全福》版本考

斯 维*

摘 要 清代传奇《十全福》有清中叶抄本、陈金雀抄本、缀玉轩过录本三个版本。清中叶抄本是祖本，其产生时间应该在雍正、乾隆年间；道光年间，《十全福》在北京演出，方三林饰主人公林俊。同治元年（1862）陈金雀据清中叶抄本抄录，是为陈金雀抄本；三年后，三庆班在北京排演《十全福》；光绪年间，陈金雀长子陈寿峰所在的万年同庆班也排演过《十全福》。1925年，陈寿峰长子陈嘉梁去世，陈金雀抄本让归程砚秋玉霜簃与梅兰芳缀玉轩；六年后，玉霜簃藏曲得到杜颖陶的整理。梅兰芳又据陈金雀抄本过录，是为缀玉轩过录本。

关键词 十全福，林俊，陈金雀，程砚秋玉霜簃，梅兰芳缀玉轩

清代传奇《十全福》以林俊、继晓、王恕等多位明代成化年间历史人物的本事为基础[①]演绎而成，主要叙述了主人公林俊因受奸臣继晓迫害而遭贬谪逃

* 中山大学中国语言文学系。

① 《十全福》中对林俊弹劾继晓一事的敷演基于林俊《扶植国本疏》之所述，把林俊的上疏和被贬等本事舞台化为直冲其道、尽数其罪并扭结面见圣等戏剧行动。剧中继晓自述与林俊谏赈之辞甚至以《扶植国本疏》之辞为本。弹章中谓“僧继晓本一憸险小人，市井无赖。曩者，猥指邪术，欺诳楚府，及至事败，挨挐却乃窜身逃罪，不图自新，益加纵诞，潜住京师，多方夤缘，诬蒙圣眷，迭赐异恩，五尺儿童，切齿唾骂。敢复肆无忌惮，惑乱圣聪，发内库银数一万两，盖大镇国永昌寺……”，剧中继晓则自称“吾乃通圆翊教广善国师继晓是也。原籍苏州，谎骗营生，只为官府追迫，因此半路出家。因当今成化皇帝酷好佛教，信用方术，为此夤缘，投在太常寺李孜省门下，进献妙药，圣心欢喜，蒙李公引荐，得觐龙颜。我就将采战之术奏上，圣心大悦，就封我为左善事之职，自此搜录异书，广善佛事。我又将长生不老一片虚词，说得圣心如醉如痴，为此加封广善国师 金吾仪仗。那些和尚、道士、匠人作坊诸役人等，馈送金银者即为卫士前驱……便写经作工，已曾手下几十名，一并奏上，蒙恩收录授职，名曰传奉官，只有冠带。近来折毁居民数百家，命户部发国币二十万，启建大永昌寺……”又，弹章中极言“陕西、山西、河南连年饥荒”，剧中林俊面圣时也强调：“陛下呀！现今河南、山东连年饥馑，百姓流离，饿尸填道，赈济无术，可为流涕！陛下听信继晓之言，弃金建寺，若将此金赈济饥民，救活圣灵万々。今以有用之钱财供无益之枉费。”虽将饥荒的省份由陕西、山西、河南改成了河南、山东，但大意相同。而且剧中“今以有用之钱财，供无益之枉费”之语与弹章中“曾不知以可用之财，供无益之费”之语甚至相差无几。

林俊上疏本是针对梁芳和继晓二人，而且更主要的是针对梁芳；但《十全福》把历史上荐进继晓的

难，最终与忠臣王恕共同“清君侧”的故事。该剧绍续李贽、李渔、张潮、方宝臣、宋俊等人关于道学与风流的观念①，以道学与风流的矛盾关系为深层结构，编织了林俊与爱玉、如玉、妙玉等女性的纠葛。②

按照先后源流来讲，《十全福》传奇有三个版本：一是清中叶抄本，一是陈金雀抄本，一是缀玉轩过录本。关于梅兰芳缀玉轩过录本的著录是较丰富的，但各家著录的卷册数各不相同。傅惜华《北平国剧学会图书馆书目》传奇类（三）时代不详之属著录“不题撰人缀玉轩钞本一册（未见著录）”③，《古典戏曲存目汇考》传奇五明清阙名作品著录“此剧未见著录。缀玉轩钞本。见《北平国剧学会图书目》。其他戏曲书簿未见记载”④。此本现藏于中国艺术研究院图书馆，该馆善本目录卡片著录“戏 140.61/0.180（善本 15168）十全福传奇六本四十四出 梅 不著撰人 缀玉轩据清同治元年（1862）陈金雀钞本过

梁芳改作本来同为梁芳所荐进的李孜省，并把梁芳的所为和继晓的所为都集中在继晓一人身上。弹章中林俊指责梁芳“乃复荐进继晓，阴求盖寺，虚耗内财”，剧中林俊则指责继晓“耗费国币，创建佛寺”。剧中把梁芳的恶行如“梁芳倾覆阴狠，引用邪佞，排斥忠良，辅之者骤得美官，触之者动遭窜逐”之类，也冠之以继晓。《十全福》为了加强继晓的罪恶，还把《扶植国本疏》中所述继晓得宠之前的低贱身世具体化为卖春药，且把继晓兴建“大镇国永昌寺”拆分为先后建镇国寺、永昌寺，以及把传奉官的形成也归罪于继晓，最终使得剧中的继晓成为集中成化朝罪恶奸臣形象于一身的角色。

林俊《扶植国本疏》，见陈子龙《明经世文编》卷 86，崇祯平露堂刻本。

① 李贽《初谭集·笃义》提出了“真道学”概念：“自然之性，乃是自然真道学也，岂讲道学者所能学乎？”见《李贽文集》第 1 卷，北京：社会科学文献出版社，2000 年，第 87 页。

道学与风流是矛盾的，清人不断地企图使两者统一起来。李渔常用小说、戏曲来表达“使道学、风流合而为一”的主张。小说如《合影楼》中路公这个角色，“他的心体，绝无一毫沾滞，既不喜风流，又不讲道学，听了迂腐的话也不见攒眉，闻了鄙亵之言也未尝洗耳，正合着古语一句：‘在不夷不惠之间。’”杜濬眉批曰：“不喜风流，倒是真风流；不讲道学，才是真道学。当今之世，只少一位路公，使道学、风流合而为一，不致有门户之忧耳！”戏曲如《慎鸾交》第二出《送远》中华秀有论曰：“我看世上有才德的人，判然分为两种：崇尚风流者，力排道学；宗依道学者，酷诋风流。据我看来，名教之中，不无乐地，闲情之内，也尽有天机。毕竟要使道学、风流合而为一，方算得个学士文人。”戏末煞尾亦道：“读尽人间两样书，风流道学久殊途。风流未必称端正，道学谁能不腐儒。兼二有，戒双无，今当串作演联珠。”

康熙年间，有一批文人把李贽的“真道学”论与李渔的“使道学、风流合二为一”论结合起来，提出了“真道学未有不风流者”论。如《幽梦影》第一百五十二条“立品与涉世”原评“立品，须发乎宋人之道学；涉世，须参以晋代之风流。”方宝臣曰：“真道学未有不风流者。”又，《柳亭诗话》“道学风流”条：“陈后山、朱紫阳严气正性，凛若冰霜。然陈有句曰：不惜卷帘通一顾，恐君着眼未分明。朱有句曰：日暮天寒无酒饮，不须空唤莫愁来。乃知真道学未有不风流者。”

《十全福》第二出《卮言》提纲挈领地引出道学与风流的议论。林俊一方面很道学，他的人生理想是“一旦功名入手，好把时匡世救，致君泽民清宇宙，事业光前后。”另一方面又“性好风流，情耽花柳；最爱征歌选色，酷喜倚翠偎红。正妻不过以德容为重，如宾似友，若欲寻声采色，还当问柳寻花。”但是道学与风流是矛盾的，风流“只被这官箴所系”，“动彻有礼法相拘，牵制着皇家官守。”人很难同时做到讲道学和爱风流，“讲道学的不擅爱风流，爱风流的不讲道学”；但林俊作为道学与风流的矛盾统一体，“道学风流兼善，却是稀有”。剧中的林俊随之提出“真道学”论，认为真道学与风流是统一的，并以谢安、韩愈为证例，论说“古来名士，多擅风流；尤物殢人，贤者不免。若止言道学、不爱风流者，真迂腐之儒也”。最终以真道学使道学与风流的冲突得到解决。

② 《十全福》中林俊与“三玉”（如玉、爱玉、妙玉）等女性的关系是对“道学与风流”矛盾结构的演绎。三玉之中，如玉是最道学的，爱玉处于道学与风流之间，妙玉则最属风流。从三位女性与林俊的关系来看，越是道学的，其家庭出身与社会地位越是高贵；越是风流，其婚恋自由程度越高。可见清代道学与风流的矛盾既是德性与人性的理论冲突，也是包办婚姻与自由恋爱的现实冲突，《十全福》在这两方面都有充分展开。

③ 傅惜华：《北平国剧学会图书馆书目》上卷，北平国剧学会，1935 年，第 11 页。

④ 庄一拂：《古典戏曲存目汇考》下编，上海：上海古籍出版社，1982 年，第 1521 页。

录 钞本 六册（一函）”。

缀玉轩过录本所据的陈金雀抄本大概是国内现存最早的版本，此本或于1925年陈金雀长孙陈嘉梁逝世后分别为梅兰芳缀玉轩与程砚秋玉霜簃所得[①]。梅兰芳缀玉轩藏曲本有《古本戏曲丛刊八集目录初稿》著录“162 十全福传奇五卷 佚名 同治间钞本 中国戏曲学院（梅）”[②]。经过魏铁三于1930年初步清理后，程砚秋玉霜簃藏曲本自1931年起由杜颖陶整理、分类和编目，[③]杜颖陶《记玉霜簃所藏钞本戏曲》著录“十全福1：六卷，六册，未录作者姓名。题云‘同治元年十一月十七日学古篆伶人陈金雀煦堂抄录完竣’。剧情颇曲折，穿插亦妙，演林俊，事与《十全福弹词》[④]大致相同”[⑤]。2005年，玉霜簃藏曲本由北京大学图书馆购得，现藏北京大学图书馆古籍部；《十全福》传奇亦在其中，登录号为221464。2013年至2014年期间，经廖可斌老师介绍、古籍部李云主任批准，笔者得以在古籍部研读此剧。[⑥]杜颖陶所引“同治元年十一月十七日学古篆伶人陈金雀煦堂抄录完竣”一句，原本题于《十全福》第六本末行，这是最重要的版本信息。[⑦]古籍部卡片著录“集部。书名：十全福剧本。版本：同治年陈金雀抄本。纸张：竹纸。册数：6。来源：果素瑛”[⑧]。

陈金雀抄本为线装，宽高13.4cm×25.5cm，半叶六行，偶带朱笔工尺谱。凡六本，每本六或八出，共四十四出。[⑨]第一、二、五、六本各六出，第三、四本各八出。[⑩]其文本形式有三层结构，第一层是抄录的原文，第二层是墨笔

---

① “民国十四年（1925），陈嘉梁在京逝世，未几，二千馀册藏曲让归梅兰芳和程砚秋，各得其半。世称‘梅氏缀玉轩藏曲’和‘程氏玉霜簃藏曲’，成为当时的一件盛事，传为曲苑佳话。”见吴书荫：《梨园传本粲然备列：〈程砚秋玉霜簃珍藏稿抄本戏曲集刊〉序》，《文献》2014年第3期，第186页。

② 吴晓铃、周妙中《古本戏曲丛刊八集目录初稿》“以上咸同光宣间作家佚名者”部分。2013年，笔者曾在中国戏曲学院副教授带领下，到该院图书馆特藏室连壁搜寻无果，大概此本现已不在中国戏曲学院。也有可能，《初稿》中“中国戏曲学院”系“中国戏曲研究院”（今为中国艺术研究院）之误，那么此本可能现藏于中国艺术研究院图书馆或梅兰芳纪念馆，尚待考查。

③ 吴书荫：《梨园传本粲然备列：〈程砚秋玉霜簃珍藏稿抄本戏曲集刊〉序》，第186页。陈金雀抄本《十全福》有错叶，整理者未注意：“诉无隐无遗……现在林相公”一叶，误置于“（爱）爱玉可知道他有个安身去处……诡计谁人”一叶与“辨（院急上）……上把咱们”一叶之间，当置于“知他两下私情已久期……速把其中实”一叶与“跳墙过来……林相公是我家的人”一叶之间。

④ 《十全福弹词》不知何在，《弹词宝卷书目》《中国俗曲总目稿》《北京传统曲艺总录》等均无著录。仅谭正璧《评弹通考》卷三“弹词（上）”据杜颖陶：《记玉霜移所藏钞本戏曲》，《谭正璧学术著作集》第11册，上海：上海古籍出版社，2012年，第114页。

⑤ 《剧学月刊》第一卷第六期，1931年，第12-13页。“十全福”下的数字“1”表示该剧本是完全的。

⑥ 当时亦有王洪君教授指导的应届博士毕业生陈晓为了研究清代北京话而研读该剧。

⑦ 陈金雀抄本原文作“钞录”，杜颖陶引文作“抄录”。

⑧ 果素瑛为程砚秋妻。

⑨ 中国艺术研究院图书馆卡片著录缀玉轩过录本的册数与出数均与此本相合，应确为据陈抄本过录。

⑩ 第一本内封目录页为“十全福头本目录/海屋添筹 卮言 叱僧 击牌 遣拐//留爱 恻救 破围”，自右下起，有“筠石”“陈铎”“陈菊印”“玉霜移藏曲”印；正文第一页有“北京图书馆藏”“北京大学图书馆藏印”“玉霜移藏曲”印。第二本内封目录页为“十全福二本目录 嘱骗 旁惜 困城 邪约 情关//庙閧”，自右下起，有“筠石”“陈铎”“陈菊印”“玉霜移藏曲”印；正文第一叶有“北京图书馆藏”“北京大学图书馆藏印”“玉霜移藏曲”印。第三本内封目录页为“十全福三本目录 颁诏 预醋 逐奴 搅聘 穽婴//虚媒 恶遇 大战”，从右下起，有“陈菊印”“玉霜移藏曲”印；正文第一页有“北京图书馆藏”“北京大学图书馆藏印”“玉霜移藏曲”印。第四本内封目录页为“十全福第四本目录 互疑 救玉 犬保 奇越 巧误//送辱毒拐 看会”，自右下起，有“筠石”“陈铎”“玉霜移藏曲”诸印；正文第一页有“北京图书馆藏”“玉霜

的修改，第三层是朱笔的修改。持朱笔修改的人应该不是陈金雀，而是此后得到其抄本的人，因为从笔迹来看，朱笔修改者与原文抄录者可能不是同一个人。[①]墨笔修改者与主笔修改者应该也不是同一人，因为他们习惯的修改方式不同。修改单字时，墨笔在原字右上角用符号“o”表示删除，然后在原字右侧写改正字；朱笔是在原字上用斜杠“\”划去表示删除，然后在原字右侧写改正字。[②]修改长段文字时，墨笔用“｢｣”表示删除，而朱笔用竖线“|”删除，如《邪约》“定更以后”四字，墨笔用“｢｣”删除，在原字右侧写“二更天拍巴掌为号”，朱笔再用“|”删除。此外，朱笔有许多在审读剧本过程中使用的特殊符号，是墨笔所没有的。比如朱笔用“[]”括出出名、用“()”括出科介[③]、用“、”点断、用“O”在曲牌名上各字加圈、标注工尺谱等。墨笔是陈金雀随文修改的可能性较大，朱笔是后人在陈金雀抄本的基础上边读边改的可能性较大。

总的来说，陈金雀抄本《十全福》是一部在演出过程中不断修改的台本，其中常常在同一处保留两种不同的表演形式。比如《犬保》出“不免攀树而逃”页第六行有“(打进。犬出奔，下。万啰々々！那里来的这条狗！或狗先下此段不用)”，其中“或狗先下此段不用”为小字，符号“()”则表示不用的段落范围。《击牌》更是整出把不同的表演方式并存。《击牌》出在目录中只有一条，但在剧本中却有前后两个不同的演出版本，即《击牌》与《又一体击牌》。两个表演版本的基本内容没有太大差别，[④]《又一体击牌》与前《击牌》主要有三个方面的改变，一是改变唱词曲牌，而是把一些唱词改为说白，三是其他细节上的修改。[⑤]《又一体击牌》应该是在前《击牌》的基础上，总结舞台

移藏曲”“玉霜移藏曲”印。第五本内封目录页为“十全福第五本 收怪 连诧 暗护 渡河 觌骂//幻救”，自右下起，有“[illegible]石”“陈铎”“玉霜移藏曲”诸印；正文第一页有“北京图书馆藏”“北京大学图书馆藏印”“玉霜移藏曲”印。第六本内封目录页为“十全福第六本目录 假归 淫外 伪停 察情 閧观//释婴 恤冤剖赚 福圆”，自右下起，有“筠石”“陈铎”“玉霜移藏曲”印；正文第一页有“北京图书馆藏”“北京大学图书馆藏印”“玉霜移藏曲”印。许多在目录中相邻的两出，在剧本中出名连合在一起，如《预醋》《逐奴》合在一起作《预醋逐奴》，《救玉》《犬保》合在一起作《救玉犬保》，《察情》《閧观》合在一起作《察情閧观》，《恤冤》《剖赚》合在一起作《恤冤剖赚》等等。本文以符号“//”表示陈金雀抄本中的换行。

① 以《觌骂》出“或卖当”的修改为例，朱笔在“卖当”之间增添一“或”字，朱笔“或”字的“、”在字的右上角，而原文“或”字的“、”在“丿”的右上侧，相对水平位置明显偏低，与下半叶原文“寻见了林相公，或是替他也使得”中的 “或”字笔迹相同。

② 朱笔对第一层因形近而误的修改，有时不用斜杠“\”划去而是直接在原字上修改的某一部分。如《卮言》出“到君泽民”直接在原字上将“到”字部首“刂”改为“攵”，《擊牌》出“作败”直接在原字上将“作”字部首“亻”改为“讠”，《福圆》出“桑长兴堂面跪着”直接在“堂”字上改为“当”，如此等等。

③ 墨笔也有使用符号“()”的情况，但功能与朱笔“()”不同。如《连诧》出“日受过林生之聘”行前“(此处少写一行)”、《犬保》出“不免攀树而逃”页第六行“(打进。犬出奔，下。万)”。

④ 本出叙水族八怪变作八仙模样来到暹罗军营击免战牌，投奔铁头太子，欲助暹罗破围；其间蟒蛇治好元帅徐海被高奇药箭射中之伤，适逢高奇讨战，铁头太子打算领徐海及八怪去见暹罗国王。

⑤ 《又一体击牌》与前《击牌》主要在以下一些细节上略有不同：1.改蟒为蛇。2.改水族八怪自称名山八仙为变化成八仙模样。八怪上场声称前往暹罗解围之后，《又一体击牌》科介里强调了六怪“变化仙家模样”，使演出更加合理，因为在《击牌》中六怪主要是仙家扮相，不与此前《海屋添筹》中水怪形象相同。3.击打免战牌后来，“报去说名山八仙特地到此来助太子兴邦定霸，望乞通报”一段话，前《击牌》为八怪同说，《又一体击牌》为蛇独说。4.改铁头太子词“道有请”为“吩咐快开营门”。前者简洁，有太子身份；后者显出战事的紧急，且与之前强调免战牌挂在营门上呼应。5.改八怪解释下山的原因“我等为暹罗久困”

实践的经验修改而成的，作为台本的《十全福》将两种演出版本都保留了下来。

关于《十全福》的版本源流，还有这样一个问题，即在陈金雀抄本之前，似乎应该还有一个更早的版本。《古本戏曲剧目提要》著录《十全福》的版本："该剧今存有（一）清钞本，存头八出；（二）缀玉轩钞本（据同治元年陈金雀钞本过录）。"[①]细察此言，"清钞本"所指当非陈金雀抄本；除了陈金雀抄本外，应该还有另一个"清钞本"。那么这个"清钞本"相对于陈金雀抄本是早出还是晚出呢？本文认为是早出的，理据有二。一是内部理据，从陈金雀抄本《十全福》的抄录方式[②]来看，应该有一个更早的"原本"。首先，据第六本末行所题"同治元年十一月十七日学古篆伶人陈金雀煦堂抄录完竣"可知，陈金雀抄录是对一个更早的版本做抄录工作。其次，《觐骂》出空白页之间的一页原题"幻救"，墨笔删之并于右册写"觐骂后出"，又于下方注明"原本扯烂无存当补"；这说明确有"原本"的存在，且陈金雀是据该本抄录。再次，《连诧》出"日受过林生之聘"行前有一空白行，墨笔题写"（此处少写一行）"，盖原本此处固然少写一行，抄录者所以如是说。最后，《恤冤剖赚》出"（言）吓！就是王公子的生母呀"页中的第三行与第四行为"机关全节操盼望[空缺]喝怎干々々（如玉叹）[要孩儿]故将//机关全节操盼望林郎[空缺]来多是"，属于抄录错行的情况。可以料想，"原本"第三行开头或为空缺，第四行开头应是"机关全节操盼望"，而抄录者因第三行的空缺而误将第四行的开头错抄到第三行开头处；发现错行后，抄录者将抄到第三行的"机关全节操盼望"删除，并在第四行重新抄录。可见，陈金雀根据"原本"抄录，甚至在行款格式上也与"原本"保持一致。由此四点，可证明有一个早于陈金雀抄本的"原本"《十全福》存在无疑。

二是外部理据，在陈金雀抄本问世以前，《十全福》传奇就已上演，这可佐证"原本"《十全福》的存在。对《十全福》的演出情况的较早记载是杨懋

为"我等为贵国久困"，更合礼。6.修改了徐海出场时的台词。前《击牌》表现了徐海之勇，《又一体击牌》指明其"恋战贪功"的特点。7.改称明朝为天朝，避免了"明朝"之"明"与名将之"名"连念易混。8.改徐海词"是一枝药箭"为"那知是一枝药箭"，于语气稍胜。9.改铁头太子词"如此就请施行"为"如此甚好，就请施行。"，于语气稍胜。10.改蟒蛇词"随俺来"为"请到后帐待俺画符"。虽与上文"只消一道灵符"承接紧密，但兹为暹罗军营，八怪初来乍到，由蟒蛇带领徐海走，似不合理。11.八怪回答铁头太子如何解围，前《击牌》为螃三姑独唱及八怪合唱，《又一体击牌》除了改变曲牌、唱词外，还取消了螃三姑的独唱。12.徐海感谢蟒蛇后，前《击牌》有蟒蛇答语"不敢"，《又一体击牌》无答语，直接为士兵报告高奇讨战。13.得到高奇讨战的报告后，改徐海词"带马抬鎗"为"带马抬鎗，待俺与这厮决一死战"，更显急切，与徐海出场自述时所谓"恋战贪功"的性格特点呼应，也更能与接下来铁头太子"元帅不必性急"的话契合。14.改铁头太子词"（朝）见家父"为"朝见父王"。父王的称呼更合太子身份。前《击牌》改"见"为"朝见"，《又一体击牌》承袭之，也可看出《又一体击牌》是以前《击牌》为基础修改的。

① 李修生：《古本戏曲剧目提要》，北京：文化艺术出版社，1997年，第648页。

② 关于《十全福》的抄录方式，在本文第二部分详细讨论，此处仅以抄录方式证明有一个早于陈金雀抄本的版本的存在。

建[1]《京尘杂录》卷二《辛壬癸甲录》和卷三《丁年玉笋志》。《丁年玉笋志》记载道："(双)秀[2]昔与方竹春同演《十全福》，为妙玉，云极佳，惜吾未及见。"自注："或云演《十全福》扮妙玉者，乃胖双喜，非双秀也。"《辛壬癸甲录》则记载道："方三林，字竹春，其[3]妻兄弟之子也，与胖双喜演《十全福》般妙玉得名。"可以说，这两条材料的记录时间约等于《十全福》的演出时间。

本文认为杨懋建记载的《十全福》演出时间在道光十二年（1832）至道光二十二年（1842）之间。《清代燕都梨园史料·著者事略》谓杨懋建"《辛壬癸甲录》《长安看花记》《丁年玉笋志》《梦华琐簿》四种，盖其旅燕时所作也"[4]。据《辛壬癸甲录》"仆以辛卯六月离家园，今计当俟明年戊戌试后乃得南归，偻指正合八年之数。回忆壬辰入都时，有辛壬癸甲之语，殆为之兆也"。知杨懋建于壬辰年即道光十二年（1832）入京；又据《梦华琐簿》"戊戌，余论戍湖南。……戊戌夏，余到岳阳小住八十日"及《丁年玉笋志》"戊戌夏到巴陵住八十日"等可知，杨懋建于戊戌年即道光十八年（1848）离京发配湖南。虽然杨懋建曾于道光十六（1836）至道光十七年（1837）去过保定，但是"其旅燕时"大约是可以确定为道光十二年（1832）至道光十八年（1838）的。

不过，杨懋建旅燕时间并不能等同于《京尘杂录》的写作时间，这不仅是因为《清代燕都梨园史料》中"盖"字的模糊不清，更是因为《京尘杂录》中所题年岁表明，杨懋建至少到道光二十二年仍在湖南戍所写作。《辛壬癸甲录》题曰"壬寅立夏后一日，掌生记"。《丁年玉笥志》题曰"道光二十有二年太岁壬寅春三月三日辰溪戍卒，嘉应杨懋建掌生，自叙于茧云精舍之仰屋"。《梦华琐簿》："道光壬寅春三月三日，仰屋生记于长溪戍所之赁庑。""壬寅四月十五日铁痴记。""壬寅立夏日记。""壬寅三月二十四日。"壬寅年即道光二十二年（1842），是故《京尘杂录》的写作时间应当在道光十二年至道光二十二年之间。《京尘杂录》所录的尽管都是发生在北京的事情，但并不全是杨懋建在北京期间所录；比如《十全福》的演出情况，杨懋建说"惜吾未及见"且对于演员是谁都人云亦云，既可能是在北京期间未及看见，更可能就是南下之后才记录的。因此，那两条材料所记录的《十全福》演出的时间，应该在道光十八年（1838）至道光二十二年（1842）；保守一点讲，也应该在道光十二年（1832）至道光二十二年（1842），不论如何是早于陈金雀抄本的时间。

① 《清代燕都梨园史料·著者事略》："梅县杨懋建，字掌生，号尔园，别署蕊珠旧史。"见张江裁：《清代燕都梨园史料》上册，北京：中国戏剧出版社，1988年，第25页。

② 杨懋建《京尘杂录》卷3《丁年玉笋志》谓演员双秀曰："胖双秀不习昆腔，而发声遒亮，直可遏云，《祭塔》一出，尤擅盛场，每当酒绿灯红时听之，觉韩娥雍门之歌，今犹在耳。开元末许和子入宫，名永新，能变新声，高秋朗月，台殿清虚，喉转一声，响传九陌，此之谓矣。双秀与郝大庆居文盛堂，所教多佳弟子。而双秀、寿林俱尚分包银。人生遭际，菀瘁不齐，大抵如斯矣。"

③ 指春和堂卢禄驭。

④ 张江裁：《清代燕都梨园史料》上册，第26页。

尽管这个“原本”《十全福》究竟是什么版本已难确考，称其为清中叶抄本大概是不为过的。黄仕忠老师《日本所藏中国戏曲综录》中著录了京都大学文学部藏狩野直喜旧藏《曲谱》十二册，其中第一册有《十全福》。这十二册《曲谱》是“清春和堂钞本等杂缀”“有乾隆、嘉庆、咸丰各代钞本”且“五至六行十八字左右不等 无界 朱笔圈点 间带工尺”，与笔者所见陈金雀抄本《十全福》的版本信息并无冲突；《综录》特别标示第一册为“角本”，这与《十全福》剧本的性质也是一致的。[①]也就是说，存在这样一种可能性，《曲谱》第一册中的《十全福》或许就是“原本”《十全福》的一部分。如果《曲谱》第一册是春和堂钞本，那么原本《十全福》就是春和堂钞本，即果亲王允礼的钞本，时间大概在康熙末年至乾隆初年。

不过，这与陈金雀抄本中《嘱骗》出的内容有很大冲突。因为陈金雀抄本中明确提及乾隆时期扬州的饭馆[②]、内班[③]，以及当时的演员余维琛[④]和王斌文[⑤]。王斌文在北京演出，被赵翼在称为乾隆中期[⑥]“京师梨园中最擅名者”[⑦]之一。由此可见，《嘱骗》出的形成时间不应该早于乾隆年间。如果《曲谱》第一册中的《十全福》真是春和堂钞本，那么《嘱骗》出很有可能是在后来形成的；否则，《曲谱》第一册中的《十全福》应该就不是春和堂钞本，而是更晚。

① 京都大学文学部藏狩野直喜旧藏《曲谱》十二册的版本信息，见黄仕忠：《日藏中国戏曲文献综录》，桂林：广西师范大学出版社，2010年，第268-269页。

② 《嘱骗》出“林姑爷即刻就到，自己办万々来不及……只好到碧香泉去现办”，这里的碧香泉即碧芗泉，下文又有“碧芗泉定的”。碧芗泉是乾隆时期扬州的著名豪华饭馆之一，位于徐宁门附近，徐宁门或即徐凝门，今扬州城东南有徐凝门路和徐凝门桥。据《扬州画舫录》：“徐宁门问鹤楼以螃蟹胜。接踵而至者，不惜千金买仕商大宅为之。如涌翠、碧芗泉、槐月楼、双松圃、胜春楼诸肆，楼台亭榭，水石花树，争新斗丽，实他地之所无。其最甚者鲤鱼、车螯、斑鱼、羊肉诸大连，一盌费中人一日之用焉。”见李斗《扬州画舫录》，乾隆六十年自然盦刻本。

③ 《嘱骗》出“外班如何奉敬贵客？文班必得洪班，武班必得春台。”洪班和春台都是乾嘉时期的扬州内班，据《扬州画舫录》：“两淮盐务例蓄花雅两部以备大戏：雅部即崑山腔；花部为京腔、秦腔、弋阳腔、梆子腔、罗罗腔、二簧调，统谓之乱弹。崑腔之胜，始于商人徐尚志征苏州名优为老徐班；而黄元德、张大安、汪启源、程谦德各有班，洪充实为大洪班，江广达为德音班，复征花部为春台班，自是德音为内江班，春台为外江班。今内江班归洪箴远，外江班隶于罗荣泰。此皆谓之内班，所以备演大戏也。”

④ 《嘱骗》出“贤婿，这是末脚余维琛老名公来了”。余维琛，又作俞维琛，副末，本属徐班。据《扬州画舫录》：“徐班副末余维琛，本苏州石塔头串客，落魄入班中。面黑多须，善饮，能读经史，解《九宫谱》。性情慷慨，任侠自喜，尝于小东门羊肉肆见吴下乞儿，脱狐裘赠之。”徐尚志死后，演员多入苏州织造府府班；乾隆后期扬州盐商洪充实组建洪班时，多数又入洪班，余维琛亦在此列。后来乾隆后期扬州盐商江春组建德音班时，又吸收了很多徐班、洪班的旧人，余维琛亦在此列。据《扬州画舫录》：“江班亦洪班旧人，名曰德音班。江鹤亭爱余维琛风度，令之总管老班。常与之饮，及叶格戏，谓人曰：‘老班有三通人：吴大有、董抡标、余维琛也。’”

⑤ 《嘱骗》出跳加官的与言及交打闹时说：“我王斌文，加官跳了六十多年，到没有被人打过！什么？还叫我滚出去？”王斌文，又作王炳文，大面，白面。亦先后在徐班、洪班、江班，履历与余维琛类似。据《扬州画舫录》：“炳文，小名天麻子。兼工弦词，善相法，为高相国门客。”他以马文观为师，据《扬州画舫录》：“谨守务功白面诸出，而不兼副净，故凡马务功之戏，炳文效之，其神化处尚未能尽。”

⑥ 赵翼的这首《康山席上遇歌者王炳文、沈同标，二十年前京师梨园中最擅名者也，今皆老矣，感赋》，在《赵翼诗编年全集》中列于“丙午（公元一七八六年）春——丙午（公元一七八六年）冬”内，以此推算，则王炳文作为“京师梨园中最擅名者”的时间当在二十年前，即乾隆三十一年前后。诗见华夫主编：《赵翼诗编年全集》卷3，天津：天津古籍出版社，1996年，第885页。

⑦ 赵翼：《瓯北集》卷30，嘉庆十七年湛贻堂刻本。

虽然全本昆剧《十全福》的故事多以扬州为背景，但却多在北京演出。根据上文所引《京尘杂录》中的记载，道光年间《十全福》就已在北京演出。陈金雀抄本产生之后，《十全福》仍然长期在北京演出。小说《梨园外史》第二十四回“曹春山轻财全戚谊 梅巧玲焚券见交情”中梅巧玲对曹春山说道：“现在各戏班都排新戏，三庆班的《十全福》《三国志》十分兴旺，每逢冷热洞，全仗着他打。”[①]尽管师予《关于〈梨园外史〉和陈墨香》一文认为“《梨园外史》的写作时间是一九二〇年至一九三〇年之间”，但也指出《梨园外史》确实“涉及不少清代宫廷轶闻”“提供了许多近代戏曲史方面的史料”[②]，其中关于三庆班在北京排演《十全福》的记载大概是可信的。《梨园外史》将《十全福》作为三庆班的拿手连台大戏《三国志》并称，似乎可以认为《十全福》也是一部重头戏。小说中前一段“二十六日，接到曹春山送来的红鸡蛋，方知他娘子钱氏于二十四日生了一子”中的“一子”，当指曹心泉；因曹心泉生于同治三年，而梅巧玲这句话在其出生之后“转瞬一年”，所以话中的“现在”当是同治四年（1865）。据此可知，三庆班在北京排演《十全福》的时间是同治四年（1865），正在陈金雀抄本问世三年后。直到光绪年间，《十全福》还在北京演出，长盛不衰。[③]

花雅之争的时代，昆剧为了迎合北京受众而努力变革，《十全福》的说白带上了明显的北京方言色彩。[④]陈金雀长子陈寿峰仍然从事昆剧演出，长孙陈嘉梁已是京剧笛师，包括《十全福》在内的陈氏藏曲后来让归京剧四大名旦中的程、梅二家，这些也是花雅交流的结果。

---

① 潘镜芙、陈墨香：《梨园外史》，北京：宝文堂书店出版社，1989 年，第 287 页。

② 潘镜芙、陈墨香：《梨园外史》，第 524 页。

③ 光绪十九年（1893），慈禧面谕组建专演全本昆剧的昆班，并赐班名“万年同庆”；陈金雀长子陈寿峰赴上海邀聘名旦小桂林陈桂林、小金虎章瑞卿和丑行黄玉泉等搭班；万年同庆昆班排演的全本昆腔戏中就有《十全福》。见吴新雷、俞为民主编：《中国昆剧大辞典》，南京：南京大学出版社，2002 年，第 344 页。

④ “《十全福》的口白部分带有较为明显的北京口语色彩。”见陈晓：《从满（蒙）汉合璧等文献管窥清代北京话的语法特征》，《民族语文》2015 年第 5 期，第 22 页。

凌廷堪“慎独”说之分析

陈治维*

摘　要　“慎独”一词散见于先秦到西汉间的文献中，其中较为人所熟悉的出处是《礼记》三篇：《中庸》《大学》《礼器》，以及《荀子·不苟》。另外于《马王堆帛书》《郭店楚简》《文子》与《淮南子》等著作中亦有出现，然而关于“慎独”的研究仍归属于儒学范畴。历代儒者们对于“慎独”的诠释，大致上可整理出两类，即内在心性与外在规范。

清乾嘉时期的儒者凌廷堪（1757～1809年），其所主张“慎独”等于“威仪临乎其侧”的诠解，乃是依循其礼学思想与清儒关注现实社会与伦理的视角而产生的论述，显然偏向外在规范的这一门径。整体而言，凌氏的“慎独”说置于清儒重视经学及复礼思潮的脉络下，具有其时代性的意义，然而若是综观整个“慎独”的诠释史角度言，凌氏之说亦有其局限性。

关键词　凌廷堪，慎独，礼器，中庸，大学

引　言

“慎独”一词于古代文献中出现甚早，《荀子》《礼记》中诸篇章皆有所提及，而20世纪后半叶出土的“马王堆”文献与《郭店楚简》中亦发现到涉及“慎独”词汇的文字，甚至于被归类到非属于儒学义理范畴的《淮南子》与《文子》仍出现“慎独”云云。据此推测，“慎独”可能是先秦两汉知识分子所通用的概念。

据笔者搜寻的结果，今人对于“慎独”所作的论述与研究，仅是期刊类即有近两千篇，学位论文类的亦达两百多本，[①]无论是涉及义理学的研究，抑或是延伸应用的阐释，绝大多数研究者论述“慎独”时均是围绕着“道德”为主

* 台湾“中山大学”文学院中国文学系。

① 笔者以“airiti library 华艺在线图书馆”系统的数据库作为搜寻“慎独”的平台，得到的信息为：期刊文章1833；会议论文91；硕博士论文213。

轴，如以今人戴琏璋《儒家慎独说的解读》及日人岛森哲男《慎独思想》两篇来看，[①]皆论述了“慎独”的文献数据及历代儒者对于“慎独”的诠解，以及诠解背后所涉及的意义，对于吾人欲了解“慎独”说的帮助不小，然而在清儒义理思想的层面却较少着墨，戴氏仅于文章中提及黄宗羲（1610～1695年）批注其师刘宗周（1578～1645年）的“慎独”说外，[②]再者论及乾嘉时期的王念孙（1744～1832年）、郝懿行（1757～1825年）对于“慎独”的训诂考证，[③]亦带到俞樾（1821～1906年）解“慎”的说法，但纵观全文，并未提到凌廷堪（1757～1809年）的《慎独格物》说。

由上述观之，似乎清儒对于“慎独”一说不是宗于刘宗周的义理思想，就是针对其作训诂考证而已，然而实际上并非如此，关于凌廷堪的“慎独”说，陈居渊《凌廷堪“慎独格物说”的礼学诠释》一文是近年来出刊的专论，[④]此文从马王堆帛书《五行》与《礼记·表记》等篇章中抽出线索，指出凌氏的说法与其有契合之处，继而将“格物”与学礼、格礼、践礼相通，进一步点出凌氏的观点为新的解释型态，唯文末藉方东树（1772～1851年）批判汪中（1745～1794年）、焦循（1763～1820年）等同时期儒者的文字，用以来解释凌廷堪重礼、崇礼的原因之一，[⑤]如此的结语可能不够客观，仍有商榷余地。

本文所欲呈现的，除论述先秦到两汉的儒家“慎独”文本与历代具代表性儒者的诠释观点等外，主轴更聚焦于被清儒誉为“一代礼宗”凌廷堪对于“慎独”的诠释，并借由此路径试图厘清出凌廷堪“慎独”说的价值意义与其局限性。

一、“慎独”于儒学文献中的出处与解释

由现有的文献数据可知，记载“慎独”的文字不单仅止于一篇文字之中，而是散见于几部作品里，于此先列举今人较为熟悉的几个出处并概略的作解释。

首先，《礼记·中庸》云：“莫见乎隐，莫显乎微，故君子慎其独也。”[⑥]即解释之一为：论述人性中的善是隐微而不彰的，故身为统治阶层抑或一道德自律者必须谨慎面对它。另一个解释则是：即便身处于隐微不被看见之处，君子更要谨慎

① 戴琏璋：《儒家慎独说的解读》收录于《中国文哲研究集刊》第23期（台北：“中央研究院”中国文哲研究所，2009年9月），第211-234页。岛田哲男：《慎独思想》原收录于《文化》第42卷第3、4号（仙台，东北大学文学会，1979年3月），第145-158页，笔者所参考的数据为张季琳翻译的论文，收录于《中国文哲研究通讯》十三卷第二期（台北：“中央研究院”中国文哲研究所，2003年6月），第191-207页。

② 戴琏璋：《儒家慎独说的解读》，第225页。

③ 同上注，第226-228页。

④ 陈居渊：《凌廷堪“慎独格物说”的礼学诠释》收录于《复旦学报》（社会科学版）2009年第2期（上海：复旦大学），第80-85页。

⑤ 陈居渊：《凌廷堪“慎独格物说”的礼学诠释》，第85页。

⑥ 《礼记训纂·卷三十一·中庸》（朱彬：《礼记训纂》，北京：中华书局，2007年），第772页。

以对。

又，《礼记》除《中庸》篇有记载“慎独”外，另于《大学》与《礼器》篇中亦有论及“慎独”说，《大学》云：

> 所谓诚其意者，毋自欺也。如恶恶臭，如好好色，此之谓自谦，故君子慎其独也。小人闲居为不善，无所不至，见君子而后厌然，揜其不善，而着其善。人之视己，如见其肺肝然，则何益矣。此谓诚于中，形于外，故君子必慎其独也。①

引文中论“慎独”者共有两处，主旨上均是强调“诚”的重要性。前者先言勿自欺，然后自谦，可引申为心安理得；后者从言行上阐述，如小人无论如何掩饰其非，终究会现形于外。显然，此处的“君子”和“小人”之属性，其评判准则是由道德来作为分野。《礼器》则云：

> 礼之以少为贵者，以其内心者也。德产之致也精微，观天下之物，无可称其德者，如此则得不以少为贵乎？是故君子慎其独也。②

“礼”本身并非最珍贵的，最珍贵之处乃在于人之内心，即德性。因德性之微细，乃至于不容易显而见之，是以在如此难能可贵的条件下，能不谨慎、珍惜于此一德性吗？君子仁人尤其如此。

由上文可知，“慎独”在对应《礼记》诸篇文章的论述上，实是具有多样性的内容。而较为歧义之处，应属“独”该如何解？历代有几种解释，汉儒郑玄（127～200年）于《礼器》篇注云：“少其牲物，致诚悫。”唐孔颖达（574～648年）疏云：“独，少也。既外牵应少，故君子用少而极敬慎也。”③所指涉乃为祭祀用少数牲物，以凸显内心极其敬诚之心。“独”在郑、孔二儒所作的注疏中具“少”之意。《礼器》中的“慎独”便是以少量简单的祭品，突显出谨慎诚意之心，不使整个礼仪有喧宾夺主之意，显然将礼仪备品与内心诚敬作为对比。

以上之“慎独”义涵，反在强调以“慎”为主轴，即“至诚悫”“极敬慎”，“独”似乎仅作为衬托“慎”。当然，可看出郑玄和孔颖达对于“慎”字观点有所不同，前者以“诚”解；后者则与“敬”联系。郑玄解《礼器》中的“慎独”应受《大学》文本影响，凸显不自欺之意涵，而孔颖达的解释较偏向敬畏谨慎、战战兢兢之意。又，《中庸》篇之郑注云：

① 《礼记训纂·卷四十二·大学》，第871页。

② 《礼记训纂·卷十·礼器》，第367页。

③ 《礼记注疏·卷二十三·礼器》，郑玄注，孔颖达等疏：《礼记注疏》，《景印文渊阁四库全书·经部109·礼类》，台北：台湾商务印书馆，1983年，第115-491，115-492页。

> 慎独者，慎其闲居之所为。小人于隐者动作言语，自以为不见睹，不见闻，则必肆尽其情也。[①]

于此，郑注解“慎独”为谨慎于独处时之意。孔颖达之疏则云：“故君子慎其独也者，以其隐微之处，恐其罪恶彰显。”[②]此“慎独”解则指君子于独处时持谨慎之状态。再者，《大学》中论“慎独”有两个段落，郑玄、孔颖达等并无加以注疏，若以郑氏所注来看，前一处可释为不自欺；后一处释为谨慎。孔氏所注的“慎独”则较为一致。

因此以《礼记》中三篇解释“慎独”者，汉至唐代多有上述二种内容。

然宋以降，南宋朱熹（1130～1200年）与明末刘宗周（1578～1645年）所诠释的“慎独”意可见出其各有立场。换言之，亦可说是理、心二派在“慎独”解上是各抒己见。如朱熹注《大学》与《中庸》皆云：“独者，人所不知而己所独知之地也。”[③]字面上，朱熹之言“独”乃指非公众所在、所知的场所，而是能独处又能察觉己行之所在。在此一环境中，虽旁人无从知晓某人言行举止为何，但某人必须戒慎以持，因私欲最可能于此际放任、萌发于独处之中，唯有戒慎以持方可“守其本心之正”而不致背离道。[④]此一部分较接近从内心而言，但仔细分析朱熹的注文后，仍可以理出一外在于心的约束力，即道。[⑤]《中庸》末章又云：

> 《诗》云：“潜虽伏矣，亦孔之昭！”故君子内省不疚，无恶于志。君子所不可及者，其唯人之所不见乎。《诗》云：“相在尔室，尚不愧于屋漏。”[⑥]

“莫见乎隐，莫显乎微”，君子之所以为君子者，即在于旁人所未察觉处犹能持守其本心之中正而不生私恶。换言之，君子所重视者，即在于无人之境时能不偏离“道”，无论何时何地，任何的言行举止，即便是最细微之部分，皆要保持中正之道。因此朱熹强调“人心惟危，道心惟微，惟精微一，允执厥中”十六字，即为一持守天道之工夫。[⑦]朱熹“慎独”之说从“己独知之地”阐发，言君子必须操持戒慎，以便遏人欲、守天道。其又云：“盖有他人所不

---

① 《礼记注疏·卷五十二·中庸》，第116-350页。
② 《礼记注疏·卷五十二·中庸》，第116-351页。
③ 《四书章句集注·中庸章句》，第18页。
④ 《四书章句集注·中庸章句》，第14页。
⑤ 朱熹云：“言幽暗之中，细微之事，迹虽未行而几以动，人虽不知而己独知之，则天下之事无有着见明显而过于此者。是以君子既常戒惧，而于此尤加谨焉，所以遏人欲于将萌，而不使其滋长于隐微之中，以致离道之远也。”见《四书章句集注·中庸章句》，第18页。
⑥ 《四书章句集注·中庸章句》，第39页。
⑦ 《四书章句集注·中庸章句》，第14页。

及知而己独知之者，故必谨之于此以审其几焉。”[①]“审其几”之“几”，即指细微之处，便是“天道（理）”，呼应至“道心惟微”。总的而言，朱熹的“慎独”说涵摄到不自欺与言行谨慎两部分，但又主张有一外于心的“道”。

作为心学殿军的刘宗周，在儒学上延续王阳明（1472～1529年）的义理思想。王阳明论“致中和只在谨独，”[②]谨者即是慎之意，而“中和”者，王氏云：“中和便是复其性之本体。”[③]“性之本体”即是指“心”，指“良知”，是以“慎独”乃是“致良知”之工夫，关键者在于“本心”，是以言“独”者便是言内在、言本心。可见朱熹与王阳明解释“慎独”之差异，朱氏之论犹涉及独处之境地，王氏则专言内心。至刘宗周时，其将“慎独”置于其儒学思想的核心，云：

> 慎独是学问第一义。言慎独，而身、心、意、知、家、国，天下一齐俱到。故在《大学》为格物下手处；在《中庸》为上达天德统宗彻上彻下之道也。[④]

“慎独”是一贯通之义，其作为第一义之本体外，亦是一实践工夫。由第一义来论，“慎独”便是谨慎于良知，而良知所对应者乃天下间一切事物，这是阳明学的一贯主张，因此身心至家国、天下皆可收摄于第一义之中。又，事物乃须格之，是以牵涉实践之工夫。于刘宗周的义理思想中，“慎独”实是心的本体义，又同时涵括格物的实践义。

由上述可知，宋明儒者对于“慎独”诠释，多由《大学》《中庸》二篇入手。虽说程朱学派多以谨慎独处之层次解释，而心学继承者则言本心再扩及实践。两者途径并未迭合。

至于《荀子·不苟》篇的“慎独”义，目前保存最早的注是杨倞（唐人，生卒不详）为《荀子注》，其云：“慎其独，谓戒慎乎其所不睹，恐惧乎其所不闻，至诚不欺，故人亦不违之。”[⑤]意谓独处之时，犹能做到至诚不欺，则是为君子之典范，亦符合人民顺从之对象。《不苟》篇之“慎独”说，主要彰显出“诚”之重要性、关键性，此与《大学》的“慎独”文意接近。荀子云：“君子养心莫善于诚，致诚则无它事矣。”[⑥]养心即是“诚”，乍看下亦颇合于孟子思想，然荀子之“养心”应由“化性起伪”处言才是，故前提不等同。关于《不

① 《四书章句集注·中庸章句》，第7页。
② 《传习录·上》，叶绍钧点注：《传习录》，台北：台湾商务印书馆，1994年，第39页。
③ 《传习录·上》，第100页。
④ 《刘宗周全集·第2册·学言上》，戴琏璋、吴光编：《刘宗周全集》，台北：“中央研究院”中国文哲所，1997年，第466页。
⑤ 《荀子集解》，杨倞注，王先谦集解：《荀子集解》，第29页。
⑥ 《荀子集解》，杨倞注，王先谦集解：《荀子集解》，第29页。

苟篇》的"慎独"部分，待下文再论。

二、凌廷堪"慎独"说

凌廷堪《校礼堂文集》中收录《慎独格物说》乙篇，[①]其对"慎独"说提出了以《礼记·礼器》篇为说明的佐证，无非是冀望"慎独"与"礼"及"格物"结合而有一番新诠释。《礼器》云："礼之以少为贵者，以其内心者也。……则得不以少为贵乎？是故君子慎其独也。"[②]若论"礼"以少、以朴素为贵者，重点便是落在指涉内心之德的层次。因"德"乃隐微于人的本性之中，既然本性之德实属于十分精微，并非是万物所能与之相拟的，是以君子须谨慎以对。

凌氏于文章首段借由《礼器》篇中的文字予以主张人心对于"慎独"的重要。换言之，因"德"是被含括于内心本性中极其精微的抽象事物，而天下间无能可与之匹敌者，故特显其"贵"，若依此解释，则属于延续郑玄、孔颖达的注疏内容。然而凌氏云："此即《学》、《庸》之正义也。慎独指礼而言。"[③]又云："天下无一人不囿于礼，无一事不依于礼。"[④]先不论其解释"慎独"合乎文本原意否，但可确信"慎独"对于凌氏而言乃是一种实践工夫，此与前儒们的观点基本上一致，唯不同的是，凌氏将"慎独"直接与"礼"画上等号。在其治学观念中，或许基于批判宋明理学的立场，认为纯粹论"道"是一种抽象的概念，但可借由具体的"礼"来彰显，因"礼"是人一日不可违背的对象，所以"慎独"的实践自然落于"礼"范畴中来看。

由《礼器》篇来举出"慎独"之意，再经由凌氏的诠释后，"独"便不再是独处之意，而是专指极珍贵、少有之"独"，乃引文中"少为贵"之"少"意。凌氏又云："《学》、《庸》之慎独，皆礼之内心精微可知也。"[⑤]其又再强调"少"者、"贵"者，乃在于"礼"所能示现内心的精微之"德"。换言之，"慎独"于凌廷堪的礼学思想中可以不涉及独处于暗室、隐蔽处等层次，而是将重点摆置于与"礼"的彰显上，"慎独"是被含括于"礼"学之中，并成为它的一部分。何以如此？因为凌氏认为儒学中虽有主张"诚意、正心"等等八目，然而并非一能够静坐参悟的学问，倘若"慎独"诠释为独身处于室、为良知第一义云云，则恐有"任贼作子""郢书燕说"之误，[⑥]即其所云：

---

① 《校礼堂文集·卷十六·慎独格物说》，凌廷堪：《校礼堂文集》，北京：中华书局，2006年，第144-146页。
② 《礼记训纂·卷十·礼器》，第367页。
③ 《校礼堂文集·卷十六·慎独格物说》，第144页。
④ 《校礼堂文集·卷四·复礼上》，第28页。
⑤ 《校礼堂文集·卷十六·慎独格物说》，第144页。
⑥ 凌廷堪云："后儒置《礼器》不观，而高言慎独，则与禅家之独坐观空何异？由此观之，不惟明儒提倡慎独为认贼作子，即宋儒之诠解慎独亦属郢书燕说也。"同前注。

> 今考古人所谓慎独者，盖言礼之内心精微，皆若有威仪临乎其侧，虽不见礼，如或见之，非人所不知、己所独知也。[①]

“慎独”之义理主要在于如何掌握内心之“德”，而欲掌握者必须持以戒慎恐惧的态度，犹如面对庄严隆重仪式时般，必须保持缜密与仔细。“威仪”一词有多种解释，但不外乎是由礼仪为中心所衍生出的意思，对于凌氏而言，论“慎独”可先谈“威仪”，“威仪临乎其侧”显然是源于外在性的观点，因此可视之为参与大礼，虽此大礼并非是实际的仪式，而是一种假设性的场景，但在内心上会产生震慑感与肃穆感。

由上述可引申出两层次：一是诚敬戒慎的态度；二是具体的礼仪。首先，必须保有诚敬戒慎的态度，即“正心、诚意”之谓也。凌氏云：“言正心必先诚意也。”[②]“诚意”“正心”皆针对“德”而言，然而凌氏又以《诗·大雅·思齐》中“不显亦临，无射亦保”说明诚敬的态度有若治国般的遇事时谨慎视察，无厌于安社稷、保人民。于此比附治国安民，乃在凸显出对于“德”的戒慎态度上，但此一态度不能是“独坐观空”[③]，而是在展现于言行的实践上，为了摒除“独坐空观”的可能性，凌廷堪皆以具体事物来作为说明。

再者，诚敬戒慎的对象虽然是内心精微之德，然而它却是难以显示的、难以实体化的，因此凌氏会以“礼”作为其具体的门径，即诚敬戒慎的对象由具体的礼仪来涵盖精微之德。倘若要将“慎独”抽离出理学的“独坐空观”，转而扩及社群，在其崇礼的脉络上唯有具体的礼仪方可令多数人感受到“威仪临乎其侧”的震慑与肃穆。

关于第二个层次，是凌氏学说的重点，要将“慎独”的重点联系到“礼”——此一具体事物上，即属具体事物，便又涉及“格物”，是以凌廷堪会将其与“慎独”合并为题来进行阐发，其引《礼器》的内容云：

> 君子曰：无节于内者，观物弗之察矣。欲察物而不由礼，弗之得矣。故作事不以礼，弗之敬矣；出言不以礼，弗之信矣。故曰：礼也者，物之致也。[④]

依据凌氏思想，“礼”源出于“性”且作为节“性”的关键，人类日常言行无一刻不依循着它，并依此建立起各项次序。因此，若舍弃“礼”而恣意妄为，则一切事物乃至于言行举止，皆无法达到该有的规范准则，如《论语·乡党》

① 《校礼堂文集·卷十六·慎独格物说》，第145页。
② 《校礼堂文集·卷十六·慎独格物说》，第145页。
③ 《校礼堂文集·卷十六·慎独格物说》，第145页。
④ 《礼记训纂·卷十·礼器》，第374页。

一章中所示，[①]是以“礼”可视为一切言行与事物的终极原则，吾人必须注意此“物之致也”出发点是以人为核心，并借此衍生出的伦理道德规范，并非泛指宇宙客观存在的一切事物的律则。换言之，“‘物’之致”的范畴乃是落在与人群息息相关的事物与言行之中。凌氏借由《礼器》论“礼”对于事物的关键处来言“格物”，目的在于强调实践“礼”之必要性。意即“礼”乃是作为贯通“慎独”与“格物”之枢纽。

无论是“慎独”抑或“格物”所指涉者皆为“礼”，又“慎独”与“格物”亦是不可分割，如凌氏所云：“仲弓问仁，子曰：‘出门如见大宾，使民如承大祭。’”[②]一例，便是“慎独”与“格物”相为联系之一证。“见大宾”“承大祭”等，必须秉持戒慎严谨的态度，持此态度即是若威仪临于侧的“慎独”；于外则是面对着现实环境、具体对象，即为“格物”，如出门、使民即是。如此，则印证凌氏所论述的“慎独”义乃在于具体实践“礼”的工夫，“格物”义亦复如是，其云：

> 又考古人所谓格物者，盖言礼之器数仪节，皆各有精义存乎其间，既习于礼，则当知之。[③]

“礼”绝不能只停留于器物仪节之上，更重要乃是其背后蕴含的义理思想。此意即指出礼器仪式之所以存在与必要性，都有其核心价值与目的，不是为了它们本身，因此习“礼”、践“礼”之重要，在于明其义理。即“格物”之目的在于与了解其义理内涵，决非止于仪式、表象上做工夫而已，如果仅是表象，则只有“仪”而不成“礼”[④]。凌氏又强调：“物格不能知至也，所谓‘文胜质则史’是也。”[⑤]“礼”除具有表象的“文（器）”之外，“质（精义）”更是不可或缺的精神核心，“质”者可谓为“礼”之本，倘若“文”胜过“质”者，则意味华而不实，过于浮夸，甚而忽略内在本质，徒流于形式而已。

凌廷堪认为“格物”的关键乃在于掌握“礼”之本，《礼器》云：“忠信，礼之本也；义理，礼之文也。”[⑥]“忠信”诚然为礼之本，然引文中所谓之“义理”

① 《四书章句集注·论语集注卷五》云：“孔子于乡党，恂恂如也，似不能言者。其在宗庙朝廷，便便言，唯谨尔。朝，与下大夫言，侃侃如也；与上大夫言，訚訚如也。君召使摈，色勃如也，足躩如也。……升车，必正立执绥。不疾言，不亲指。”第117-122页。

② 《校礼堂文集·卷十六·慎独格物说》，第145页。

③ 《校礼堂文集·卷十六·慎独格物说》，第145页。

④ 先秦时即有“礼”与“仪”的区别，如《春秋左传正义·卷五十一·召公二十五年》：“子大叔见赵简子。简子问揖让周旋之礼。对曰：‘是仪也，非礼也。’”（杜预注、孔颖达疏：《春秋左传正义》，武英殿十三经注疏刻本），第8下-9上页。

⑤ 先秦时即有“礼”与“仪”的区别，如《春秋左传正义·卷五十一·召公二十五年》：“子大叔见赵简子。简子问揖让周旋之礼。对曰：‘是仪也，非礼也。’”（杜预注、孔颖达疏：《春秋左传正义》，武英殿十三经注疏刻本），第8下-9上页。

⑥ 《礼记训纂·卷十·礼器》，第358页。

则应被解释为外在合宜的规范、次序之意，非哲学意涵中指涉的义理思想云云。作为完备、大备的“礼”，内外应当是兼具的，以“忠信”之德为内；以“义理”之纹为外，如竹箭之有筠，松柏之有实，当然，实仍是首要。凌氏举《郊特牲》中“礼之所尊，尊其义也。失其义，陈其数，祝史之事也”为例，[①]说明“礼”本质的重要。而《礼记训纂》于该篇引孔颖达注疏云：

> 言礼之所以尊重，尊其有义理也。若不解礼之义理，唯知布列笾豆，是祝史之事也。[②]

此亦指出：礼之所以重要，在于其背后的核心本质，若非如此，则容易落入“文胜质则史”之弊，孔颖达所言的“义理”显然不是“礼之文”，而是“礼之本”。由《郊特牲》的本文与注疏即知凌氏“礼”学思想基本上是要呼吁避免“礼”沦为形式化而忽略了核心本质，关于此一部分，可见出凌廷堪不仅期望社会群体要实践“礼”，亦致力于凸显“礼”学的义理层面重新被知识分子所关注，故彰显出礼之“质”来，此“质”呼应精微之“德”。

凌廷堪主张“慎独”的本意源自于《礼器》，故而《大学》、《中庸》的“慎独”、“格物”诠解亦须由此途径入手。换言之，借由学“礼”即可贯公“慎独格物”的真义，其补充云：

> 《论语》记孔子之言曰：“恭而无礼则劳，慎而无礼则葸，……。”四者独不云学而无礼之蔽。又曰：“好仁不好学，其蔽也愚；好知不好学，其蔽也荡；……。”六者亦不云好礼不好学之蔽。[③]

治学的对象与内容即在于学“礼”，故孔子未尝将“学”与“礼”视之为二。凌廷堪所论述的无非冀望凸显出“礼”的兼具性：“礼”一方面可指“以少为贵者，以其内心者也”，另一方面又涉及“器数仪节”，从《礼器》篇即可知“礼”的涵盖性极高，是以“慎独”与“格物”实又不可分而别之，必须由“礼”予以统摄。凌氏借由对“慎独”的论述，兹以证明儒学的“礼”论，不仅是仪式，除具有实践性，更有深刻的义理层面。

三、清儒对《荀子·不苟》的“慎独”解

上文已提过，“慎独”除出现于《礼记》中的《礼器》《大学》与《中庸》

---

① 《礼记训纂·卷十一·郊特牲》，第 404 页。
② 《礼记训纂·卷十一·郊特牲》，第 404 页。
③ 《校礼堂文集·卷十六·慎独格物说》，第 145-146 页。

三篇文字及《荀子·不苟篇》外，《马王堆帛书》与《郭店楚墓竹简》亦有记载，其中《帛书》《竹简》所载的文字雷同。而属非儒学的《文子·精诚》《淮南子·谬称》篇中亦曾出现“慎其独”一辞，然而前两部直至20世纪后半叶才陆续出土，另两部非儒学体系的著作则不见于凌氏文字中有论及，故保守推测，凌氏所知者恐只有《荀子》一部，从《荀卿颂》一文可知凌廷堪对荀子的重视，[①]然于论“慎独”时却只字未提及《不苟篇》的“慎独”，何以如此？

吾人知荀子最重视“礼”，然其论“慎独”是否亦将“独”释为“礼”，值得探究，《不苟篇》云：

> 君子养心莫善于诚，至诚则无它事矣。唯仁之为守，唯义之为行……天不言而人推高焉，地不言而人推厚焉，四时不言而百姓期焉，夫此有常以至其诚者也。君子至德，嘿然而喻，未施而亲，不怒而威。夫此顺命以慎其独者也。不诚则不独，不独则不形。[②]

“诚”者，据王先谦（1842～1917年）引刘台拱（1751～1805年）所论《大学》“诚其意”，《中庸》“至诚无息”[③]，而至诚者能守仁行义，“仁”能化育，使非善者能迁善；“义”能令条理分明，使人不敢欺且不为恶，此谓之“德”。君子能据仁义之德，端正自身的言行，无需宣扬而众人自然晓谕，有如天地四时之自行，不必刻意张显而万物皆知。刘台拱此番文字明显是依循《不苟篇》中的“慎独”论来阐释说明。

《荀子》的“独”者，乃指君子不经由刻意宣扬的“德”，有类似后来宋儒所谓的“天命之性”一般，顺其天命之自然即是，当然此“天命之性”不是自然之性，而是专指道德之性，王先谦注云：“人之所以顺命如此者，由慎其独所致也。”[④]因“慎独”故而“顺命”。换言之，片刻不离开仁义，其得以获得顺命的结果，即因为君子（统治者）能“慎独”，故民众自是顺从其命令，模拟天行四时。无论如何，“慎独”是引领出“顺命”之必要。王先谦又引郝懿行（1757～1825年）语云：

> 独者，人之所不见也。慎者，诚也。诚者，实也。心不笃实，则所谓独者不可见。《劝学篇》云：“无冥冥之志者，无昭昭之明；无惛惛之事者，无赫赫之功，此惟精专沉默，心如槁木死灰而后髣髴遇

---

① 《校礼堂文集·卷十·荀卿颂》，第76-77页。

② 《荀子集解·卷二·不苟篇第三》，第28-29页。

③ 刘台拱曰：“诚者，君子所以成始而成终也。以成始则《大学》诚其意是也，以成终则《中庸》之至诚无息是也。此言养心莫善于诚，即诚意之事，故下文亦言慎独。”见《荀子集解·卷二·不苟篇第三》，第28页。

④ 《荀子集解·卷二·不苟篇第三》，第29页。

焉，口不能言，人亦不能传，故曰独也。”[①]

心笃实，则“独”可以见，然“独者，人之所不见”又是如何？两相对照，岂不矛盾？盖“独”者又意谓“专默精诚”的状态，唯有持守“专默精诚”，方有所谓“昭昭之明，赫赫之功”于后，而“专默精诚”并非是言说传授即可促成的，必须是心的作为，即诚其意是也。

能诚其意，心便笃实，是以“独”之所以可见，乃因其藏之于心，故旁人之所以不能见，自身却可以觉察。引文的“槁木死灰”应非意谓精神困顿萎靡，而是指“精专沉默”的状态，即“冥冥之志”“惛惛之事”云云。心慎而诚，故能精专，此应可通于荀子所谓“虚壹而静”之“壹”，郝懿行云：“壹者，专壹也。转写者乱之，故此作壹，下俱作一。”[②]因此可将“精专沉默”与“虚壹而静”作联结。回到《不苟篇》原文“不独则不形”，则知其所谓“形”应是指处于“专精沉默”的状态，非外显可见的“形象”，也就是郝氏所谓的“形者，非形于外也（杨注误）形即形此独也”[③]。由上可知，郝氏解释《不苟篇》之“独”义，所侧重者于“德”此一层次，也因此“慎独”即是诚其内心之德。

上文提及，凌廷堪论“慎独”为“若有威仪临乎其侧”，其释“慎”之意，乃近于戒慎恐惧，然郝懿行与王念孙（1744～1832年）对“慎”字的解释则不同于凌氏。郝氏云：

> 慎当训诚。据《释诂》云：“慎，诚也。”非慎训谨之谓。《中庸》慎独与此义别。

“慎”有古今二义，其一是训为“诚”义；其二是训为“谨”义。前者为古义，后者为新义。郝氏认为杨倞于《不苟篇》所注的“慎”字解有误，应据《释诂》来释“慎”，即以古义之训为是。而《中庸》之“慎”义则为新义，是以郝懿行认为“慎”独之义可分为二种，而王念孙却云：

> 《中庸》之慎独，慎字亦当训为诚，……是慎其独即诚其独也。慎独之为诚独，郑于《礼器》已释之，故《中庸》、《大学》注皆不复释。……凡经典中慎字与谨同义者多，与诚同义者少，训谨、训诚原无古今之异。唯慎独之慎当训诚，……《礼器》、《中庸》、《大学》、《荀子》之慎独，其义一而已矣。[④]

① 刘台拱曰：“诚者，君子所以成始而成终也。以成始则《大学》诚其意是也，以成终则《中庸》之至诚无息是也。此言养心莫善于诚，即诚意之事，故下文亦言慎独。”见《荀子集解·卷二·不苟篇第三》，第28页。

② 《荀子集解·卷十五·解蔽篇第二十一》，第263-264页。

③ 《荀子集解·卷二·不苟篇第三》，第29页。

④ 两则引文皆同前注。

《中庸》之“慎”字与《礼器》《大学》乃至于《荀子》，其意义应属相同。王氏认为包含上述所列经典在内的“慎”字，原应是训为“谨”意较多，唯“慎独”之“慎”须训为“诚”义，不可释之为“谨”。足见王氏与郝氏不仅对于“慎独”之“慎”与凌廷堪不同外，二者于“慎”字上亦有明显分歧。若依《不苟篇》之另一“慎”字解，其云：“公生明，偏生暗；端悫生通，诈伪生塞，……君子慎之。”[①]则似训为“谨”义较训为“诚”义为妥。然而无论郝氏、王氏所论的内容何者为是，由《不苟篇》中得知，杨倞抑或郝、王二儒诠释的“慎独”说，均未与“礼”有密切关系，由此或许可解释凌廷堪于《格物慎独》中，对于《不苟篇》片字未提的因由。

四、凌廷勘“慎独”说之拓展与局限

关于凌氏的“慎独”论述于当时抑或乾嘉以降，似未受到多数儒者的关注，迥异于其钻研“礼”学并贵为“一代礼宗”的享誉，即便是同为扬州学者的王念孙，其于相关文字中亦无提及凌氏所论的“慎独”内容。由今日的研究者的角度来看，凌氏将“慎独”与“礼”学思想合并，虽说有其特出之处，但不可否认亦有其局限性。

由本文中所列举的《礼记》三篇与《荀子・不苟篇》所涉及“慎独”的论述进行分析，至少可分为二个层次来审视：

其一，“慎独”之旨指向内在的心性层次，故“独处”与否应非此命题的核心价值。首先，“独”可视为内心精微之“德”，此诠释不仅可通于《礼器》，亦可通于《中庸》，此两篇文章之文意皆指涉一极其隐微之对象，且因其隐微之故，是以“慎独”之意即有谨慎、珍视于此一难见、微显之“德”。其次，“独”亦可释为单一、专一之“意”，如《大学》中“诚其意，毋自欺也”的文字则可说明此一诠释，其言“慎独”者即是“诚意”，即专一致于此“意”，如“诚其意者，毋自欺也，如恶恶臭，如好好色”[②]，抑或是“致诚无它事矣，唯仁之为守，唯义之为行”，在在显示出“意”具足了专志不二的含义。

“慎独”在上述的层次中，被主张“心即理”的学者藉以阐发，“慎独”被视为“良知”的自我觉识，是心的自我主宰，因此“慎独”乃是纯粹内化的意识，再延伸到外在的体现。事实上，《不苟篇》的“慎独”论亦呈现出此一趋向，虽荀子主张“性恶”论，然从其论“化性起伪”到“虚壹而静”可知，荀子相信人经由教育后，性乃可以化为善，化性后便可养心，便可至诚。再看

① 《荀子集解・卷二・不苟篇第三》，第31页。
② 《礼记训纂・卷四十二・大学》，第866页。

《郭店楚简·五行》中一段记载“慎独”的文字：

> 能为一，然后能为君子，慎其独也。……能差池其羽，然后能致哀，君子慎其独也。[①]

此《五行》篇内容的要旨言“仁、义、礼、智、圣”应内化而成为“德”，方可成为君子，是以从《楚简》的“慎独”意涵乃可推测得出，其应与《不苟篇》的“慎独”有互通之处，而引文中的“一”应也能和“至诚”互相呼应。由上述可知，“慎独”的内化、自主论是相当明确的。

另一层次则是外在规范的论述。此一规范并非是具体性的，而是隐性形态的社群性约束。《大学》中“小人闲居为不善”至“十目所视，十手所指，其严乎！”此段文字显然是以外在的视角言“慎独”，此“独”即是“独处、闲居”之意。君子于独处之际，会设想他者的眼光正在关注着，因此格外谨慎，此即曾子所言的“十目所视，十手所指”，人置身于如此虚拟的严峻处境中，如何能不戒慎？如何能为不善？因此在独处中，在旁人无所见中，君子仍要秉持如有旁人一般，不得轻忽放肆。

《大学》云：“人之视己，如见其肺肝然。”该句可说明君子为何如此戒慎恐惧，“君子”可以是统治阶级，另外亦是具有德性的典范人物，无论如何，两者皆为众人注目的对象，如《论语·子张》云：“君子之过也，如日月之食焉：过也，人皆见之。”[②]可作为脚注，君子有德，人人尽见之；君子无德，人尽见之。因此，他者的目光成为此一层次的“慎独”基石，即便处于无人所见之地亦是如此。《中庸》郑注：“慎独者，慎其闲居之所为。”朱熹注云：“独者，人所不知而己所独知之地。”《文子·精诚》云：“君子之憯怛非正为也，……亦察其所行，圣人不惭于影，君子慎其独也。”[③]与《淮南子·谬称》中：“夫察所夜行，周公惭乎景，故君子慎其独也。”[④]以上引文所指涉的解释方向，均属于外在性质的“慎独”说，是以“慎独”说的另一层次便来自于外在规范。

而重要的是，这两层次“慎独”应是俱存而不能偏废其一的，无论其内在层次抑或外在层次，均有适合对应的对象，实不能专注于一侧来诠释“慎独”之义。儒者如侧重于其中之一来阐释，则亦表示忽略了另一层次的存在。

虽然凌廷堪企图将“礼”联系于人“性”的根本上，然由其撰写的《复礼》三篇内容可知“礼”的经验性实不可能忽视或消除，毕竟凌氏反对理学将先验

① 《郭店楚墓竹简·五行释文》，荆门博物馆编：《郭店楚墓竹简》，北京：文物出版社，1998年，第149页。
② 《四书章句集注·论语集注卷十》，第192页。
③ 中国哲学电子化计划：http://ctext.org/library.pl?if=gb&file=70492&page=46。版本为《乾隆御览四库全书荟要·文子·卷上·卷上》，第19下页。
④ 中国哲学电子化计划：http://ctext.org/huainanzi/mou-cheng-xun/zh。

性的“理”作为最高统摄，如其对“中节”说云：“其中节也，非自能中节也，必有礼以节之。”[①]又云：“三代盛王之时，上以礼为教，下以礼为学也。”[②]“性”中本有的喜怒哀乐等情与欲，因此需加以节制以致中和，凌氏承认“性”无法自我节制，必据“礼”才得以节制。

又，“礼”既需要被教导、需要外学，则意谓其乃人为之事物，是以有“制礼”之称。换言之，“礼”非“性”本身所俱足，因此凌氏欲将“礼”提升至与“道”同一层次，恐不能尽符合儒学的义理核心。《中庸》云：“亲亲之杀，尊贤之等，礼所生也。”[③]先有亲亲之别，有尊贤之行，“礼”才能据其所存在。凌氏亦云：“义因仁而后生，礼因义而后生。”[④]可知“礼”的存在，实因有“义”，“义”则因“仁”而生，是以“性”中所本有者应属“仁”较为贴近，“仁”则源自于“亲亲之情”，有此“情”方有等差，有亲疏，并逐渐推广出长幼尊卑、男女有别的社群秩序，此是为“礼”。

当然，吾人明白凌氏高举“礼”学之企图，乃是要从“礼”的义理层次来彰显其地位，令“礼”有内外兼通之高度，然而从“慎独”内涵的论述中便可证得“仁”“义”“礼”三者的关系，实是有其顺序：以“仁”为本，次以“义”为方向，最末是以“礼”作为实践，是以与“礼”直接连结者应属“义”，如凌氏引《礼运》篇云：“礼也者，义之实也。……则礼虽先王未之有，可以义起。”[⑤]“义”有若方向，“礼”则是实践方向的具体步骤。

又，凌氏另一篇《论语礼后说》的内容亦可证“礼”乃是后功之所致。凌氏举何晏（？～249年）《论语集解》中引郑注：“凡绘画，先布众色，然后以素分布其间，以成其文。”以及引《考工记》云：“凡画缋之事，后素功。”[⑥]即指明“礼”恐非作为“本质”，而是列于“仁”“义”之后，再学“礼”、行“礼”以达内外绾合之效。其云：

> 故《曲礼》曰“道德仁义，非礼不成”也。然则五性必待礼而后有节，犹之五色必待素而后成文，故曰“礼后乎”。[⑦]

“仁”“义”需有“礼”才得以显现人性的完整度，犹如画布上众色具备后施以白色线条，令其色块分明而更显清晰与完整。换言之，学“礼”而后行“礼”之目的，乃是要人能实践出群体伦常的次序。总的来说，从《慎独格物说》到《论语

① 《校礼堂文集·卷四·复礼上》，第27页。
② 《校礼堂文集·卷四·复礼上》，第28页。
③ 《礼记训纂·卷三十一·中庸》，第775页。
④ 《校礼堂文集·卷四·复礼中》，第29页。
⑤ 《校礼堂文集·卷四·复礼中》，第29页。
⑥ 两则引文皆见《校礼堂文集·卷十六·论语礼后说》，第146页。
⑦ 两则引文皆见《校礼堂文集·卷十六·论语礼后说》，第146页。

礼后说》可知凌廷堪的“礼”论，是内与“诚意”相通，外则维护伦常，亦即是统摄儒学义理的“道”。凌氏此一脉络，在宋明儒者理学昌明的历程后提出，实已显示出其问题，无怪乎钱穆（1895～1990年）批评云：“以复礼为说，笼天下万世之学术，必使出于我一途，夫岂可得？”[①]即点出凌廷堪“礼”学的不完备之处。

回到《慎独格物》的内容来看亦有此一问题，凌氏所云：“若有威仪临乎其侧，虽不见礼，如或见之。”此论述应可归纳到“慎独”的外在层次中。然而很明显的，凌廷堪的观念中缺乏“慎独”论述里也应具有的自我主宰的内在层次。“威仪临乎其侧”虽足以令人戒慎恐惧，但只能被研究者归属于凌氏的个人诠解，即便是《礼器》篇提及“礼之以少为贵”，但其主旨并非指涉“礼”，也不是“威仪”本身，“礼”反而是属于较为次要的外在显现。是以凌氏的“慎独”“格物”与“礼”作结合，将“慎独”狭义化，忽略了“慎独”在先秦文本上的多样义。

但纯粹就外在层次而言，凌氏“慎独”说亦有其拓展意义，即摆脱了宋明儒者过于强调“道德先验”的范畴，尤其是陆王体系，陆王体系虽巩固了“慎独”说的自我主宰积极性，但却又忽略其外在规范的价值。凌氏将“礼”与“慎独”并置，等同强化了“慎独”的外在规范，无论是否恰当，然此一企图是清楚的。换言之，于某一程度上“慎独”的现实性、社会性被凌廷堪彰显出来了。事实上，清儒的学术取向，有很大的一项特点，即在于：他们所关注的学术内容，已经由个体的心性范畴转向群体社会，亦可说是由个人道德学转向社会伦理学，从清初顾炎武（1613～1682年）到清中叶的戴震（1724～1777年）、章学诚（1738～1801年）等皆是，若由此一趋势来看，凌廷堪的“慎独”说仍有其根源。

结　语

凌廷堪“慎独”说是建立在以“礼”学为主体的思想上，虽是欲将“礼”作为统摄儒学的主体，然从其“礼”学思想观之，此一论述并未臻至完满，而其所为人称颂者，在于《礼经释例》——《仪礼》注的完成，是以凌氏对于礼仪的掌握程度毋庸置疑是相当突出。由凌氏治学取向与成就来看，其诠释“慎独”确实偏重于外缘化，在本文中业已提出“慎独”说应可分析出内外两条脉络，故历来儒者单就于其中之一的偏重抑或忽视，均是不够完备的，主因在于“慎独”在出处上本就不是单一文本，而是散见于先秦至西汉间完成的文献，

① 钱穆：《中国近三百年学术史·凌次仲》下册，钱穆：《中国近三百年学术史》，台北：台湾商务印书馆，1995年，第498页。

且其义亦不只是单一项可以涵盖的。

虽是如此，凌氏的“慎独”说仍是有其时代性的价值。概略而论，凌氏以“有若威仪临乎于侧”为“慎独”作注解——君子于独处之际，倘若能以参与隆重典礼的态度以对，自然会有恭谨戒慎的言行，不敢稍微怠慢——并不需要全然忽视甚至否定。只是这样的论述过于凭借以外在规范来约束人之行为，相较于前儒，汉代或宋明，诸人之“慎独”说犹能扣住其中之一项文本原意而进行阐释，无论是内在抑或外在层次，如郑、孔等注的“慎独”，所强调者在于君子隐微闲居时，要保有“人之视己”的警觉，此与凌氏提升至“威仪”在侧的程度仍是有所区隔。

凌氏的论述仍属外在层次，且在审视其论述时，需将其思想放置于经学的脉络底下来看待，这便意味着凌廷堪的“慎独”思想必须与宋明理学脱钩，实际上其自身的确是基于这样的立场进行论述，除了上述之外，亦得将清代重新重视“礼”学及清儒治学转向“社会伦理学”的趋势一并考虑进去，如此应可显示出凌廷堪“慎独”说在干嘉时期所具有的时代意义。

参考文献

[1] 陈居渊：《凌廷堪“慎独格物说”的礼学诠释》，《复旦学报》（社会科学版）2009 年第 2 期，第 80-85 页。

[2] 戴琏璋、吴光编：《刘宗周全集》，台北：“中央研究院”中国文哲所，1997 年。

[3] 岛田哲男着、张季琳译：《慎独思想》，《中国文哲研究通讯》十三卷第二期（台北：“中央研究院”中国文哲所，2003 年 6 月），第 191-207 页。

[4] 荆门博物馆编：《郭店楚墓竹简》，北京：文物出版社，1998 年。

[5] 凌廷堪：《校礼堂文集》，北京：中华书局，2006 年。

[6] 刘安：《淮南子》，台北：中国子学名著集成编印基金会，1978 年。

[7] 钱穆：《中国近三百年学术史》，台北：台湾商务印书馆，1995 年。

[8] 辛钘：《文子》，《景印文渊阁四库全书 • 1058》，台北：台湾商务印书馆，1983 年。

[9] 杨倞注，王先谦集解：《荀子集解》，台北：华正书局，2003 年。

[10] 叶绍钧点注：《传习录》，台北：台湾商务印书馆，1994 年。

[11] 佚名：《儒家慎独说的解读》，《中国文哲研究集刊》第二十三期，2003 年 9 月，第 211-234 页。

[12] 郑玄注、孔颖达等疏：《礼记注疏》，《景印文渊阁四库全书 • 经部 109 • 礼类》，台北：台湾商务印书馆，1983 年。

[13] 中国哲学书电子化计划，http://ctext.org/zh。

[14] 朱彬：《礼记训纂》，北京：中华书局，2007 年。

[15] 朱熹：《四书章句集注》，北京：中华书局，2008 年。

楚国铜器研读札记——繁鼎之相关问题

何树环*

摘　要　春秋时楚国铜器中有一种形制为子母口（或称箍口、凸棱子母口）、附耳、深腹、圜底的鼎，学界对这种形制的鼎有一种较为普遍性的看法：依其自名，称之为“繁”[字或作 䌓(緐)、鼎繁，以下统一作矶“繁”]，并认为“繁”或“繁鼎”是此形制之鼎的专名。至于后来楚器称名中的“鐈”，是与之同类型的鼎，只是足部变得较为细长，而“沰沱”（字或作礄鼧、石沱、礄沱）则为“繁”这类器物之异名。另一种较少被称引的看法则认为，“繁”或“繁鼎”未必是此型鼎之专称。今细究春秋铜器称名、形制之情况，上述通说中关于鼎之形制与称名的对应，实未为允当；而不以之为某型式的鼎的专有名称，又语焉不详，应补充与强化之处尚多。兹就个人所见书为札记，以就教于方家。

关键词　东周，铜器，楚国，繁鼎

一、习称之“繁鼎”与其形体对应关系检讨

最早对楚国铜器进行类型分析研究的，可以《东周楚式鼎形态分析》一文为代表（以下简称《分析》）[①]，文中将楚国铜鼎分为A、B、C（CⅠ、CⅡ）、D、E、F六种类型，其中D为束腰平底鼎，即一般习称的升（鼎升）鼎；E为“小口鼎”；F为扁斜足鼎。后三类鼎与本文所欲讨论的楚国子母口鼎无关，该文之CⅠ型即为本文讨论的主体。B型有与之相似之处，需先稍加辨明。至于仅见于战国，但腹部较浅，与CⅠ型深腹有明显区别的CⅡ型，

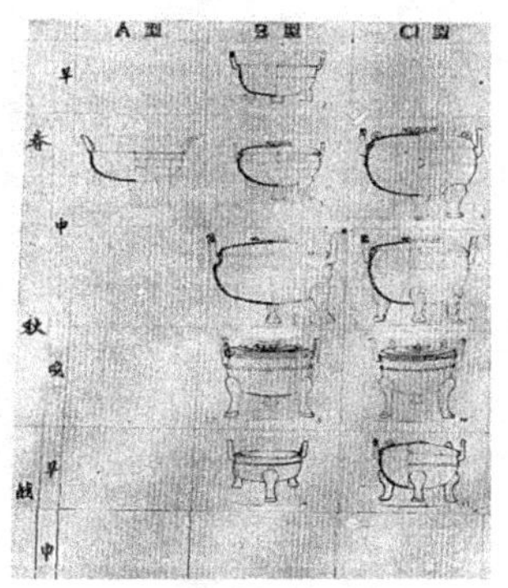

图1

* 台湾“中山大学”文学院中国文学系。

① 高崇文：《东周楚式鼎形态分析》，《江汉考古》1983年第1期，第1-15页，50页。

则暂不列入。B及CⅠ的类型与时代见于图1（需时代栏，故连及A型）。

B及CⅠ两种类型的形制差异于图1之中可清楚显示，唯春秋晚期的部分需加以辨明。B型与CⅠ型在春秋晚期的形体十分相近，其主要区别不在于腹部的宽窄，而是口沿的不同。《分析》一文谓B型（该文中之B_3式）：

> 窄折沿，略抑折，束颈，深腹，腹壁较直，腹两侧有一对纽，圜底，高足，有盖，盖中为环状握手。

文中之C型为“子母口盖鼎”，文中谓CⅠ型云（春秋晚期为该文$CⅠ_3$式）：

> 腹壁上部较直，下部斜收成小圜底，足高且外撇，盖中或为环状握手，或为铺首环，周立三纽。

这两种类型器物的外观极为相近，同样是深腹、圜底、高足、有盖、盖有环状握手，其主要区别在口沿，但因器盖遮蔽的缘故，于图像中遂较不明显。B型是折沿，CⅠ型为子母口，故外观上前者于器盖可见用以固定器盖，避免晃动、掉落，突出的小榫头；后者为子母口盖，口沿已有立缘，可固定鼎盖，则不需要小榫头。这样的小榫头，有时只是一块小铜片，有时则会予以装饰。图1B型是春秋晚期的器物，于靠近两附耳的口沿部位的两个小黑点，即为小铜片式的固定用卡榫，图2（c）于相同部位可看得更为清楚。图3（n）口沿右侧亦为相同之物。至于予以装饰的情况，图2（a）、2（b），中间口沿的小兽头，实即为相同作用的榫头。

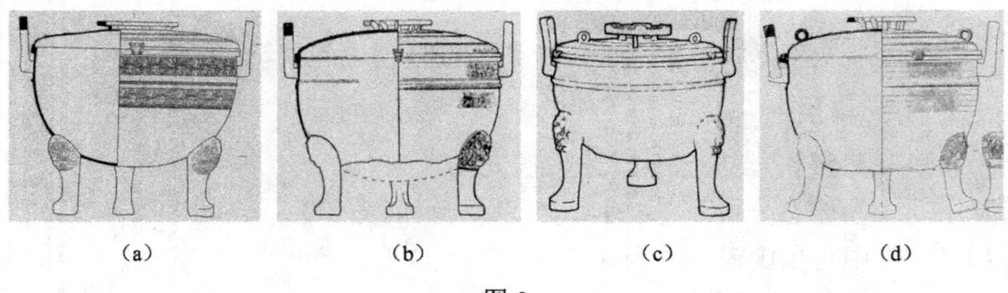

（a）　（b）　（c）　（d）

图2

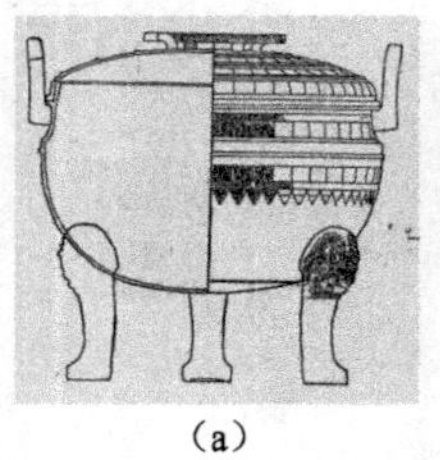

（a）

（b）

（c）

（d）

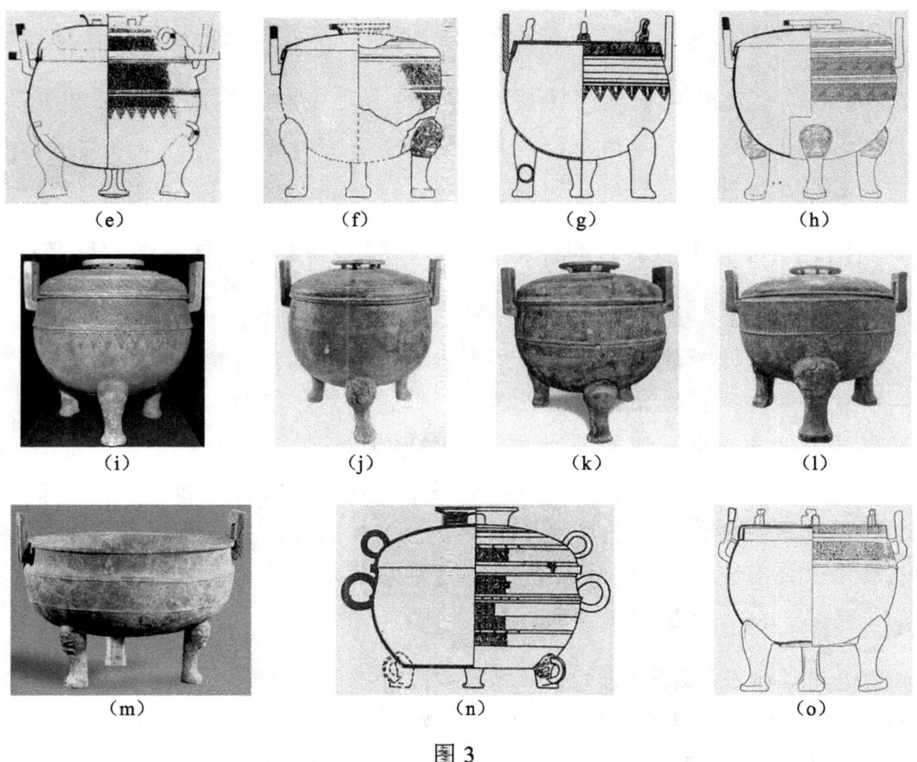

图 3

形制既明，乃续将名称与形制结合起来。将此类型的鼎与其称名结合起来，较通行的看法可举刘彬徽之文以为代表。刘氏首先对于前举《分析》一文中CⅠ与CⅡ的区别提出异议，认为CⅡ应独立为一个类型，可称之为子口鼎，而将CⅠ“子母口鼎”改称为“箍口鼎”，并以繁鼎为此类型鼎之名称，谓：

> 其依据有二：1，承盖方法不同，口沿壁与腹壁成一直线，而近口沿处的外壁凸起一周箍带（或叫凸棱），以便承盖，这种承盖方式既与上述折沿鼎不同，也与下面将要论述的子口内折的鼎不同。2，有自名，从现有材料看，在春秋中期自名为“繁鼎”，春秋晚期至战国期则自名为“鐈鼎”。因此，此类鼎若据自名可称繁鼎或鐈鼎；若以形态定名，可简称为箍口鼎。……四期有铭文者如邓子午鼎，器名“飤鐈”。这是年代最早的自名“鐈”的鼎，自此以后这类鼎可称鐈鼎。《说文》：“鐈，似鼎而长足。”此鼎的足确较长，且稍外撇。……与本期年代相当的这类鼎有的还有异名，如襄阳出土的一件鼎铭：邓尹疾之沰盗；上海博物馆藏一件裹鼎，名作“碿鼍”，应属楚系铜鼎。①

① 刘彬徽：《楚系青铜器研究》，武汉：湖北教育出版社，1995年，第115页。

将繁鼎视为此类型鼎之名称，与此相近的看法，刘氏前有李零之说，云：

> 𪓹，也是春秋中晚期深腹带盖鼎的一种别称，它前面往往加有“飤”字，称为“飤𪓹”，“飤”是表示功用的修饰字，不是器名，器名自身应叫做“𪓹”。①

刘氏之后亦有类似者，同样将“繁鼎”视为与器物形体有关的称名：

> 由于鼎兼有实用与礼制的功能，进入春秋战国后，从外形上就开始出现区别。就楚鼎而言，不仅外形有别，而且从自身铭文和楚简记录中就有多种称谓。如升鼎、于鼎、汤鼎、馈鼎、繁鼎、匜鼎、乔鼎、贯耳鼎、石沱等。从这些古文字的结构看，它们大多带有表义符的“鼎”，可见它们仍都是鼎属。这些名称都是楚人自己的称谓，其之所以有这些名称，除了反映了在外形上的差别外，更主要的是它们在功用上还有不同。……至于乔鼎、繁鼎、贯耳鼎和石沱只是以其外形而得名，属于典型的楚式鼎。②

以上可见对于“繁鼎”而言，学界中有较为一致性的看法，都认为此一称名是与形体特征有关的。另外尚有学者认为，“繁鼎”未必是此形制之鼎的专称。朱凤瀚依铜鼎耳部形制分春秋楚国铜鼎为甲、乙、丙三类，于乙类（附耳）Ab 型云：

> 1974 年当阳赵家湖慈化乡电一村楚墓出土的同型鼎在铭文中自名为“飤繁”。③

于乙类（附耳）Ba①型云：

> 在淅川下寺 M8 中出土的此型鼎于铭文中自称为“繁鼎”，下寺 M2 所出此形鼎自称为“飤繁”，繁虽是鼎名，但未必是此型鼎之专称，以上 Ab 型鼎亦有称繁鼎的，上文已言及。④

赵平安认同朱氏不以“繁鼎”为某一形制的鼎的专名之说，并谓：“只能看作鼎的笼统的自名。”⑤然前引注 4 之文的年代尚在朱氏与赵氏之后，可见视“繁鼎”为与形体特征有关的称名，仍有其影响力。

按，就目前所见自名为“繁”的器物而言，要将此称名视为某种形制的鼎的专

① 李零：《楚国铜器类说》，《江汉考古》1987 年第 4 期，第 70 页。
② 黄凤春、黄婧：《楚器名物研究》，武汉：湖北教育出版社，2012 年，第 96-97 页。
③ 朱凤瀚：《古代中国青铜器》，天津：南开大学出版社，1995 年，第 900 页；朱凤瀚：《中国青铜器综论》，上海：上海古籍出版社，2009 年，第 1773 页。
④ 朱凤瀚：《古代中国青铜器》，第 900-901 页；朱凤瀚：《中国青铜器综论》，第 1773-1774 页。
⑤ 赵平安：《从语源学的角度看东周时期鼎的一类别名》，《考古》2008 年第 12 期，第 67 页。

有名称，恐怕并不是很恰当的。兹先将铭文中自名为“緐”的器物，整理为表1，并将各器物的形体列于图3，以便于说明。

表1

著录	时代	国别	称名	图次	著录	时代	国别	称名	图次
2231	春晚	楚	飤緐	3（a）	2573	春早？	邓/楚	飤緐	3（b）
2606	春晚	曾/楚	飤緐	3（c）	2715	春中	徐	飤緐	3（m）
2722	春晚	苏	飤緐	3（d）	2239	春秋	—	飤緐	—
2279	春秋	—	食緐	—	2607	春晚	—	飤緐	—
2738	春晚	蔡/楚	飤緐	—	—	—	—	—	—
新收	—	—	—	—	—	—	—	—	—
406	春中	楚	緐鼎	3（e）	451	春晚	楚	飤緐	3（f）
1235	春中	/楚	緐鼎	3（n）	1399	春中晚	—	緐鼎	3（g）
—	春晚	楚	行緐[①]	3（h）	—	春中	楚	飤緐[②]	3（i）
—	春早中	/楚	飤緐鼎[③]	3（o）	—	春晚	养/楚	飤緐[④]	3（j）
—	春早？	邓/楚	飤緐[⑤]	3（k）	—	春晚	—	飤緐[⑥]	3（l）
—	春晚	曾/楚	飤緐[⑦]	—	—	春中晚	楚	飤緐[⑧]	—

先对表1的排列方式稍作说明。“著录”栏依《集成》顺序，横排。《新收》为《新收殷周青铜器铭文暨器影汇编》，依序号横排。此栏空白者为2006年之后始见之器物。“时代”栏，《集成》依《集成》修订增补本，《新收》依书中所列，新出器各依考古报告或其著录。“国别”栏中依铜器铭文标示，若虽为蔡国之器，但当时已明确受楚文化强烈影响，则于国别之后标“/楚”。“图次”栏空白者，为未见其器形。未见其器形者，居于该类著录之末。

透过对表1所见各器的初步理解，可知学界之所以会将前举第一种看法视为通说的大致原因。首先是《集成》2231，此器即前引朱凤瀚之文分为Ab型，出土于当阳赵家湖的器物，据下所列图3，实与一般归为“緐鼎”（图3（a）～（l））者，在形制上相差无几。反倒是朱氏将此类圜底鼎与下寺M3：

① 彭子射鼎，南阳市文物考古研究所：《河南南阳春秋楚彭射墓发掘简报》，《文物》2011年第3期，第4-31页。

② 随仲奶加鼎，曹锦炎：《曾随二国的证据——论新发现的随仲奶加鼎》，《江汉考古》2011年第4期，第67-70页。

③ □子諆余鼎，襄阳市文物考古研究所：《湖北襄阳沈岗墓地M1022发掘报告》，《文物》2013年第7期，第4-19页。

④ 养子曰鼎，林丽霞、王凤剑：《南阳市近年出土的四件春秋有铭铜器》，《中原文物》2006年第5期，第8-9页，90页。

⑤ 邓叔姬鼎，吴镇烽主编：《商周青铜器铭文暨图像集成》，上海：上海古籍出版社，2012年，第2358页。

⑥ 𨟻子书厷鼎，吴镇烽主编：《商周青铜器铭文暨图像集成》，第2349页。

⑦ 曾仲𡡉鼎，吴镇烽主编：《商周青铜器铭文暨图像集成》，第2254页。

⑧ 王子启疆鼎，刘彬徽、刘长武编著：《楚系金文汇编》，武汉：湖北教育出版社，2009年，第124页。

10 的平底鼎据鼎耳形制归为一类，[①]颇有可议。再者《集成》2573 之《邓公乘鼎》，学界对此器的时代稍有异议。最初被认为是春秋早期，乃楚国灭邓之前的器物（公元前 678 年，鲁庄公十六年，楚文王十二年）。[②]另一种意见认为是在楚灭邓前后；[③]还有学者以器物的形制为主要考虑，认为该鼎为典型的楚式鼎，乃楚灭邓之后的器物。[④]并有学者据此器“邓”字与邓国明确未被灭之前的写法有异（加“邑”旁），判断为灭邓后，邓为楚县时之器物。[⑤]按，将字形与器物的形制结合起来，视为楚灭邓之后的器物，应是较为合理的。故表 1 于“国别”栏标“邓/楚”。《图像集成》新公布的《邓叔姬鼎》（详注 12），书中将时代定为春秋早期，应是受了《邓公乘鼎》旧说的影响，从铭文邓字的写法已加“邑”旁来看，亦应属楚灭邓之后的器物，时代应在春秋中晚期。《集成》2606《曾孙无𩵦鼎》，张昌平归属为曾国铜器，[⑥]其既为春秋晚期曾国器物，受楚文化强烈影响自不待言。《集成》2738《蔡大师鼎》与新见的《曾仲𡃮鼎》（详注 14）情况与之相类。另外，2006 年公布的《养子曰鼎》，“养”于铭文中或作羕、鄴、瀁，养国在春秋中期灭于楚，[⑦]此器之器形已属春秋晚期器，亦与前述邓国器相类。《新收》1235 出土于湖北襄阳，考古报告并就其形制视为楚文化的典型器物。[⑧]至于自名为“飤繁鼎”的“□子諆余鼎”（详注 10）亦出土于湖北襄阳，为沈岗墓地 M1022 出土之鼎，同墓出土的青铜器尚有簠、浴缶、盘、匜等。考古报告指出该墓具有鲜明的楚文化特点云：“鼎、簠、浴缶、盘、匜为楚系铜器在第二、三期的基本组合。……综上，我们认为墓主人身份应为楚国下大夫阶层。”[⑨]此二器虽难以就铭文得知其国别，但确为楚文化之产物无疑。是表 1 之中，就“国别”一栏观之，除了少数难以确知，以及《集成》2715《庚儿鼎》、新见之《陬子书厷鼎》（详注 13）之外，绝大多数自名为“繁鼎”（或称名中有“繁”）者，都为春秋楚国或受楚文化影响的国家

① 器形见河南省文物研究所、河南省丹江库区考古发掘队、淅川县博物馆：《淅川下寺春秋楚墓》，北京：文物出版社，1991 年，第 217 页，图二. 4。

② 杨权喜：《襄阳山湾出土的若国和邓国铜器》，《江汉考古》1983 年第 1 期，第 51-53 页。《商周青铜器铭文暨图像集成》增补本之年代当即据此。又，以《邓公乘鼎》为春秋早期器物之说法，尚可见于陈振裕、杨权喜：《襄阳山湾五座楚墓的年代及其相关问题》，《江汉考古》1983 年第 1 期，第 19-24 页，71 页。

③ 河南省博物馆：《河南淅川下寺一号墓发掘简报》，《考古》1981 年第 1 期，第 119-127 页，198-200 页。

④ 湖北省博物馆：《襄阳山湾东周墓葬发掘报告》，《江汉考古》1983 年第 2 期，第 1-27 页。第 26 页谓：“M15 出土的 A 型 I 式的铜鼎，与同一墓地采集的《邓公乘鼎》（应为墓葬随葬品）较为相似，而《邓公乘鼎》应在楚灭邓（公元前 678 年）前后所作，……。”

⑤ 邹芙都：《楚系铭文综合研究》，成都：巴蜀书社，2007 年，第 100 页。

⑥ 张昌平：《曾国青铜器研究》，北京：文物出版社，2009 年，第 394 页。

⑦ 黄盛璋：《鄴器与鄴国地望及与楚之关系考辨》，《江汉考古》1988 年第 1 期，第 49-51 页；何浩：《羕器、养国与楚国养县》，《江汉考古》1989 年第 2 期，第 63-66 页，第 71 页；董金生、张晓军：《从金文羕、永看古代养国》，《中原文物》1996 年第 3 期；刘信芳：《楚系简帛释例》，合肥：安徽大学出版社，2011 年，第 98-99 页。

⑧ 张昌平：《襄阳县新发现一件铜盏》，《江汉考古》1993 年第 3 期，第 42-43 页。

⑨ 襄阳市文物考古研究所：《湖北襄阳沈岗墓地 M1022 发掘简报》，《文物》2013 年第 3 期，第 18-19 页。

的器物。正因为如此，特别是图 3（a）～3（l）所见器物形制的高度雷同，确实易使人认为“繁鼎”即楚国此类型铜鼎之专有名称。

然而据图 3（m）～3（o），却说明了将“繁鼎”与楚国此类型的铜鼎直接等同起来，是不妥当的。图 3（m）是《庚儿鼎》，其铭文见于《集成》2715：“唯正月初吉丁亥，徐王之子庚儿自作飤繁，用征用行，用龢用鬻，眉寿无疆。”此器乃徐国之器物，出土于山西，今藏山西省博物馆。徐国之器流入山西，或谓是春秋晚期之事。[①]此器物之形制与图 3（a）～3（l）完全不类，但却仍与上述楚器相同，自名为“飤繁”。此不免令人对春秋时“繁鼎”即指形制为图 3（a）～3（l）之器物的说法感到怀疑。

退一步来说，若以为此非楚国器物，虽用“飤繁”之名，但形制仍可保有地方自主性之特点；又或者徐国受楚国之影响，[②]故虽用楚器之称名，但不必然形制亦同。不论是这两种可能中的哪一种，都可无妨于“繁鼎”为楚器，其形制即图 3（a）～3（l）之说。

但图 3（n）、3（o）就显然不能以此解释。图 3（n）为《新收》1235，前文已阐明其为楚文化典型器物无疑，且其时代为春秋中期，于表 1 所见自名为“繁鼎”之诸器物中，算是时代较早的。此器自名为“繁鼎”，而形制与图 3（a）～3（l）之“繁鼎”相比，不仅口沿有榫头，可知当非子母口之形制，且其相差之距，甚至可说是不同的器种（学者或以“盏”为此类器物之名）。[③]然其时代相较于图 3（a）～3（l）之“繁鼎”，却是处于此一称名初出现之时。这样看来，欲将“繁鼎”视为楚国有意对图 3（a）～3（l）这种形制的鼎的专有称名，显然是有困难的。至于图 3（o），更可为旧有通说之误的确证。此器为 2013 年新公布之器物，上文亦已明确其为楚文化之器物。此器形制为子母口，器盖平，同于图 3（g），但器腹为平底而非圜底，这就很难将其与图 3（a）～3（l）所见圜底鼎视为同类型之器物（平底这一点倒是与图 3（n）相同）。而楚国这类型深腹平底的鼎，尚可见于河南淅川下寺 M3：10（图 2（d）），考古报告称这类器物为“鼾鼎”[④]。图 3（o）这件鼎为子母口，这点同于图 3（a）～3（l）；然而器腹平底，则同于图 2（d）自名为“鼾鼎”者，然该器之自名却为“繁

① 张颔云：“以上曾考定庚儿鼎与沇儿钟、王孙遗者钟为同时之器，它们可能作于鲁襄公（公元前 572～前 542 年）时，正当晋悼公、平公之际。此时期，吴季札、郑子产和齐晏婴都到过晋国。庚儿鼎之入晋，或在这个时期。”见氏著：《庚儿鼎解》《考古》1963 年第 5 期。今据《张颔学术文集》，北京：中华书局，1995 年，第 12 页。

② 自春秋中期，即可见楚国伐徐之记载。《左传·僖公十五年》：“春，楚人伐徐。”至春秋晚期，楚伐徐之记载就更多，最后徐为吴所灭，徐二公子奔楚。见《左传·昭公四年》《昭公六年》《昭公十二年》《昭公三十年》。

③ 此器之出土报告即以“盏”名之。见张昌平：《襄阳县新发现一件铜盏》，《江汉考古》1993 年第 3 期，第 42-43 页。

④ 河南省文物研究所、河南省丹江库区考古发掘队、淅川县博物馆：《淅川下寺春秋楚墓》，第 216 页。又，“鼾鼎”亦不应视为此类型鼎的专名。

鼎”。据此，同为楚国春秋中期之器物（依报告所述，图 3（o）可能可早至早期后段），此器之形制确然与图 3（a）～3（l）深腹圜底者不同，然却仍以“繁鼎”为其自名，此正可作为“繁鼎”非楚国中期以来子母口、深腹、圜底鼎之特有名称的确证。

二、对“繁鼎”形制演变及后来称名之检讨

将器物形制与图 3（a）～3（l）相同类型的鼎放在一起，观察其形制与称名，不但可知“繁鼎”不应该会是此一形制的鼎所专用、独特的名称，且对于前文引述此类鼎后来演变为“鐈鼎”，以及“石沱”为其别称异名的说法，皆可有较清楚明确的认识。

先将相关材料整理为表 2，表 2 排列的方式与原则同表 1。各器之器形可见于图 4。

表 2

著录	时代	国别	称名	图次	著录	时代	国别	称名	图次
2085	春中晚？	邓	飤鼎	4（a）	2234	春晚	邓/楚	石盜[①]	4（d）
2286	春晚	邓/楚	飤鐈[②]	4（g）	2624	春晚	樊/楚	石沱	4（i）
2668	春秋	钟	石沱	4（h）	—	—	—	—	—
新收	—	—	—	—	—	—	—	—	—
1197	春晚	楚	石沱	4（b）	1213	春晚	曾/楚	胆鼎	4（e）
1237	春晚	郑	鬻彝	4（f）	—	—	—	—	—
—	春晚	宋	饙鼎[③]	4（c）	—	—	—	—	—

（a）

（b）

（c）

① 襄樊市博物馆藏有一件与此同铭、同形的铜鼎，见于《江汉考古》1988 年第 3 期，第 62，96-97 页。

② 《商周青铜器铭文暨图像集成》第 2235 页有邓子午所铸 6 字鼎，铭亦称“飤鐈”。《商周青铜器铭文暨图像集成》增补本于第 2286 页谓：“收集时，与邓子午鼎配成一器，是否原配无法肯定。”

③ 宋君夫人鼎，吴镇烽主编：《商周青铜器铭文暨图像集成》，第 2222 页。

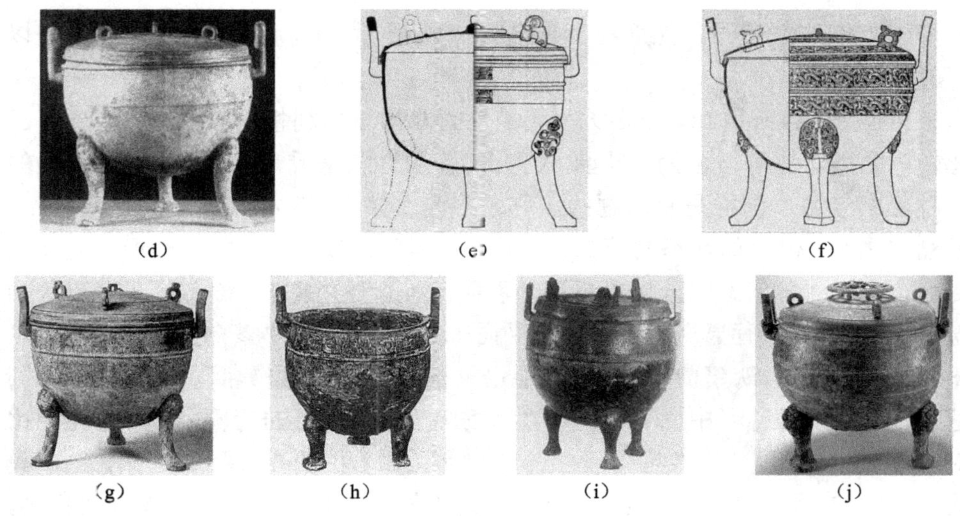

图 4

就图4所见各器及其与图3各器的对应与相似进行观察，可知与图3(a)～3（l）为同类型之鼎，并不是皆以“繁鼎”自名。图4（a）的形制与图3（b）很相近，且皆为春秋邓国之器物。图4（a）之时代，著录时判断为春秋中晚期，但此器铭文中“邓”字的写法未加“邑”，依前文所述，则时代应可早至楚灭邓之前，至迟约在楚灭邓前后，应属早中期之交的器物。此器自名为“飤鼎”。图4（c）器腹微鼓，敛口，与图3（d）、3（e）、3（f）、3（o）相近，蹄形足较细，弯曲明显而不外撇，与图3（a）、3（f）、3（h）相近，将之归属于同类型的鼎，是没有问题的，其自名为“饋鼎”。称名中的“飤”与“饋”，都是属功能性的语词。图4（d）即前引刘彬徽文中的《邓尹疾鼎》，图4（b）与之形近，亦以“石沱”自名，不过以此自名者，尚见于图4（h）、4（i）。图4（h）见于《集成》2668，年代不明确，图4（i）见于《集成》2624，《集成》增补本之年代为春秋晚，但专门研究楚国青铜器的著作，则定为春秋中期之物。[①]姑不论此一断代孰是孰非，图4（h）、4（i）二器与图4（b）、4（d）在形制方面，特别是鼎腹的之深浅存在非常巨大的差异，是不应该被忽视的。另外尚有一点是特别值得留意的，图4（h）之器口为折沿而非其余各器所见之子母口，这在图3（m）《庚儿鼎》与图3（n）中也是如此，这都说明将称名之“繁鼎”与“石沱”视为形制相同的器物，又或将自名为“繁鼎”的器物视为只能有一种形制，都是不妥当的。图4（g）即为前引刘彬徽文中的《邓子午鼎》，据刘氏之说，器足较细，外撇，为此类器物之演变。图4（e）、4（f）

① 刘彬徽定为春秋二期（公元前670～前600年），约即一般所说之春秋中期。说见刘彬徽、刘长武：《楚系金文汇编》，第6页。

在形制上皆与之相同，然而前者自名为“脰鼎”，后者为“䵼彝”，都不是以“鐈”自名。

将图3（a）～3（l）自名为“繁鼎”的器物与形制相同的图4（a）、4（c）比较，此类器亦可自名为“飤鼎”“饙鼎”，从这点来看，把“繁”视为鼎类的一种形制专名，同样是有问题的。称名中的“繁”，确如学界一般所认为的，是鼎属之名，但应如前举的第二说，乃鼎类器物之别名，而非某种形制之鼎的专名，若由称名状态的分析可更清楚看到这点。观“繁”之称名状况有三种类型：①“飤繁”“行繁”——“功能语词＋器物名”；②“繁鼎”——“器物名＋器物名”；③“飤繁鼎”——“功能语词＋器物名＋器物名”。后面两种尤其值得注意。铜器称名中尚有另一组“器物名＋器物名”的情况，正可与此相比对。“齍鼎”“齍鬲”之“鼎”“鬲”是器物名，称名中的“齍”，由“饙齍”（《集成》666）来看，亦为器物名，“飤繁”之“繁”正与此相同。齍作为器物名，可用于鼎，亦可用于鬲；就称名而言，可以是鼎之别名，也可以是鬲之别名，此乃学界所共知。学界旧以为“齍”之所以可用为鼎之别名，乃因“齍”本为方鼎之专名（即带有形制特征），但这点是不正确的。[①]“齍”字从“鼎”，本为鼎属，而鬲类亦用“齍”为其别名，是因鬲、鼎之用途有相近之处，乃于鬲中沿用“齍”之名。[②]“繁鼎”之“繁”正如“齍鼎”之“齍”，“齍”乃鼎类之别名，“繁鼎”实乃“器物别名＋器物专名”之称名方式。因“繁”为鼎类别名，故可有“飤繁”“行繁”之称名，犹如功能语词“饙”与鼎类别名“齍”结合之“饙齍”。也正因为“繁”为鼎类器物之别名，故无碍于图4（a）为“飤鼎”，而相同形制之图3（a）～3（d）为“飤繁”[③]。这一点也说明不应把称名中的“繁”视为带有形制特征的意味。

再者，将“鐈”视为带有形制特点的称名，并将之视为图3（a）～3（l）器物类型于稍晚时的演变，这两点也并不是十分正确。春秋时鼎自名为“鐈”者，即便将收集时鼎、盖可配合成器的《集成》2235与2286分开，也仅见二器而已，其后则仅见于战国晚期之《楚王酓肯鼎》（《集成》2623，图5（b））。就战国同时期之器物而言，此器之鼎足既未见特别细长，亦不若图4（g）有明显外撇。再者，图4（e）之形制与图4（g）几乎完全相同，图4（f）亦与之相近，图4（e）自名为“脰鼎”，图4（f）之自名则为“䵼彝”，二者皆不用“鐈”之名。且图4（e）为春秋晚期受楚文化影响下之曾国器物，图4（f）为春秋晚期，同样受楚文化影响的郑国器物（郑国受楚之影响，图4（j）为经

① 朱凤瀚：《中国青铜器综论》，2009年，第88页；何树环：《青铜器与西周史论集》，台北：文津出版社，2013年，第154页。

② 何树环：《青铜器与西周史论集》，第115-117页。

③ 形制与图3（j）～3（l）之“飤繁”相同，深腹圜底短蹄状足的楚国鼎，尚可见于《新收》第1205页《发孙虏鼎》，此器亦自名为“飤鼎”而不称“飤繁”（图5（a））。

常被提及的春秋晚期新郑郑公大墓青铜器，器形可与图 3（i）、3（j）之楚系器物相参照）。曾、郑二国在春秋晚期因楚之影响而有同于图 3（a）～3（l）之器物，且与楚器相同，以“繁”为鼎之别名，奈何同在春秋晚期，同样出现了受楚文化影响的外撇细足类型的鼎时，却完全不见以“鐈”为其自名之器物？①实则以“鐈”为鼎之别名者，数量过少，且以“繁”“鐈”称名之器于春秋晚期皆有所见，此两种各有自名的器物是否存在形制演变的关系，尚需更充分的材料方足以说明。至于以“鐈”为带有形制特点的称名，则恐犹如“繁鼎”之“繁”，乃求之过深，将器物别名在根据不足的情况下，说成是某种形式的器物专名。

最后，就“石沱”此一称名出现的情况来看，将之视为图 3（a）～3（l）器物的别名，也是不恰当的。图 4（h）、4（i）这两件自名为“石沱”的器物与图 3（a）～3（l）在形制上的巨大差异，已经是明显的反证。②实则“石沱”此一称名在更早的时候已经出现，并非是春秋中晚期“繁鼎”之名盛行于楚之后才有的铜器自名。《集成》2622《昶伯鼎》自名为“礣䃽”，此器之时代，《集成》定为春秋，《集成》增补本则改为西周晚期。从铭文字形来看，大致为西周晚期至春秋初期的器物。而这个时期，远远早于春秋中期“繁鼎”类型器物开始出现的年代。复次，“石沱”之意义为何？为何用于鼎类之称名？这几个问题目前都尚没有令人较满意的解答。虽然图 4（b）与图 4（d）二件器物似可有助于连结一般所称的“繁鼎”与“石沱”，但图 4（h）、4（i）却显示此链接未必可靠。将不知意义为何的“石沱”视为图 3（a）～3（l）“繁鼎”类型器物的别名，除了形制因素未考虑周全外，恐怕还是因为已将“繁”视为某种形制的鼎的特殊专门名称，受到此一不可靠的前提的影响吧！

（a）

（b）

（c）

① 形制与图 4（g）相同，深腹、圜底、外撇细蹄状足的器物尚可见于《商周青铜器铭文暨图像集成》第 2359 页（器形见于图 5（c））、《文物》2008 年第 2 期第 6 页之《黄仲酉鼎》（图 5（d））。前者自名为“䏔鼎”，后者为“行鼎”，皆不以“鐈”自名。后者亦为春秋晚期受楚文化影响的曾国器物。

② 会将图 4（h）、4（i）这两件器腹特别深，自名为“石沱”的器与图 3（a）～3（l）“繁鼎”连在一起，恐怕是受到《淅川下寺春秋楚墓》的影响。该报告中将 M3：9 深圜腹、蹄形鼎足外撇，无铭文的器也称为“繁鼎”（图 5（e））。此器深圜腹与图 4（h）、4（i）很相似，但蹄形鼎足外撇则不尽相同。兼以此器无铭文，目前亦尚未见到此类深圜腹鼎以“繁鼎”自名者。是此器未可作为楚国有以类似图 4（h）、4（i）之深圜腹鼎为“繁鼎”之明确依据，亦不应视为可连结此类深圜腹鼎与“繁鼎”之名的桥梁。

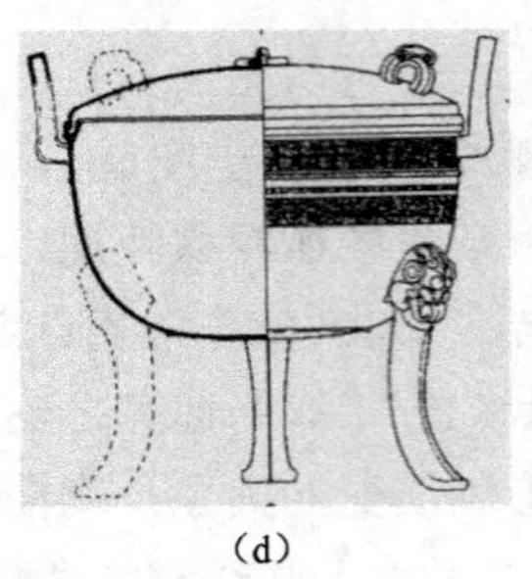
（d）

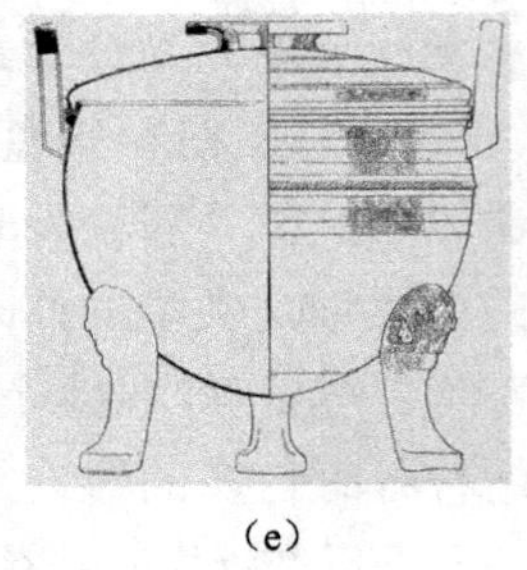
（e）

图 5

结　语

在青铜器的研究中，铜器形制与其称名的对应关系，向来是较为复杂，但却极为重要的课题，长期以来所积累的研究成果，往往即成为后来学人认识先秦青铜器的重要阶梯。本文尝试对学界在形制与称名的认识上尚有异议的“繁鼎”进行分析讨论，希望厘清春秋时青铜鼎在形制与称名间的复杂关系（表 3）。见于春秋中期及之后的楚国和楚文化影响的地区，其形制特点为子母口（或称箍口、凸棱子母口）、附耳、深腹、圜底的有盖鼎，这样的鼎虽有自名为“繁鼎”“飤繁”“飤繁鼎”者，但从同一时期、相同地区，且相同形式的鼎并不皆如此自名，尚有以所存放之地点或显示其功能的“肚鼎”“行鼎”为其自名；兼有若干以“繁鼎”称名者，其器物形制与此显然有别。则“繁鼎”之“繁”虽为鼎类器之称名无疑，但不宜将“繁”视为此类型器物之专有名称，亦即“繁”不应理解为带有形制特征的铜器名称。复就此形制之鼎尚有不称“飤繁”而称“飤鼎”，并将此称名方式与“饙鬻”“饙鼎”“鬻鼎”比较，更可确知“繁鼎”之称名方式同于“鬻鼎”；“饙鬻”之方式同于“飤繁”。“繁”犹如“鬻”，是鼎类器物的别名，而非专指某种形制的鼎。另一方面，器物形制的演变有其自身的规律，前述形制的鼎在春秋晚期发展出鼎足较细、外撇的形体，但新形制的鼎是否即以“鐈”为其专属名称，却应该视为另一件事。就“鐈”之铜器自名而言，春秋时仅有一例（至多两例），数量过少；可与此相对照的情况是，春秋晚期曾国与郑国深受楚文化影响，两国同样将形制与图 3（a）～3（l）相同或相近者，以“飤繁”名之，但却不会将新形制的鼎称为“鐈”。将这两种因素一起来看，说明将“鐈”视为楚国带有形制特征的鼎的名称，也同样是不合适的。最后，自名为“石沱”的器物，在形制上既可存在与一般所称的“繁鼎”有明显的差距，且“石沱”之名，在“繁鼎”类器物出现的春秋中期之前就已经存在，要将“石沱”视为“繁鼎”类器物的别名，无疑是不合理的说法。

表 3 器形图片出处

图次	著录	称名	图片出处
2（a）	《文物》2011.3	飤盂	《文物》2011.3，页 7
2（b）	《新收》452	飤鼾	《新收》452
2（c）	《集成》2216	飤鼾	《楚系金文汇编》①，页 158
2（d）	《淅川》	无铭	《淅川下寺春秋楚墓》②，页 217
3（a）	《集成》2231	飤繁	《江汉考古》1983 年 1 期，页 81
3（b）	《集成》2537	飤繁	《图像集成》2093
3（c）	《集成》2606	飤繁	《图像集成》2157
3（d）	《集成》2722	飤繁	《图像集成》2335
3（e）	《新收》406	繁鼎	《新收》406
3（f）	《新收》451	飤繁	《新收》451
3（g）	《新收》1399	繁鼎	《新收》1399
3（h）	《文物》2011.3	行繁	《文物》2011 年 3 期，页 8
3（i）	《江汉考古》2011.4	飤繁	《江汉考古》2011 年 4 期，页 68
3（j）	《中原文物》2006.5	飤繁	《近出》二编 308③
3（k）	《图像集成》2358	飤繁	《图像集成》2358
3（l）	《图像集成》2349	飤繁	《图像集成》2349
3（m）	《集成》2715	飤繁	《中国青铜器全集》11④，页 142
3（n）	《新收》1235	繁鼎	《新收》1235
3（o）	《文物》2013.7	飤繁鼎	《文物》2013 年 7 期，页 7
4（a）	《集成》2085	飤鼎	《楚系金文汇编》，页 127
4（b）	《新收》1197	石沱	《近出》二编 240
4（c）	《图像集成》2222	饙鼎	《图像集成》2222
4（d）	《集成》2234	石盜	《楚系金文汇编》，页 139
4（e）	《新收》1213	脰鼎	《楚系金文汇编》，页 154
4（f）	《新收》1237	[illegible]	《楚系金文汇编》，页 153
4（g）	《集成》2286	飤鐈	《图像集成》1751
4（h）	《集成》2668	石沱	《图像集成》2263

① 刘彬徽、刘长武编著：《楚系金文汇编》。
② 河南省文物研究所、河南省丹江库区考古发掘队、淅川县博物馆：《淅川下寺春秋楚墓》。
③ 刘雨、严志斌编著：《近出殷周金文集录》二编，北京：中华书局，2010 年。
④ 中国青铜器全集编辑委员会编：《中国青铜器全集》11，北京：文物出版社，1997 年。

续表

图次	著录	称名	图片出处
4（i）	《集成》2624	石沱	《楚系金文汇编》，页 67
4（j）	《新郑青铜器》	无铭	《新郑郑公大墓青铜器》[①]，页 84
5（a）	《新收》1205	飤鼎	《雪斋学术论文二集》[②]，页 158
5（b）	《集成》2623	鐈鼎	《故宫青铜器图典》[③]，页 216
5（c）	《集成》2359	脰鼎	《图像集成》1847
5（d）	《文物》2008.2	行鼎	《文物》2008 年 2 期，页 6
5（e）	《淅川》	无铭	《淅川下寺春秋楚墓》，页 214

① 新郑郑公大墓青铜器编辑委员会编印：《新郑郑公大墓青铜器》，台北：历史博物馆，2001 年。
② 张光裕：《雪斋学术论文二集》，台北：艺文印书馆，2004 年。
③ 故宫博物院编：《故宫青铜器图典》，北京：紫禁城出版社，2010 年。

上海书写中的世俗性
——读《繁花》与《天香》

郭冰茹*

摘　要　本文通过“器物”“人情”和“地理空间”三个层面，讨论了金宇澄《繁花》和王安忆《天香》中世俗生活的书写。在这两部作品中，“世俗生活”不仅是书写对象，也是升华对象，对“世俗性”的描摹不仅接通了中国古典小说的叙事传统，也可以被视为小说生态正常化的一种表现。

关键词　上海书写，世俗性，繁花，天香

何为“世俗生活”？当我们在一般意义上谈论“世俗生活”时，它指充盈着世情、人情、风俗、习性的日常生活。当作家将世俗生活或世俗经验审美化后，文学作品便呈现出一种“世俗性”。阿城在为中国古典小说溯源时说：“明代是中国古典小说的黄金时代，我们现在读的大部头古典小说，多是明代产生的，《水浒传》《西游记》《金瓶梅词话》《封神演义》，‘三言’、‘二拍’拟话本，等等，无一不是描写世俗的小说，而且明明白白是要世俗之人来读的”①，在分析了《金瓶梅词话》中的世俗性之后，他甚至假设“《金瓶梅词话》应该是中国现代小说的开山之作。如果不是满人入关后的清教意识与文字制度，由晚明小说直接一路发展下来，20世纪初的文学革命大概会是另外的提法”②。简言之，在阿城看来，世俗性不仅是作家对日常生活的审美转化，更是文学审美性的重要指标之一。当下，随着文学逐渐从功利性的意识形态诉求中松绑，小说对世俗生活的描摹，对世俗经验的书写也越来越受到作家和批评家的重视。从某种意义上来讲，当代小说世俗性的呈现可以被视为古典小说精神的延续，也可以被视为小说生态正常化的一种表现。

---

* 中山大学中国语言文学系。

① 阿城：《闲话闲说——中国世俗与中国小说》，北京：作家出版社，1998年，第102页。

② 阿城：《闲话闲说——中国世俗与中国小说》，第107-108页。

一

上海生活的“世俗性”，无论是在发端于晚清的鸳蝴小说，20 世纪二三十年代的“新感觉派”小说，还是在 40 年代沦陷区的文学书写中都有着淋漓尽致的描写。厅堂里弄、青楼酒肆、咖啡馆、歌舞场、电影院、百货公司……构成了上海书写“世俗性”的物质外壳；家长里短、男欢女爱，聚散离合则是它的情感肌理。于是我们不难在《海上花列传》《上海春秋》《子夜》《上海狐步舞》《红玫瑰与白玫瑰》等这些不同年代表达不同文艺观念的上海书写中，看到关于世俗生活的精细描述：如青楼欢场中的宴客酬答、推牌赌九；百货公司里的逛街购物、互作小东；十里洋场上的灯红酒绿、争风吃醋；公寓弄堂里的糕饼小菜、算计斗狠……这样的世俗生活或热闹喧嚣、或充实忙碌、或琐碎庸常，映照出上海这个都市的不同侧面和市民阶层的各色人生。

可以想象，如果 20 世纪的中国没有经历各种变动，关于城市，关于上海的文学书写很可能延续这一脉络，更为精细地探索各种世俗空间。然而，变动不断地发生着，毕竟“战争状态是一个物质损失和物质价值低迷都增大到极限的非正常存在状态，在这种状态中，物质不仅不是人的存在的确证，反而是人的存在的障碍，战争年代的恋物等同于死亡”[①]。与此同时，革命与恋情虽然都有浪漫激情的一面，恋情的悲剧也许更能反衬出旧世界的丑恶和罪行，但是，随着中国革命的历程由“五四”时期的思想革命转向社会革命，恋情的不幸所体现出来的个人性反抗非但不足以承载阶级、民族、国家的革命诉求，反而泯灭了革命的斗志和服务社会的热情，因而被拒斥在革命之外。世俗生活离不开物质的滋养，也离不开个体情感、情绪的熏染。因此，在革命年代，包括中华人民共和国成立以后的相当长的一段时间里，上海书写中的“世俗性”仍然为“革命性”所抵制。《我们夫妇之间》（1950）的故事虽然不是发生在上海，但那个敲锣打鼓、兴高采烈进入城市的知识分子李克却明白无误地表达出一个城市居民对世俗生活的向往，他想下馆子、抽纸烟、看电影、吃冰淇淋、跳舞，然而这一切都遭到了工农出身的妻子的严厉批评和强烈抵制，小说最终以李克低头认错、决心改造自己收尾，表达出知识分子的工农兵改造，或曰城市生活的乡村改造的主旋律。随着社会主义改造的深入，《霓虹灯下的哨兵》（1962）更为直接地反映了当时文学处理“世俗性”的基本态度：灯红酒绿、繁花喧闹的“南京路”是继承革命优秀传统和抵制资产阶级“香风”侵

① 蓝爱国：《解构十七年》，上海：华东师范大学出版社，2003 年，第 7 页。

袭的新战场，如果“霓虹灯”是世俗生活的隐喻，那么便需要“哨兵”时时对其保持高度警惕。

“文化大革命”结束，拨乱反正，中国的工作重心向经济建设的社会转型，文学书写经由崇尚革命转向告别革命，“世俗性”的问题再次得以凸显。王安忆、程乃珊、卫慧、棉棉等上海作家的文本序列似乎接续上了韩邦庆、穆时英、刘呐鸥、张爱玲、徐訏的“海派”传统，在他们笔下，上海再次呈现出一个或精于算计、务实重利，或光怪陆离、奢靡颓废的世俗形象。21 世纪以来，文学书写中的“世俗性”作为一个话题得以延续，并且日渐成为小说创作中的热点问题，2011 年王安忆的《天香》与 2012 年金宇澄的《繁花》可以成为我们透视这一热点问题的标志性文本。

在《天香》中，王安忆将目光聚焦于晚明上海县申家建造的“天香园”，着力探寻那个在时光深处、散发着农耕文明与手工作坊气息的“前上海”生活。小说文本对造园、制墨、书画、刺绣等中国传统技艺的精雕细琢，对游园、夜宴、唱和等文人趣味的着力铺排，呈现出的不仅是世俗生活的肌理，更有包蕴其中的情趣和韵味。《繁花》则以大量的人物对话和繁密的故事情节，从 20 世纪 60 年代的少年旧梦，写到 20 世纪 90 年代的饮食男女、声色犬马。小说以失焦晃动的美学风格，在一片溃退与异变中将当代上海的喧嚣繁华尽数呈现。在《天香》和《繁花》中，一系列器物、人情在上海这个地理空间中得以呈现，有关世俗的丰厚诗学也透过它们一一展现。

二

器物、人情和地理空间是文学书写中世俗生活的重要载体，“物”的丰饶或匮乏展现的是世俗生活的表象，“情”的放任或收束显现的是世俗生活的肌理，地理空间的交错和移动是上演世俗生活的布景抑或舞台。

“物”是世俗生活的重要载体，物之感、物之理是人们日常谈论的话题。“物”同时也是文本不可或缺的文学对象，承担着表现生活、塑造人物的自然使命。

在表达对于“物”的关注与“崇拜”时，长篇小说《繁花》和《天香》选择了不同的“物”的对象，前者是浸淫在对物质的压抑与渴望中的摩登消费品，后者是氤氲在花香、果香、药香、墨香、书香之中的民间传统工艺品。前者凭借五光十色、琳琅满目甚至光怪陆离的表象构成了物质主义的基本表征，并最终将小说中的上海形塑为一个消费与享乐的意义空间。后者则透过精雕细刻、推陈出新的造物过程，让“物之心”自我流露，进而凭借这生命的律动和智性之思造就了以采茶、种植、浚河、婚嫁、礼佛等一系列老上海风俗为背景的民间文化胜景。

《繁花》中的“物”可谓繁复纷杂，所涉之域，琳琅满目，无所不包。六谷粉、煤球炉、就餐券、电影票、古代小说、进口唱片、万国邮票、钢琴吊灯、老屋木器……重重叠叠，堆将起来，于《繁花》中拼接出一个崇尚物质、多姿多彩的市民生活图景。随着时代的更迭，“繁花”系列展品也不断翻新。常熟徐府，一幢三进江南老宅里，既有长几、八仙桌、官窑大瓶、中堂对联，又有沙发、浴缸、斯诺克、乒乓台，还有美人榻、老电扇、月份牌等；不同时期不同风格的“物”并置在同一空间中，在小说作者不厌其烦的铺排和罗列中，不仅显现出让人侧目、更令人炫目的“物”的质感，更展露出独属于上海这一十里洋场的“文明”与“现代”气息。

《天香》同样表达出对“物”的深刻的着迷。不过王安忆笔下之“物”更多地指向石塑漆器、蚕桑绣品、琴棋书画这些渗透着中国文化审美传统的“物”，故事的讲述也是围绕晚明时期民间艺人在造园雕木、制墨裱画、织锦刺绣的过程中渐次展开。如果说《繁花》展现的是“物”的盛筵，那么《天香》投射出的则是对“物”的眷恋；《繁花》中的“物”是时间流逝中默然的空间存在，《天香》中的“物”则浸透着造物人的体温和情感。

故事开启，一系列于《繁花》中本可明码标价，交由市场流通的手工制品、生活用品全都退却了冷冰冰、硬邦邦的“物质性”和“实用性”，在《天香》中呈现出一种高于“物”的价值。从某种程度上说，造园砌石、制墨织画之于《天香》里的主人公们已非单纯意义上的谋生媒介，这些园林山石、墨砚织线、书画绸缎已然具备了灵魂，内化为园中人自我生活的一部分。经章师傅一双妙手的反复抚摩、日夜打磨，天香园里的石雕“动静起伏”“气息踊动”，具有了萦绕在物质之上的人的呼吸与温度；一方好墨不仅写就天下文章，柯海费心制墨，除了兴趣使然，更有一番儿女情怀寄寓其中；在茶农朱老大看来，茶是吸精气的，因而不乏人的脾性与禀赋，所以茉莉花茶的浓香有着北地人的“俗”和“刚劲”，南方的龙井毛尖猴魁是“清”，而野茶因为“蛮”，“又苦又涩还又辛辣”为成天泡在茶房里的种茶人所喜……应着生动的人气，应着静默的陪伴，《天香》铺叙开的是人与“物”，人性与物性相知相守的故事。虽然“柯海墨”因为柯海的意兴阑珊不了了之，“天香园绣”却在小绸、闵女儿、希昭、蕙兰的手中发扬光大，应和了书中“天工造物，周而复始，今就是古，古就是今”[①]的器物哲学。也正是在此意义上，《天香》赋予了“物”以一种超越了简单物性的神性思维和创造力，彰显了小说作者之于物表、物本、物之创造行为的独特认知和美好想象。

① 王安忆：《天香》，北京：人民文学出版社，2011 年，第 71 页。

从某种意义上说，“情”不仅是个体内心情感的描摹或表达，也是参与定义/再定义，生产/再生产个体与社会的形式实践。换言之，言说情感不光关乎情感的纯粹和单一，而且关乎身份认同的某种共同体的建构。

《天香》对男女之“情”轻描淡写，小绸与柯海、镇海媳妇与镇海、希昭与阿潜之间也只限于诗词唱和、笔墨纸谈一类的宾客之礼，鲜有轻薄、淫逸之风溢出；然而在书写闺阁之“情”时却浓墨重彩，充盈着饱满的细节和细腻的心理描摹。这体现出王安忆特定的关注角度和审美倾向。《天香》将笔墨聚焦于天香园里的女人们，小绸、镇海媳妇、闵女儿、希昭、蕙兰等，她们彼此之间或是妯娌、或是妻妾、或是婆媳、或是母女和婶侄。文中希昭曾说：“男人们的朋友都是自己选下的，可说千里挑一，万里挑一，不像妇道人家，所遇所见都是家中人，最远也不过是亲戚，在一起是出于不得已；在家中又不过是些茶余饭后，针头线脑，能有什么大不了的事故”[①]，因此她并不相信女人之间能够“危难之际见人心”，或是“剖腹明志”，然而王安忆确乎是决计要在这些“茶余饭后”“针头线脑”中铺排出女人之间的惺惺相惜和肝胆相照。

小绸为人端庄大方，却也执拗任性，因头胎生女，又与丈夫心生嫌隙，所以行为孤僻，且迁怒于弟媳，然而镇海媳妇温顺礼让，主动示好，一来二去，妯娌之间芥蒂全无。小绸是妻，闵女儿是妾，小绸因恨柯海薄情而拒绝与闵女儿来往，若不是镇海媳妇从中周旋，小绸与闵女儿可能终生都是陌路。镇海媳妇生阿潜，命悬一线，小绸拿出祖传的宝墨令镇海媳妇起死回生，多得几年阳寿。镇海媳妇过世，小绸又代为抚养镇海次子阿潜，视如己出。王安忆将妯娌之情比作换帖兄弟，“她们想起那临危时的一幕，两人互诉自己的乳名，好比是换帖子的结拜兄弟。自后，再没有重提过，是害羞，也是辛酸。二人的乳名都与桑蚕有关，是江南一带人家的生计。当女儿的日子已经久远了，二人都做了母亲，各遭遇了情殇与生死。有时候，她们瞻前顾后照应三个孩子，就觉得像是一家人”[②]。

闵女儿出身世代织工家庭，性情随和温厚，进入申家并非柯海移情于她，而是为避皇帝江南选秀。申府上下慑于小绸偏执的个性而不敢亲近闵女儿，柯海负着对小绸的深情和愧疚也无意于亲近闵女儿，这几乎注定了闵女儿婚姻生活的清冷。然而，闵女儿在乎的不是丈夫柯海，而是姐姐小绸。在她看来，小绸虽然家室、身份、才智都胜于她，但两人遇到薄幸之人的命运却是相仿的，在这样清冷的家庭里，唯有相互做伴，相互取暖，日子才能有些颜色。所以当镇海媳妇有意调和她与小绸的关系时，闵女儿会对自己说，“姐姐来和

① 王安忆：《天香》，第253页。
② 王安忆：《天香》，第73页。

我好，我就和姐姐好”，并最终真正结成“姐妹一党”。当然，闵女儿能够被小绸认可不光是两人的命运相仿，更重要的是两人性情相近，再加上闵女儿一手绝妙的绣活。

除了妯娌和妻妾，《天香》还将女人间的这种相知相守扩写至婆媳、婶侄甚至主仆之间。小绸和希昭可以算作婆媳，因为希昭是柯海选的侄媳，小绸一开始并不同意，所以希昭入门后，一样执拗骄傲的两个人心里都别着一股儿劲。小绸看中希昭的灵性，希望她学绣，将天香园绣更上一层楼；希昭不想让伯母调遣，就算做绣，也想自成一家，并取名“武陵绣史”。阿潜的不辞而别令两人之间多了一份同情疼惜，小绸放下长辈的架子，上了希昭的楠木楼；希昭收起了自信和骄傲，入了绣阁。原本就是心性相近的两个人终于走到了一起。希昭和蕙兰是婶侄，虽是两辈人，却更像闺蜜，吵一阵，好一阵，其实彼此最亲近。蕙兰出嫁时申家已家道中落，希昭主动提出鬻绣画做嫁妆，蕙兰日子吃紧，希昭拿出自己绘的佛画和临帖给蕙兰做绣样。希昭比小绸开明，所以当蕙兰辟发入绣并开门授徒时，希昭能够理解并且接受。蕙兰和戥子是主仆，这对主仆彼此之间虽然没有过多的情感交流，但心性和对织绣的热爱却是一致的。面对花绷，蕙兰仿佛回到了儿时在天香园的绣阁岁月；拿起针线，戥子便能感受到儿时家的温暖。戥子几经周折才得以拜蕙兰为师，当然也多亏她首创辟发，蕙兰才能以发入绣，为天香园绣添了一抹新色。

《天香》中所有的女性角色两两关联，如同文中的描绘，“女子相处，无论有没有婚姻与生育，总归有闺阁的气息。一些绵密的心事，和爹娘都不能开口的，就能在彼此间说。到底又和未出阁是不同，是无须说就懂的。所以，你看她们俩在一起，尽是说些无关乎痛痒的闲话：……她们同进同出，也尽是做些不打紧的事”[①]。《天香》落笔在绣品，小绸和闵女儿创立“天香园绣”、希昭以书画入绣，继而蕙兰辟发入绣又开门授艺，写的是“物性”，衬的却是“人情”。

相较于《天香》，《繁花》少了一份惺惺相惜、相知相守，更强调的是“情”的物质性。女人将情场当作欲望的竞技场，男人在此更像是过客或看客。梅瑞做过沪生的女朋友，跟阿宝有了生意往来后又念着阿宝，后来因为北四川路的房子而嫁了人，却一直对婚姻不满。故事开始时，汪小姐夫妇、康总和梅瑞四个人去乡下春游，从此梅瑞盯牢康总，每次约会讲自己婚姻不幸，讲离婚买房子，讲姆妈再婚小开，讲小开对自己贴心引姆妈吃醋……屡屡试探。于康总而言，他只是一个听众，有选择地接受梅瑞暧昧的话头。听梅瑞聊天，“想到了一片桑田，不近不远的男女关系，天上月辉，尤为有清气，最后，灯烬月沉，

① 王安忆：《天香》，第73-74页。

化成快速后退的风景”[①]。汪小姐虽然已婚，但只允许别人称她“汪小姐”，顶着一个“小姐”的名头，在各种饭局上装疯装嗲，怀孕、离婚等真真假假各种花头，徐总看得一头雾水却也着实吓得不轻。潘静看上了陶陶，给了陶陶一把自家的钥匙，又屡屡打电话到陶陶家，还主动上门让芳妹与陶陶离婚让位于她，陶陶斟酌再三退了钥匙。小琴倒是温柔体贴，周全豁达，处处替陶陶着想，从不让陶陶为难，令陶陶动了真情。陶陶自以为见惯风月场，看透了上海女人的精明和伎俩，在潘静、玲子面前都能全身而退，遇到小琴这个心机颇深又善于做戏的女人，也只能“就此上天入地，就要翻船”[②]了。

如果说《繁花》将当下的生活描述成一个浮华世界，繁花似锦，觥筹交错，却只是一道道浮光，热闹喧哗逢场作戏，看不到一点真心；那么那个早已远去的，充斥着革命、运动、原始欲望、偷窥心理的时代却似乎透露出《繁花》世界中的些许纯真。绍兴阿婆疼蓓蒂，蓓蒂疼小兔子，一点小菜，篮子里、兔子洞里、厨房里、阿婆的碗里、蓓蒂的碗里来回转；蓓蒂的钢琴被一伙身份不明的人拖走，阿婆、阿宝、姝华、沪生、小毛为了找钢琴四处奔走；雪芝是电车售票员，阿宝常常陪着雪芝坐电车，一圈又一圈；小毛和春香先结婚后恋爱，春香难产临终之际告诫小毛不要忘记自家的朋友。

不论是回望过往，还是直书当下，在金宇澄情态生动、真伪毕现的描摹下，人与人之间的体恤互助与拆台使绊、义气温情与偷窥乱伦、肝胆相照与隐瞒欺诈构成了小说《繁花》，也构成了世俗生活中“人情”。小说之于“声色”近乎原生态的呈现，是以一种不同于严肃说教和道德批判的态度，对当代社会的人际关系、情感方式做出的一次集中而直接的表达。从某种意义上来说，如果《天香》对世态人情充满诗意的倾诉接近《红楼梦》的传统，那么《繁花》可能更靠近《金瓶梅》。

器物和人情是世俗生活不可缺少，无法回避的具体内容，地理空间则是这些内容得以展开的场域。毕竟器物、人情只有置于具体的地理空间，才能演绎出摇曳多姿的世俗生活。

《繁花》热衷于对上海的弄堂、马路、电影院、饭店、包房、私人会所进行空间叙写。在回望过往时，金宇澄仔细交待了主人公们活动的区域，并辅以手绘地图，读者因此得以追随主人公们的足迹，体会那个动荡年代生活的变迁。解放初期，阿宝家前面是香山路，东面是复兴公园，西面是皋兰路小东正教堂；沪生家住茂名路洋房，小学上课的地点北至巨鹿路、南到复兴中路，接近阿宝家的地盘；住在沪西大自鸣钟的小毛原本与这两人没有交集，但为了帮邻居买电影票，在国泰电影院和沪生遇到了。小说中三个男主人公因此相

---

① 金宇澄：《繁花》，《收获·长篇专号》，2012年秋冬卷，第36页。
② 金宇澄：《繁花》，第97页。

识，故事逐渐展开。运动开始了，阿宝全家迁到曹杨工人新村，一家人一下子从几大间洋房挤进了十五平方米的小间，几家人共用灶间和厕所；沪生出身革命家庭，平安无事，父母参加运动，沪生便常和姝华在街上漫无目的地溜达，看长乐路上天主堂被拆，看弄堂里斗四类分子；小毛出身工人家庭，当了钳工，后来进了钟表厂，因为和邻居银凤的私情暴露，在小毛娘的安排下草草结了婚，搬到了莫干山路，也跟朋友们断了关系。显然，这种空间的动态转换和自然衔接，带着某种纪实性的企图，在某种程度上也复活了 20 世纪 60 年代上海市民的生存场景，呈现出革命年代市民阶层充满烟火气息的日常生活。

至于《繁花》中对 20 世纪 90 年代以后的上海书写则聚焦于各种茶室、咖啡厅、餐馆、饭店、私人会所，这些场所或场合属于公共空间，却带有私会的性质，主人公们穿梭于此类空间中的各色饭局，显现出 20 世纪 90 年代上海世俗生活中浮华暧昧的一面。《繁花》中写三五个人的小饭局居多，梅瑞与康总喝茶，兜兜转转，你进我退；阿宝、李李等常熟之行，汪小姐借酒假戏真做，闹出怀孕笑话；“夜东京”一聚，陶陶恋上了小琴……在家庭生活之外，这些“公共场所”为主人公们提供了一个情感寄托或曰情感放纵的空间。与这些带有私会性质的小饭局相对应，《繁花》分别在第二十八和第二十九章写了两个大饭局，一个是梅瑞在“至真园”筹措的一场满是“上层人物”的“大型恳谈会”，一个是弄堂小百姓小毛设宴替春香还愿，邀请童年玩伴、邻居和五六个“讨生活”的女子吃酒。小毛的饭桌上，一群人打情骂俏、说东道西，讲自己的故事，讲别人的故事。语言粗俗、神情自在又散漫，尽管各自风月肚肠展露无疑，然而话语间不失温暖，自有一番世俗温情在。梅瑞的饭局里，含有明显的功利意图，很有些食客你争我夺、唇枪舌剑以致鱼死网破的气势。两相对照，觥筹交错间的众生相显现出现代都市世俗生活的不同面向。有趣的是，阿宝、沪生受邀出席了这两场饭局，小说极为巧妙地借助两位主人公的出场和各自体会，连接并透视了市民社会中“上层”与“底层”的多重生态。在小说《繁花》中，数十家大大小小的饭庄酒店，星罗棋布，成为集生意与休闲、感情与权谋的中心舞台，它们的存在改变了城市的地貌，也改变了世俗的心态，世俗世界因此显得簇拥、无序而混沌起来。

“空间从来就不是空洞的：它往往蕴涵着某种意义。”[①]除了作为人事活动的客观载体和见证者，《繁花》中以饭店包房为代表的地理意象还因其特殊的符号指向性，凸显了小说作者在日常生活叙事中的空间处理艺术。若以空间的公开性和私密性来区分，《繁花》中以饭桌为中心的餐厅包厢两者兼具。当那扇通往外界的房门被作者关起，人们便只关注于内室里的角角落落，专

① 包亚明编：《现代性与空间的生产》，上海：上海教育出版社，2003 年，第 125 页。

注于饭桌上的吃吃喝喝。斤斤计较、明哲保身、隔岸观火的众生及隐匿在神侃、闲聊和“不响”之间的各种玄机都一览无余，这是一个相对封闭的能够刺探个体欲望的小世界，又是一个关于人生和世相的大世界；打开包厢的房门，是传单乱飞的街道，是口号震天的广场，是革命时代奔涌而来的潮水。小说中剪裤腿、抄家、批斗、拆教堂、掘坟地……处处显现着世事变迁、革命流血的痕迹。与此同时，小说的结构设计也配合着这种空间处理，奇数章讲述革命年代的日常生活，偶数章描摹当下都市的光怪陆离，空间的穿插和拼贴已经无法再用李欧梵笔下的“公共的和私人的，小的和大的”来诠释与形容[①]，而是超越简单的空间概念，具有了多维社会与线性历史并存的“时空体”意义，诚如巴赫金所言，“时间在这里浓缩、凝聚，变成艺术上可看见的东西；空间则趋向紧张，被卷入时间、情节历史的运动之中”[②]。倘若本雅明的“漫游理论”具备普适性，金宇澄的“漫游”主要在以“至真园”为代表的包厢中发生，透过这样一方远近皆宜的中间地带，我们自由穿梭于饭桌与街道、内室与广场之间，实现微观化的“地理漫游”。尽管同样作为“现代性”的象征标志，同样保持了对都市空间的有限介入和有限距离，波特莱尔口中的巴黎街道，张爱玲小说中的“阳台”，终究缺少了金宇澄“餐厅”内外的广阔视域，后者以一种结合了历史与个人、人性与“史意”的”时空漫游”，对“漫游理论”作出了新的回应和补充。

虽同在上海，同名为“园”，《繁花》中的“至真园”是汇集了声色犬马与众生百态的现代都市地标，《天香》里的“天香园”则成为古代江南贵族安身立命并实现人生旨趣的理想国。

蓬勃的生气是读者对“天香园”及上海一地最初也最直接的感受。杭州人吴先生初至上海，看到那些寺庙宫观加起来也抵不上灵隐寺一个大雄宝殿，没有山，水也是横一条竖一条，还都是泥沙河塘，但正是如此，吴先生才觉得不凡，“一股野气，四下里皆是，蓬蓬勃勃，无可限量。似乎天地初开，一团混沌远没有散干净，万事万物尚在将起未起之间”[③]。而生活在天香园里的人们，不论怎样的事由，都是热火朝天，赶集似的，总有着兴致勃勃的做人的劲头，造园、设宴、裱画、唱曲、种花、养蚕、制酱、刺绣、制墨，甚至在院子里模仿市井中人摆小摊做买卖，仿佛什么都挡不住天香园里的好兴致和一系列的异想天开。

在天香园中，女人们的兴致在于刺绣的推陈出新，男人们却不断地有“出格”之举：柯海在天香园开出“一夜莲花”之后，又开始埋头钻研制墨之法；

① 李欧梵：《上海摩登》，北京：北京大学出版社，2001年，第78页。
② 巴赫金：《小说理论》，石家庄：河北教育出版社，1998年，第49页。
③ 王安忆：《天香》，第146页。

镇海日日苦读，原打算走科举之路，却在妻子病逝后决然遁入空门；镇海之子阿昉拾掇店铺，在市井里开了家豆腐店；阿潜原本乖巧，却在一个月夜，听过“弋阳腔”之后，跟着唱曲人隐没于人海……比之一般世家大族里混迹官场的男子，他们天分高明、性情颖慧，却缺乏上进心，对北方官场文化敬而远之，视做京官为苦不堪言的“职业”，颇类《红楼梦》中贾宝玉的文化人格。然而不同于宝玉终日沉溺在胭脂钗环、“姐姐妹妹”之间，申家男子或热衷实业或钻研佛法，于做官之外自有一番做人的劲头和兴味。事实上，不仅申家，沈家、徐家等家族中的贵族子弟也被塑造成道统之外的存在。《天香》专设《丁忧》《归去来》两节，集中描写了南方士人的生活状态和江南一地的归隐之风：“上海城里，多是居着赋闲的官宦人家，或悬车，或隐退，或丁内外忧。说起来也奇怪，此地士风兴盛，熏染之下，学子们纷纷应试，络络绎绎，一旦中试做官，兴兴头地去了，不过三五年，又悻悻然而归，就算完成了功业。总体来说，上海的士子，都不太适于做官。莺飞草长的江南，格外滋养闲情逸致。稻熟麦香，丰饶的气象让人感受人生的饱足。”[①]

吸引一众贵族男子舍弃功名利禄而复归隐逸传统的，与其说是“天香园”之勃勃生气、热闹人气，以及包括以上海为代表的江南一地的富庶便利、舒适惬意，不如说是涵盖了这些，并具有更广泛含义的民间的魅力。希昭与蕙兰谈及“天香园绣”的来历时说：“莫小看草莽民间，角角落落里不知藏了多少慧心慧手，只是不自知，所以自生自灭，往往湮没无迹，不知所终。……大地造物，实是无限久远，天地间，散漫之气蕴无数次聚离，终于凝结成形；又有无数次天时地利人杰相碰相撞，方才花落谁家！”[②]柯海在解释市井俚俗时，道出了关乎俗世及其内在生命根基的“警世恒言”：“你以为市井中的凡夫俗子从哪里来？不就是一代代盛世王朝的遗子遗孙？有为王的前身，有为臣的前身，亦有为仆为奴的前身，能延续到今日，必是有极深的根基，无论是孽是缘，都不可小视！市井是在朝野之间，人多以为既无王者亦无奇者，依我看，则又有王气又有奇气，因是上通下达所贯穿形成。”[③]民间作为一方地理，虽在野，实则既在野又在朝，它沟通了庙堂和江湖，兼备了“王气”和“奇气”，因而民间智人只需远远观看亦能胸纳乾坤、心怀天下，这是“民间”之于个体入世抑或出世的“上通下达”。

对于生活和艺术、实用技艺与传统文化，“民间”亦有贯通连接、传承通达之用。“天香园绣”本是从民间而来，经申家诗词熏染，书画入绣，成为一门藏于贵族闺阁的高雅艺术，然后随同申家的没落再次回到草莽中，汲取天

① 王安忆：《天香》，第 35 页。
② 王安忆：《天香》，第 393 页。
③ 王安忆：《天香》，第 161-162 页。

地人之精气，并不断在“物质不灭”与“能量守恒”中传承更新，直至自身成为一种文明。由此，中国传统文化得以在这种循环往复中发扬光大继而称名于世，而“民间”也得以其广阔的空间和无穷的能量发挥着无可替代的作用：一方面，它关联艺术和审美，不断推动技艺与传统文化走向至臻境界；另一方面，它关注百姓生计，脚踏实地、紧接地气。

至此，两部长篇分别于器物、人情之外，向我们展现了世俗生活的另一个重要组成部分——地理空间，此“空间”并非静态的“处所”，而是超越了地理性、客观性的意义存在。在《繁花》中，“餐厅”“会所”因其半公开、半封闭的性质见证了原始欲望与现代文明的暧昧纠缠，沟通了历史与现实，激情与庸常；在《天香》中，“天香园”中掺杂着“民间”或“市井”的世界则以一条理想之链连缀起生活和艺术、实用和审美。于小说的叙事层面而言，上述“空间”是意义流动和建构的场域；于故事层面而言，两者书写了世俗生活的不同面相和俗世美学。

三

堆积的器物，复杂而缠绵的世故人情，勾连着历史与当下、艺术与生活的动态的地理空间，构成了《繁花》和《天香》这两部长篇小说的世俗世界。前者是充斥着物质、消费和欲望的现代都市，后者是传承古典审美气质的晚明市井。两者均从不同侧面展示了源自民间的人生哲学及作者关乎世俗写作的内在“诗心”。

在《天香》中，王安忆选择性地汲取了《金瓶梅》《红楼梦》等明清章回小说的叙事资源，于白话中融入文言，于诗词引用时借用野史杂记和地方县志的写作笔法，将造园、设宴、刺绣、制墨、习字、婚丧嫁娶、过节礼佛等日常生活情境通过细致白描一一展现出来。那些经过精心剪裁的世俗图景，连同茶道、诗论、古典哲学的学理阐发一起，为小说营造出高雅又朴拙、妙趣而卓识的晚明小品般的韵味。不仅如此，《天香》创造性地突破晚明小品的体制局限，为主人公们注入了自觉的生命意识和生活哲学。柯海凡事总在意那个“得”，所以会让“天香园”开出“一夜莲花”，喜欢四处游冶，又兴致勃勃地开墨厂；镇海看到的是那个“失”，所以有了出家的心，看似寡淡苦索，其实是觉得人世之事，只有诸事不管，方才自在；阿昉终日读书，却觉得书中世界里的虚空，圣人之言衬出了凡人人生的渺小和无常，于是在闹市盘下一间铺面，开了个豆腐店。蕙兰嫁入市井人家，生活拮据，为了免去天香园绣品滥传之虞，更为了免除生计之累，她斟酌再三决定剑走偏锋辟发入绣，并且违了老例设幔收徒……在《天香》中，这些人物于器与道、物与我、动与止之间，以热火朝天的生存实践收获了现世的乐趣，即便在末世与逆境当中仍旧保持着始终飞扬的生命姿态，同时以一种“因是在入世的江南地方，所以不至于陷入虚妄”①的哲学式反省，填补了玄思冥想的空无。这份现世的来自市井的哲学，表达了王安忆关于俗世写作的叙述心思，也显现出她作为一名优秀的小说家难得的经典意识与当代意识。

与“不想写末世，而是要写一个更大的盛世”②的王安忆相反，金宇澄在文明飞速发展、资本快速流通的现代“盛世”安排了一场“繁花”的落尽。如果说《天香》是以冷静、从容、舒缓的语调，借助时间的纵深感和行动的持续性，对天香园“蛮横”的生长力及其兴致勃勃的精神状态予以细细描述的话，《繁花》则以“苏州说书的方式”，将传统话本“讲故事”的绝活发挥到极致。在此过程中，片段化、游戏化、无意义的世俗生活及当下人的生活状态被随心所欲、不受拘束地“讲”了出来。翻开《繁花》，故事接故事，故事套故事，牵牵连连、吵吵闹闹着涌向读者。我们听到了由不同音高、音色、音质构成的各种“声音”，它们从一个瞬间到另一个瞬间，从一个平面到另一个平面，流动在日常交往的各个场景中。声音过耳即逝，夹杂着对话者各种原因的“不响”，在看似絮絮叨叨、漫无目的的叙述中，作者记录了琐碎的生活世相。用他的话说，便是“一件事带出另一件事，讲完张三讲李四，不说教，没主张；不美化也不补救人物形象，不提升‘有意义’的内涵；位置放得很低，常常等于记录，讲口水故事，口水人”③。或许，这才是人生的真相。

凭借“不说教，没主张”的写实姿态，《繁花》透视了上海这座现代都市中的众生相，其散漫而陌生化的叙述，“落了片白茫茫大地真干净”式的结局与《天香》中古典而纯美的理想之境构成了强烈的对比。然而，《繁花》并非一场纯粹的关乎现代文明与世俗伦理的悲剧，正如《天香》用浓郁的复古氛围所创设出的，也并非一个缺乏现代意识的乌托邦一样。《繁花》中丰富的物质叠加、中西文化的碰撞交融毕竟昭示了社会进步的新气象，而马与黑白钢琴、鱼与野猫、荷花与玫瑰等的意象呈现，以及绍兴阿婆与蓓蒂梦境一般的存在，浪荡子之间的兄弟情谊、男女风月之后的相互依偎与温情流露，亦不失为一种诗意的升华，只不过如此的诗意与新气象蕴含着暴力和残酷。可以说，《繁花》为我们展开的，是一个深刻沉重的思想场，它将有关人生的原始诉求和形而上的思考，都化为不动声色的文字和庸俗切实的日常。类似的，《天香》也于精美的器物、传统的江南气质之外，写出了鲜活生命的衰老，家族的衰落萧

---

① 王安忆：《天香》，第35-36页。
② 王安忆、钟红明：《访问〈天香〉》，《上海文学》2011年第3期。
③ 金宇澄、张英：《不说教、没主张，讲完张三讲李四》，《美文》2013年第8期。

条。但也就是在这种新旧转换、时代更迭之中，“天香园”中那种与生俱来的，以“异想天开”和“出格”为代表的生命意识和开拓精神才愈发突显，“天香园”也才因接纳并拥抱新的文明而获得“中兴”的可能。从某种程度上说，相对于《繁花》以现实写现实的手法，《天香》立足于当下进行了一场远古遥想，因而在艺术层面，其关乎俗世的诗学意境既包含了老庄的自然无为、禅宗的涵容悲喜，又汇入了现代精神的务实开放，是谓多重与丰赡。

阿城在《闲话闲说》中说，“世俗既无悲观，亦无乐观，喜它恼它，都是因为我们有个‘观’。它其实是无观的自在。以为它要完了，它又元气回复，以为它万般景象，它又恹恹的，令人忧喜参半，哭笑不得”[①]。从某种意义上说，“无观”，便是不受外力因素的干扰，依然如故；“自在”，便是生生不息、循环往复活的多重实在。《繁花》和《天香》也正是在此种意义上勾勒出世俗生活的底子。不过，这样一来，读者往往会因为《繁花》不论“悲喜”的叙事腔调和陌生化效果而忽视其厚实复杂的思想内里，也会因为《天香》中大量传统技艺的展示、古典情怀的渲染而对作品之现实观照提出质疑。当然，也正是这种忽视和质疑的存在，体现出读者对世俗性的文学书写的阅读期待，并推动当代作家之于日常表达与俗情演绎的不断探索。这是“世俗”这一“无观的自在”的无限魅力，更是世俗性的文学书写的魅力所在。

① 阿城：《闲话闲说——中国世俗与中国小说》，1993年，第12页。

卞彬童谣与宋齐革易之历史书写
——从《南齐书·卞彬传》据《南史》补字说起*

李晓红**

摘　要　卞彬在宋齐革易之际向萧道成述童谣“可怜可念尸著服，孝子不在日代哭，列管蹔鸣死灭族”，试图借该谣之不祥征兆劝谏萧道成放弃篡宋行事。作为卞彬才操与敏感时局的反映，这一幕为萧子显的《南齐书·文学传·卞彬传》与李延寿的《南史·文学传·卞彬传》所重视。《南齐书》载其背景在“元徽末四贵辅政”时；《南史》载在昇明初袁粲、王蕴被诛杀后。尽管所涉谣辞无异，但其蕴含的文学意味与历史意味却明显不同。在萧子显的解读中，该谣集中表现出卞彬对离合与谐音双关修辞方式的运用，寓讽谏于排调，为萧道成所聪察和宽容。在李延寿的解读中，该谣主要是感袁粲父子和王蕴同死而发，控诉萧道成残杀宋家忠臣的史实，预言其必败，为萧道成所不容。两书之不同，折射出朝代革易史料的复杂面貌，反映出史家书写与文学修辞之互动。

关键词　卞彬，童谣，宋齐革易，《南齐书》，《南史》

朝代革易是历史书写中的敏感段落。[①]魏晋南朝政权更迭频繁，史家如何叙述朝代革易的相关情事，是引人瞩目的问题，学界已有对此期史书“回护”或“忌讳”现象的揭示。[②]而透露史笔中“回护”或“忌讳”现象的，往往是

* 基金项目：广东省研究生教育创新计划（sybzzxm201202）、中国博士后科学基金特别资助项目（2013T60816）、高校基本科研业务费中山大学青年教师培育项目（14wkpy30）、国家社科基金后期资助项目（15FZW003）。

** 中山大学中国语言文学系。

① 杜维运说：“历史变动最剧烈的时代，每在朝代更易之际，历史的真相，也最易在此时失去。史学家此时以政治上的因素，往往不敢秉笔直书。”见郭世佑：《历史真相最易失在朝代更替之际——谈近代中国历史研究的难处》，《北京日报》2014 年 6 月 30 日第 023 版《理论周刊月末·文史》。

② 如清赵翼《廿二史札记》卷 6“三国志书法”条言“陈寿修书在晋时，故于魏晋革易之处，不得不多所回护。而魏之承汉，与晋之承魏，一也，既欲为晋回护，不得不先为魏回护”，后立“三国志多回护”一条详加列举；卷九“宋书书晋宋革易之际”“宋书书宋齐革易之际”二条，注意沈约叙述晋宋革易与宋齐革易上的史法差异。“齐书书法用意处”列举萧子显笔下的“回护”现象。详参王树民：《廿二史札记校证》订补本，北京：中华书局，1984 年，上册，第 121、123、180-183 页。

同一事件在不同史书中呈现出来的差异。[①]从文章学的角度来看，这些差异反映了历史书写对敏感事件的塑造之功，具有史学与文学双重维度的意蕴，值得进一步探讨。

萧子显《南齐书》与李延寿《南史·文学传·卞彬传》同记载传主在宋齐革易之际向萧道成述童谣一幕。童谣指刺褚渊、萧道成，被视为是传主所作，代表着传主的文学才操与政治态度。同时，其内容讽刺贵势篡权，牵涉着复杂的时局。如何把握与呈现其文学维度与历史维度，是史家所直面的问题。本文拟以之为线索，考察萧子显与李延寿二位史家不同的书写意识与文本解读取径，剖析萧子显书写萧齐历史的忌讳心态与回护方式，试以具体个案管窥历史书写与文学修辞的互动。

一、《南齐书》与《南史》对卞彬童谣的不同记载

关于卞彬述童谣，现可见最早的记载是萧子显《南齐书》。目前学界对其关注主要是在校勘学的范畴里。中华书局点校本《南齐书》卷五二《文学传·卞彬》载：

> 彬才操不群，文多指刺。州辟西曹主簿，奉朝请，员外郎。宋元徽末，四贵辅政。彬谓太祖曰："外间有童谣云：'可怜可念尸著服，孝子不在日代哭，列管暂鸣死灭族。'〔公颇闻不？"时王蕴居父忧，与袁粲同死，故云〕尸著服〔也。服者衣也〕，〔五〕[②]褚字边衣也，孝除子，以日代者，谓褚渊也。列管，萧也。彬退，太祖笑曰："彬自作此。"[③]

通过校勘标识，可知点校本据明南京国子监本、清武英殿本、金陵书局本《南齐书》和《南史·卞彬传》补入22字。曹道衡和沈玉成按："《南齐书·高帝纪》叙'四贵'之目，无王蕴，乃袁、褚、刘秉、萧道成也。又袁粲、王蕴以昇明元年十二月死，非元徽时也。"[④]诚为有见。不过二位先生似未注意及点校本《南齐书》"公颇闻不时王蕴居父忧与袁粲同死故云"诸字乃据他书

① 如沈约在萧齐修《宋书》，"其于诸臣之效忠于宋，谋讨萧道成者概曰反，曰有罪。如升明元年书沈攸之举兵反，(《南史》书举兵不从执政) 又书司徒袁粲据石头反，(《南史》书粲据石头，谋诛萧道成，不果，旋见覆灭) 吴郡太守刘遐反，(《南史》书据郡不从执政) 王宜兴有罪伏诛，(《南史》书贰于执政见杀) 兖州刺史黄回有罪赐死，(南史书贰于执政见杀) 临沣侯刘晃谋反伏诛，(《南史》书诛临沣侯刘晃是也) 其党于道成而为之助力者，转谓之起义，如张敬儿等起义兵是也，作刘宋本纪而以为刘氏者曰反，为萧氏者曰义，此岂可笔之于书，顾有所不得已也"。参见王树民：《廿二史札记校证》，上册，第181页。

② 中华书局点校本《南齐书》卷52《文学传》校勘记〔五〕云"〔公颇闻不时王蕴居父忧与袁粲同死故云〕尸著服〔也服者衣也〕"，是据南监本、殿本、局本及《南史》补。按南监本脱"服者衣也"四字。殿本"云"讹"念"。见《南齐书》，北京：中华书局，1974年，第3册，第909页。

③ 《南齐书》卷52《文学传》，第3册，第892页。

④ 曹道衡、沈玉成：《中古文学史料丛考·卞彬事迹杂考》，北京：中华书局，2003年，第385页。

补入。[①]按点校本《南齐书》底本原作[②]：

> 彬才操不群，文多指刺。州辟西曹主簿，奉朝请，员外郎。宋元徽末，四贵辅政。彬谓太祖曰："外间有童谣云：'可怜可念尸著服，孝子不在日代哭，列管蹔鸣死灭族。'"尸著服，褚字边衣也，孝除子，以日代者，谓褚渊也。列管，萧也。彬退，太祖笑曰："彬自作此。"[③]

比较《南史》卷七二《文学·卞彬传》所载：

> 彬险拔有才，而与物多忤。齐高帝辅政，袁粲、刘彦节、王蕴等皆不同，而沈攸之又称兵反。粲、蕴虽败，攸之尚存。彬意犹以高帝事无所成，乃谓帝曰："比闻谣云'可怜可念尸著服，孝子不在日代哭，列管暂鸣死灭族'。公颇闻不？"时蕴居父忧，与粲同死，故云"尸著服"也。"服"者，衣也。"孝子不在日代哭"者，褚字也。彬谓沈攸之得志，褚彦回当败，故言哭也。列管谓萧也。高帝不悦，及彬退，曰："彬自作此。"[④]

可见两书的记载存在明显差异，其中最主要的是述童谣的时间，《南齐书》放在"四贵"共同辅政时；《南史》则放在袁粲反萧败亡之后。

从《南齐书》底本原貌看，并无语及袁粲、王蕴，不会造成"四贵"成员包括王蕴的误解，也不会造成袁粲、王蕴死于元徽时的印象。明毛晋汲古阁本（简称"汲本"）《南齐书》此段文字皆同宋本。《册府元龟》卷一九〇"闰位部·聪察类"[⑤]、卷九三二"总录部·诬构类"[⑥]两次选录卞彬述童谣之事，均同《南齐书》底本所载。此并说明《南齐书》底本之流传有绪，文义自通。后文将详细说明。

要之，关于《南齐书》对卞彬述童谣一幕记载不确切或"含混"[⑦]的印象，是后世版本据《南史》补字造成的。明代南京国子监本（简称"南监本"）、北京国子监本（简称"北监本"）、清代武英殿本（简称"殿本"）《南齐书》，

---

① 曹道衡、沈玉成因此以为"《南史》本传改为沈攸之反时，又不称'四贵'，较《南齐书》确切"。见《中古文学史料丛考·卞彬事迹杂考》，第385页。

② 中华书局点校本《南齐书》底本是张元济刊刻《百衲本二十四史·南齐书》，而《百衲本二十四史·南齐书》的底本是今藏于国家图书馆的宋刻宋元明初递修本。百衲本与宋本关于卞彬童谣著录文字相同，本文简称"底本"。

③ 《百衲本二十四史·南齐书》，上海：商务印书馆，1944年，第13册，第5页。

④ 李延寿：《南史》卷72，北京：中华书局，1975年点校本，第6册，第1767页。

⑤ 《册府元龟》卷190，台北：台湾中华书局，1967年，第4册，第2297页。

⑥ 《册府元龟》卷932，第19册，第10989页。

⑦ 朱自清曾指出"《南齐书》所叙稍含混"。详见朱自清：《中国歌谣》二《歌谣的起源与发展》"追记的依托的构造的改作的模拟的歌谣·三构造的"，上海：复旦大学出版社，2004年，第52页。

不同程度地据《南史》补字，[①]中华书局点校本循其例。[②]这些校本都忽视了同一事件在不同书写语境下的差异。[③]

《南齐书》的重要刻本、校本据《南史》补字的不当，提醒我们注意不同史家书写的复杂性。卞彬在什么时候对萧道成口述童谣，事件真相应有唯一性。萧子显出身萧齐宗室，在梁代撰写《南齐书》，距离萧齐历史现场更近，记载本应较可采信。李延寿在初唐修《南史》，关于萧齐史事多以《南齐书》为蓝本，《卞彬传》的整体结构也沿袭《南齐书》，而恰恰在卞彬述童谣一幕与《南齐书》存异。这显然是有别裁的。至少表明在李延寿的视野里，关于此事还有另一种可采纳的新说法。因此现存有两种版本的书写。

①萧子显《南齐书》：元徽末四贵辅政——卞彬述童谣——萧道成听后笑曰而过。

②李延寿《南史》：昇明初袁粲、王蕴等反萧道成败，时王蕴居忧，与袁粲同死——卞彬述童谣——萧道成不悦。

同一人物生平上的同一个事件，何以在不同史家笔下有如此大的差异？

二、童谣文体与卞彬之指刺

在讨论萧子显与李延寿之书写差异前，有必要了解一下卞彬述此童谣之意图。此童谣有何意味？卞彬为何要对萧道成述之？下面根据两书记载的共同部分，并结合本期童谣文化心理与卞彬政治态度试作说明。

卞彬所述童谣，两书无异文，是句句押韵的七言体，全篇三句，描写了一个令人悲伤的丧亡现场："著丁忧之服的尸体，旁无孝子哭丧，在骤然喧盛的箫管奏鸣后，这个家族走向了灭亡。"

关于其文体，《南齐书》载卞彬向萧道成转述时是说"外间有童谣"，定名为"童谣"；《南史》载为"比闻谣"，定名为"谣"，稍有差别。不过童谣是谣类之一，可以说两书都视此篇为谶谣。句中嵌入褚渊与萧道成之姓字：

---

① 宋本"尸著服"一句，南监本作"公颇闻否时王蕴居父忧与袁粲同死故云尸著服也"；北监本、殿本作"公颇闻不时王蕴居父忧与袁粲同死故念尸著服也服者衣也"；金陵书局本作"公颇闻不时王蕴居父忧与袁粲同死故云尸著服也服者衣也"。

② 南监本《南齐书》据《南史》补字之例并不仅见，如宋本卷24《柳世隆传》"出为虎威将军"一句，北监本、汲本、殿本同，南监本"虎"字作"武"。《南史》卷38《柳元景传附弟子世隆传》亦作"武"。按《宋书》卷39《百官志》上有"虎威将军"，无"武威将军"。唐人避李虎讳，改"虎"为"武"。南监本之"武威将军"，正是从《南史》改字而来。又如宋本卷30《焦度传》"为赞前军"一句，汲本同，南监本、北监本、殿本、局本与《南史》作"为赞前军参军"，南监本等殆据《南史》补字。按《宋书·武陵王赞传》云赞"顺帝升明元年，迁持节、督郢州司州之义阳诸军事、前将军、郢州刺史"（《宋书》卷80，第2071页），知焦度其时乃前将军刘赞参军，宋本载焦度"为赞前军"不确，南监本等据《南史》补"参军"二字是，中华书局点校本循之。

③ 朱季海：《南齐书校议》，北京：中华书局，2013年，第169-170页；丁福林：《南齐书校议》，北京：中华书局，2010年，第342-343页，均未议及此条。

第一句“尸著服”三字指代“衣”；第二句言“孝除子，以日代”，指代“者”，合得“褚”字。第三句“列管”指代“箫”，与“萧”谐音双关。这种运用“褚”“萧”二字结构、音义的特殊性制作韵语的水平，殆非童蒙所可及。萧子显、李延寿都记载萧道成听后断定是“彬自作此”，《南史》载为“谣”，盖是因此。不过谶谣“往往是人们利用古汉语的文字、音韵、词汇、语法和修辞的特殊性而创制的”[①]。双关、离合更是南朝常见修辞方式。[②]也可能如卞彬所言只是外间谣言而已。

古人认为谶谣尤其是童谣具有预言性。谣言描述的境况，往往对应谣中指涉之人的行事命运产生一定的影响。如司马彪《续汉书志·五行志一·谣条》载：“献帝践祚之初，京都童谣曰：‘千里草，何青青。十日卜，不得生。’”[③]谣辞离合董卓姓名而成，描述“千里草”暴盛旋亡，预言董卓暴盛旋亡。沈约《宋书·五行志》载：“晋惠帝元康中，京、洛童谣曰：‘南风起，吹白沙，遥望鲁国何嵯峨，千岁髑髅生齿牙。’”[④]谣辞中嵌入贾后（名南风）与太子司马遹（小名沙门）之名，描述南风吹白沙，预言贾后起乱危害太子。人们相信董卓、司马遹之死，正是童谣预言应验。因此决策者会根据童谣所示采取一些对己方有利的措施。如《宋书·五行志》载：“孙晧天纪中，童谣曰：‘阿童复阿童，衔刀游渡江。不畏岸上虎，但畏水中龙。’晋武帝闻之，加王濬龙骧将军。及征吴，江西众无过者，而王濬先定秣陵。”[⑤]《晋书·羊祜传》载：“祜以伐吴必藉上流之势。又时吴有童谣曰：‘阿童复阿童，衔刀浮渡江。不畏岸上兽，但畏水中龙。’祜闻之曰：‘此必水军有功，但当思应其名者耳。’会益州刺史王濬征为大司农，祜知其可任，濬又小字阿童，因表留濬监益州诸军事，加龙骧将军，密令修舟楫，为顺流之计。”[⑥]这表明晋人听闻该童谣后，命小字阿童的王濬为龙骧将军，以合吴人“畏”“水中龙”“阿童”的谶示。[⑦]

在卞彬与萧道成生活的南朝时代，童谣预言性仍得到普遍认同。裴松之在其《三国志·魏书·公孙瓒传》注中明确说：“臣松之以为童谣之言，无不

① 吴承学：《中国古代文体形态研究》第二章《论谣谶与诗谶》一“谣谶形态与谶纬之学”，北京：北京大学出版社，2013年。
② 王运熙：《论吴声西曲与谐音双关语》《离合诗考》，《王运熙文集》卷1《乐府诗述论》，上海：上海古籍出版社，2012年。
③ 《后汉书》卷103，第11册，第3285页。
④ 《宋书》卷31，北京：中华书局，1974年，第3册，第915页。
⑤ 《宋书》卷31，第3册，第914页。
⑥ 房玄龄等：《晋书》卷34，北京：中华书局，1974年，第4册，第1017页。
⑦ “阿童”一谣的传播，也可能是晋军自己散布的谣言，为王濬出兵必胜造势。这也说明其时社会上存在一种对童谣预言性的认同心理。

皆验。”[①]因此，受童谣左右而调整政治决策，或伪造谣言而进行政治炒作[②]是此期谣文化的重要表征。《南齐书·荀伯玉传》载：“初，太祖在淮南，伯玉假还广陵，梦上广陵城南楼上，有二青衣小儿语伯玉云：‘草中肃，九五相追逐。’伯玉视城下人头上皆有草。泰始七年，伯玉又梦太祖乘船在广陵北渚，见上两掖下有翅不舒。伯玉问何当舒，上曰：‘却后三年。’伯玉梦中自谓是咒师，向上唾咒之，凡六咒，有六龙出，两掖下翅皆舒，还而复歛。元徽二年，而太祖破桂阳，威名大震。五年而废苍梧。太祖谓伯玉曰：‘卿时乘之梦，今且效矣。’”[③]可见萧道成借小儿语“草中肃，九五相追逐”之力在代宋自立路上步步推进。

童谣预言甚至左右过萧道成的政治决策。《南齐书·张敬儿传》载刘休范乱时，萧道成许张敬儿曰：“卿若能办事，当以本州相赏。”后敬儿斩休范首，萧道成“以敬儿人位既轻，不欲便使为襄阳重镇，敬儿求之不已，乃微动太祖曰：‘沈攸之在荆州，公知其欲何所作？不出敬儿以防之，恐非公之利也。’太祖笑而无言，乃以敬儿为持节、督雍梁二州郢司二郡军事、雍州刺史”[④]。此中萧道成与张敬儿约定，张敬儿若斩刘休范，可得雍州。但后来萧道成爽约，因为张敬儿的资历实不足以授雍州。最终张敬儿以自己能防沈攸之说服了萧道成，获得雍州刺史一职。为什么张敬儿一说自己能防沈攸之，萧道成就放弃授官原则呢？固然不无担心张敬儿倒戈投靠沈攸之的考虑，但恐怕与“元徽中，童谣曰：‘襄阳白铜蹄，郎杀荆州儿’”[⑤]不无联系。张敬儿出身襄阳，沈攸之为荆州刺史，与“襄阳郎杀荆州儿”的童谣相应。因此萧道成“出敬儿以防之”。可以说，童谣影响了萧道成关于雍州刺史任命人选的决策。[⑥]

从以上萧道成对童谣的接受心理来看，卞彬对其述“外间童谣”，并非无的放矢。述童谣的时间，《南齐书》或在元徽末，《南史》载在昇明初，都在萧道成篡宋的关键时期内。前引荀伯玉之梦，表明元徽末朝野对萧道成“追逐九五”的意图已有领会。至昇明初，萧道成的篡权意图更是举世皆知，《魏书·天象志》载太和“元年八月至三年五月，月行六犯南斗，入魁中。斗为大人寿命，且吴分。是时冯太后专政，而宋将萧道成亦擅威福之权，方图刘氏”[⑦]，

① 陈寿撰、裴松之注：《三国志》卷8，北京：中华书局，1959年，第1册，第243页。
② 吴承学：《中国古代文体形态研究》第二章《论谣谶与诗谶》二“诗妖、诗异：征兆、禁忌与政治炒作”。
③ 《南齐书》卷31，第2册，第573页。
④ 《南齐书》卷25，第2册，第465页。
⑤ 《南齐书》卷19《五行志》，第2册，第381页。
⑥ 事实上这可能是一篇反映襄阳军事力量的童谣，流传较为广远，因此易为人采信。如后来又有“襄阳白铜蹄，反缚扬州儿”之说，被附会为是时在雍州军镇的萧衍将围缚建康城内的东昏侯的预言，见《隋书》卷13《音乐志》，第305页。另可参陈寅恪《论东晋王导之功业》一文对《梁书》“江陵素畏襄阳人”一语的讨论。
⑦ 张太素补，见魏收撰：《魏书》卷105，北京：中华书局，1974年，第7册，第2413页。

堪为佐证。卞彬所述童谣描述丧亡现场，词句之惨绝，堪比桓玄“白布缠棺竖旒旐”，似“了语”排调。[①]但其中明确嵌入褚渊、萧道成之姓氏，实寓指刺，尤其“列管蹔鸣死灭族”言“箫（萧）”鸣将致灭族，诚为警示[②]，盖希望萧道成闻悉预兆不祥后改变篡宋主意。

卞彬有宗奉刘宋的政治立场。《南齐书》和《南史》在记载卞彬述童谣一幕后，同载“齐台初建，彬又曰：‘谁谓宋远，跂予望之’ ”[③]一事，对萧道成咏《诗经·卫风·河广》。按《毛诗序》曰：“《河广》，宋襄公母归于卫，思而不止，故作是诗也。”[④]刘宋国名正与宋襄公之国同。齐台建后，刘宋皇权之归于萧齐，几如宋襄公母归卫。卞彬咏《河广》，无疑是声明其心系于宋。

在朝代革易频繁的东晋南朝，卞彬的家世即济阴卞氏是少有的以忠贞垂名之门户。[⑤]卞彬高祖卞壸，为东晋明帝临终顾命大臣，后为抵抗叛臣苏峻，与二子眕、盱同时见害。时议以“卞令忠贞之节，当书于竹帛”[⑥]。任昉《为卞彬谢修卞忠贞墓启一首》曰：“臣彬启：伏见诏书并郑义泰宣敕，当赐修理臣亡高祖晋故骠骑大将军建兴忠贞公壸坟茔。”[⑦]卞壸父子一直为后世所感念，[⑧]对卞彬不无熏陶。[⑨]卞彬祖即卞壸孙，《世说新语》敬胤注载：“壸子瞻，字彦道，广州刺史。瞻生嗣之，字奉伯，中领军。嗣之生延之，上虞令。延之生彬。彬，

① 其时杂体诗作颇有危言耸听之制。《世说新语·排调》载：“桓南郡与殷荆州语次，因共作了语。顾恺之曰：‘火烧平原无遗燎。’桓曰：‘白布缠棺竖旒旐。’殷曰：‘投鱼深渊放飞鸟。’ ” 明沈长卿曰：“噫，燎原之火，洵靡有孑遗矣，傥松栢苍翠，雨雪纷纷，虽烈焰无如之何，则‘火烧平原无遗燎’犹未了也。夫人生平洵定于盖棺矣，傥报怨者启墓而鞭尸，殛奸者斲棺而枭首，则‘白布缠棺竖旒旐’犹未了也。鱼鸟还其故乡，洵适矣，傥钓者出之重泉之下，弋者落之层霄之上，则‘投鱼深渊放飞鸟’犹未了也。然则何时是了，菩萨永不堕轮回，此之谓了语也。”（见氏著：《沈氏弋说》卷 6“驳晋人了语危语说”，明万历刻本）卞彬谣中“尸著服”，表明描述对象是在服丧期间死去；“孝子不在日代哭”，表明死去时无孝子在旁，亦比一般的死丧更为彻底。

② 吕肖奂曾指出：卞彬是刘宋忠臣，为了说服萧道成不要代宋而自立，自编此谶谣。详参吕肖奂：《中国古代民谣研究》，成都：巴蜀书社，2006 年，第 105 页。

③ 《南齐书》卷 52《文学传·卞彬传》，第 3 册，第 892 页。

④ 毛亨传，郑玄笺，孔颖达疏：《毛诗注疏》卷 3《河广》，上海：上海古籍出版社，2013 年，上册，第 325 页。

⑤ 周一良《南齐书札记》“东晋以后政权嬗代之特征”条言：“南朝门阀贵族于皇室王朝之嬗替，自来无动于衷者为多，表现封建忠臣气节者虽非绝无而极少。”见氏著：《魏晋南北朝史札记》（补订本），北京：中华书局，2015 年，第 265-269 页。

⑥ 《晋书》卷 70，第 6 册，第 1866-1872 页。

⑦ 任昉：《为卞彬谢修卞忠贞墓启一首》，萧统：《文选》卷 39，上海：上海古籍出版社，1986 年，第 4 册，第 1795 页。

⑧ 《南齐书》卷 33《王僧虔》传载檀珪与王僧虔书曰：“卞望之以咸和初殒身国难，至兴宁末，方崇礼秩，官其子孙。……似不以世代远而被弃，年世疏而见遗。”（第 2 册，第 593 页）《晋书》卷 70 史臣曰：“卞壸束带立朝，以匡正为己任。褰裳卫主，蹈忠义以成名。遂使臣死于君，子死于父，惟忠与孝，萃其一门。古称社稷之臣，忠贞之谓矣。”（第 6 册，第 1879 页）

⑨ 两晋南朝士族整体以“保家之念宜切”为处世立场，“君臣之节，徒致虚名”，时俗浇薄，盖令忠臣之后对家世故事更为刻骨铭心。《世说新语·品藻》载：“谢公与时贤共赏说，遏、胡儿并在坐，公问李弘度曰：‘卿家平阳何如乐令？’于是李潸然流涕曰：‘赵王篡逆，乐令亲授玺绶。亡伯雅正，耻处乱朝，遂至仰药，恐难以相比！此自显于事实，非私亲之言。’谢公语胡儿曰：‘有识者果不异人意。’”（余嘉锡笺疏：《世说新语笺疏》，中册，北京：中华书局，2007 年，第 622 页）从李充对父辈李重的记忆，不难推想卞壸父子事迹对其后人之影响。

今南郡丞。”①《南齐书·卞彬传》载“祖嗣之，中领军”②,《弘明集》卷一二载卞嗣之《答桓玄诏》自署“侍中祭酒”③。中领军、侍中祭酒职位都不算低。不过史无其传，《为卞彬谢修卞忠贞墓启一首》中言：“臣门绪不昌，天道所昧，忠遘身危，孝积家祸，名教同悲，隐沦惆怅。而年世贸迁，孤裔沦塞。”④似因卞嗣之依附桓玄，⑤家世趋于隐沦。⑥卞彬父即卞壸曾孙，《南齐书·卞彬传》载：“父延之，有刚气，为上虞令。”据《南史·卞彬传》，卞延之“弱冠为上虞令，有刚气。会稽太守孟顗以令长裁之，积不能容，脱帻投地曰：‘我所以屈卿者，政为此帻耳。今已投之卿矣。卿以一世勋门，而傲天下国士。’拂衣而去”⑦。按顗元嘉年间任会稽太守，⑧延之任上虞令盖亦在元嘉年间，⑨其以国士自守，已然认同刘宋。⑩其对待孟顗的态度，亦颇有卞壸“断裁切直，不畏强御”⑪之风。⑫

---

① 汪藻《世说叙录·考异》“王丞相云刁玄亮之察察，戴若思之岩岩，卞望之之峰距”条引，见《世说新语》，1929年尊经阁景南宋绍兴八年刻本。参见陈爽：《世说新语敬胤注的历史文献学研究》，《第五届中国古文献与传统文化国际学术研讨会提交论文》，杭州，2014年10月。

② 《南齐书》卷52《文学传》，第3册，第892页。《南史·卞彬传》记载更详细，见《南史》第6册，第1767页。

③ 僧祐撰，李小荣校笺：《弘明集校笺》，上海，上海古籍出版社，2013年，第699页。

④ 萧统：《文选》卷39，第4册，第1795-1796页。

⑤ 余嘉锡谓：“晋之士大夫感温之恩，多党附桓氏。”见余嘉锡：《世说新语笺疏》，中册，第826页。

⑥ 卞嗣之生平事迹不详。李小荣谓：“据南京市博物馆在该市北郊象山所发掘出土之东晋时期《刘媚子墓志》（参《文物》2000年第7期），王建之有小女叫王张愿，其‘适济阴卞嗣之，字奉伯’，则知卞氏与琅邪王氏为姻亲。又《晋书》卷九九载有卞范之（？～404年），其字敬祖，济阴宛句（今山东菏泽）人，亦属桓玄集团，则二人似为兄弟关系。”（僧祐撰，李小荣校笺：《弘明集校笺》，第697页）但《世说新语·宠礼第二十二》刘孝标注引丘渊之《文章录》曰：“范之字敬祖，济阴冤句人。祖崐，下邳太守。父循，尚书郎。桓玄辅政，范之迁丹阳尹。玄败，伏诛。”（余嘉锡：《世说新语笺疏》，下册，第852页）知卞范之父循，是卞崐孙。与卞壸孙卞嗣之，似非兄弟。不过，明梅鼎祚《释文纪》卷4晋《卞嗣之衰恪之答桓玄启》题注曰：“嗣之字敬祖，济阴冤句人。”似将卞范之与卞嗣之视为同一人。《晋书·卞壸传》载“壸第三子瞻”，“瞻”“循”形近，卞瞻与卞循可能是一人。又“崐”义指山高，与“望之”相关，或“崐”即壸之别字。范之可能为壸第三子瞻之后，字敬祖，即纪念卞壸。而嗣之字奉伯，伯当指随卞壸战死的卞眕、卞盱，与范之取字思路相同。按《晋书·卞范之传》载“玄僭位，以范之为侍中……其禅诏，即范之文也”，则卞范之与卞嗣之皆曾为桓玄侍中。或“嗣”与“范（範）”形近，梅鼎祚将之视为同一人盖有所本。又《宋书·武帝纪上》载：“桓玄将篡，谧手解安帝玺绂，为玄佐命功臣。及义旗建，众并谓谧宜诛，唯高祖保持之。……高祖笺曰大将军，深相保谧，迎还复位。光禄勋卞承之、左卫将军褚粲、游击将军司马秀役使官人，为御史中丞王祯之所纠察，谢笺言辞怨愤。承之造司宜藏。高祖与大将军笺，白‘粲等备位大臣，所怀必尽，执宪不允，自应据理陈诉，而横兴怨忿，归咎有司。宜加裁当，以清风轨’。并免官。”（《宋书》卷1，第1册，第10页）此知王导之孙王谧，与卞承之皆依附桓玄。此卞承之与卞嗣之，未知是否同一人或兄弟关系。《隋书·经籍四·集志》“晋《桓玄集》二十卷”条下注：“梁有晋丹阳尹《卞范之集》五卷，录一卷。光禄勋《卞承之集》十卷，录一卷。亡。”（《隋书》卷35，第1069页）则卞嗣之、卞范之、卞承之皆是依附桓玄者，三人具体关系俟考。

⑦ 《南史》卷72，第6册，第1766页。

⑧ 孟顗两度出任会稽太守，一在元嘉四年（427）前后，一在元嘉二十五年（448）前后，详参《宋书·何尚之传》《宋书·郭世道传》《宋书·符瑞志》。

⑨ 按卞嗣之附桓玄。桓玄晋元兴三年（404）败，嗣之或同时败亡。则卞延之生年当不晚于404年，弱冠约在424年，即元嘉元年。其遇孟顗或当在宋元嘉四年前后。

⑩ “国士”一般是得到朝廷礼遇且有忠贞之节者。《南齐书·张敬儿传》载萧道成答沈攸之书言：“逮文帝之世，初被圣明鉴赏。及孝武之朝，复蒙英主顾眄。因此感激，未能自反。及与足下欸袂定交，款著分好，何尝不劝慕古人国士之心，务重前良忠贞之节。”（《南齐书》卷25，第469页）是其用例。

⑪ 《晋书》卷70《卞壸传》，第7册，第1870-1872页。

⑫ 按孟顗兄孟昶本欲依附桓玄。《晋书·列女传·孟昶妻周氏传》载“初，桓玄雅重昶而刘迈毁之，昶知，深自惋失”，遂转而支持刘裕，成为桓玄、卞嗣之一派的对手。《宋书·五行志二》载：“司马元显时，

从卞壸忠贞遗教与家世在晋宋的沉浮来看，不难理解卞彬宗宋之立场。[①]据《南史·卞彬传》："（彬）常于东府谒高帝，高帝时为齐王。彬曰：'殿下即东宫为府，则以青溪为鸿沟，鸿沟以东为齐，以西为宋。'仍咏《诗》云：'谁谓宋远，跂予望之。'遂大忤旨，因此摈废数年，不得仕进。"[②]知咏《河广》之前，卞彬还借齐王府与刘宋帝室隔青溪相望的地理形势，语带双关地指刺齐王府与刘宋皇室楚汉相争。《南齐书·卞彬传》无此一幕，但据《王俭传》："齐台建……太祖从容谓俭曰：'我今日以青溪为鸿沟。'对曰：'天应民从，庶无楚、汉之事。'"所谓"我今日以青溪为鸿沟"，很可能源出卞彬"殿下即东宫为府，则以青溪为鸿沟"之言。《南史》的记载当有所本。从萧道成与王俭的对话中，可见萧道成着意营造代宋是天应民从，非自己强取的氛围。[③]因此，卞彬言齐王府与宋皇室"以青溪为鸿沟"，指刺齐宋之争；咏《河广》明言宗宋，挑战"天应民从"，是不合时宜的。

可以说，从述童谣，到指刺齐王府与宋皇室"以青溪为鸿沟"并咏《河广》之诗，卞彬的态度是一脉相承的，即不认同萧道成之篡宋行径。述童谣一幕发

民谣诗云：'当有十一口，当为兵所伤。木亘当北度，走入浩浩乡。'又云：'金刀既以刻，娓娓金城中。'……孟顗释之曰，"十一口"者，玄字象也。"木亘"，桓也。桓氏当悉走入关、洛，故云"浩浩乡"也。"金刀"，刘也。倡义诸公，皆多姓刘。"娓娓"，美盛貌也。(《宋书》卷31，第3册，第919页）可见孟顗也是站在刘裕一方。其对卞延之的态度，或也有以卞延之为败兵的心理。

① 个人政治态度受家世在新旧朝的际遇影响者，在南朝颇不少。如王俭，其父王僧绰被元凶刘劭所诛，嫡母东阳公主被认为参与巫蛊事件，死后被宋明帝认为没有资格当王俭妻阳羡公主婆婆，差点被离葬。这些伤害，对于王俭后来选择追随齐高帝萧道成篡宋自立有重要影响。汪春泓曾有论及，参见氏著：《史汉研究》，上海：上海古籍出版社，2014年，第476、504页。又如沈文季，其父沈庆之被前废帝刘子业杀害，《南齐书》卷44《沈文季传》载："攸之先为景和衔使杀庆之。至是文季收杀攸之弟新安太守登之，诛其宗族。"可见沈文季追随萧道成，亦与其家世遭遇有关。因此王俭、沈文季入齐没有犯不忠的压力。而褚渊那样得刘宋恩遇却背叛刘宋者，则连沈文季都讥议之，曰："褚渊自谓是忠臣，未知身死之日，何面目见宋明帝？"这说明当时一般观念认为受旧朝恩遇者应忠于旧朝。沈文季在其父被害后得到刘休祐任用，后"休祐被杀，虽用薨礼，僚佐多不敢至。文季独往省墓展哀"，表明沈文季对恩主有尽忠之心，这盖是其敢于讥议褚渊的原因（第3册，第775-776页）。清顾炎武《日知录》卷一三"正始"条谓："有亡国，有亡天下，亡国与亡天下奚辨？曰：易姓改号，谓之亡国，仁义充塞而至于率兽食人，人将相食，谓之亡天下。魏、晋人之清谈，何以亡天下？是《孟子》所谓杨、墨之言，至于使天下无父无君而入于禽兽者也。昔者嵇绍之父康被杀于晋文王，至武帝革命之时，而山涛荐之入仕。绍时屏居私门，欲辞不就，涛谓之曰：'为君思之久矣，天地四时犹有消息，而况于人乎？'一时传诵，以为名言，而不知其败义伤教，至于率天下而无父者也。夫绍之于晋，非其君也，忘其父而事其非君，当其未死三十余年之间，为无父之人亦已久矣，而荡阴之死何足以赎其罪乎！且其入仕之初，岂知必有乘舆败绩之事而可树其忠名以盖于晚也？自正始以来，而大义之不明，遍于天下，如山涛者既为邪说之魁，遂使嵇绍之贤且犯天下之不韪而不顾。夫邪正之说，不容两立，使谓绍为忠，则必谓王裒为不忠而后可也。何怪其相率臣于刘聪、石勒？观其故主青衣行酒而不以动其心者乎？是故知保天下然后知保其国，保国者，其君其臣肉食者谋之；保天下者，匹夫之贱与有责焉耳矣。"（黄汝成集释：《日知录集释》，上海：上海古籍出版社，2006年，第756-757页）此中对魏晋士风的批判，与卞壸对清谈立朝者的批判态度颇为一致。济阴卞氏之重"忠节"，当从这种君父纲常的传统观之。也即是说，卞彬不从萧齐，非仅是忠于刘宋一姓之兴亡，更主要是表达对萧道成、褚渊等不忠行为的反对姿态。此与晚清民国易代之际殉清人物的心态颇有可相参证之处。详见王风：《王国维："殉清"亦或"殉文化"》，《世运推移与文章兴替——中国近代文学论集》，北京：北京大学出版社，2015年，第272-278页。

② 《南史》卷72《文学传》，第6册，第1767页。

③ 萧齐一贯强调代宋乃天命。《宋书》卷七四史臣曰："攸之伺隙西郢，年逾十载，擅命专威，无君已积。及天厌宋道，鼎运将离，不识代德之纪。"（第1943页）《南齐书·高帝纪》曰"齐王顺天人之心，潜图废立，与直阁将军王敬则谋之。"（第1册，第189页）都是其时舆论建构的表现。

生在齐王府建立之前，当时盖仍抱有借童谣来促使萧道成放弃篡宋计划的一线希望。但萧道成听后断言该谣乃卞彬自编，这既说明宋齐革易之际存在伪造谣谶的风尚，一般童谣易遭质疑；也说明该童谣并未广泛流传，根本无力阻止萧道成的篡宋进程。这种状况卞彬应也能预料到，但仍对萧道成述之，正如后来咏《河广》一样，归根到底是忠于刘宋的自觉表态。入齐后，卞彬虽出仕，但自谓“为人多病，起居甚疏，萦寝败絮，不能自释。兼摄性懈惰，懒事皮肤，澡刷不谨，澣沐失时”①，语袭嵇康《与山巨源绝交书》，流露出与时局的格格不入。②史载其“颇饮酒，摒弃形骸”，“以瓠壶瓢勺杬皮为肴，著帛冠十二年不改易，以大瓠为火笼，什物多诸诡异”，人谏曰“卿都不持操，名器何由得升”，彬答曰：“掷五木子，十掷辄鞬，岂复是掷子之拙。吾好掷，政极此矣。”③表现出消极任纵的处世态度，此殆反对萧道成代宋兴齐的后遗症。

值得注意的是，谣语及褚渊。按《南齐书·褚渊传》载“渊初为丹阳，与从弟照同载出，道逢太祖，渊举手指太祖车谓照曰：‘此非常人也。’出为吴兴，太祖饷物别，渊又谓之曰：‘此人材貌非常，将来不可测也。’及顾命之际，引太祖豫焉。”④可见褚渊很早即赏识萧道成，后依附萧道成。《南齐书·褚渊传》载“苍梧酷暴稍甚，太祖与渊及袁粲言世事，粲曰：‘主上幼年微过易改，伊、霍之事，非季代所行，纵使功成，亦终无全地。’渊默然，归心太祖。及废苍梧，群公集议，袁粲、刘秉既不受任，渊曰：‘非萧公无以了此。’手取书授太祖。”⑤入齐后，萧道成“大宴集，酒后谓群臣曰：‘卿等并宋时公卿，亦当不言我应得天子。’王俭等未及答，渊敛板曰：‘陛下不得言臣不早识龙颜。’”⑥可见从行废立到禅宋兴齐，褚渊紧跟萧道成，迹近勾结，世颇以名节讥之。⑦卞彬所述这一离合“褚”字而成“可怜可念尸著服、孝子不在日代哭”之谣，正是时人讥议褚渊的一例。《南齐书·卞彬传》又载“彬又目禽兽云：‘羊性淫而狠，猪性卑而率，鹅性顽而傲，狗性险而出。’皆指斥贵

① 卞彬《蚤虱赋序》，《南齐书》卷52《文学传·卞彬传》，第3册，第892页。

② 《与山巨源绝交书》“性复疏懒，筋驽肉缓，头面常一月十五日不洗，不大闷痒，不能沐也”。这种与世疏离的自我表白，为后世文士所继承。本期除卞彬外，还有刘瓛。《南齐书·刘瓛传》载刘瓛“素无宦情”，“平生无荣进意”，“永明初，竟陵王子良请为征北司徒记室。瓛与张融、王思远书曰：‘奉教使恭召，会当停公事，但念生平素抱，有乖恩顾。吾性拙人间，不习仕进，昔尝为行佐，便以不能及公事免黜，此皆眷者所共知也。量己审分，不敢期荣。夙婴贫困，加以疏懒，衣裳容发，有足骇者。’”也是以自毁形象的方式，表达不拜官的态度。按刘瓛曾与袁粲交游，其政治态度也倾向刘宋，《南齐书》本传载“丹阳尹袁粲于后堂夜集，瓛在座，粲指庭中柳树谓瓛曰：‘人谓此是刘尹时树，每想高风。今复见卿清德，可谓不衰矣。’荐为秘书郎，不见用。……袁粲诛，瓛微服往哭，并致赙助。太祖践阼，召瓛入华林园谈语……敕瓛使数入，而瓛自非诏见，未尝到宫门。”（《南齐书》卷39，第2册，第677-678页。《南史》卷50《刘瓛传》同载）其与萧齐政权保持疏离的态度甚为鲜明。

③ 《南齐书》卷52，第3册，第892-893页。

④ 《南齐书》卷23，第2册，第426页。

⑤ 《南齐书》卷23，第2册，第428页。又见《南史》卷28《褚彦回传》，第3册，第750页。

⑥ 《南齐书》卷23，第2册，第428-429页。

⑦ 《南史》卷28《褚彦回传》，第3册，第753页。

势。”[①]《南史·卞彬传》同载此“目禽兽”之文，并释曰：“其羊淫佷，谓吕文显。猪卑率，谓朱隆之。鹅顽傲，谓潘敞。狗险出，谓文度。”[②]所讥刺皆热衷勾结煽弄威权之人。[③]这与童谣讥褚渊、萧道成勾结也一脉相承，颇有卞壸“不肯苟同时好”[④]的余风。

总之，卞彬述童谣这一幕，不仅表明卞彬的政治立场，流露其才操与家世家风，影响其随后命运，而且也是宋齐革易之际政治舆论的重要表征。《南齐书》与《南史》都将此事置于叙卞彬生平之伊始，其对传主人生的意义自不待言；而两书记载时又存在重大的历史语境差异，则与该谣作为一种政治舆论的敏感性有关。下面考察两书的不同记载。

三、《南齐书》卞彬童谣的历史语境解析

如前所述，《南齐书》与《南史》记载上最显著的不同，在于卞彬述童谣的时间。《南齐书》载卞彬述童谣在“元徽末四贵辅政”之时，无涉王蕴、袁粲之死。萧子显释曰：“尸著服，褚字边衣也，孝除子，以日代者，谓褚渊也。列管，萧也。”着眼童谣的成文方式，指出谣句离合“褚”字、双关“萧”字，指刺褚渊、萧道成。在“四贵辅政”的背景下，童谣仅指刺其中褚、萧二人，暗示了“四贵”内部的某种分裂。

“四贵”是宋后废帝刘昱元徽年间的辅政团队。《宋书·明帝纪》：“（泰豫元年夏四月）己亥（472 年 5 月 10 日），上大渐。……袁粲、褚渊、刘勔、蔡兴宗、沈攸之同被顾命。是日，上崩于景福殿。”[⑤]太子刘昱即位，时年仅十岁，[⑥]因此宋明帝有顾命大臣之任。但《宋书》记载其顾命大臣不包括萧道成。据《南齐书》《南史》记载，因褚渊引荐，萧道成后同豫顾命。[⑦]《宋书·后废帝纪》载元徽二年“五月壬午，太尉、江州刺史桂阳王休范举兵反。……卫将军袁粲、中军将军褚渊入卫殿省。壬辰，贼奄至，攻新亭垒。齐王（即萧道成）拒击，大破之。越骑校尉张敬儿斩休范。贼党杜黑蠡、丁文豪分军向朱雀航，刘勔拒贼败绩，力战死之。”[⑧]《宋书·袁粲传》载：“二年，桂阳王休范为逆，粲扶曳入殿，诏加兵自随，府置佐史。时兵难危急，贼已至南掖门，

① 《南齐书》卷 52《文学传·卞彬传》，第 3 册，第 893 页。
② 《南史》卷 72《文学传》，第 6 册，第 1767 页。
③ 《南齐书·幸臣传》载吕文显、文度为兄弟，《南史》卷 46《周奉叔传》载：“（奉叔）与綦母珍、曹道刚、朱隆之共相唇齿，煽弄威权。”第 4 册，第 1158 页。
④ 《晋书》卷 70，第 6 册，第 1871 页。
⑤ 《宋书》卷 8，第 1 册，第 169 页。
⑥ 《宋书》卷 9《后废帝纪》，第 1 册，第 177 页。
⑦ 《南齐书》卷 23《褚渊传》，第 2 册，第 426 页；《南史》卷 28《褚彦回传》，第 3 册，第 750 页。
⑧ 《宋书》卷 9《后废帝纪》，第 1 册，第 181-182 页。

诸将意沮，咸莫能奋。粲慷慨谓诸将帅曰：‘寇贼已逼，而众情离沮。孤子受先帝顾托，本以死报，今日当与褚护军同死社稷。’因命左右被马，辞色哀壮。于是陈显达等感激出战，贼即平殄。事宁，授中书监，即本号开府仪同三司，领司徒，以扬州解为府，固不肯移。三年，徙尚书令，卫军、开府如故，并固辞，服终乃受。加侍中，进爵为侯，又不受。时粲与齐王、褚渊、刘秉入直，平决万机，时谓之‘四贵’。”[①]明言“四贵”是袁粲、褚渊、刘秉和萧道成四位朝中要员。

“四贵”中萧道成最具军事实力，前引《宋书·后废帝纪》已言刘休范乱时萧道成于新亭垒抗击并大破之。《南齐书·高帝纪上》特别记载到“（休范）元徽二年五月，举兵于寻阳……朝廷惶骇。太祖与护军褚渊、征北张永、领军刘勔、仆射刘秉、游击将军戴明宝、骁骑将军阮佃夫、右军将军王道隆、中书舍人孙千龄、员外郎杨运长集中书省计议，莫有言者。太祖曰：‘……我请顿新亭以当其锋。征北可以见甲守白下。中堂旧是置兵地，领军宜屯宣阳门为诸军节度。诸贵安坐殿中，右军诸人不须竞出，我自前驱，破贼必矣。’因索笔下议，并注同”[②]，详言朝廷听闻休范举兵后惶骇无措，由萧道成率先提议抵抗并获得群伦赞同，彰显其号召力。但从前引《宋书·袁粲传》来看，萧道成提议后实“诸将意沮，咸莫能奋”，直到尚在丁忧的“粲扶曳入殿”“慷慨谓诸将帅”，才令“陈显达等感激出战，贼即平殄”。[③]显然萧道成实际未能号召朝野，这与其日益显露的篡权野心有关。[④]

宋明帝时民间流言云：“萧道成当为天子。”[⑤]平刘休范后更是“威名大振”[⑥]，以刘昱“酷暴稍甚”，拟行废立。《南齐书·张敬儿传》载沈攸之与萧道成书曰：“凡废立大事，不可广谋，但袁、褚遗寄，刘又国之近戚，数臣地籍实为膏腴，人位并居时望，若此不与议，复谁可得共披心胸者哉？”[⑦]说明萧道成行废立之议，初未与袁粲、褚渊和刘秉等商议。后来与褚渊、袁粲商议，“粲曰：‘主上幼年微过易改，伊、霍之事，非季代所行，纵使功成，亦终无全地。’渊默然，归心太祖”，说明袁粲不赞同废刘昱，褚渊则默许之。

① 《宋书》卷89《袁粲传》，第8册，第2232页。宋司马光编著《资治通鉴》（北京：中华书局，1956年，第4182页）卷133亦载此。

② 《南齐书》第1册，第7页。

③ 《宋书》卷89《袁粲传》，第8册，第2232页。

④ 按“升明元年，荆州刺史沈攸之举兵，齐王自诣粲，粲称疾不见。粲宗人通直郎袁达以为不宜示异同，粲曰：‘彼若以主幼时艰，与桂阳时不异，劫我入台，便无辞以拒。一如此，不复得出矣’”（《宋书》卷89《袁粲传》，第8册，第2233页）来看，袁粲对于刘宋“主幼时艰”之忠心匡扶乃时所公认，在朝野中当是最具精神号召力的一位。《南齐书·高帝纪》亦载“攸之反问初至，太祖往石头与粲谋议”，盖其时萧道成尚试图利用宋顺帝劝服袁粲抵制沈攸之。

⑤ 《南齐书》卷1《高帝纪》，第6页。详参吕思勉《两晋南北朝史》，上海：上海古籍出版社，2005年，上册，第394页。

⑥ 《南齐书》卷31，第2册，第573页。

⑦ 《南齐书》卷25，第2册，第467页。

《南齐书》将卞彬述童谣的时间放在“元徽末”，且仅指萧道成、褚渊，盖是提醒行废立不祥，表达对这两人联手废刘昱的不赞同态度。

有意思的是，萧子显在解析童谣时未明确语及废立之事。当然，卞彬声称此是“外间童谣”，童谣文体正多是“无知孩童的游戏之语，或者是刍荛狂夫的荒唐之言”[①]，萧子显不坐实说明，自无可厚非。而立足修辞特色解析卞彬童谣，则强化了该谣文字游戏方面的印象：利用“褚”“萧”二字结构、音义的特殊性成文，正与本期文坛的杂体诗创作风尚一致，可以说是用一种亦庄亦谐的游戏之言来表达其不看好萧道成、褚渊的态度。

《册府元龟》卷一九〇“闰位部·聪察类”载：

> 南齐太祖初为齐公时，四贵辅政，员外郎卞彬谓太祖曰：“外间有童谣云：‘可怜可念尸著服，孝子不在日代哭，列管蹔鸣死灭族。’”尸著服，褚字边衣也。孝除子，以日代者，谓褚渊也。列管，箫也。彬退，太祖笑曰：“彬自作此。”[②]

又卷九三二“总录部·诬构类”载：

> 南齐卞彬为员外郎，宋元徽末，四贵辅政，彬谓太祖曰：“外间有童谣云：可怜可念尸[③]著服，孝子不在日代哭，列管蹔鸣死灭族。”尸[④]著服，褚字边衣也；孝除子，以日代者，谓褚渊也；列管，箫也。彬退，太祖笑曰：“彬自作此。”[⑤]

两次录及卞彬述童谣，均同《南齐书》底本。《册府元龟》将此事归入“聪察类”和“诬构类”，盖赞同萧道成的判断，以此谣为卞彬自作。伪造童谣指刺别人，无疑是一种“诬构”；被对方识破，则显出对方的“聪察”。这里想强调的是，《南史》也记载萧道成识破此谣，但《册府元龟》不依从《南史》[⑥]，这说明《南齐书》的书写有其内在自洽性。具言之，即卞彬“诬构”童谣，乃发自忠宋之心；萧道成知卞彬之“诬构”，无不悦，符合宽厚的人君形象。《南齐书·刘瓛传》载“太祖践阼，召瓛入华林园谈语，谓瓛曰：‘吾应天革

① 吴承学：《中国古代文体形态研究》第二章《论谣谶与诗谶》。

② 《册府元龟》卷190，第4册，第2297页。

③ 原作“户”，当是形近之讹，据同书卷190及《南齐书》改。

④ 原作“户”，当是形近之讹，据同书卷190及《南齐书》改。

⑤ 《册府元龟》卷932，台北：台湾中华书局，1967年，第19册，第10989页。

⑥ 后世文献载该童谣多据《南史》，如宋郑樵《通志》卷176《文苑传·卞彬传》、明冯惟讷《古诗纪》卷65“宋杂歌谣辞·童谣”、明郭子章《六语·谣语》卷4“刘宋谣”、明梅鼎祚《古乐苑》卷49“杂歌谣辞·童谣”等。除此之外，明严衍《资治通鉴补》卷135“齐纪一·建元元年”、清桑灵直《字觸補》卷一廋部“褚渊”条是用据《南史》补字后之《南齐书》文本。清杜文澜《古谣谚》卷87附录二“宋元徽末卞彬述童谣”正文依《南齐书》，并以《南史》作注。

命，物议以为何如？’瓛对曰：‘陛下诫前轨之失，加之以宽厚，虽危可安。若循其覆辙，虽安必危矣。’既出，帝顾谓司徒褚渊曰：‘方直乃尔。学士故自过人。’”[①]此中刘瓛所谓“加之以宽厚，虽危可安”之对，正反映出宋齐革易后人们之政治呼声。《南齐书》对卞彬述童谣一幕的书写，在传达卞彬的忠贞操守的同时展现出萧道成的聪察与宽厚[②]，值得人君借鉴，故得到《册府元龟》编者认同。

综上所述，《南齐书》底本按童谣利用汉字的音、形、义特点创制的思路，破译卞彬所述童谣指刺褚渊与萧道成二人。结合前文所言“元徽末四贵辅政”的背景，表明卞彬意欲通过童谣之不祥征兆劝阻这二人继续行废立之计划。在萧子显笔下，卞彬生平第一件值得书写之事，是其运用离合、谐音双关等修辞方式制作韵语，借外间童谣的名义指刺萧道成、褚渊。其行文自通，既写出了卞彬的“才操不群”与忠宋立场，也反映出萧道成宽容异议的人君形象，为《册府元龟》所采信。若无《南史》的新记载，我们也许不会注意到其中是否存在脱误。

四、《南史》卞彬童谣的历史语境解析

《南史》对卞彬述童谣一幕的记载与《南齐书》明显不同，云：“齐高帝辅政，袁粲、刘彦节、王蕴等皆不同，而沈攸之又称兵反。粲、蕴虽败，攸之尚存。彬意犹以高帝事无所成，乃谓帝曰：’比闻谣云“可怜可念尸著服，孝子不在日代哭，列管暂鸣死灭族”。公颇闻不？’时蕴居父忧，与粲同死，故云尸著服也。”这是昇明初的历史，其时萧道成已强行废弑后废帝刘昱，扶立宋顺帝刘準，独揽大权，袁粲、刘秉、王蕴和沈攸之等皆反对之。《南史》认为该谣有两层内涵：一是谣辞所描述的丧亡情景，对应王蕴、袁粲反萧被诛之实际情形；二是谣句中嵌入褚渊、萧道成姓氏，预示这两人终将败给沈攸之。

袁粲不同意萧道成废刘昱，前文已述及。沈攸之与袁粲同为宋明帝顾命大臣，时任荆州刺史，拥军镇重兵，萧道成对其十分忌惮，特地命张敬儿为雍州刺史以防御之。[③]《南史·沈攸之传》载：“废帝既殒，顺帝即位，加攸之

① 《南齐书》卷39，第2册，第678页。《南史》卷50《刘瓛传》并见载。
② 帝王对于忠心事主之士，在无妨大局的情况下，往往有更大的包容。如《宋书·谢晦传》载谢晦起兵败后，“晦走，左右皆弃之，唯有延陵盖追随不舍。太祖嘉之，后以盖为长沙王义欣镇军功曹督护”。宋文帝对延陵盖的包容嘉许即是其例。萧道成也不例外，《南齐书·高帝纪》载，“粲典签莫嗣祖知粲谋，太祖召问嗣祖：‘袁谋反，何不启闻？’嗣祖曰‘事主义无二心，虽死不敢泄也。’蕴嬖人张承伯藏匿蕴。太祖并赦而用之。”可以说萧子显笔下的萧道成具有对卞彬忠贞态度的聪察与包容。
③ 关于荆州与扬州（建康朝廷）、雍州军事角力，详参陈金凤：《从“荆扬之争”到“雍荆之争”——东晋南朝政治军事形势演变略论》，《史学月刊》2005年第3期。

车骑大将军、开府仪同三司。齐高帝遣攸之子司徒左长史元琰赍废帝刳斫之具以示之，攸之曰：‘吾宁为王凌死，不作贾充生。’”王凌是魏晋革易之际效忠曹氏、反对司马懿者。《三国志·魏志·王凌传》载：“司马宣王既诛曹爽，进凌为太尉，假节钺。凌、愚密协计，谓齐王不任天位，楚王彪长而才，欲迎立彪都许昌。”裴松之注引《汉晋春秋》曰：“凌、愚谋，以帝幼制于强臣，不堪为主，楚王彪长而才，欲迎立之，以兴曹氏。”谋败而死。[①]沈攸之以王凌自许，表明志在效忠刘宋、反对萧道成行废立。《宋书·顺帝纪》载：

元徽五年七月戊子（477年8月1日）夜，废帝（刘昱）殒，奉迎王（刘准）入居朝堂。

壬辰（8月5日），（刘准）即皇帝位。昇明元年，改元，大赦天下，赐文武位二等。甲午（8月7日），镇军将军齐王（萧道成）出镇东城，辅政作相。

……

十二月丁巳（12月28日），以骁骑将军王广之为徐州刺史。车骑大将军、荆州刺史沈攸之举兵反。

丁卯（478年1月7日，录公齐王入守朝堂，侍中萧嶷镇东府。

戊辰（1月8日），内外纂严。

己巳（1月9日），以郢州刺史武陵王赞为安西将军、荆州刺史，征虏将军、雍州刺史张敬儿进号镇军将军。右卫将军黄回为平西将军、郢州刺史，督诸军前锋南讨。征虏将军吕安国为湘州刺史，都官尚书王宽加平西将军。

庚午（1月10日），新除左卫将军齐王世子奉新除抚军将军、扬州刺史晋熙王燮镇寻阳之盆城。

壬申（1月12日），以骁骑将军周盘龙为广州刺史。是日，司徒袁粲据石头反，尚书令刘秉、黄门侍郎刘述、冠军王蕴率众赴之。黄回及辅国将军孙昙瓘、屯骑校尉王宜兴、辅国将军任候伯、左军将军彭文之密相响应。中领军刘韫、直阁将军卜伯兴在殿内同谋。[②]

显然刘昱被弑促使沈攸之举兵反萧，得到在建康的“反萧派”积极响应。《宋书·袁粲传》载顺帝即位“时齐王功高德重，天命有归，粲自以身受顾托，不欲事二姓，密有异图。丹阳尹刘秉，宋代宗室，前湘州刺史王蕴，太后兄子，素好武事，并虑不见容于齐王，皆与粲相结。将帅黄回、任候伯、孙昙

① 《三国志》卷28《魏书·王凌传》，第3册，第758页。
② 《宋书》卷10，第1册，第195-196页。

瓘、王宜兴、彭文之、卜伯兴等，并与粲合。昇明元年，荆州刺史沈攸之举兵，齐王自诣粲，粲称疾不见”[①]。《宋书·王蕴传》载“及齐王辅朝政，蕴、攸之便连谋为乱，会遭母忧，[②]还都，停巴陵十余日，更与攸之成谋。”[③]《魏书·岛夷刘裕传附昱弟准传》载：“荆州刺史沈攸之兴兵讨道成。……准司徒袁粲、丹阳尹刘秉、中领军刘韫、前湘州刺史王蕴等以道成专恣，潜谋图之，共推粲为主，要引沈攸之以为外援。”[④]《魏书·岛夷萧道成传》载：“司徒袁粲先镇石头，据城与尚书令刘秉、前湘州刺史王蕴谋讨道成，密信要攸之速下，将为内应。”[⑤]由此可见袁粲、刘秉、王蕴等与沈攸之同道反萧。

对此萧道成、褚渊早有估计，并做了周密的防御。《南齐书·褚渊传》载：“沈攸之事起，袁粲怀贰，太祖召渊谋议，渊曰：‘西夏衅难，事必无成。公当先备其内耳。’太祖密为其备。”[⑥]《宋书·袁粲传》载：“粲谋克日矫太后令，使韫、伯兴率宿卫兵攻齐王于朝堂，回率军来应。秉、候伯等并赴石头，本期夜发。其日（壬申，478 年 1 月 12 日）秉恇扰不知所为，晡后便束装，未暗，载妇女席卷就粲，由此事泄。先是，齐王遣将薛渊、苏烈、王天生等领兵戍石头，云以助粲，实御之也。又令腹心王敬则为直閤，与伯兴共总禁兵。王蕴闻秉已奔，叹曰：‘今年事败矣。’时齐王使蕴募人，已得数百，乃狼狈率部曲向石头。本期开南门，时已暗夜，薛渊等据门射之，蕴谓粲已败，即便散走。齐王以报敬则，率所领收蕴杀之，并诛伯兴。又遣军主戴僧静向石头助薛渊，自仓门得入。时粲与秉等列兵登东门，僧静分兵攻府西门，粲与秉欲还赴府，既下城，列烛自照，僧静挺身暗往，粲子最觉有异人，以身卫粲，僧静直前斩之，父子俱殒，左右各分散。”[⑦]可见袁粲早被萧道成的兵力包围，其同党中“好武事”的王蕴则先被调离，当刘秉慌张投奔袁粲时萧道成一方立即趁机出击。袁粲一方的计划基本上尚未真正启动，就已被斩杀殆尽，这是萧道成在篡权过程中“诛夷名族”[⑧]之重要一幕。

卞彬所述之谣曰：“可怜可念尸著服，孝子不在日代哭。”恰与王蕴、袁粲死时情形相合，王蕴是丁忧之身；袁粲是父子俱殒，无孝子哭丧。这几乎是对萧道成的当面控诉。值得注意的是，袁粲父子俱殒，与卞壶父子在苏峻乱中

---

① 《宋书》卷 89，第 8 册，第 2232-2233 页。
② 《南齐书·高帝纪》亦言：“蕴遭母丧罢任，还至巴陵，停舟一月，日与攸之密相交构。时攸之未便举兵，蕴乃下达郢州。”唯《南史·卞彬传》言其遭父忧。
③ 《宋书》卷 89《王蕴传》，第 8 册，第 2185 页
④ 《魏书》卷 97，第 6 册，第 2152 页。
⑤ 《魏书》卷 98，第 6 册，第 2162 页。
⑥ 《南齐书》卷 23，第 2 册，第 428 页。
⑦ 《宋书》卷 89，第 8 册，第 2232-2233 页。
⑧ 《世说新语·尤悔》，见余嘉锡笺疏：《世说新语笺疏》，下册，第 1054 页。

俱殒的情形甚相似，[①]都是“父死于君，子死于父”[②]。《南史·袁粲传》载：“时粲与彦节等列兵登东门，僧静分兵攻府西门，彦节与儿逾城出。粲还坐，列烛自照，谓其子最曰：‘本知一木不能止大厦之崩，但以名义至此耳。’僧静挺身暗往，奋刀直前欲斩之。子最觉有异，大叫抱父乞先死，兵士人人莫不陨涕。粲曰：‘我不失忠臣，汝不失孝子。’”[③]袁粲之言，与卞壶妻裴氏抚其子尸云“父为忠臣，汝为孝子，夫何恨乎”[④]亦相似。《南史》盖有意突出两段历史间的互文性。[⑤]从这一角度看，卞彬述该谣，是“感于哀乐、缘事而发”[⑥]，有深沉的家世之感；同时含有以萧道成比苏峻的意味，认为萧道成“列管蹔鸣死灭族”，将如苏峻一样暂胜旋败。

从宋齐革易之际的舆论来看，《南史》中卞彬对萧道成的这种判断，不无道理。与此前的朝代革易相比，萧道成代宋的政治基础甚是薄弱。《南齐书·魏虏传》载萧道成禅位后，“遣后军参军车僧朗北使。虏问僧朗曰：‘齐辅宋日浅，何故便登天位？’……虏又问：‘齐主悉有何功业？’”从侧面反映出萧齐代宋之备受中外质疑。虽然僧朗答曰：“虞、夏登庸，亲当革禅。魏、晋匡辅，贻厥子孙。岂二圣促促于天位，两贤谦虚以独善？时宜各异，岂得一揆？苟曰事宜，故屈己应物。”以虞、夏、魏、晋为例说明萧道成禅代乃依时宜。但萧道成无曹操、司马氏那样长期匡扶前朝的经历，却是不争的事实。僧朗罗列萧道成功业曰：“主上圣性宽仁，天识弘远。少为宋文皇所器遇，入参禁旅。泰始之初，四方寇叛，东平刘子房、张淹，北讨薛索儿，兼掌军国，豫司顾命。宋桂阳、建平二王阻兵内侮，一麾殄灭。苍梧王反道败德，有过桀、

① 《晋书》卷70《卞壶传》载：“明帝不豫，领尚书令，与王导等俱受顾命辅幼主。……峻进攻青溪，壶与诸军距击，不能禁。贼放火烧宫寺，六军败绩。壶时发背创，犹未合，力疾而战，率厉散众及左右吏数百人，攻贼麾下，苦战，遂死之，时年四十八。二子眕、盱见父没，相随赴贼，同时见害。”第6册，第1872-1873页。

② 《晋书》卷70《卞壶传》，第6册，第1873页。忠臣孝子之门的观念，在此期颇受重视。《南齐书》卷25《张敬儿传》载昇明初沈攸之与萧道成书曰“闻求忠臣者必出孝子之门”（第2册，第469页）；《南齐书》卷29《周盘龙传》载建元三年北魏进军淮阳、围角城，“上（萧道成）遣军主成买戍角城，谓人曰：‘我今作角城戍，我儿当得一子。’或问其故？买曰：‘角城与虏同岸，危险具多，我岂能使虏不敢南向。我若不没虏，则应破虏。儿不作孝子，便当作世子也。’”（第2册，第544页）皆是其例。

③ 《南史》卷26，第705页。

④ 《晋书》卷70《卞壶传》，第1873页。

⑤ 罗兰·巴特《文本理论》提出：“任何文本都是一种互文，在一个文本之中，不同程度地以各种多少能辨认的形式存在着其他的文本；譬如，先时文化的文本和周围文化的文本，任何文本都是对过去的引文的重新组织。任何文本都是过去的引文的重新组织。……互文是一个无名格式的总场。那些无名格式的来源很少能够被人发现，它们是无意识的、自动的、引用时不加引号的引文。从认识论上来说，互文的概念是给文本理论带来社会性内容的东西，是来到文本之中的先时的和当时的整个言语。并且，整个言语来到文本之中遵循的是一条散布的道路，而不是可被发现的承启的道路和有意模仿的道路。”（张寅德译，《上海文论》1987年第5期，第93-94页）“我不失忠臣、汝不失孝子”可谓是对“父为忠臣，汝为孝子，夫何恨乎”的重新组织。《宋书》《南齐书》皆未载袁粲此言，从这一角度上看，《南史》更重视袁粲父子与卞壶父子故事之间的互文。

⑥ 《汉书·艺文志》曰：“自孝武立乐府而采歌谣，于是有代赵之讴，秦楚之风，皆感于哀乐，缘事而发，亦可以观风俗，知薄厚云。”班固：《汉书》卷30，第1756页。

纣，远遵伊、霍，行废立之事。袁粲、刘秉、沈攸之同恶相济，又秉旄杖钺，大定凶党。戮力佐时，四十余载，经纶夷险，十五六年，此功此德，可谓物无异议。’”[①]此中言萧道成“兼掌军国，豫司顾命”，但他这两方面资历实逊于沈攸之、袁粲，宋明帝顾命大臣本无萧道成即是证明。[②]

袁粲败后，沈攸之确也继续反萧。《宋书·顺帝纪》载：“癸巳（478年2月2日），沈攸之攻围郢城。”《南齐书·刘善明传》：“沈攸之反，太祖深以为忧。善明献计曰：‘沈攸之控引八州，纵情蓄敛，收众聚骑，营造舟仗，苞藏贼志，于焉十年。性既险躁，才非持重，而起逆累旬，迟回不进。岂应有所待也？一则暗于兵机，二则人情离怨，三则有掣肘之患，四则天夺其魄。本虑其剽勇，长于一战，疑其轻速，掩袭未备。今六师齐奋，诸侯同举。昔谢晦失理，不斗自溃。卢龙乖道，虽众何施。且袁粲、刘秉，贼之根本，根本既灭，枝叶岂久。此是已笼之鸟耳。’”[③]萧道成之忧，刘善明之计，都说明沈攸之的力量不可小觑。

卞彬所述预兆不祥之谣，正是其时萧道成形势紧张的舆论表现之一。《南齐书·陈显达传》载：“沈攸之事起，显达遣军援台，长史到遁、司马诸葛导谓显达曰：‘沈攸之拥众百万，胜负之势未可知，不如保境蓄众，分遣信驿，密通彼此。’显达于座手斩之，遣表疏归心太祖。”[④]可见沈、萧处于殊死较量中，萧道成并无必胜把握。《梁书·江淹传》载：“昇明初，齐帝辅政，闻其才，召为尚书驾部郎、骠骑参军事。俄而荆州刺史沈攸之作乱，高帝谓淹曰：‘天下纷纷若是，君谓何如？’淹对曰：’昔项强而刘弱，袁众而曹寡，羽号令诸侯，卒受一剑之辱，绍跨蹑四州，终为奔北之虏。此谓“在德不在鼎”。公何疑哉。’帝曰：‘闻此言者多矣，试为虑之。’淹曰：‘公雄武有奇略，一胜也。宽容而仁恕，二胜也。贤能毕力，三胜也。民望所归，四胜也。奉天子而伐叛逆，五胜也。彼志锐而器小，一败也。有威而无恩，二败也。士卒解体，三败也。搢绅不怀，四败也。悬兵数千里，而无同恶相济，五败也。故虽豺狼十万，而终为我获焉。’帝笑曰：‘君谈过矣。’”[⑤]此中萧道成在听到江淹定能取胜后，还进一步追问，无疑是期待得到更切实真心的肯定。在这种情况下，不难理解他听卞彬说“列管蹔鸣死灭族”这种不祥预兆之“不悦”了。

综上可见《南史》对卞彬述童谣一幕有全新呈现。这里谣辞开头两句不仅

① 《南齐书》卷57《索虏传》，第988页。这种长篇辩护，正从侧面透露出萧道成禅位时“物有异议”。宋齐革易之际关于萧道成、萧赜父子有天命之祥瑞很多，《南齐书》特辟《祥瑞志》记载，亦是佐证。

② 《宋书》载明帝顾命大臣无萧道成。《南齐书》卷1《高帝纪》录宋顺帝《策相国齐公文》曰：“泰始之末，入参禁旅，任兼军国，事同顾命。”（第1册 第16页）亦表明其非正式的顾命大臣。

③ 《南齐书》卷28，第524页。

④ 《南齐书》卷26，第488页。

⑤ 《梁书》卷14，第249页。《南史》卷59《江淹传》同载。

是离合“褚”字而成，更巧妙的是在离合“褚”字之句中展现出王蕴、袁粲死时情景，极具现实批判性；[①]兼以袁粲父子同死，宛如卞壶父子同死的历史重演，更表现出卞彬的家世之感。通篇谣辞控诉王蕴、袁粲之死，既表达了对被杀的“宋家忠臣”之怜悯与同情，[②]又暗示萧道成若继续兴兵将重蹈苏峻覆辙，[③]从而揭示出从袁粲到沈攸之的反萧斗争，表明萧齐代宋殊非“天顺人从”“物无异议”。与齐王府建后卞彬咏《河广》表达宗宋情绪相呼应。《南史》对这一幕的记载亦自通。

五、文学修辞与历史书写的复数镜像

以上可见卞彬向萧道成述童谣一幕，《南齐书》与《南史》两种版本的书写俨然有别却又能够自圆其说。造成这种现象的，有三种可能：一是关于卞彬述童谣的时间，本来没有确切的记载，是不同史家依据各自的理解，建构了其历史语境；二是如《南齐书》的记载，事件发生在元徽末，但李延寿基于对童谣的不同解读，重新建构了发生在昇明初的历史语境；三是如《南史》的记载，事件发生在昇明初，但是萧子显为亲者讳，把事件发生时间改移到元徽末。这三种情况，都存在历史书写对史事的建构功能。

这种历史建构在中古僧传叙事中表现得较为明显，如关于鸠摩罗什的生

① 《南史》卷28《褚彦回传》载：“（宋）明帝崩，遗诏以为中书令、护军将军，与尚书令袁粲受顾命，辅幼主。粲等虽同见托，而意在彦回。彦回同心理事，务弘俭约，百姓赖之。……及袁粲怀贰，曰：‘褚公眼睛多白，所谓白虹贯日，亡宋者终此人也。’他日，粲谓彦回曰：‘国家所倚，唯公与刘丹阳及粲耳，愿各自勉，无使竹帛所笑。’彦回曰：‘愿以鄙心寄公之腹则可矣。’然竟不能贞固。”（第3册，第753页）则王蕴、袁粲之亡，褚渊实负有责任。

② 《南齐书》卷52《王智深传》，第896页。

③ 对于政治杀戮，南朝文献中存在一种“天理昭彰、报施不爽”的观念。刘义庆《世说新语》卷下之下“尤悔第三十三”：“王导、温峤俱见明帝，帝问温前世所以得天下之由。温未答。顷，王曰：‘温峤年少未谙，臣为陛下陈之。’王乃具叙宣王创业之始，诛夷名族，宠树同己，及文王之末，高贵乡公事。明帝闻之，覆面箸床曰：‘若如公言，祚安得长！’”（余嘉锡笺疏：《世说新语笺疏》，下册，第1054页）从当时形势看，萧道成已然准备禅宋兴齐，这是步武刘宋禅晋的历史。《南史》卷45《王敬则传》载：“高帝将受禅，材官荐易太极殿柱。顺帝欲避上，不肯出宫逊位。明日当临轩，顺帝又逃宫内。敬则将舆入迎帝，启譬令出，引令升车。顺帝不肯即上，收泪谓敬则曰：‘欲见杀乎？’敬则答曰：‘出居别宫尔，官先取司马家亦复如此。’”（第5册，第1129页）从萧子显修史之梁代看，萧道成嫡系子孙，也承续了刘宋王族最后的命运。《南史》卷3《顺帝纪》“夏四月壬申，进齐公萧道成爵为王。壬午，安西将军武陵王赞薨。辛卯，帝禅位于齐。壬辰，逊于东邸。是日，王敬则以兵陈于殿庭，帝犹居内，闻之，逃于佛盖下。太后惧，自帅阉竖索，扶幸板舆。黄门或促之，帝怒，抽刀投之，中项而殒。帝既出，宫人行哭，俱迁。备羽仪，乘画轮车，出东掖门。封帝为汝阴王，居丹徒宫，齐兵卫之。建元元年五月己未，帝闻外有驰马者，惧乱作。监人杀王而以疾赴，齐人德之，赏之以邑。六月乙酉，葬于遂宁陵，谥曰顺帝。宋之王侯无少长皆幽死矣。”（第1册，第92页）《南齐书》卷40《巴陵王子伦传》载：“延兴元年，遣中书舍人茹法亮杀子伦，子伦正衣冠出受诏，曰：‘鸟之将死，其鸣也哀。人之将死，其言也善。’先朝昔灭刘氏，今日之事，理数固然。”（第3册，第712页）卞彬谣对萧道成命运的预测，盖亦是这种观念的流露。宋王应麟《困学纪闻》卷13“考史”言：“魏之篡汉，晋之篡魏，山阳、陈留犹获考终，乱贼之心犹未肆也。宋之篡晋，踰年而弑零陵，不知天道报施，还自及也，齐梁以后，皆袭其迹，自刘裕始。”（见栾保群、田松青、吕宗力校点：《全校本困学纪闻》下，上海：上海古籍出版社，2008年，第1561页）可谓是对南朝文献中这一观念的归纳。

平，存在多种版本的记载。陆扬认为："佛教僧人笔下的鸠摩罗什的生平年月和他们在叙述中所要凸显的鸠摩罗什的某种特质有紧密的关联。所以佛教史家自己的年表也可以是根据他们自己的需要来制作，我们未必能将这些年代上的记载从他们的叙事中抽离出来加以考察。"①这为我们提供了一个观察此期一般史传书写的新思路。诚如沈卫荣所言："历史学家习惯于相信他们寻找和有待发现的真实的故事/历史就隐藏在所有能够为他们提供证据的历史资料之中，历史学家的创意或仅在于不断地革新研究手段/技术，从而把真实、可靠的故事/历史就像它当初所发生的那样从错综复杂的历史资料中分析和揭露出来。与此相应，历史研究的进步看起来常常是与大量新资料的发现和处理历史资料之技术手段的革新相伴而生的。容易被人忽略的是，叙事建构的方式（the art of narrative construction），或者说历史叙事的形式和结构，往往会严重影响和左右历史学家的视野和他们对历史的理解和表述，一种叙事形式的建构对于历史研究来说具有与新史料的发掘和研究手段的更新一样重要的意义。借用本雅明的话来说，'历史是建构出来的东西（Geschichte ist Gegenstand der Konstruktion）'。这种建构所依存的叙事框架和形式对于历史研究之重大影响是不言而喻的。"②

综观《南齐书》与《南史》两个版本，从《卞彬传》的角度来看，无论述童谣的时间是元徽末还是昇明初，对表现卞彬的文学才操与政治态度并无根本差别，都是以谣的形式指刺政治人物，表达宗宋立场。因此，选择元徽末，还是昇明初，主要与史家的书写意识相关。从《南史》不沿用《南齐书》"元徽末说"来看，李延寿重新记载述谣时间在昇明初，很大程度上是认为该谣是感王蕴、袁粲之死而发，因此该幕史事必不能发生在元徽末。但从《南齐书》自洽的记载来看，我们却难以遽断此种说法有误。可以说，童谣"模棱两可、奇诡僻异、浮游不根"的文体特色③与解读传统④，为史家提供了选用虚实不同的视角去解读童谣，乃至重新建构历史语境的方便。

作为被认定为卞彬自作的一篇带有指刺意味的童谣，其在《文学传》中的功能，无疑是体现传主卞彬其人"文多指刺"的特色。钟嵘《诗品下》"齐记室王中、齐绥建太守卞彬、端溪令卞铄"条曰："王中、二卞诗并爱奇崭绝，

---

① 陆扬：《解读〈鸠摩罗什传〉：兼谈中国中古早期的佛教文化与史学》，《中国学术》第23辑，北京：商务印书馆，2006年。刘学军《张力与典范：慧皎〈高僧传〉书写研究》（南京大学博士学位论文，2014年）有进一步申说。

② 沈卫荣：《藏传佛教史中的腐败与改革叙事》，《上海书评》2014年11月24日。

③ 吴承学：《中国古代文体形态研究》，第29页。

④ 孙少华指出古代文献所保留的有关灾变、星象、谶纬、童谣、五行的记载，存在一个有趣的现象："同一文本中记载的同一变异，后世往往有不同的解读与阐释。"见氏著：《先唐文学文本的"完整性"与"碎片化"——兼论文学文本的"不可靠性"问题》，《上海大学学报》（社会科学版）2014年第4期。

慕袁彦伯之风，虽不宏绰，而文体剿净，去平美远矣。”[①]将卞彬与王中、卞铄并列为袁宏文风的继承者，卞彬是三人中唯一得立《南齐书》与《南史》“文学传”者。按《诗品中》“晋吏部郎袁宏诗”条曰：“彦伯《咏史》，虽文体未遒，而鲜明紧健，去凡俗远矣。”[②]以《咏史》为袁宏代表作，卞彬童谣也有突出的历史关怀，其所指刺的对象，正是促成宋齐鼎革的最关键的两位人物。如何书写这一幕，呈现其中的文学维度与历史维度，不同史家的处理实堪玩味。《南齐书》与《南史》的差异，给了我们观察史家书写的生动实例。

两书中谣辞无异文，但对卞彬向萧道成述童谣的时间定位不同，带来了理解上的差异：《南齐书》认为该谣是离合“褚”字、双关“萧”字写出，戏谑四贵中的褚渊、萧道成二人；《南史》则认为童谣首二句是针对王蕴与袁粲惨死情状而发，讥刺萧道成禅宋兴齐，联合褚渊诛夷刘宋名族。

从两种解析的结果来看，童谣指刺褚渊、萧道成的主题是一致的。因此从文章学的角度来看，既然指刺的目标在褚渊、萧道成，《南齐书》的解读不牵涉他人，那么其主题显得很清省、集中；反而《南史》引入王蕴与袁粲之死，稍显枝蔓。有意思的是，今可见《南齐书》刻本、校本所补入之字，恰恰是有关王蕴、袁粲的内容。一旦将童谣与王蕴之死相结合，童谣中每一句中的丧亡意象，便不只是为了离合“褚”字、谐音“萧”字而作的文字游戏，也表现出宋齐革易之际反萧斗争的历史实况。在此视角下，后世刻、校本多倾向于补入王蕴、袁粲同死的信息，可以说是为了更具体地表现童谣的历史维度。

《南齐书》刻本、校本多从《南史》补字的现象，从侧面说明了《南齐书》底本对卞彬童谣的历史维度呈现不足。综观《南齐书·文学传·卞彬传》的相关记载，确有一种不直接展开史实的倾向。如对卞彬向萧道成述童谣背景的交代，《南齐书》仅言“宋元徽末，四贵辅政”，对“四贵”之间的关系并无说明，读者要通过卞彬对四贵中“褚”“萧”二贵的区别态度，去感受“四贵”中的分裂。《南史》则明确说“齐高帝辅政，袁粲、刘彦节、王蕴等皆不同”，直接说明当时大部分朝臣不赞同萧道成辅政。又如对于童谣预示内容，《南齐书》不着一言；《南史》则直接说明卞彬童谣是预示萧道成必败。

《南齐书》表现卞彬的“文多指刺”，更着眼在文学的维度中展开，回避直接碰触历史现场。又如前文已引及的，卞彬咏《诗》讽萧道成，《南齐书》仅“齐台初建，彬又曰：‘谁谓宋远，跂予望之。’太祖闻之，不加罪也”数语而毕，展现的是卞彬赋《诗》言志的才操。而《南史》记载则详尽得多，不仅载咏《诗》是在卞彬“常于东府谒高帝”时，而且说明咏《诗》之前“彬曰：

① 钟嵘著，曹旭笺注：《诗品笺注》，北京：人民文学出版社，2009年，第296页。
② 钟嵘著，曹旭笺注：《诗品笺注》，第148页。

'殿下即东宫为府，则以青溪为鸿沟，鸿沟以东为齐，以西为宋'"，其中有齐王府与刘宋皇室地理地位的信息，表明卞彬咏《诗》是有感于萧齐王府与刘宋皇室已成楚汉相争之势，到萧道成府上向其声明宗宋心志。又卞彬"目禽兽"一条，《南齐书》也仅言其"皆指斥贵势"；《南史》则详细说明其中禽兽所指刺之萧齐倖臣之名氏。

但与《南史》相比，《南齐书》这种对历史现场信息的不展开，并非单纯为了书写的言简意赅。如对元徽末"四贵"的记载，《宋书》《南齐书》《南史》均有。但唯有《南齐书·高帝纪》中特意宕开一笔，说明"四贵"典故："秦时有太后、穰侯、泾阳、高陵君，称为'四贵'，至是乃复有焉。"[①]这便不是言简意赅了。按《史记·范雎蔡泽列传》载范雎曰："臣居山东时，闻齐之有田文，不闻其有王也。闻秦之有太后、穰侯、华阳、高陵、泾阳，不闻其有王也。夫擅国之谓王，能利害之谓王，制杀生之威之谓王。今太后擅行不顾，穰侯出使不报，华阳、泾阳等击断无讳，高陵进退不请。四贵备而国不危者，未之有也。为此四贵者下，乃所谓无王也。"[②]可见，在历史上"四贵"并非治世的产物。萧子显这里特意补充"四贵"典故，[③]不仅显示自己的博学，更深层的用意当在于提醒读者注意元徽末的刘宋已然"国危"，无疑为叙述萧齐代兴张本。

不能不说萧子显是有意识地运用时人所欣赏的文学修辞方式[④]来支持其历史书写的。《梁书·萧子恪传》载："子恪兄弟十六人，并仕梁。有文学者，子恪、子质、子显、子云、子晖五人。子恪尝谓所亲曰：'文史之事，诸弟备之矣，不烦吾复牵率，但退食自公，无过足矣。'"[⑤]可见萧子显以文史兼长为人所称。同卷《萧子显传》言"子显性凝简，颇负其才气"[⑥]，其《自序》略云："余为邵陵王友，忝还京师，远思前比，即楚之唐、宋，梁之严、邹。追寻平生，颇好辞藻，虽在名无成，求心已足。若乃登高目极，临水送归，风动春朝，月明秋夜，早雁初莺，开花落叶，有来斯应，每不能已也。前世贾、傅、崔、马、邯郸、缪、路之徒，并以文章显，所以屡上歌颂，自比古人。天监十六年，始预九日朝宴，稠人广坐，独受旨云：'今云物甚美，卿得不斐然赋诗。'诗既成，又降帝旨曰：'可谓才子。'余退谓人曰：'一顾之恩，非望而至。遂方贾谊何如哉？未易当也。'每有制作，特寡思功，须其自来，不以力构。少来所为诗赋，则《鸿序》一作，体兼众制，文备多方，颇为好事所

① 《南齐书》卷1，第1册，第9页。
② 《史记》卷79，第7册，第2411页。
③ 事实上《史记》载秦时"四贵"指穰侯、华阳、泾阳、高陵四人，萧子显误太后入"四贵"。
④ 无论离合、谐音双关还是隶事用典，都是南朝文坛所热衷的文学修辞方式。
⑤ 《梁书》卷35，第2册，第509页。
⑥ 《梁书》卷35，第2册，第512页。

传，故虚声易远。”[①]可见萧子显自视最重的是文章辞藻之才。其解读童谣时严格从汉字的结构、音义去破译童谣，切合其时童谣的常见创制方式，说明对童谣文体有切实把握。

《南齐书》中有七次语及童谣，其中一次是引用周处《风土记》，[②]其余六次是萧子显自己记载。[③]除了对卞彬童谣的解释未涉及具体史事外，其他无论是引用周处，还是自己记载，对童谣的解说都有比附史事。如《五行志》载，“永元元年，童谣曰：‘洋洋千里流，流婴东城头。乌马乌皮袴，三更相告诉。脚跛不得起，误杀老姥子。’千里流者，江祏也。东城，遥光也。遥光夜举事，垣历生者乌皮袴褶往奔之。跛脚，亦遥光。老姥子，孝字之象，徐孝嗣也”。以“遥光夜举事，垣历生者乌皮袴褶往奔之”比附“乌马乌皮袴，三更相告诉”[④]。相较之下，解读卞彬童谣没有比附史事显得很特殊。

有关王蕴、袁粲死时情形的描写，是沈约《宋书》中即有的，萧子显并不陌生。且如前文所述，把“可怜可念尸著服、孝子不在日代哭”与王蕴、袁粲之死比附起来，可以建立起袁粲父子史事与卞壸父子史事的互文性，使得谣辞本身更具卞彬本人的家世之感，进一步证明谣辞为卞彬自作；而且是“感于哀乐、缘事而发”，具有汉乐府的精神，无疑更能表现传主的文学造诣，这一层意蕴萧子显亦不难体会。因此，其解读卞彬童谣不与王蕴、袁粲史事相比附，当是有意的。

正是不与王蕴、袁粲之死相比附，述谣时间在元徽末一说才可能成立。我们不能确定萧子显将卞彬述童谣的时间定在“元徽末”，是历史真实，还是萧子显为亲者讳而对时间做过微调。总之，由于《南齐书》载卞彬述童谣的时间在元徽末，童谣的悲惨情景，便不会令人联想起王蕴、袁粲，某种程度上减少了读者对萧道成在篡权过程中诛夷“宋家忠臣”的想象。[⑤]

而解读该谣时着眼其离合、谐音双关的修辞上的特点，正符合时人对卞彬文风“爱奇崭绝”的评价。曾巩曰：“子显之于斯文，喜自驰骋，其更改破析刻雕藻缋之变尤多，而其文益下，岂夫材固不可以强而有邪？数世之史既然，故其辞迹暧昧，虽有随世以就功名之君，相与合谋之臣，未有赫然得倾动天下之耳目，播天下之口者也。而一时偷夺倾危悖理反义之人，亦幸而不暴著于世，岂非所托不得其人故邪？可不惜哉。”[⑥]指出萧子显利用文学修辞，实

① 《梁书》卷35，第2册，第512页。
② 《南齐书》卷11《乐志》，第1册，第194页。
③ 《南齐书》卷18《祥瑞志》，第2册，第353页；卷19，第2册，第381-383页。
④ 《南齐书》卷19《五行志》，第2册，第382页。
⑤ 《南齐书》卷52《文学传·王智深传》载：“世祖（齐武帝萧赜）使太子家令沈约撰《宋书》，拟立《袁粲传》，以审世祖。世祖曰：‘袁粲自是宋家忠臣。’”（第3册，第896页）《南史》卷28《褚彦回（渊）传》载“于时百姓语曰：‘可怜石头城，宁为袁粲死，不作彦回生。’”（第3册，第753页）
⑥ 曾巩：《南齐书目录序》，《南齐书》，第3册，第1038页。

现对史实的隐晦书写，是十分精辟的见解。[①]

萧子显著《南齐书》，虽然尽力运用了“正直的史笔”[②]，但作为萧道成之孙，落笔之际仍不免有所讳饰。《南齐书》言萧道成听卞彬童谣后，一“笑”而过；《南史》则言“不悦”。《南齐书》言萧道成听卞彬咏《诗》后，“不加罪也”；《南史》言“遂大忤旨，因此摈废数年，不得仕进”，可见《南齐书》维护萧道成宽容形象之用意。[③]《南齐书·文惠太子传》载文惠太子“执诛范柏年”，萧道成不知其事，闻悉范柏年死后“为之恨恨”，流露惋惜之情，显示出萧道成爱惜人才。但据《南史》卷四七《胡谐之传附范柏年传》所载，柏年是被胡谐之谮言后，由萧道成亲自赐死的。司马光《资治通鉴》卷一三五“齐纪一·太祖高皇帝冬十月”条载范柏年之死，同《南史·范柏年传》，盖以《南史》得实。但中华书局点校本《南齐书》对此类史事之差异，并未给出校对说明，即是尊重不同历史书写对同一历史事件的不同呈现。

小　　结

毋庸讳言，卞彬向萧道成述童谣，只是历史长河中一个微不足道的片段。但作为王朝革易之际文士议政的一个例子，其本身的政治敏感性，无疑使史家在书写时颇费斟酌。周一良曾指出：“在弥缝粉饰‘篡弑’问题上，晋以后封建统治者使用了两种办法。一是在确定本朝历史的断限时作文章，一是在处理前朝历史的末代或本朝历史的开端时弥缝回护，或略而不详，或公然曲笔。随着以禅代方式夺取政权愈益习以为常、司空见惯之后，这两种手法中，前者已无必要，后者则由隐讳曲笔变成公开宣扬禅代为合理合法了。”[④]从《南齐书》与《南史》的书写差异来看，史家的隐讳曲笔，似仍不乏存在，甚至可以说是以一种更隐晦、更投合时尚的文学修辞去展开历史书写了。

《南史》将述谣时间新定在昇明初，正是宋齐革易历史书写复杂性的表征之一。关于卞彬述童谣之事，李延寿是否有更早的史料依据，今不可确知。但笔者注意到，前引卞彬“目禽兽”之文，《太平御览》卷九一九“羽族部六”引《齐书》题作“《禽兽决录》”，云“鹅性顽而傲，盖比潘敞也”，其中“决录”

① 宋王应麟《困学纪闻》卷13“考史”：“南丰序《齐书》曰：‘萧子显之文，喜自驰骋，其更改破析、刻雕藻绘之变尤多，而其文益下。’愚谓子显以齐宗室仕于梁，而作《齐史》，虚美隐恶，其能直笔乎？”（王应麟：《困学纪闻》下册，全校本，第1565页）林传甲《中国文学史》第十一编“《南齐书》文体多谀辞”：“曾巩则讥其喜自驰骋，雕刻藻缋之变尤多，而文益下。洵非诬也。”（侯官、林传甲编：《国文讲座京师大学堂中国文学史》，上海：上海科学书局，1912年，第131页）皆赞同曾巩之言，但均未作论证。

② 詹秀惠：《萧子显及其文学批评》，台北：文史哲出版社，1994年，第3页。

③ 萧子显在《卞彬传》中虽然明确言萧道成“不加罪也”，但从《王俭传》载齐台建后太祖从容谓王俭曰：“我今日以青溪为鸿沟”一语看，萧道成对卞彬之语是颇为介怀的。

④ 周一良：《魏晋南北朝史论集·魏晋南北朝史学与王朝禅代》，北京：北京大学出版社，2012年，第372页。

与“盖比潘敞也”等内容，不见于萧子显《南齐书》，而见于《南史》。这说明《太平御览》此卷所引《齐书》，非萧子显《南齐书》；李延寿撰写《卞彬传》时参考了他本《齐书》。[①]《南史·何尚之传附求弟点传》载“（何点）园有卞忠贞冢，点植花于冢侧，每饮必举酒酹之”，又载其谓人曰：“我作《齐书》已竟，赞云‘回既世族，俭亦国华，不赖舅氏，遑恤国家’。”[②]表明何点尊崇卞壶，且撰有对背弃刘宋者持批判态度[③]的《齐书》，与《南史》中卞彬述童谣所流露的政治态度颇为一致。李延寿关于宋齐革易之际历史的书写，或受到何点《齐书》的影响。[④]总之，其不沿用《南齐书》“元徽末说”，已说明对萧子显的隐讳曲笔有高度的警惕。这种警惕性，某种程度上反映了初唐的文化思想。对比《南齐书》与《南史》对于童谣的解读：《南齐书》主要着眼在形式，表现卞彬离合“褚”字、谐音“萧”字成篇的“爱奇崭绝”的修辞趣味；《南史》更重视内容，表现卞彬对王蕴、袁粲之死的同情与对萧道成、褚渊必败的诅咒，离合“褚”字、谐音“萧”字成篇都是为了表达此内容。《南史》表现出一种不满足于单从形式来解读卞彬童谣的态度。这与李延寿所处时代对齐梁形式审美风尚的反思当不无关联。李谔《上隋文帝论文书》曰：“魏之三祖，更尚文词……竞骋文华，遂成风俗。江左齐、梁，其弊弥甚，贵贱贤愚，唯务吟咏。遂复遗理存异，寻虚逐微，竞一韵之奇，争一字之巧。”[⑤]这种对齐梁文辞形式审美趣味的批判，实为李延寿所继承。[⑥]《南史》重新发掘卞彬所述童谣的“本事”，建立其与王蕴、袁粲之死的关联，以至于更改述谣的历史语境，堪称李延寿乃至初唐史官修正齐梁文风的一个显例。《南齐书》与《南史》的书写差异，亦是不同时代文学风尚、政治文化与历史书写互动的结果。[⑦]这提醒我们，值得从更广阔的视角考察中古文学与史学之关系。

---

① 萧子显之后，尚有何点、许亨等撰《齐书》，详见《梁书》卷51《何点传》、《南史》卷30《何尚之传附求弟点传》和《隋书》卷34《文学传·许亨传》。李延寿著史大量取用南北朝各类记载，可参胡宝国《读〈南史〉、〈宋书〉推论正史与杂史的关系》，《汉唐间史学的发展》修订版，北京：北京大学出版社，2014年。

② 《南史》卷30，第3册，第788页。

③ 何点与时人对褚渊、王俭等叛宋者的讥议，详见周一良《南齐书札记》“东晋以后政权嬗代之特征”条，《魏晋南北朝史札记》补订本，第266-267页。

④ 关于何点作《齐书》的记载，见于《南齐书》《梁书》和《南史》的《何点传》，随后的目录学著作中不见记载，未知所谓“我作《齐书》”是否真有其事。按宋本《南齐书》卷五四《高逸传·何求传附弟点传》载：“建元中，褚渊、王俭为宰相，点谓人曰：‘我作《齐书》已竟，云：渊既世族，俭亦国华。不赖舅氏，遑恤外家’。”《南史·何点传》关于此事的记载与《南齐书》基本相同，唯“云”字作“赞云”。是李延寿亲见何点《齐书》，知“渊既世族，俭亦国华”为赞语？还是另有所本，今不得其知。设若何点真作有《齐书》，且《南史》关于卞彬述童谣时间在昇明初的记载乃采自何点，那么则是建元时人先记载卞彬述童谣在昇明初了。而后出的萧子显《南齐书》却记载卞彬述谣在元徽末，则是对述童谣时间做过微调。若推测成立，则李延寿是有意反拨萧子显的微调，回归建元年间高逸隐士何点对于宋齐革易的历史观察了。

⑤ 《隋书》卷66《李谔传》，第5册，第1544页。

⑥ 《北史》卷83《文苑传》序，北京：中华书局，1974年，第9册，第2782页。

⑦ 辛德勇指出，隋唐之际出现一种以“书功过，记善恶”为主导倾向的史学著述新风尚，详见氏著：《汉武帝晚年政治取向与司马光的重构》，《清华大学学报》2014年第6期，第37页。

析论欧阳厚均《易鉴》中之经世思想

邱若奎*

摘　要　欧阳厚均自幼受湖湘学派思想熏陶，秉承“以学治道、经世致用”之精神，眼见乾隆晚年国势由盛转衰，吏治腐败造成社稷动荡不安，加上天灾不断，致使百姓生活困厄，以致民变四起，忧患意识油然而生，故作《易鉴》一书，荟萃诸家之《易》说，欲彰显《易》道经世之内涵。欧阳厚均认为《周易》一书是圣人留给后世人们立身处世之宝典，上自君相，下及士民，若能体会卦爻辞中所欲示人之教戒，自然能掌握变化之道，则“大之可以行政莅官，小之亦足以束身寡过”。本文主要从《易鉴》所释各卦爻之易理，探讨欧阳厚均对于“行政莅官、经世济民”应有之原则与态度。

关键词　欧阳厚均，易鉴，岳麓书院山长，湖湘学派

引　言

欧阳厚均（1766～1846年），字福田，号坦斋，湖南安仁县人。少时入学于欧阳家塾湘亭书院，后经乡试与府试，负笈麓山，从罗慎斋夫子游。嘉庆四年（1799）进士及第，为官勤勉清廉，深受朝廷赏识与百姓爱戴，官至户部主事及浙江道监察御史，凡十六载，个性过于直爽，勇于任事，不料得罪朝中权贵，受到排挤。由于厌倦官场明争暗斗之生活，而萌生辞意，曾云“已将世事付棋枰，先着何堪处处争”与“我等旁观无得失”①。厚均回归故里，后掌教岳麓书院凡二十七载，训悔诸生，始终不倦。厚均秉承湖湘学派②“以学治道、

* 台湾“中山大学”文学院中国文学系。

① 欧阳厚均：《欧阳厚均集一・有芳游草》卷下，方红姣校点，长沙：岳麓书社，2013年，第41页。

② 湖湘学派形成于南宋建炎时期，因当时著名学者胡安国与儿子胡寅、胡五峰等，不满秦桧等奸臣当道和朝廷的主和政策，遂由福建迁居湖南湘潭与衡山境内定居，又创建碧泉书院，讲学授徒以从事理学之传播，卒开湖湘之学统。南宋绍兴年间，张栻随父亲张浚谪居永州时，曾从学五峰先生，成为其得意门徒，以后张栻又执教岳麓书院，传五峰先生之学，至此奠定湖湘学派之发展。厚均身为湖湘学派传承者，所著《易鉴》一书中，多援引胡五峰、张浚与张栻等湖湘学者之《易》说。湖湘学派之学术特征，主要以程朱理学为宗，兼容陆王心学和事功学派之长，最终以“经世致用”成一家之学。千年学府岳麓书院为

经世致用"之精神，以格致诚正为本务，身体力行，务求实践，为培植人才之目标，希望学生透过学习典籍厚植自身之学问涵养，且能发挥所学于日用伦常，成为一位"致君泽民"的经世之才，"出为良臣、处为良士"，而不致徒为区区文艺之末。[①]在其掌教期间，门下弟子多达上万人，有记录的亦达三千之谱，其中不乏名臣将相，如曾国藩、左宗棠、胡林翼、郭嵩焘、李元度等众多人才，这些学生皆为允文允武之才，为晚清平息太平天国、白莲教与回民叛乱之首要功臣，故厚均名列清代岳麓书院四大山长之一。[②]

《易鉴》[③]一书为欧阳厚均晚年之作，透过对卦爻辞之解释，阐明其儒家道德史观与政治哲学的态度。对于《周易》之性质，其云：

> 盖《大易》一书，圣人所以垂教于天下万世者，罔不切于人事。上自朝廷君相，下及于闾巷士民，诚能观其象变，玩其辞占，大之可以行政莅官，小之亦足以束身寡过。古今来之治法、道法备于此矣，诚千古之宝鉴也。[④]

厚均认为《周易》一书是圣人留给后世人们立身处世之宝典，上自君相，下及士民，若能体会卦爻辞中所欲示人之教戒，自然能掌握变化之道，使言无过言，动无妄动，一切行为皆合于中道，能掌握变化之几，则"大之可以行政莅官，小之亦足以束身寡过"。

观《易鉴》全书，厚均荟萃诸家之易说，主要体现之易道精神，着重于经世致用，故云：

> "以"者"用"也。六十四卦《大象》多有君子以字或大人以、后以、先王以。可见《易》之为书，原以致用。圣人作《易》以垂训，将欲使天下万世无不知所从违，故随人、随时、随事，皆可用也。泥于象数，而不切于人，为空谈义理，而无关于行习，则《易》疑为无

学派重要发展中心，历代山长之教育方针皆着重于经世致用之学，不尚空谈，治学以经史并重，故厚均曾云："盖征以事实教胜托于元虚，庶《易》为有用之书。"

① 清代时期的岳麓书院，教学方向除了延续程朱理学为主的官学系统，受到干嘉考据学派的影响，亦着重于经学与史学的教育，希望培养学生能"通晓时务"与"诂经考史"，摆脱传统八股之学，期望学生之所学，能达到通经致用。欧阳厚均：《欧阳厚均集一·望云书屋文集·岳麓课艺集三》，第182页。

② 杨布生：《岳麓书院山长考》，上海：华东师范大学出版社，1986年，第193-210页。

③ 据其长孙世洵与其弟子周玉麒为《易鉴》所写之序，可以得知厚均晚年习《易》手不释卷。然《易》道幫静精微，厚均唯恐才疏学浅难言天地之高远，故《易鉴》一书荟萃诸家之说，间附己之治《易》心得。其治学主张"经世致用"，治《易》亦强调所学能切于日用，故此书摒弃象数占筮之法，释《易》最大之特色，即援史证《易》。夫经以载道，史以记事，然道晦而难明，是故援史事以阐明易道之幽微，此为孔子"载之空言不如见诸行事深切着明"之垂教，亦为厚均撰作《易鉴》之目的，故其书中多援史事以参证易理，俾能阐前人未尽之蕴，启后学无穷之悟。

④ 欧阳厚均：《欧阳厚均集二》，第280页。

用之书矣。非圣人立教牖民之意也！①

厚均认为《易》之为书，原以致用，且切合于人事，能体会《易》道之奥妙者，立身处世皆能合乎于道。厚均治学一向着重经世致用，治《易》亦强调所学能切于日用伦常，厚均认为六十四卦中的《大象》即蕴含经世致用之理，又《大象》多为君子言，张载曾云"《易》为君子谋，不为小人谋"。观《周易》中所言之君子，主要有二义②。一为在位者之称，如孔颖达释《干·大象》云："言君子者，君临上位，子爱下民，通天子、诸侯兼公卿大夫有地者。"③一为有德者之称，如《蒙·大象传》："山下出泉，蒙君子以果行育德。"与《小畜·大象传》："风行天上，小畜。君子以懿文德。"诚如厚均所言，"大之可以行政莅官"此即有位之君子，能为淑仁济民之事；"小之亦足以束身寡过"此即言有才德之君子，虽无位能治民，亦可涵养德行以独善其身，此即《易》之为书，原以致用。故本文旨在探讨欧阳厚均《易鉴》一书之经世思想，以下分述《易鉴》一书所论及之为君、为臣与治民之道。

一、为君之道

在传统的封建体制中，君王所扮演的角色非常重要，尤其自汉代确立三纲五常的礼教观念后，君权至上的权威性，统治者的个人行为，关乎整个社稷兴衰与万民之福祉，故宋儒吕祖谦云："看一代之所以升降，一国之所以盛衰，一君之所以治乱，一人之所以变迁。"④清代大儒王夫之提出，圣人作《易》之初衷，本在阐明为政者安邦治国之道，因统治者个人之道德涵养，不仅关乎社稷之存亡，亦维系着黎民百姓之福祉，故曰："殷之末世，纣无道而错乱阴阳之纪。文王三分有二，以服事殷，心不忍之速亡，欲匡正以图存而不能，故作《易》以明得失存亡之理，危辞以示警戒。危者使知有可平之理，善补过则无咎，若慢易而不知戒者，使知必倾，虽得位而亦凶，冀殷之君臣谋于神而悔悟。"⑤王夫之认为，纣王虽然无道，文王却仍尽心事之，故作《易》以阐明社

① 欧阳厚均：《欧阳厚均集二》，第284页。

② 侯婉如认为："在《周易》中，'君子'一词可代表两种种意义，一为有仁德之君子，一为古代贵族或士的专称。前者近似于所谓的'圣人'，惟圣人是至高无上的，君子则须藉由不断地修己。后者近似于所谓的'大人'，但大人专指在高位的人而言。"侯婉如：《〈周易〉中'君子'之特质初探》，《周易研究》1998年第4期，第77页。

③ 王弼、韩康伯注，孔颖达等正义：《十三经注疏·周易正义》，阮元校勘，台北：新文丰出版公司，1993年，第12页。

④ 吕祖谦：《左氏传说》卷首，《景印文渊阁四库全书》，上海：上海古籍出版社，1987年，第4页。

⑤ 王夫之：《周易内传》卷6上《系辞下·传十一》，《船山全书》第1册，长沙：岳麓书社，1988年，第612页。

会治乱之缘由，人事得失存亡之理，希望纣王君臣能善补过则无咎，勿要执迷不悟，否则虽处君位亦凶。

观厚均《易鉴》一书，秉承圣人作《易》与传统儒家政治哲学之精神，故全书众多篇幅皆在阐明为君之道，以下分述之。

（一）论培德以养贤

厚均云："屯卦诸家多就人君论。"释《屯》卦："元亨，利贞。勿用有攸往，利建侯。"厚均援引宋儒程伊川（1033～1107年）之易说："方屯之时，未可有所往也。天下之屯，岂独力所能济，必广资辅助，故利建侯。"[①]认为帝业初建之时，充满艰辛困难重重，需觅得贤相良将辅佐，方能稳定江山社稷。至于如何才能广纳贤良，则唯有礼贤下士，又引宋儒张紫岩（1097～1164年）之易说："人君惟无逸而增修中德，然后贤才乐附，协心一德以济大难。不然，怠忽骄慢，任非其人，沦溺陷险，不可复出矣。"[②]一国之君初登大宝，唯有兢兢业业，不沉迷于逸乐，时时涵养己德，自然能以贤德之名广纳四方才德之士以附之，齐心协力共创大业。如若耽于逸乐，不修德业，亲小人而远贤臣，则易沦溺陷险。唐朝名臣魏征《谏太宗十思疏》亦云："思国之安者，必积其德义，源不深而岂望流之远，根不固而何求木长，德不厚而思国之治，虽在下愚，知其不可，而况于明哲乎！人君当神器之重，居域中之大，将崇极天之峻，永保无疆之休。不念于居安思危，戒贪以俭；德不处其厚，情不胜其欲，斯亦伐根以求木茂，塞源而欲流长者也。"[③]其说诚是，一国之君，身系天下万民之福祉，欲教化百姓，则自当以身作则，才能为万民之表率，《诗》云："上以风化下，下以风刺上。"天子能以德治理天下，天下臣民自当群起效尤，社稷安危则可永保无疆。至于如何以德治国，唯有谦冲自牧，礼贤下士，才能广纳贤良，也唯有谦下，才能采纳忠臣之言以去谗邪，国君能亲贤臣而远小人，何愁国不能治，故朱子曰："是能以贤下人，得民而可为君之象。"其次，厚均援引宋代易学家胡五峰（1105～1161年）所举之史证云：

> 东汉之末，有阳刚之德，宜为君者刘备而已。三顾草庐以致诸葛，得庞统，来法正，追景升顾恋赴义之徒，而众士景从。以贵下贱，大得民也。[④]

---

① 欧阳厚均：《欧阳厚均集二》，第308页。

② 欧阳厚均：《欧阳厚均集二》，第308页。

③ 魏征：《谏太宗十思疏》，参见刘昫等编：《旧唐书·列传二十一·魏征》，收录于杨家骆主编：《二十五史》卷71，台北：鼎文书局，1985年，第2551-2552页。

④ 欧阳厚均：《欧阳厚均集二》，第310页。汉献帝建安十二年（207），曹操讨伐刘表，刘表卒，其子刘琮欲降。刘备不忍图荆州，乃率众避曹，民众多往归附，然因人数众多，行进速度缓慢，有人劝说刘备为

胡五峰认为，东汉末年群雄割据，宜为君者为刘备，乃因其为人谦和、礼贤下士，宽以待人，知人善用，素以仁德为世人称赞，深知“得人心者得天下”之道理，有别于残民以逞、暴虐嗜杀的诸侯，因此获得诸葛孔明、庞统与法正等贤能之士辅佐。

贤臣为国之栋梁，心系天下黎民之福祉，具有高尚的道德情操，胸怀治国之伟略，故明君当求贤若渴，若得贤臣辅助，何愁国家不兴，故孟子曰：“尧舜之知而不遍物，急先务也。尧舜之仁不遍爱人，急亲贤也。”厚均释《颐》卦彖辞：“天地养万物，圣人养贤以及万民。”援引宋代赵汝楳之《易》曰：“圣人之于万民，其急先务者亦曰：养贤而已。贤得其养，则仁恩自及于百姓矣。”[①]万物有赖天地之颐养以存，然则圣人无力独养万民，故须先培养贤能之士，贤者得其养，便有能力去照顾百姓，进而使天下万民皆得其所养，故云“急先务者，养贤而已”。释《鼎》卦：“圣人亨以享上帝，而大亨以养圣贤。”厚均云：

> 盖贤臣能格于皇天，格于上帝，是养贤即可以享帝也。……鼎用在朝廷，养贤之象。贤臣辅君以治民，养贤即所以养民也。自古圣主必得贤臣，王褒以作颂也。弓招币聘尚贤之典，式燕授餐养贤之义。[②]

人之所需者“饮食”，饮食所需者“鼎”，鼎以养人，然鼎非常人之家所用之器，“钟鸣鼎食之家”，乃指贵族阶级，又象征统治者权力之器。井卦之“养”偏重于养民，鼎卦之“养”则偏重于“养贤”，国君以鼎烹饪食物宴飨贤臣以彰显君德，亦象征将权力与责任托付于臣下，贤臣则致力于养民以报君恩，故元儒赵汸（1319～1369年）曰：“圣人养圣贤以崇德也，而式燕之具必用鼎以烹之，而后可以将其敬。”[③]其次，厚均援引汉儒王褒所作《圣贤得贤臣颂》，阐明圣君贤臣之关系，认为圣主必待贤臣之辅佐，出谋划策，才能光大功业，而贤臣亦唯有遇明君之赏识，方能一展长才与抱负，盖君臣相悦，和乐之象。[④]

加速行军，退保江陵，应当舍弃百姓，以求自保。刘备则认为，欲成就大事，必先以人为本，如今众人依附我，如何忍心弃之不顾！晋朝史学家习凿齿（？～383年）对此评论，刘备虽然身处险境，颠沛险难，而愈加维护信义，形势危急而言不失道。追念刘表托付之义不忍图谋刘琮，使三军为之感动；顾恋追随自己之人士而不忍抛弃，则众人甘愿与其共患难。先主曰：“夫济大事必以人为本，今人归吾，吾何忍弃去！”习凿齿赞曰：“先主虽颠沛险难而信义愈明，势逼事危而言不失道。追景升之顾，则情感三军；恋赴义之士，则甘与同败。”参见陈寿撰，裴松之注：《三国志·蜀书·先主传》卷32，台北：台湾中华书局，1980年，第5-6页。

① 欧阳厚均：《欧阳厚均集二》，第452页。

② 欧阳厚均：《欧阳厚均集二》，第451页。

③ 赵汸：《周易文诠》卷4，《景印文渊阁四库全书》，上海：上海古籍出版社，1987年，第557页。

④ 王褒（公元前90～前51年），字子渊，西汉时期著名的辞赋家，与扬雄并称“渊云”。受益州刺史王襄赏

（二）省兵戎

《左传》记载的“国之大事，在祀与戎”，此话指出了祭祀与战争对国家兴亡有重要影响。儒家思想主张厚生利用、无伤为仁的生命精神，认为须以仁政治国，且儒家关心的是天下民生，然而战争意味着搏杀戮掠，只为满足少数人之私欲。为了保障人民生活不受干扰与侵害，先秦儒家的思想观念皆是超越国家之私利而坚决反对战争。《易鉴》释《复》卦上六：“迷复，凶；有灾眚。用行师，终有大败；以其国君凶，至于十年不克征。”援引宋儒张浚之易说曰：

> 迷复则失其常性，好大喜功，其动必败，迷复而行师可乎哉？秦皇、汉武之事可考矣。[①]

人君居上而治众，当以黎民百姓福祉为先，此处“迷复”象征国君为欲望蒙蔽其理智，好大喜功，若是执迷不悟，兴起战端，最后也会无功而返，甚至将国家带往灭亡之路，并举秦始皇与汉武帝之例，藉以告诫后世为君者。颜之推（531～591年）云：“秦始皇、汉武帝，富有四海，贵为天子，不知纪极，犹自败累。”[②]其说诚是，秦皇汉武虽然将其国力推至鼎盛，却不知节制，穷兵黩武，致使国家资源虚耗，导致国力走向衰败，徒留骂名。其次，释《师》卦援引宋儒郭白云（1106～1187年），之易说曰：

> 汉武穷兵，以讨匈奴，仅有获焉。而天下户口减半，非否威凶与？春秋无义战，圣人贬之久矣。争地争城，杀人以求之，孟子辞而辟之。杀获之功，固非圣贤所尚矣。[③]

行军作战首要之务即是师出有名，然而郭白云举汉武帝讨伐匈奴之例，质疑因战争导致天下人口锐减，只为满足国君好大喜功之私欲，陷百姓于刀

识，推荐入京，汉宣帝命其作《圣贤得贤臣颂》一首，深得宣帝好感。此颂阐明君臣关系，首先说明贤臣是治理国家的利器，“夫贤者，国家之器用也，所任贤，则趋舍省而功施普。”故圣主治国首在任贤，其次，说明两者相依关系，“故圣主必待贤臣而弘功业，俊士亦俟明主以显其德。”并举诗云：“济济多士，文王以宁。”说明文王能任用贤臣，使邦国得以安宁。参见班固：《汉书·严朱吾丘主父徐严终王贾传第三十四下》，卷64下，第1343-1347页。

① 欧阳厚均：《欧阳厚均集二》，第437页。

② 颜之推：《颜氏家训·止足》，北京：中华书局，1985年，第118页。

③ 欧阳厚均：《欧阳厚均集二》，第332-333页。“承孝武奢侈余敝师旅之后，海内虚耗，户口减半。”参见班固：《汉书·武帝本纪第七》，卷7，第91页。“武帝元光四年四月，陨霜杀草木，遣五将军三十万众伏马邑下，欲袭单于，单于觉之而去。自是始征伐四夷，师出三十余年，天下户口减半。”参见《汉书·五行志中》，卷27，第649页。“自昔天子而有才华者，唯汉武、魏太祖、文帝、明帝、宋孝武帝，皆负世议，非懿德之君也。”参见颜之推：《颜氏家训·文章》卷4，第86页。

兵水火，故援引孟子的“争地以战，杀人盈野；争城以战，杀人盈城”与“春秋无义战”以反对轻启战端。

二、为臣之道

厚均为官凡十六载，勤勉清廉深受朝廷赏识与百姓爱戴，虽因厌倦官场明争暗斗之生活，而萌生辞意，却不曾有一日忘却为人臣子当尽忠为国、淑世济民，于岳麓书院作育英才，期盼学生将来能报效国家，其学生中不乏名臣将相，如曾国藩、左宗棠、胡林翼、郭嵩焘、李元度等众多人才，故《易鉴》一书多阐明为臣之道之良方。

（一）以国为重、克己奉公

乾隆晚期贪官污吏充斥整个朝廷，严重影响国家发展，虽然朝廷有心改革吏制而提高惩处办法，却难以抑制情况恶化，连乾隆皇帝自己都认为吏治腐败之程度令人咋舌，其云：“各省督抚中，廉洁自爱者，不过十之二三。”其中又以乾隆三十九年（1774）开始的甘肃捐监冒赈案，其中牵涉官员数量之多、贪污金额之大、惩处罪犯之严，被后人称为“清朝第一大贪污案”。乾隆得知大为震惊，怒斥这些贪官“上下一气，冒赈舞弊”，最令人可笑的是，这次事件之主谋王亶望，竟是乾隆钦点之能吏。[①]

嘉庆皇帝即位之初，立即将贪官和珅抄家，明正典刑，却依然无法遏止吏治之腐败，据清儒洪亮吉（1746～1809年）所见：“盖人材至今日，销磨殆尽矣。以模棱为晓事，以软弱为良图，以钻营为取进之阶，以苟且为服官之计。……十余年来，督、抚、藩、臬之贪欺害政，比比皆是。”[②]道光以降，官员贪污舞弊情况未减，加上内乱外患之侵袭，使得国势濒临全面崩溃。厚均一生为官清廉，以国家百姓为重，故希望能唤醒读书人将来为官能廉洁奉公，不徇私情，以挽救国家危亡为己任。关于此方面之思想，厚均释《损》卦上九：“弗损益之，无咎，贞吉。利有攸往，得臣无家。”云：

① 乾隆三十九年（1774），陕甘总督勒尔谨以甘肃省土地贫瘠，时有灾荒，常需政府救济，请求于当地实行捐纳制度，由财力有余却总是无法考取功名之仕绅，向政府缴纳粮食以换取监生名号。乾隆帝于四月十八日准勒尔谨之奏，调任能吏王亶望前去执行。王亶望到任之后，谎报当地雨水稀少，连年大旱，需要大量的粮食赈济百姓，故向当地仕绅收取监粮，用以赈济百姓，然而粮食却从未到过灾民手中。后经查实，当地深受水灾之苦，何来旱灾之说，且王亶望所收并非农粮而是银子。乾隆获悉内情大为震惊云：“甘省如此多雨，而历来俱谎称被旱，上下一气 冒赈舞弊。”参见庆桂、董诰等编：《大清高宗纯皇帝实录》卷1135，台北：华文书局，1964年，第16587-16590页。

② 赵尔巽等：《清史稿·列传一百四十三》，北京：中华书局，1977年，第11309页。

人臣之义，公尔忘私，国尔忘家。盖君国之念重，则身家之念轻。古之人有散家赀为军费者，有在军中得家书焚而不览者，皆时无家之义也。乃世之为臣者，甫登仕籍，即问利人之多寡。为职任之丰瘠，其贪婪者甚至剥民以肥己，若人臣爵位既尊，禄糈较厚而簠簋不饬者，亦往往有之。因贵致富，固已家饱身温，又复问舍求田，为后世子孙计，亦昧乎忘私忘家之义矣！①

厚均认为，为臣者应以国家为重，尽职尽责，克己奉公。并以古之为官者为国，能散尽家财，以讽刺今之为官者多为己，眼中只有荣华富贵。更甚者，利令智昏，身为父母官，不思为民分忧，却滥用己之职权，剥削百姓，贪赃枉法。厚均晚年，国家正处于内忧外患之际，内有吏治腐败、军队腐化之忧，各地民变如苗徭之乱、回民之乱与太平天国之乱等，外有列强对中国虎视眈眈，此皆为君为臣者之责任。厚均期勉为臣者，应遵守朝廷之法度，正人先正己，不以私爱害公义，不可贪赃枉法，更不能盘剥百姓，要秉公执法，处事公道，坚持正义原则，公正无私，且要多兴办公益事业，造福百姓，解决百姓之困难，为官一任，造福一方。据《乡贤录》记载：

一故御史，笃于大义。在部时，亲友有急难者，竭力饮助。归家后，姻业无不周恤。岁壬辰，猺逆滋事，捐五百金以为团练乡勇之费。岁壬寅，有捐输海疆经费之举。时主讲岳麓，首捐五百金以为之倡。此外如修本邑文庙，建文明塔，一切急公尚义之事，成就者不可枚举。②

欧阳厚均为官清廉，虽经济不富，倘遇急难有需者，定当慷慨解囊，竭力协助。于岳麓书院掌教时期，亦常捐助家境清寒之生员，并捐金修缮书院，为学生营造良好的学习环境。厚均晚年各地叛乱四起，身处国家危难之际，慷慨解囊，共赴国难，捐金以资乡勇团练，一切急公尚义之事，成就者不可枚举，实是为臣者之表率。

（二）谦而有终

读书人日夜苦读圣贤之书，无非望有朝一日能金榜题名，光宗耀祖，亦期望贡献一己之力，为国家百姓谋福利。一般人初入仕途之时，大多能恪守官

① 欧阳厚均：《欧阳厚均集二》，第537页。
② 欧阳厚均：《欧阳厚均集二》，第792页。

箴，勤政爱民。为官日久，能保持初衷者却寥寥无几，随着身份地位日显，心态亦日渐改变，处高位者往往仗其功勋，目中无人。更有甚者，依仗权势，把持朝政，安插党羽，结党营私。回首历朝历代之贪官污吏，何人不曾是因其之能，成为朝廷之栋梁，能善终者则有几人。归究其原因，皆出于仗其功勋恃宠而骄，故子曰："劳而不伐，有功而不德，厚之至也！语以其功下人者也。"功勋卓著却能谦下对人者能有几人，然而此亦是能所善终不变之法。

《周易》本是忧患之书，《系辞传》云："易之兴也，其于中古乎！作易者其有忧患乎！"圣人透过卦爻辞以示其行为结果之吉凶悔吝，欲使人有所警惕，从而趋吉避凶，如意臻祥。故《日讲易经解义》："《易》六十四卦皆多危惧之辞，即乾坤尚所不免。独繫谦彖爻无不吉。亨者，盖海惟善下为百谷之王，人惟能谦为众祥之本。《书》云：'满招损，谦受益。'《诗》云：'彼交匪傲，万福来求。'其即亨而有终之谓乎。"[①]其说诚是，自傲之人皆以自我为中心，认为旁人皆不如己，久之则易生轻慢之心，却也易因傲慢之态度而招致失败，唯有虚怀若谷，谦冲自牧，方能趋吉避凶。观《周易》六十四卦，唯有《谦》卦六爻皆吉，可见圣人对于谦冲之德之重视。

以卦象言之，坤为地在上，艮为山在下，高山居于地之下，谦之义也。《杂卦传》云，"谦，轻也"，即自视甚轻，谦冲居下之意。尤其位高权重者，身系国家百姓之安危福祉，《大学》曰："一家仁，一国兴仁；一家让，一国兴让；一人贪戾，一国作乱。"故唯有时刻常怀谦让的处世态度，才能知止有度，近可以明哲保身，远可以兴邦安民。故厚均释《谦》卦九三："劳谦，君子有终，吉。"云：

> 劳，谓功劳也，人臣居功，最难勋铭旗常，策勒金石，功愈崇者忌愈众，名愈重者谤愈多，往往然也。谦则有而不居，僚采不能毁诋，谗邪不能构会，夫而后可以保其终也。后世惟郭汾阳能知谦义耳，厚重如周勃，顾犹失之，况王浚、贺若弼之流乎。[②]

---

① 清圣祖仁皇帝御制：《日讲易经解义》卷5，台北：台湾商务印书馆，1986年，第317-318页。

② 欧阳厚均：《欧阳厚均集二》，第382页。周勃（？～前169年）随刘邦起事反秦，后又平定燕王臧荼与韩信之叛乱，封为绛侯。后又平定吕氏之乱，迎立代王刘恒即位为汉文帝，官拜右丞相，为避免功高盖主的嫌疑，主动请辞，却难逃遭人陷害而获罪，后经狱卒协助，终于获释，可谓晚景凄凉。参见司马迁：《史记·绛侯周勃世家》，第845-846页。唐代平定安史之乱功臣郭子仪，获唐代宗任命为尚书令，郭子仪恳辞不受曰："太宗尝践此官，故累圣旷不置员。……且用兵以来，僭赏者多，至身兼数官，冒进亡耻。今凶丑略平，乃作法审官之时，宜从老臣始。"郭子仪认为，许多官吏贪图升官不顾廉耻以邀功，现如今叛贼弭平，正是端正法纪之机，身为国之重臣，理当为众臣之表率。参见欧阳修等撰：《新唐书·郭子仪》，卷137，第3221-3222页。王浚（206～286年），晋朝重要将领，率水军沿江东下，破铁锁，除铁锥，斩关夺隘，所向披靡，终于迫使吴主孙皓投降，吴国灭。王浚认为自己建有大功，但却被王浑父子和其他豪强压抑，并且屡屡遭有司弹劾，心中颇为不平。自平吴之后，一改其生活方式，锦衣玉食，极其奢侈。"然而王浚矜功自伐，负气任志，致使喧黩宸扆，争起朝堂，白壁生瑕，殊可叹惜！"成语"矜功负气"典故之由来。参见房玄龄等：《晋书·列传十二·王浑、王浚、唐彬》，卷42，第967-975页。贺若弼（544～

九三具刚正之德，本应居上位，今却屈居于下，遂有谦卑之象，故上能尊其君，下能泽其民，虽居功厥伟却能秉持谦冲之德，如此亦可避免功高震主之情形。魏征《谏太宗十思疏》云："念高危，则思谦冲而自牧；惧满溢，则思江海下百川。"[①]故厚均认为，为人臣者，最忌恃功而骄，树大招风，惟有秉持劳谦之德以待人接物，将荣耀归其主，才能得享善终。厚均并援引唐朝名将郭子仪与西汉丞相周勃之例，郭子仪平定安史之乱，功高却能谦逊处下，周勃辅佐汉文帝继位，却能辞去宰相之位，急流勇退；反观三国王浚、隋朝贺若弼之流，恃功厥伟，肆意而行，此绝非为臣者应为之事。

三、论治民之道

（一）治民以礼

为政者，治民首在教民养民，教民之心，养民之身，以民为本，天下才能长治久安。孟子曰："民为贵，社稷次之，君为轻。"又曰："桀纣之失天下也，失其民也。失其民者，失其心也。得天下有道：得其民斯得天下矣。得其民有道，得其心斯得民矣。得其心有道：所欲，与之聚之；所恶，勿施尔也，民之归仁也。"可知为政者如若为夏桀商纣之徒，沉迷酒色、刚愎自用、狠毒残暴，视人民如草芥，劳役民众只为满足个人私欲，则必民心尽失。

故自古有道之明君，无不以社稷苍生为念，爱民如子，省刑罚，薄税敛，施仁政于民，此皆儒家经典中"以民为本"之思想。其次，治民首在教民养民，孟子曰："仁言，不如仁声之入人深也。善政，不如善教之得民也。善政民畏之；善教民爱之。善政得民财；善教得民心。"然则何为教养万民之道，厚均云：

> 畜然后有礼也。无畜则民多失礼而入于刑，有畜则民之畏礼也甚于法。礼者，人之所履也。安上全下莫善于礼。君子有礼以章身，小人有礼以淑性。所由王道隆而世运泰也，有养民教民之则者。[②]

厚均认为为政者教养万民，除了奖励农桑，发展经济，使百姓皆得所养，

607年），隋朝开国功臣，自恃功高，奢侈无度，后因批评隋炀帝获罪。"弼家珍玩不可胜计，婢妾曳绮罗者数百，时人荣之。弼自谓功名出朝臣之右，每以宰相自许。既而杨素为右仆射，弼仍为将军，甚不平，形于言色，由是免官，弼怨望愈甚。后数年，下弼狱。"魏征等：《隋书·列传第十七》，卷52，第1199-1201页。

① 魏征：《谏太宗十思疏》，刘昫等编：《旧唐书·魏征》卷71，第2552页。

② 《序卦传》云："物畜然后有礼，故受之以履。履而泰然后安，故受之以泰，泰者通也。"欧阳厚均：《欧阳厚均集二》，第761页。

更重要的是要教育百姓，故《书》曰："天降下民，作之君，作之师。"为政者除了要畜养其身，亦要教养其心，礼乐教化能使人民"各正其性"，使其内在思想与外部行为皆能合于礼序，而不致做出偏离道德人伦之恶事，而遭刑罚之惩戒，自然能"保合大和"。又，释《临》卦："君子以教思无穷，荣保民无疆。"援引赵汝梅之易说曰：

> 上之临下，教养为先，政刑为后故言教养而略政刑，君师之道也。人品不齐，难于速化，教亦多术，久而后成，故设教思为无穷。容民犹泽之容水，保民犹保其堤防，容之、保之皆养也。天下非止一泽，率土非止一民，故容、保贵于无疆。①

赵汝梅认为，君王有责任竭尽心力保护人民，养民则在使百姓生活在免于匮乏，使鳏寡孤独者皆有所养；教民以礼义则能使百姓远离刑罚，人民懂得礼义自然行为有序，远比以刑罚遏阻更为有效，此方是长治久安之道，故曰"上之临下，教养为先，政刑为后"。其次，为政者当为民之表率，"其身正，不令而行；其身不正，虽令不从"。身为一位领导者，须具备哪些特质？《中庸》云："为天下之至圣，为能聪明睿智，足以有临也。"说明统治者必须胸怀气度，才智过人，方有资格君临天下，教养万民。天下之大，非止一泽，非止一民，若君王人品不佳，才能有限，则难以教民；若其气度狭小，则难免所偏私，无法福泽万民。故如何才能使民"容保无疆"，乃是身为领导者之责任，故厚均云："知临天下者，教之则师道立，保之则君道尽。"

（二）省刑罚戒滥杀

中华文化倡导礼义，仁民爱物，为政者当以仁政治国，治民首在教民养民，使其行为皆能合于礼序，而不致做出偏离道德人伦之恶事，以遭刑罚之惩戒。法律虽可用来巩固国家政权，维护社会保障秩序，然刑罚应视为人性的最后一道防线，绝非治国之常道，切不可滥刑伤民。

乾隆晚期，吏治腐败，官商勾结欺压百姓之事常有，身为地方父母官，本应保护百姓，却成为鱼肉乡民之祸首，百姓为求生存只能反抗，造成清中叶以降，各地民变不断，烽火连天，归根究底乃是吏治腐败导至官逼民反。孔子认为治国当以仁政，然而官吏为求富贵，巧立名目鱼肉乡民，若有不从者即遭罪，非刑逼供冤枉无辜，将百姓之性命视如草芥，草菅人命之事，不胜枚举。据《清史纪事本末·道光朝》记载，道光元年（1821）正月，道光皇帝下令严

① 欧阳厚均：《欧阳厚均集二》，第404页。

禁官员审案非刑逼供：

> 道光元年正月，湖北钟祥知县王余莒因犯人狡赖，常用木棒敲击脚踝，以致案未审定先把正犯拷打致死，降旨把王知县革职审讯。道光帝谕：凡问刑衙门审理案件当案情理推断，犯死罪者也当定案后正法，若审问非刑逼致死人命，岂是刑法之义。前御史余本敦曾奏，问官多在常刑以外擅用非刑，有天平架、阎王架、鹦哥架、燕子飞、美人桩等名目，都是严刑酷法逼供。国家刑具有定制，不容自增或新意创造。罪情真实者尚不可滥用，何况用来冤枉无辜！通谕各地方严禁非刑。①

《尚书·大禹谟》云："与其杀不辜，宁失不经。好生之德，洽于民心。"《礼记·缁衣》云："刑不试而民咸服。"《礼记·大传》："爱民中故刑罚中，刑罚中故庶民安。"处处都说明刑罚必须合宜，才能洽于民心。然而如王余莒此等贪官污吏，未审定先把正犯拷打致死，已违反刑罚之义，何况乎又巧立刑具，滥刑逼供，又如道光六年（1826）六月，御史李逢辰奏：

> 江苏有案件状词内说问官用燕子衔泥，蝎子倒爬墙等酷刑，逼勒原告自认是诬告。道光帝谕："外省审案官员彼此关照，不论是非曲直，将原告毒刑拷打，逼认诬告，使得民间闻风害怕。刑具有定制，怎可擅自创造酷刑！故难保审案没有诬服之事，此等酷吏必须严办！"②

国家刑具有定制，不容自增或新意创造，然而官员为求绩效或是收受贿赂，自行发明刑具对犯人逼供，更有甚者，"不论是非曲直，将原告毒刑拷打，逼认诬告"。欧阳厚均曾任江南道监察御史，深知当时吏治之黑暗面，许多官吏草菅人命，有钱判生，无钱判死，故《易鉴》一书关于刑罚相关之易说颇多，如释《系辞上》："古之聪明睿知，神武而不杀者夫！"曰：

> 古之圣王诛无道以救世，戮有罪以安民，皆用武而未尝废杀。盖辟以止辟，兵刑所以济，德化之不及也。惟上有好生之德，洽于民心，俗美风醇，诚哉，可以去杀矣！后世杀人盈野，杀人盈城，其民惨莫惨于此矣。复有武健严酷之吏，淫刑以逞残小民之肢体，供堂上之戏怒，或立毙于杖下，或瘐死于狱中，荼毒生灵，草菅人命，

① 吴振清：《清史纪事本末·道光朝》，上海：上海大学出版社，2006年，第2124页。
② 吴振清：《清史纪事本末·道光朝》，第2129页。

吁可慨也夫。[①]

厚均认为古之圣王为救世安民，不得已而使用武力铲除奸邪，且上天有好生之德，为政者当以诚化民，教化百姓。可后世为官者，却“淫刑以逞残小民之肢体，供堂上之戏怒，……荼毒生灵，草菅人命”。对于刑罚之主张，厚均释《中孚·大象》：“君子以议狱缓死。”曰：

死不不可复生，故为是不果之情议而缓之，或情有可原，或法犹可恕。而于是解之赦宥行焉，圣人哀矜恻怛之君，其慎重民命也如此，后之君子尚其鉴诸！[②]

从卦象而言，《中孚》上巽下兑，巽为逊顺，兑为喜悦，居上位者以至诚之心谦逊于人，下位者以孚信悦从于上，如此内心诚信，上下交孚，此种中孚之德发挥到极致，则足以教化邦国。《中庸》云：“唯天下至诚，为能经纶天下之大经，利天下之大本，知天地之化育。”至诚之教化作用能够施及于整个邦国，以利于天下万民，这就是《彖》曰“说而巽，孚乃化邦也”之意。可知秉持中孚之德深入心，人心必将悦从，中孚之感化人心莫大于好生不杀，故“议狱缓死”。又曰：

剥极必复，贞下起元大造好生之德。虽涯雪坚冰严寒栗烈，纵脱落其枝叶，未尝不保护其根株。是以王者之政不废刑诛，然初无虔刘之意，常存恻怛之心，施仁于法外，寓德于刑中，皆欲使民自新而与天下苍生更始也。[③]

《系辞传》曰：“天地之大德曰生。”天地最大的美德，即在于生命之孕育，可知生命之宝贵。厚均认为王者执政虽不废刑诛，然而人死不可复生，若非十恶不赦者，应使民有自新之机会，为民父母官者，自当体恤下民，“常存恻怛之心，施仁于法外，寓德于刑中”。其次，为政者于审查案情时，当秉持中孚真诚不欺之精神审判诉讼，明察秋毫，勿枉勿纵，使犯刑者能信服之。若有违犯死刑者，更需谨慎查证，勿枉害人命。《孟子》曰：“左右皆曰可杀，勿听；诸大夫皆曰可杀，勿听；国人皆曰可杀，然后察之；见可杀焉，然后杀之。故曰国人杀之也。”可见用刑必须慎重，对于左右亲信、满朝大夫，皆曰可杀，还要得到全国百姓的认同及自己审查明辨过后，这才可以杀他，因为杀一无辜，非仁也，此即“君子以议狱缓死”之意。

① 欧阳厚均：《欧阳厚均集二》，第 694 页。
② 欧阳厚均：《欧阳厚均集二》，第 653 页。
③ 欧阳厚均：《欧阳厚均集二》，第 733 页。

（三）论民生经济

清初适逢大乱之后，人口锐减，粮食不虞匮乏，历经康熙、雍正与乾隆三朝，励精图治，社会渐趋安定，百姓安居乐业，国力达到鼎盛。然而乾隆晚期，民间变乱四起，其中又以苗乱、白莲教之乱、太平天国之乱与捻乱最为严重，不但祸及全国多省，且时间长达十多年。这些叛乱者多数是由生活于社会底层的农民所组成，造成农民铤而走险之原因，乃在于连年灾荒，百姓哀鸿遍野，连京师所在直隶地区也难幸免，据贺长龄《皇朝经世文编》记载："壬戌春（嘉庆七年），见京师水灾新退，流民散处城内外者，以万亿计，其饥且病而死者所在多有也。"[①]各州郡虽皆有实施振灾，却因吏治腐败，许多赈灾之钱粮皆入贪官口袋，造成遍地皆是饥荒饿死者。此外，粮食短缺问题，除了天灾不断，另一原因则是耕地分配不均。乾隆晚期，全国人口大幅增加，耕地面积却日渐不足，加之土地分配不均，贫富差距扩大，税赋制度不公，造成社会底层之平民，成为贪官奸商鱼肉之对象。关于耕地分配不均之原因，起因为满清政府入关之后，颁布圈地令，近畿土地皆为八旗勋旧所圈，农民失去土地，流离失所，生活悲惨，只能租种旗地为生。在政府圈地占田的诱导启发下，汉族的地主和富商，虽没有圈地的特权，但他们利用财势，可以收购兼并或强取豪夺农民的土地。清中叶以来的土地集中，具有与以前不同的特殊性质。以前土地集中，主要是由于官僚、地主兼并土地，乾、嘉以降，中国社会经济情况恶化，官僚、富商、地主、高利贷者，从四面八方侵入农村。贪官与奸商依靠政治特权和经济优势，通过地租、赋税和高利盘剥，向农民压榨剥削，兼并其土地，掠夺其收益，迫使农民连过去"田之所入，地主得其半，耕者得其半"的租佃生活亦不能维持，而身受空前的苦难，严重威胁农民生存的权利。[②]

欧阳厚均长年任职于户部，熟稔户部所牵涉之事务，诸如库银、关税、漕运、盐务无不关系着国计民生，故厚均提出经济之道，首在"产谷养民"，其云：

> 国以民为本，民以食为天。五谷熟而人民育。地无论高下、肥瘠，

---

① 贺长龄：《皇朝经世文编·户政十一·农政上》卷36，台北：文海出版社，1966年，第1294页。

② 李振宗：《太平天国的兴亡》，台北：正中书局，1986年，第10-11页。清初全国耕地约六百万顷，人口约一亿，平均每人耕地五六亩，道光时每人耕地不足二亩。连年饥馑，人民生活艰困，为了生存，铤而走险者众。参见郭廷以：《近代中国史纲》，台北：晓园出版社，1994年，第12-13页。其次，关于米价上涨问题，康熙年间，稻谷每石不过二三钱。雍正年间，则需四五钱，无复二三钱之价。今则必需五六钱，无复三四钱之价，盖户口多，则需谷亦多，虽数十年荒土，未尝不加垦辟。然至今日而无可垦之荒者多矣，则户口繁滋，足以致米谷之价，逐渐加增，势必然也。近日田之归于富户者，十之五六，旧时有田之人，今俱为佃耕之户。每岁所入，难敷一年口食，必须买米接济，而富户非得善价，不肯轻售，实操粮价低昂之权。参见贺长龄：《皇朝经世文编·户政十四·仓储上》卷39，第1399-1400页。

相其宜而种之，皆能产谷以养人。①

厚均认为民以食为天，故治国之道首在使百姓丰衣足食。我国自古以农立国，开矿煮盐获利固然虽高，却无法普及全国各地，释《说卦传》——“兑为泽，其于地也，为刚卤”云：

> 若刚卤，则产金产盐之地。圣三之政重农贵粟，罔不崇本而抑末。禹贡辨九土之坟壤涂泥及田之上下，以定赋之差等。郑注孔疏俱谓土地所生唯谷。税谷以供天子也。至金贡，扬州祗以饰器。盐贡，青州祗以和味，皆未尝以之充赋敛也。②

欧阳厚均认为开矿煮盐不能解决民生经济问题，要解决这个问题还得回归农业发展，加强土地开垦，增加粮食，使人民不再处于饥饿，改善了民生问题，自然就能改善农民叛乱问题。并举上古圣王“辨九土以定赋”，彰显农粮为朝廷重要的稳定税收来源，金贡价值虽高，却多用以装饰，盐卤则多用于和味。汉代晁错《论贵粟疏》亦曰：“地有遗利，民有余力，生谷之土未尽垦，山泽之利未尽出也，游食之民未尽归农也。民贫则奸邪生，贫生于不足，不足生于不农，不农则不地着，不地着则离乡轻家。饥之于食，不待甘旨。饥寒至身，不顾廉耻。……夫珠玉金银，饥不可食，寒不可衣。……明主知其然也，故务民于农桑，故民可得而有也，是故明君贵五谷而贱金玉。”③清代朝廷主要税收来源为农粮与盐税，然而钱粮额度固定不易增加，关税、杂赋占税负比例太低，只有盐税征收具有弹性，屡被用来纾解财政之困。然而朝廷视盐税为利薮，以各种名目搜括聚敛，导致盐价上涨，形成私盐泛滥的问题。为了杜绝私盐，朝廷虽然设立了许多盐务管理机关，然而吏治腐败，间接形成管理者变成勒索者之陋规，据《皇朝经世文编》所载：“各衙门额规千头万绪，盐院、盐道等官固其本管官，额规绝不可缺，而行盐地方，文官自督抚以至州县杂职，下及胥吏，武官自提镇以至千把，下及兵丁，莫不皆有额规。”④可见盐卤经济价值虽高，却不能直接改善百姓饥饿的问题，反而间接促成贪官污吏索贿之途径。

如何才能改善农政的问题？厚均认为首先必须改善开垦问题，以增加农粮生产，此则必须解决土地兼并与分配不均之问题，厚均释“物畜然后有礼，故受之以《履》”曰：

① 欧阳厚均：《欧阳厚均集二》，第 756 页。
② 欧阳厚均：《欧阳厚均集二》，第 756 页。
③ 晁错：《论贵粟疏》，收录于《汉书·食货志》，收录于杨家骆主编：《二十五史》第 2 册，台北：鼎文书局，1985 年，第 1130-1132 页。
④ 贺长龄编：《皇朝经世文编·户政二十四·商盐加引减价疏》卷 49，台北：文海出版社，1966 年，第 1754 页。

既富方谷救死不赡之小民，奚暇治礼义哉？惟有恒产，斯有恒心。野处不匿其秀民，田间可蒸乎髦士。故古者后夔典乐、司徒明伦，皆在教稼之后也。信乎！畜然后有礼也。无畜则民多失礼而入于刑，有畜则民之畏礼也甚于法。礼者，人之所履也，安上全下莫善于礼。君子有礼以章身，小人有礼以淑性。亲逊之风成，而于变时雍之化亦奏矣。所由王道隆而世运泰也，有养民教民之责者，其思所以致泰，治焉，可也。[①]

生活于社会底层的普通百姓，所要求的不过是温饱而已，然而吏治腐败，官商勾结，当保护百姓的统治者变成剥削者，无法畜民养民，反而只会压榨剥削，使百姓连最基本的生存权都无法维持时，如何要求百姓能够守礼，自然为求生存，只好铤而走险，与这些剥削者对抗。故厚均提出“惟有恒产，斯有恒心”，要彻底改善农业生产问题，使百姓安居乐业，不再颠沛流离，首要之务在改善地主与农民之租佃关系与土地兼并问题[②]，使耕者有其田，自然能增加生产，粮食增多朝廷的税收亦能稳定增加，更重要的是百姓不会再为粮食铤而走险，各地叛乱自然能弭平。

结　语

观欧阳厚均《易鉴》一书所阐述之经世思想，乃秉承史事易学家淑世济民之精神，并延续湖湘学派“以学治道、经世致用”之学风，认为“《易》之为书，原以致用，且随人、随时、随事皆可用”，反对泥于象数，而不切于人，故《易鉴》一书，荟萃诸家之说，并援史事藉古鉴今，以显穷经致用之旨，诚为清代史事易学著述中之佳作。

观《易鉴》一书，主要欲阐明“行政莅官、经世济民”应有之原则与态度，阐释内容主要包含为君之道、为臣之道与治民之道等三个方向。其一，厚均提出为君者，关乎整个社稷兴衰与万民之福祉，故治国首在“培德以养贤”，唯有兢兢业业，不沉迷于逸乐，时时涵养己德，自然能以贤德之名广纳四方才德之士以附之，齐心协力共创大业。其次则是“省兵戎”，并举秦始皇与汉武帝之例，藉以告诫后世为君者，若一味穷兵黩武，只会使国家资源虚耗，导致国力走向衰败，徒留骂名。此或许亦是暗讽乾隆好大喜功，连年对外出兵，致使国

① 欧阳厚均：《欧阳厚均集二》，第761页。

② “夫春秋之义，诸侯不得专封，大夫不得专地。若使豪人占田过制，富等公侯，是专封也；卖买由己，是专地也。”参见杜佑：《通典·食货一·田制上》第2册，台北：艺文印书馆，1959年，第1页。

库空虚。其二，乾隆晚期贪官污吏充斥整个朝廷，虽然嘉庆皇帝即位之初，立即将贪官和珅抄家，却难以挽救吏治之腐败。故厚均提出为臣者应“以国家为重，克己奉公”，并以古之为官者为国能散尽家财，以讽刺今之为官者多为己，滥用职权来剥削百姓，贪赃枉法。其三，厚均认为治民首在“以礼治之”，《书》曰：“天降下民，作之君，作之师。”为政者除了要畜养其身，亦要教养其心，礼乐教化能使人民“各正其性”，而不致做出偏离道德人伦之恶事。其次，阐明“省刑罚戒滥杀”之理，厚均认为清中叶以降，各地民变，烽火连天，归根究底乃是吏治腐败导致官逼民反。地方官吏为求富贵，巧立名目鱼肉乡民，若有不从者即遭罪，非刑逼供冤枉无辜，将百姓之性命视如草芥，故《易鉴》一书关于刑罚相关之易说颇多。其次，观于民变四起之原因，乃因连年灾荒，加之贪官污吏私吞赈粮，造成饿殍遍野。故厚均提出经济之道，首在“产谷养民”，然而如何才能改善农政的问题，厚均认为首先必须改善开垦问题，以增加农粮生产，此则必须解决土地兼并与分配不均之问题。

欧阳厚均值此国家危难之际，藉《易鉴》一书，阐明《易》道经世致用之内涵，且于书中勇于针砭时弊，并以身作则，堪为后世为官者之榜样。他掌教湖南首学岳麓书院凡二十七载，其经世思想更深深影响往后平定晚清太平天国、白莲教与回民叛乱之首要功臣，如曾国藩、左宗棠、郭嵩焘、李元度等众多学生，影响所及，盖可想见，故具深入研究之价值。①

参考文献

[1] 杜佑：《通典》，台北：艺文印书馆，1959 年。

[2] 贺长龄：《皇朝经世文编》，台北：文海出版社，1966 年。

[3] 侯婉如：《〈周易〉中“君子”之特质初探》，《周易研究》1998 年第 4 期。

[4] 李振宗：《太平天国的兴亡》，台北：正中书局，1986 年。

[5] 林增平：《近代湖湘文化试探》，《麓山论史萃编》，长沙：湖南人民出版社，1988 年。

[6] 吕祖谦：《左氏传说》，《景印文渊阁四库全书》，上海：上海古籍出版社，1987 年。

[7] 欧阳厚均：《欧阳厚均集》，方红姣校点，长沙：岳麓书社，2013 年。

[8] 庆桂、董诰等编：《大清高宗纯皇帝实录》，台北：华文书局，1964 年。

[9] 圣祖仁皇帝御制：《日讲易经解义》，台北：台湾商务印书馆，1986 年。

[10] 王弼、韩康伯注，孔颖达等正义：《十三经注疏·周易正义》，阮元校勘，台北：新文丰出版公司，1993 年。

① 陶澍、贺长龄、曾国藩、左宗棠等，官至总督或巡抚之地位，倾力倡导“通经致用”之风气，并在湖南刻意培植经世致用、锐意改革的士习，在全国造成相当大的影响。参见林增平：《近代湖湘文化试探》，《麓山论史萃编》，长沙：湖南人民出版社，1988 年，第 16 页。

[11] 王夫之：《船山全书》，长沙：岳麓书社，1988 年。

[12] 吴振清：《清史纪事本末·道光朝》，上海：上海大学出版社，2006 年。

[13] 杨布生：《岳麓书院山长考》，上海：华东师范大学出版社，1986 年。

[14] 杨家骆主编：《二十五史》，台北：鼎文书局，1985 年。

[15] 赵尔巽等：《清史稿》，北京：中华书局，1977 年。

[16] 赵汸：《周易文诠》，《景印文渊阁四库全书》，上海：上海古籍出版社，1987 年。

储欣《唐宋八大家类选》《唐宋十大家全集录》价值探讨——兼论清初文人对“唐宋八大家”之容受现象

钟志伟*

摘　要　“唐宋八大家”华实并茂，明清选本滋繁，清康熙文人储欣（1631～1706年）为重要选家。首先，踵继茅坤（1512～1601年），晚年编选《唐宋八大家类选》及《唐宋十大家全集录》，与沈德潜（1673～1769年）《唐宋八家文读本》并为清代海内外最注目读本。其次，同一选家编有两部以“唐宋八大家”为中心之选本，历来无出其右。本文即以储欣上述选本为研究对象，透过分析、比较及归纳其体例、序文、凡例、选文及圈点，辅以文集、方志，希望呈现两部选本中之文章观价值、评点价值及文学史价值。研究发现，《类选》以文体分卷，重在初学辨体，《全集录》系之以人，倾向深造明变，皆具功利价值。再次，二编体现重视体制，讲究人品之文章观念，而“文以气为主”乃储欣评文机杼。然后，二书圈点繁复，《全集录》后出转精，详备各家小序、本传、考证及圈点秘法说明，概见储欣苦心。最后，从储欣选本呈现对文学史补白、印证之价值，《类选》编成于康熙三十八年（1699），《全集录》导源茅本，成于康熙四十四年（1705），仅隔《类选》六年，为储欣临终遗着，而在体例、家数、选文趋尚尝试突破唐宋八大家框架，却又加以巩固之微妙变化，因受乾隆及士人所爱，亦可观察清初文人对“唐宋八大家”之容受现象。

关键词　储欣，唐宋八大家，十大家，古文，选本

前　言

储欣（1631～1706年），原名福同，字同人，江苏宜兴人，号在陆，居处名曰在陆草堂，人称在陆先生，学者以其所居草堂称“在陆先生”。少孤，率二弟苦读，后由邑廪生中式，康熙二十九年（1690）第四名举人。精通经史，

* 台湾“中山大学”文学院中国文学系。

文章简洁明畅，早年无意仕途，晚年领康熙乡荐，一试礼部不遇，著书教授以终。储欣生于明崇祯四年（1631）六月初五，卒于康熙四十五年（1706）十二月二十日，享年七十六岁。[①]著有《春秋指掌》《在陆草堂集》，并选编上至《左》《史》，下至唐宋文之古文选本，广为流行。宜兴丰义储氏以古文传家，乃清初科举门第，周家楣（1835～1887年）《丰义储氏分支谱》序曰："海内言文章者必推宜兴储氏。"[②]储欣虽无功名，但上承家学，兼济古文及时文，勤课子孙，《清史列传·文苑传》称其："为文谨洁明畅，有唐宋家法，而于苏轼为近。……教诸子有方，其门多达者。"[③]堪为储氏中坚。

明清"唐宋八大家"选本迭出，储欣亦编《唐宋八大家类选》（简称《类选》）、《唐宋十大家全集录》（简称《全集录》）[④]，流行海外，家弦户诵，与明茅坤《唐宋八大家文钞》、清沈德潜《唐宋八家文读本》并为明清"唐宋八大家"读本热潮之三大高峰。此外，乾隆（1711～1799年）敕编《唐宋文醇》，以及四库馆臣皆分别摘引、评骘储欣上述选本内容。因此，针对储欣在清代所制造之选本热潮，[⑤]除了文学批评价值外，包括古文观及文学史料亦有梳理之必要。

本文较析《类选》《全集录》编选动机及体例、评选范围及方式，以及评点形式，发现二编有同有异，而且具互见意义，同时反映清初文人对"唐宋八大家"之接受心态，冀望上述考察能重估储氏选本价值，并对古文研究成果有所补白。

一、储欣《类选》《全集录》选本性质较辨

以一人之力，编选两部具有"唐宋八大家"意识之古文评点选本，历来仅见于储欣。然辨别二作之宗旨、体例、评点有异同之处，就鉴赏唐宋文言之，具互补之功，而储欣古文见解及统绪观念又可因互参而较显。以下概述二作特质。

① 储寿平等纂修：《丰义储氏分支谱》，北京：北京燕山出版社，2006年，第300-301页。

② 周家楣：《丰义储氏分支谱·序》，储寿平等纂修，《丰义储氏分支谱》，第5页。

③ 清国史馆原编：《清史列传·文苑传·储欣》卷71，王钟翰点校，北京：中华书局，1987年，第5805页。

④ 本文所引《类选》版本为浙江省图书馆藏雍正元年（1723）受祉堂初刻本，《全集录》版本为本文所用版本为《四库全书存目丛书》本（台南：庄严文化，1997年）。后者据南开大学图书馆、山东大学图书馆、湖北省图书馆藏影印，而柳河东、孙可之、苏老泉三家集，配光绪八年江苏书局覆刻康熙本。又，付琼尝就《类选》七种版本加以叙录，不断刊刻情况可略窥其选本盛行之现象。本文所引版本乃浙江省图书馆藏雍正元年初刻本。详参付琼：《储欣〈唐宋八大家类选〉版本叙录》，《兰台世界》2010年第6期，第64页。

⑤ 《清史列传·文苑传·储欣》记载："所选《唐宋十大家全集录》五十一卷，以明茅坤选本祇为经义计，乃于八家外，增李翱、孙樵，书出风行海内外。乾隆中，御选《唐宋文醇》，盖因其本而增益之，御制序亦称欣用意良美云。"卷71，第5805页。

（一）《类选》：性质宜初学，作用属辨体

1. 编选体例

《类选》成书于康熙三十八年（1699）。首无储欣序文，然有《唐宋八大家类选引言》，自署“康熙己卯孟冬画溪储欣题于在陆草堂”，略述各种体类之特色及评选目的。将古文文体详分6类共30种。以“奏疏”类为首，词章殿后。

依目录统计，收奏疏类22篇，论著类86篇，书状类43篇，序记类67篇，传志类18篇，词章类13篇，共计249篇。各卷列之如下：卷1，奏疏类10篇；卷2，奏疏类12篇；卷3，论著类22篇；卷4论著类23篇；卷5论著类16篇；卷6论著类12篇；卷7论著类13篇；卷8书状类27篇；卷9书状类15篇；卷10序记类31篇；卷11序记类23篇；卷12序记类14篇；卷13传志类17篇；卷14词章类13篇。

《类编》体例有别于明清“唐宋八大家”选本惯用体例，以类系人，并非以人系之。此作法淡化八大家色彩，突出体制作法，而在体制之中，又甄别文体轻重，隐约显示着重实用，次以精工之文学观。文字浅显简易，乃为学文章之成童子孙所编。

2. 编选宗旨

无论是《全集录》或《类选》，在康雍乾时期皆受欢迎，然其选本宗旨及特色却大异其趣，储欣选本之魅力可见一斑。《类选》《全集录》皆以唐宋大家为编选范畴，深受茅坤《唐宋八大家文钞》影响，目的是作为习文模板。

储欣《类选》以八家为范，约选以便初学揣摩。门人吴振干《西汉文选例言》中说：

> 先生晚年课孙，自左国史汉，下逮唐宋诸家，各有约选定本，而《八家类选》一书，尤便揣摩。[①]

故知《类选》之属家塾读本，其后风行于士子、书贾之间，殆非初衷，观其目的乃指导孙辈写作古文而选。检索其古文约选读本，计有《左传选》《公羊传选》《谷梁传选》《国语选》《国策选》《史记选》《西汉书文选》及《唐宋八大家约选》，上溯三传，下至唐宋，可见古文统绪。

① 吴振干：《西汉文选例言》，收录于储欣：《七种古文选》，乾隆三十八年同文堂刻本。

（二）《全集录》：性质宜深造，作用属明变

1. 编选体例

《全集录》成书于清康熙四十四年（1705），以“唐宋八大家”为基础，增列唐李翱、孙樵文章，成十大家，然选文数量远逊八家，有附庸韩文意味。首有储欣总序，其次列凡例二十则，再次有《唐宋大家全集录总目》，属总目性质。十大家分卷次序为韩愈 8 卷、柳宗元 6 卷，另附外集 1 卷、李习之 2 卷、孙可之 2 卷、欧阳修 5 卷，另附外集 2 卷、苏洵 5 卷、苏轼 9 卷、苏辙 6 卷、曾巩 2 卷、王安石 4 卷，共 47 卷，选文达 1164 篇。

各大家卷一有储欣所纂小序，再次附有作者本传，唐人本传自《新唐书》；宋人本传自《宋史》。此外，韩愈之卷一，首增门人李汉《序》，列于储欣《序》及本传之前；柳宗元卷一，亦以友人刘禹锡原序为首；孙樵之卷附《可之先生全集录自序》，乃作者自序。苏轼卷则附《宋孝宗御制苏文忠公文集赞并序》《宋高宗敕赠太师诰词》。

《全集录》系之以人，下列诸体，乃遵循“唐宋八大家”选本之惯常体例，综观明代王宠《唐宋八家文》、茅坤《唐宋八大家文钞》；清代吕留良《晚村先生八家古文精选》、蔡方炳《八大家文选》、张伯行《唐宋八大家文钞》、沈德潜《唐宋八家文读本》等选本皆然，可视为“唐宋八大家”之选家正宗分类方式。但是，《全集录》仍有两项体例特色出类于众选本。第一，《全集录》以八大家为基础，增益唐之李翱、孙樵，并为十家，试图松动固有之唐宋文统，其做法在八大家选家当中空前绝后。第二，标示圈点及备考之说明，储欣施用圈点体例有四：“圆圈”“旁点”“尖圈”“截”；种类有四，《凡例》云：

> 文字眉目处用 D，精采处用〇，断截处用∟，顿歇处用▁，其卷帙次第悉尊原集，无所纷更。[①]

虽然不及茅坤《文钞》之“长抹”“短抹”“圆圈”“尖圈”“旁点”“围圈”“截”七种，然亦不少。又，圈点多属秘传，储欣却清楚表明圈点符号意义，对于选本传播有极大帮助。选文之后常辟“备考”一栏，据《凡例》云：

> 辑评，尊前人也，然惟精当而妙于言语者始掇之，故寥寥无几；备考，便后人也，然必艰深者，始稍加注释，其易晓及彼此集中互见者槩勿注。[②]

---

① 储欣：《唐宋十大家全集录・凡例》，《唐宋十大家全集录》，《四库全书存目丛书》，第 404 册，第 240 页。
② 储欣：《唐宋十大家全集录・凡例》，第 239 页。

即在末批处见"备考"，针对选文中之人名、地理、生字及典故等以小字说明并标出处。一般而言，文章选家着重彰显文义，或标示文法，甚少发挥考释之功，得见储欣虽为文章家，亦重视笺注。

2. 编选宗旨

《全集录》有别于储欣以往约选选本，别具立意。储欣族裔储廷槐尝云：

> 按公选唐宋十家全集，谓古文八家，秖便初学揣摩，而古文奥窔不尽，于是晚年来复取各家全集，沈潜反复，提要钩元，以为定本。①

《全集录》，顾名思义乃储欣越过选本，直探、详阅作家原集，并重新选录辑评，完全呈现储欣个人之选家眼光。因此，较析《类选》及《全集录》之编选宗旨，前者乃供初学，观其分类、选文亦颇精简，故其编选宗旨，大抵在为孙辈提供各类文章正宗体貌，即以"辨体"为目的。《全集录》则是反映选家古文见解，为读者拈出古文真诀。

由此可见，《类选》及《全集录》虽皆属于习文之用，并有制艺烙印，但依读者程度而存在价值不同，前者主要是家塾教育之用，具有鲜明的科举目的，为储掌文等孙辈而评选；②后者评文虽涉时文术语，乃科举文化所致，宣扬选家古文识见及理念，才是选本宗旨，而《类选》宗旨与科举间之关系应更紧密。

二、储欣《类选》《全集录》学文观念之价值

尽管《类选》《全集录》体例及宗旨不同，但若合而论之，得以互映，呈现储欣主要学文观念。

（一）辨体：学文以体制为先

学文莫先于看其体裁格式，宋吕祖谦（1137～1181年）的《古文关键·总论看文字法》即云：

> 学文需熟看韩、柳、欧、苏。先见文字体式，然后遍考古人用意

① 详见李元度《国朝先正事略》文后储廷槐按语，收录于《丰义储氏分支谱》第3册，第400页。
② 付琼指出："《唐宋八大家类选》是储欣晚年专为課孙而评选的家塾文学读本。储掌文为储欣长孙，储欣在他身上寄托了光耀门楣、承继家学的殷切希望，因而读本的编选颇为用心。……《唐宋八大家类选》编定于康熙三十八年，那时储掌文十三岁，正是可以学习古文的年龄。"见氏著：《唐宋八大家类选版本叙录》，第65页。

下句处。[①]

明吴讷（1372～1457年）的《文章辨体序说》引倪正父曰："文章以体制为先，精工次之。失其体制，虽浮声切响，抽黄对白，极其精工，不可谓之文矣。"[②]盖因文意已立，依体布置，即收各得其所之效。近人钱穆先生（1895～1990年）亦认为欲识中国散文，首在"辨体"：

> 我们研究文学，首须注意两事：便是"辨体"与"明变"。所谓"辨体"，简单说来，文章各有体裁，如诗、词、文、赋，为体各别。所谓"明变"，一体之中，因时代不同，而其风格亦异，如唐诗与宋诗，六朝文与唐宋文，故皆有变。又如昔人言韩昌黎"以文为诗"，余曾谓韩昌黎亦是"以诗为文"，此等亦是所谓变。由此辨体与明变之两途，逐步深入，始能明白得历代各家文学之内容。[③]

欲窥文学鉴赏及创作之堂奥，辨体与明变是基本能力，尤以前者为入门工夫。因之，《类选》以初学文者为读者，先区分文体，后类以八家，故知储欣乃循体以推展古文门径，呼应历来文论家对学习古文之正确态度。

孙琴安曾说：

> 像他这种对文章辨体定性，虽在明人吴讷那里就有说法，但在评点中并不多见，且储欣另有眼光，又是一种分法和说法，这在清初时倒是不太多的，后来沈德潜撰《唐宋八大家读本》、姚鼐撰《古文辞类纂》，专学此种，皆加此语，说明了他们都曾不同程度地受到过储欣的影响。[④]

孙氏观察大致合理，辨体之说历代常见，但古文选本之中，以文章辨体为编目者甚罕，储欣堪称历代"唐宋八大家"选本第一个落实"辨体"之选家。此外，储欣选本风行海内外，并为乾隆采用于《唐宋文醇》，同朝之沈德潜、姚鼐（1731～1815年）必然看过储氏选本。

储欣分类亦有特色，别以粗细内外。略分六类，内析诸体，文体风格即因纲举目张而各自鲜明。此外，文体之中又有轻重次第。《类选》首列"奏疏"。奏疏乃群臣上书论谏、奏事于君之文，徐师曾（1517～1580年）的《文体明辨序说·奏疏》中有："及其论文，则皆以明允笃诚为本，辨析疏通为要，酌古

---

① 吕祖谦：《古文关键·总论看文字法》，台北：广文书局，1970年，第17页。
② 吴讷：《文章辨体序说》，台北：长安出版社，1978年，第14页。
③ 钱穆：《汉代之散文》，《中国学术思想史论丛（三）》，台北：兰台出版社，2000年，第190-191页。
④ 孙琴安：《中国评点文学史》，上海：上海社会科学院，1996年，第238页。

御今，治繁总要，此其大体也。”[①]属于实用性质最强烈之应用文书。储欣论曰：

> 首奏疏，尊君也，数君子学问文章经济，予于奏疏微窥一班，而韩欧苏文忠所以批鳞蹈坎，挫辱不畏，尽节致身于所事者，千载下读之，凛凛有生气，未尝不想见其人。曰书，曰疏，曰札子，曰状，曰表，曰四六表，为类六。[②]

首先，储欣此六大类之次第有其意义。他将奏疏类文章放置首位，以君为至尊地位缘故，遵奉君臣礼教，得见其视文章能发挥政教社会之功能为上。储欣《类选》首评对象乃韩愈《论佛骨表》，评云：

> 所争关国家大体，贾生而后，此表可与日月争光。[③]

此文列《类选》卷首第一，“与日月争光”为赞，尤具开宗明义。储欣以韩愈为唐宋文宗，首倡奏疏，奏疏文章最关世教，以贾生为范，上溯秦汉，故储欣论文以体制为先，其义显豁。此外，储欣在八家中更重韩柳欧苏等人犯颜直谏之勇气，由文想见遗风。《类选》虽是课孙读本，却非仅作发策决科之用，亦由文通义。

储欣《类选》以“论著”为类二。储欣论曰：

> 此诸君子所汲汲立言以求为法天下，而不朽乎后世者，列第二，或曰策论科举之文，可谓立言乎？余曰：言以适用也。科举文如苏氏，譬则稻粱之于口，丝纩之于体，针艾方药之于疾，其不谓之适用欤？苟适用，奚其朽？曰原，曰论，曰议，曰辨，曰说，曰解，曰题，曰策，为类八。

奏疏在首，乃因尊君。但通检选文，又以“论著”为最多，约占全书34%，足见储欣表现出追求实用之文学观，故提倡“言以适用”，文应以内容为主，艺术形式次之。因此，为文者不求世用，徒求之文，不足为文。储欣又以苏轼科举策论为例，若时文益于垂法天下，亦足观览。

奏疏、论著类之后，分别是书状、序记等类，储欣将书状及序记一并论述，其云：

> 文或有意为之，或无意为之，或不得已督促黾勉而为之。书状序记在此三者间，要之序如韩、记如柳，尽变极妍，神施鬼设，独步千

① 徐师曾：《文体明辨序说》，台北：长安出版社，1978年，第124页。
② 储欣：《唐宋八大家类选引言·奏疏第一》，《唐宋八大家类选》，浙江省图书馆藏雍正元年初刻本。
③ 储欣：《唐宋八大家类选》卷1，浙江省图书馆藏雍正元年受祉堂初刻本。

古矣。[①]

体制应以本色为先，变化为次，而储欣于《类选》奏议论辩等适用文章以外，多直接选新变求奇之属，如评欧阳修《释惟严文集序》："直用传体作序，又奇崛变化不测。"[②]评苏轼《前赤壁赋》："出入仙佛，赋一变矣。"[③]或以出位之思，变调之奇而称美创新之处。若书状、序记类文章得以选入《类选》，显然偏重文法，须尽变极妍，神施鬼设，而且富有创新精神。其他如传志及词章类亦从文章之规矩法度、笔法技巧来批评。[④]然传记主叙事，书序主议论，娴于规矩，才能变化于文体之外，储欣《类选》既在明辨文体，盖众体互出，初学者若不能慎选文之正体，学文相乱，难考文精。因此，储欣杂正、变体于类选之中，用意略显大胆。

总之，储欣认为空疏不足以言文，乃以充实世用为胜，文辞次之，因而不同体制，侧重亦异，并且影响《类选》体式排列结果。

（二）文章节义，涵咏风神

《类选》读者为初学文者，展示以八家古文之体制；《全集录》汇聚储欣古文主要观念。

1. 文德一致：强化"文如其人"传统观念

储欣深浸儒学，论文之作者亦受影响，以为道德文章必君子所作。储欣《遯庵文集序》自云：

> 人言古文，谓其句读不类于今，此谬说也。古文以品骨，不以句读，而文品与人品大较，不谋而同。文高而品下，书契以来，一二人而已。[⑤]

储欣有二鲜明观点：一是品骨，古文特色不在句读异于今，而在文章骨力，偏重文辞要求；二是文品如人品，从言为心声之古老命题而来，此亦承认文章如镜，乃真实映照作者内心世界。故合"品骨"及"文如其人"观之，辞义相称，内容雄健雅正，文辞挺拔有力是储欣追求并实践之方向。

---

① 储欣：《唐宋八大家类选引言·奏疏第一》，《唐宋八大家类选》，浙江省图书馆藏雍正元年初刻本。
② 储欣：《唐宋八大家类选》卷 11，浙江省图书馆藏雍正元年初刻本。
③ 储欣：《唐宋八大家类选》卷 14，浙江省图书馆藏雍正元年初刻本。
④ 如"传志"引言："子长、孟坚氏不作而史学颓，六朝俳俪，词芜记秽，规矩荡然。韩、欧、王天纵巨手，起衰绍绝，史学中兴。"如"词章"引言："有韵之文，古人所勒诸金石、盘盂、几杖、户牖者，大都词奥旨深，与诗书相表里。秦汉而后，足观者鲜矣。数公所撰，未尽与古人抗行，然有可采者。"详见储欣：《唐宋八大家类选引言·奏疏第一》，《唐宋八大家类选》，浙江省图书馆藏雍正元年初刻本。
⑤ 储欣：《遯庵文集序》，《在陆草堂文集》卷 5，台北：文海出版社，1969 年，第 475-476 页。

历代文家支持文行不一或文德一致者皆有之，“文如其人”大抵指出诗文本诸性情，其特征与作家气质、性格有呼应之处。[①]储欣则在“文如其人”此一模糊判断下，清楚指出“文品与人品大较”，故而观文可知人品心术。《全集录》之评骘曾、王二人，明显表现“文如其人”之观点。《凡例》替曾巩平反：

> 吕申公言“曾某行谊不如政事，政事不如文章”，余谓先生文章尚矣。其行谊政事一如文章，未易轩轾也，自始任齐州即多可纪之绩，其后历任皆然。少时家贫困，孝养父母，诲育诸弟牟宰、布肇并成立，往往奔走数百里，干当世仁者以给其费，其行谊又如此。申公之言诚出自申公乎？抑荒唐之词乎？观史者察之。[②]

储欣驳吕夷简（978～1043年）之言，谓道德良善乃文之根柢，故为曾巩文行如一举证如上。储欣指出文高品下者罕，故知言知人为储欣文则，其例虽罕，料指王安石。《凡例》云：

> 介甫非六艺不读，非道德仁义性命之理不谈，一旦得君，猖狂至此。老泉谈兵谈刑，标机权以为说，而行谊无毫发之憾，人咸疑之。余谓荆舒劫持偏拗，好同恶异之性，往往见于其少年论设之中；老苏光明俊伟，若引星辰，望而知为正人君子矣，知言知人，不臑一黍。[③]

此见储欣论文大较以文度人，王安石及苏洵皆“文如其人”标准下之争议人物，但储欣从老苏文之光明俊伟，而赞以正人君子。至于王安石，虽得君行道，后人多鄙，储欣亦欲削之，不成，一则惮于毁弃“八家”名实而留之；二则王文却有大家手笔，乃储欣文则之特例。

2.“文气说”：标榜并发挥唐宋文人“养气说”

储欣“文气说”内涵较杂，不惟具有曹丕文气说之内涵，且隐约含藏士人浩然之气，向外展现文章雄浑盛大气势。《全集录凡例》：“建武以后，是气萎靡，贞元元和之间，是气复振，庐陵之师昌黎也，尽变其奇奇怪怪之词，而不失其浑灏流转之气。眉山继之，纵横捭阖，无以加矣。”[④]储欣以气之“浑灏流转”为文章盛衰指标，近乎孟子浩然之气。评苏辙《上枢密韩太尉书》：

---

① 蒋寅有《文如其人》，就历代说法，辨证文行二途或合一，最后提出一种有限度之“文如其人”，认为将文如其人视为文德一致过于极端，归结于人之气质、个性与文学特征相符较合人情，且接近大多数诗文评之观点。详见氏著：《古典诗学的现代诠释》（增订本），北京：中华书局，2009年，第231-250页。

② 储欣：《唐宋十大家全集录·凡例》，《唐宋十大家全集录》，《四库全书存目丛书》，第404册，第239页。

③ 储欣：《唐宋十大家全集录·凡例》，《唐宋十大家全集录》，《四库全书存目丛书》，第404册，第239页。

④ 储欣：《唐宋十大家全集录·凡例》，《唐宋十大家全集录》，《四库全书存目丛书》，第404册，第239页。

> 养气之说，发于孟子。昌黎柳州论文，亦以气为主，眉山父子得力尤深，其文遂雄视百代。此书自道所见，固大而非夸也。[①]

孟子曰："我知言，我善养吾浩然之气。"[②]此气可养，集义所生，至大至刚。养气可知言，故又可识破"诐辞""淫辞""邪辞""遁辞"等歪曲语言，孟子修养之论成为儒家文论依据。储欣追求雄浑浩大，曲折流动之文，故从孟子发之，借韩、柳、三苏（指苏洵、苏轼、苏辙）展现对"气"之重视。《全集录》凡例续云：

> 故词气并胜者，唐文也；气胜词者，宋文也。夫气胜词似不若词气并胜者尤光焰万丈也。然文固以气为主。[③]

储欣于《全集录》明确揭出"文以气为主"，并提倡词气并胜，以唐为范，宋文则气胜词。

"文气说"本自韩柳。韩愈《答李翊书》："气，水也；言，浮物也。水大而物之浮者大小毕浮。气之与言犹是也，气盛，则言之短长，与声之高下者皆宜。"韩愈之"气"承孟子而来，道德学识与文章气势密切相关，所以《答李翊书》又道："虽然，不可以不养也。行之乎仁义之途，游之乎《诗》《书》之源，无迷其途，无绝其源，终吾身而已矣。"[④]柳宗元《答韦中立论师道书》亦云："故吾每为文章，未尝敢以轻心掉之，惧其剽而不留也；未尝敢以怠心易之，惧其弛而不严也；未尝敢以昏气出之，惧其昧没而杂也；未尝敢以矜气作之，惧其偃蹇而骄也。抑之欲其奥，扬之欲其明，疏之欲其通，廉之欲其节，激而发之欲其清，固而存之欲其重，此吾所以羽翼夫道也。"[⑤]论文亦以作家道德修养与文气相联系。三苏以气为宗，进一步发展"养气说"，强调生活阅历与艺术风格之联系。苏辙《上枢密韩太尉书》云："文者，气之所形。然文不可以学而能，气可以养而致。"[⑥]透过选本，储欣标榜韩、柳、三苏诸家"养气"之说，进一步提出古文"词气并胜"之理想目标，并肯定作家内在性情与文章气势之对应关系。

因此，世人以"唐宋家法"赞誉储欣古文，如四库馆臣评云：

> 欣以制艺名于时，而古文亦谨洁明畅，有唐宋家法，大致于苏轼

① 储欣：《唐宋八大家类选》卷9，浙江省图书馆藏雍正元年初刻本。
② 朱熹集注，蒋伯潜广解：《孟子读本·公孙丑上》，上海：启明书局，1941年，第66页。
③ 储欣：《唐宋十大家全集录·凡例》，《唐宋十大家全集录》，《四库全书存目丛书》，第404册，第239页。
④ 韩愈：《答李翊书》，《昌黎集》卷3，台北：河洛图书出版社，1975年，第98页。
⑤ 柳宗元：《答韦中立论师道书》，《柳宗元集》卷33，台北：汉京文化，1982年，第873页。
⑥ 苏辙：《上枢密韩太尉书》，《全宋文》卷2072，第95册，第185页。

为近，所作《蜀山东坡书院记》宗旨可概见也。①

清周中孚（1768～1831年）《郑堂读书记》评云：

> 其为文清而雄、畅而曲，是绝有唐宋家法者。故虽兼以时文名而尚无时文腔调。②

作品无"气"流转贯之，则板滞无生气，储欣清、雄、畅、曲文风皆因"气"起枢纽作用。储欣以为三苏养气得力最深，尤爱苏轼文，苏轼忠君体国，议论纵横恣肆，亦以"气"赞之。《类选》评苏轼《乞常州居住表》云：

> 寓浑灏流转之气于排偶中，此四六大著作，其感动人主，只是一真。

此文展现苏轼凛然忠义，议论正大，文藏浑灏流转之气。

气之表诸于内，骨之形之于外。储欣又常以"气骨"评文，《类选》评《上宰相书》：

> 以六籍西汉之理法、之气骨，变易绣绘雕琢、割裂靡曼之文，公之摧陷廓清，于此篇始基之矣。③

储欣所谓"气骨"，乃根柢六经，溯源秦汉，虽隐约见雅正情志，但不明显，仍偏向对古文辞美学之要求。再如《类选》评《守戒》：

> 此为当时戍镇近淮蔡者而发，颇类策体，然气骨深厚，仍是秦汉间文字。④

韩愈痛斥强藩，为国诤谏，义无反顾，置个人生死于度外，文有秦汉文字充实内涵及充沛气势。储欣倡"文以气为主"及"词气并重"，指出创作与"文气"之深刻关系，而且强调以文度人之行谊政事，故无坚毅骨气、品格而不能臻古文雄健骨力。

三、储欣《类选》《全集录》评点之价值

（一）批语：辞简义赅，兼具情理

储欣评语精炼，常以数笔提点读者文章主脑、文家笔法，俾人心解。《类

---

① 纪昀等：《钦定四库全书总目》卷184，（整理本），第2569页。
② 周中孚：《郑堂读书记》，上海：上海书店出版社 2009年，第1160页。
③ 韩愈：《上宰相书》，储欣评选：《唐宋八大家类选》卷7，浙江省图书馆藏雍正元年初刻本。
④ 韩愈：《守戒》，储欣评选：《唐宋八大家类选》卷1，浙江省图书馆藏雍正元年初刻本。

选》以“唐宋八大家”为评选对象，评语倾向于简赅文义，提点文法；《全集录》虽列十家，实以“唐宋八大家”为评选核心，评论孙、李之文，多贴合韩愈而发，而《全集录》属系统成熟之评点选本，考评较细，情理兼有，且得见储欣真诚感受。

1. 《类选》着重勾勒文风

《类选》评文尤为简赅，如评韩愈《杂说一》：“一意数转，神变不测。”[①]评《答李秀才书》：“委婉。”[②]评柳宗元《钴鉧潭记》：“天然幽旷。”[③]评王安石《泰州海陵县主簿许君墓志铭》：“沈郁豪迈。”[④]结以杂文之曲折、书牍之婉转、游记之幽真、碑志之沈郁等体貌，可见《类选》评文常用简练文笔叙述文章风格，读者可依体认识、掌握写作方向。

然亦有评语详于《全集录》，隐见储欣古文见识，如评苏洵《诗论》：

> 国风好色不淫，小雅怨诽不乱，二句何尝不是正理，文本此以发诗礼相关处，何等识力。鹿门以为说诗愈支，抑亦固矣。[⑤]

苏洵论圣人制定具有权威之礼，乃人民生活基础，然亦有不合宜，而至于“穷”之时，故以六经权衡，得持恒常。而人之有情欲、情绪，礼不能强抑，故而“诗之教，不使人之情至于不胜”。或言苏氏父子于经术甚疏，行文纵横，储欣显然不认同，他认为苏洵能以“好色不淫”“怨诽不乱”分柱立说礼、诗之调配作用，其谋篇布局，既正且当，故茅坤以为说诗愈支，储欣则谓紧切。

又如韩愈《新修滕王阁记》，《全集录》尾评仅仅是“创格绝调”[⑥]。而《类选》论之颇详：“只自述因缘，不描写滕王阁一字。凡江山景物，目所未接，固难以臆撰也。若架空立论，又是宋人家数，韩柳记殊不然。”[⑦]韩愈未至滕王阁，而能写滕王阁，又非以横生议论虚写，与宋学文风殊异，故知创格绝调之意涵，其文章身价之所由来，其原由乃昭之于《类选》可矣。

2. 《全集录》知人论世，评断文章价值

《全集录》批语类型包括眉批、旁批和末评，末评除自己见解外，且有引他人评语之“辑评”，以及音训释义之“备考”，故以批注方式言之，增广《类选》评语且形式多元。

---

① 韩愈：《杂说一》，储欣：《唐宋八大家类选》卷3，浙江省图书馆藏雍正元年初刻本。
② 韩愈：《答李秀才书》，储欣：《唐宋八大家类选》卷8，浙江省图书馆藏雍正元年初刻本。
③ 柳宗元：《钴鉧潭记》，储欣：《唐宋八大家类选》卷10，浙江省图书馆藏雍正元年初刻本。
④ 王安石：《泰州海陵县主簿许君墓志铭》，储欣：《唐宋八大家类选》卷13，浙江省图书馆藏雍正元年初刻本。
⑤ 苏洵：《诗论》，储欣：《唐宋八大家类选》卷4，浙江省图书馆藏雍正元年初刻本。
⑥ 韩愈：《新修滕王阁记》，储欣：《唐宋十大家全集录》，《四库全书存目丛书》卷1，第404册，第288页。
⑦ 韩愈：《新修滕王阁记》，储欣：《唐宋八大家类选》卷10，浙江省图书馆藏雍正元年初刻本。

储欣视古文为作者心声，秉持文品如人品，评文亦常因文而慕其风神，《全集录》批语普遍多于《类选》，除提供更多古文见解外，亦流露不少感性文字。

如评柳宗元《梓人传》，兼用眉批、旁批、末评，眉批处云："河东胸中实有一副佐天子宰天下学问，而出以比兴，使观者易喻耳。至所谓杨潜者有乎无乎？其为技果然乎？亦未必然乎？吾恶乎知之。"[①]柳宗元非单写梓人，隐伏后段宰相之道，作者立意及用技，储欣一并说出。沈德潜《唐宋八大家读者》卷 9 亦曰："题用譬喻，不须说出正义，令人言外思之，此则六义中比体也。"显然呼应储欣观点。又储欣末评："分明一篇大臣论，借梓人以发其端，由宾入主，非触而长之之谓也。王弇洲乃云：'形容梓人处已妙，只一语结束可也。喋喋不已，复而易厌。'如弇洲言，是认煞公为梓人立传，而触类相臣，失厥指也。"[②]王世贞显然由柳宗元一贯峻洁文风，批判《梓人传》作为传记文，失之繁复。储欣认为此传采用比兴手法，无懈笔，末幅大议论以揭梓人之喻。《唐宋文醇》选录此文，全引储欣末评，可见亦肯定其评语价值。

又如曾巩《记欧阳舍人书》，因欧阳修替撰《曾致尧神道碑》，故曾巩写信表达感激之情，其文温雅真诚，恭谨得体，尤其行文颇富层次，至末段以数个问句带出数美，称述欧阳修此碑文对社会产生良好影响，因而感佩不已。储欣故于文末眉批："结段驰骤，万骑归槽。"[③]简明指出收笔之妙。储欣再于末评总论："层次如累丸，相生不绝如抽茧丝。浑涵光铓，其议论也；温柔敦厚，其情文也。曾文至此，岂后人所能沿袭拟议。"[④]储欣之意，此文既见曾巩议论雅正之本色，亦见情意之纡徊往复，情理兼擅。沈德潜《唐宋八大家读者》卷 27 评曰："逐层牵引，如春蚕吐丝，青山出云，不使人览而易尽。"[⑤]沈德潜以春蚕吐丝，青山出云设喻，虽然巧妙，然明显从储欣立意翻来，反不如储欣切实具体，得见评语之佳。

3.《类选》《全集录》评语交映得见八家文之奥妙

储欣二选本又常见对同一文章从不同角度剖析，然皆扼要中的，交映出该文之整体风貌。

首以《讳辩》为例，韩愈依次质之于律，考之于经，稽之以国家之典，皆是二名不偏讳，未避嫌名，虽层层进逼，然不直白道破，惟一再叩问妒者：李

① 柳宗元：《梓人传》，储欣：《唐宋十大家全集录·河东先生全集》，《四库全书存目丛书》卷 3，第 404 册，第 591 页。
② 柳宗元：《梓人传》，储欣：《唐宋十大家全集录·河东先生全集》，《四库全书存目丛书》卷 3，第 404 册，第 591 页。
③ 欧阳修：《寄欧阳舍人书》，储欣：《唐宋十大家全集录·南丰先生全集》，《四库全书存目丛书》卷 2，第 405 册，第 689 页。
④ 欧阳修：《寄欧阳舍人书》，储欣：《唐宋十大家全集录·南丰先生全集》，《四库全书存目丛书》卷 2，第 405 册，第 689 页。
⑤ 沈德潜选评：《唐宋八家文读本》卷 27，于石校注，合肥：安徽文艺出版社，1998 年，第 803 页。

贺举进士可邪？不可邪？间以谐谑之笔，佯设二可之辞，俾智者自明，末以今世之士究竟师法圣贤，或是宦者官妾，加以讥刺提醒。行文高妙，向为历代选韩文者所青睐。[①]《类选》之评，扼要有理，其云：

> 流俗溺惑，非危言庄论所能破也，父名仁云云，语带诙嘲，实则理之至者，而流俗之惑解矣。南渡以来，知此者盖寡。[②]

流俗偏见，势难相抗，故韩愈采用归谬论证，假设嫌名需避，而以父“仁”而子果不“人”推理出论述本质之矛盾，谬误不攻自破，故储欣谓诙谐中包含至理，莞尔一笑，溺惑顿解。《类选》此评已颇精当，《全集录》又可互映、补充，其云：

> 世有举世回惑沿流日甚者，必诙谐谈笑，使积迷之人，自欲喷饭，则释然解矣。如“父名仁，子不得为人”之类是也。但若正容庄语，公与贺且不免得罪。[③]

由此对比储欣二书评语，《全集录》论述显然较《类选》更深刻透彻。虽承《类选》评语立意，然采此亦庄亦谐，一辩再辩，而终未揭破之文法，一则欲使惑者哂然自解，更重要的是免于争锋对立，避去与李贺皆罪之灾，需知欲胜悠悠众口实难矣！其笔法兼收明哲保身之效。历来评者或谓《讳辩》以文为戏，或谓大辩才也，然皆未勘此利害得失，得见韩文之高妙，储评之识力。

又如王安石《上田正言书》，因仁宗庆历新政初行，百废待举，田况（1005～1063年）举方正策毫不顾忌，指斥天下利害，然联谏官，却未健言寤主，故王安石劝勉指陈，以行其志。《类选》评曰：

> 本对方正策以责正言，文事倍有精采，有骨力，绝不蹈袭韩欧，故能于韩欧之外，独成一军。至其丰棱峻洁，王似胜欧，可为知者道耳。[④]

储欣颇好气势雄健之文，此评亦窥得深入敢战之气。储欣盛赞王安石义正辞严，且有骨力，能与韩欧比美，甚而有高过欧文之处。首先，储欣选录此文，终不以人废言，得见选家学养，评语客观、妥当。其次，储欣以韩、欧、

① 以明清“唐宋八大家”选本为例，依时代先后如明王宠《唐宋八家文》、茅坤《唐宋八大家文钞》、王志坚《古文渎编》等；清吕留良《晚村先生八家古文精选》、蔡方炳《八大家文选》、张伯行《唐宋八大家文钞》、沈德潜《唐宋八家文读本》、秦跃龙《唐宋八大家文选》、陈兆仑《陈太仆批选八家文钞》、高塘《唐宋八家钞》皆选录此文，历久不衰，堪称典范文章。

② 韩愈：《讳辩》，储欣：《唐宋八大家类选》卷3，浙江省图书馆藏雍正元年初刻本。

③ 韩愈：《讳辩》，储欣：《唐宋十大家全集录·昌黎先生全集》卷1，第404册，第279页。

④ 王安石：《上田正言书》，储欣：《唐宋八大家类选》卷9，浙江省图书馆藏雍正元年初刻本。

王三家对比，语焉不详。对读《全集录》则甚明了，评曰：

> 昌黎因孟子谓蚳鼃而有《争臣论》，卢陵、半山又因《争臣论》而有《上范司谏书》、《上田正言书》，此文字渊源也。半山举对方正为案，犹孟子举辞灵丘请士师为案耳。然笔力矫悍，窥其意中直欲揜尽前人。

储欣先揭孟子谓蚳鼃、韩愈《争臣论》、欧阳修《上范司谏书》、王安石《上田正言书》四篇文章之源流关系。再引孟子论说与王安石对映。窥其意，储欣乃暗示王文有孟子论辩精神，文气雄猛遒劲上窥秦汉文，独树一帜，合美韩欧，故《类选》说“丰棱峻洁，王似胜欧”，《全集录》说“直欲揜尽前人”。就文理视之，四文相似，然就文辞视之，王文掩映时辈，上追孟子，储欣显然给予高度肯定。

（二）圈点：阐明符旨，点出文脉

储欣《类选》《全集录》均施画大量圈点于文字之右，辅助评选，以示文之重点或句读。符号形式有四，丰富圈点内涵。孙琴安尝对《类选》略作分析：

> 储欣的评点，较之一般的评家要精细一些。……仅以点论，就有圈有点，圈中又有圆圈—“○”和三角圈—“△”，点中则用黑逗点“、”，时大时小，不知何意，或为刻印不当所至。[①]

圈点之用大抵有四，一则句读，有助朗读；二则提醒警句，欲读者紧扣文字；三则暗示文脉，清出眉目；四则标示佳句，令读者玩赏。《类选》有圈有点，显示储欣讲究圈点妙用。值得注意是储欣于《全集录·凡例》中说明圈点符号代表意义，自揭秘法：

> 一文字眉目处用D（尖圈），精采用○（圆圈），断截用乚，顿歇用—（截），其卷帙次第悉遵原集，无所纷更。[②]

储欣用圈之法有二，主揭文辞之妙，重视辞藻构思；用截之法亦有二，主揭结构之妙，分析组织段落，圈点明晓而有条理。选本有圈点者不少，然条列圈点原则极罕，甚而视圈点为课子秘传之用。储欣坦率之举对读者帮助甚大。

不过如同孙氏所言，《类选》《全集录》均见“、”，凡例未说，不详其意。然细观储欣施用情形，又与孙氏观察不同。就韩愈《潮州刺史谢上表》为例，[③]储

① 孙琴安：《中国评点文学史》，第238页。
② 储欣：《唐宋十大家全集录·凡例》，《唐宋十大家全集录》，《四库全书存目丛书》，第404册，第240页。
③ 韩愈：《潮州刺史谢上表》，储欣：《唐宋八大家类选》卷1，浙江省图书馆藏雍正元年初刻本。

欣全篇句读悉用“、”，而《论佛骨表》全篇句读悉用“○”[①]，反而在“书史不言其年寿所极，推其年数，盖亦不减百岁”旁连加“、”，随后又于“周文王年九十七岁，武王年九十三岁，穆王在位百年”三句中之“九十七”“九十三”“百”等三个岁数旁添加“、”，似提示文章线索。不过，此亦显示“、”与“○”偶有重叠，有自乱其例之疵。

《全集录》祖绍茅坤《唐宋八大家文钞》，储欣虽无长短“抹笔”及“围圈”，但其他四种圈点符号与茅氏相通，可供参考。[②]茅氏《文钞》凡例有云：

> 凡一篇本末大旨则挈而镌之本题之下，间或于篇中抹出，或一或━，其间起案或结案及文之丨切紧关处亦并以抹，或—或━或」，或旁镌数字。

> 凡文之佳处，首圆圈○，次则尖圈 D ，又次则旁点，间有敝处亦旁抹或旁镌数字，譬之合抱之木而寸朽，明月之珠儿累綦，不害其为宝也。[③]

比较茅、储之施画，如“○”示文佳处；“∟”示结案处；“D”示文字眉目处，用法皆似。因此，结合以上观察，旁点“、”应亦具有提示读者醒目处之意味。

在“唐宋八大家”选本当中，储欣选本乃圈点表现多元之属，圈点呈现二种层次，以醒读者。愈依赖圈点，显示愈重篇法、章法、句法乃至字法，故凸显储欣文章家身份。此外，储欣圈点规范明确，施画清晰，乃是评断优良选本与否之重要指标。

四、储欣《类选》《全集录》文学史料之价值

（一）清初文人容受“唐宋八大家”之印记

“唐宋八大家”作为中国古代散文史中重要模范，自南宋成形，起名于明初朱右（1314～1376 年）《八先生文集》，[④]确立于茅坤《唐宋八大家文钞》，

① 韩愈：《论佛骨表》，储欣：《唐宋八大家类选》卷 1，浙江省图书馆藏雍正元年初刻本。

② 《钦定四库全书总目》卷 194（第 2728 页）亦见评语：“其中标识，悉依茅本之旧。”

③ 茅坤：《凡例》，《唐宋八大家文钞》，明崇祯四年茅著重订刊刻本。

④ 《白云稿提要》：“（朱右）尝选韩、柳、欧阳、曾、王、三苏为八先生文集，八家之目，实权舆于此。”八家之名，宋代已有，明朱右始采录韩、柳、欧、曾、三苏、王等八家之文，但“唐宋八大家”之名是在茅坤《唐宋八大家文钞》海内风行下，确立定名，至清代仍难撼动。纪昀等：《文渊阁四库全书》，台北：台湾商务印书馆，1986 年，第 4 册，第 462 页。

凡明清治古文者皆以八家为宗。然而，储欣选本之出，展现出对“唐宋八大家”地位之松动与重申，其看似矛盾而又统一之观点，亦显示清初文人对“唐宋八大家”地位之接受心态。

1. 家数反思现象：打破“八大家”藩篱

储欣《全集录》中之古文观念甚为强烈。在“八大家”潜规下，破其藩篱，提出唐宋大家不限于八位，《唐宋十大家全集录·凡例》云：

> 昌黎作《师说》抗颜为师，由是奇才辈出，若李习之、皇甫持正、李义山、杜牧之奇矣。至孙隐之而愈出愈奇，宋初若王元之、穆伯长、苏子美，亦大有人也。选大家而限以八，得毋为坐井之窥乎？予不敢骤益，姑以唐二家先之。盖韩李并称所从来久，若隐之经纬，集扬马之才若彼，自选三十五篇精约如此，故篇篇登载无一遗者。[①]

储欣认为选唐宋大家之文，总囿于八，乃忧虑学文者除八家文外，束书不观，画地自限，故倡议以广阔角度观照唐宋文坛，并以选本传播力量，打破唐宋八家文之固有观念，增列唐人李翱、孙樵而成“十大家”。

“唐宋八大家”由来已久，其文亦家弦户诵，妄论随意增减更易。因此，储欣自白“不敢骤益”，仅增二家，不作删减，得见尝试勇气，但又有戒慎之情。不过，储欣作法谨慎，原来八家地位依然稳固，避免招致其他古文家抨击。此外，储欣还是标举不少八家以外之文家，乃为后学搜罗遗珠，殷盼自行涉猎，以见引玉之效。

乾隆后来敕编的《唐宋文醇》具有权威性，影响深远，不但接受储欣“十大家”观点，且其编选内容乃因其本而重新推敲。《御选唐宋文醇序》云：

> 本朝储欣谓茅坤之选，便于举业而弊即在是。乃复增损之，附以李习之、孙可之为十大家，欲俾读者兴起于古，毋祗为发策决科之用，意良美矣。[②]

《四库全书总目》亦就储欣“大家岂有定数，可以八，即可以十”而云“其说良是”[③]，由此可见官方立场。储欣选本评语不仅多入《唐宋文醇》[④]，时人亦爱，得见突破八家藩篱做法，广为接受。此外，储欣创举亦影响海外。日本

---

① 储欣：《唐宋十大家全集录·凡例》，《唐宋十大家全集录》，《四库全书存目丛书》，第404册，第239页。
② 乾隆：《御选唐宋文醇序》，《唐宋文醇》，台北：台湾中华书局，1969年，第2页。
③ 纪昀等：《四库全书总目》卷194，北京：中华书局，1997年整理本，第2728页。
④ 《唐宋文醇·凡例》有云：“是编虽取材于储欣选本，复有欣本所遗，而不可不采者，亦并录入，通计十之二。”第1页。

江户晚期硕儒斋藤拙堂（1797～1865 年）[①]尝云：

> 清储欣同人收李翱习之、孙樵可之，以配八家，编《十大家文集录》。其自序云："增入习之、可之，似属创见。然大家有定数哉？可以八，即可以十矣。"亦不可谓无所见也。[②]

储欣显然启发拙堂重新思考"八大家"，除李翱、孙樵文之可观，亦列举其他文家，为唐文增美：

> 韩柳之后，有刘蜕、孙樵、杜牧、皮日休、陆龟蒙诸人，虽不能为大宗，亦皆成一家。[③]

习之又《寄从弟正辞书》谓："人号文章为一艺者，乃时世所好之文。"

> "其能到古人者，则仁义之辞，恶得以一艺名之。"其所抱负可知矣。欧阳公不曰"韩柳"，而曰"韩李"，亦非无以也。[④]

今人中国文学史之书写，往往冷落孙、李，拙堂评语实对唐代古文发展实况加以补白，追根究底又与储欣之创见相关。拙堂既反思"八"家之名，亦重新品第：

> 唐除韩、柳之外，以李、孙为最。宋除欧、苏外，以曾、王、老苏、小苏为最。既为八家，又为十家，并无不可。但同为大家，似无分别。所谓大家者，唐唯一韩，宋唯欧、苏二子当之，柳亦庶几之。如李、曾、王、老苏、小苏可称名家而已，不可谓大也。孙比之又小。[⑤]

拙堂效法储欣，打破藩篱，建立唐宋大家新系谱。列"大家""名家"二品，而以柳、孙分别配之，韩、欧、苏为"唐宋三大家"，柳宗元庶几。其他

---

① 斋藤正谦，字有终，生于江户，为伊势（今三重县）津藩士。致仕称拙翁，号拙堂，别号铁研学人、铁研道人，门人私谥文靖先生。早年入"昌平黉"，师事"宽政三博士"之一古贺精里（1750～1817 年），故奉程朱，用力古文颇深，喜好史传，被推崇为"文章四大家"之一，为江户晚期汉学硕儒。深于古文，有《拙堂文话》《续拙堂文话》等文评专著，从弘远史观全面批评中、日散文，是有感当时文章疲敝，总结写作心得之作。不仅反映江户时代文风变化，对晚清文人亦有影响。晚清李元度（1821～1887 年）《天岳山馆文钞》曾载："日本国人所撰《拙堂文话》、《渔村文话》，反流传于中国。"二书是日本文话"双璧"，其散文批评反受清道光文人重视，有其可观之辞。盖斋藤正谦处于日本即将扬弃中国，西化维新之前，在中国则是清道光、咸丰年间，国运渐颓之际，反映了对古文的批判氛围，以及鲜明的国别主体意识。此后未久，明治维新，汉文学被列入古典，斋藤谦《拙堂文话》实是终结中国古文之作，凸显晚清以前日本古文接受历史的可循脉络。李元度语详见《古文话序》，《天岳山馆文钞》卷 26，台北：学海出版社，1969 年，第 1549 页。

② 斋藤正谦，《拙堂文话》卷 3，台北：文津出版社，1985 年，页 3a-b。

③ 斋藤正谦，《拙堂文话》卷 3，页 15a。

④ 斋藤正谦，《拙堂文话》卷 3，页 15a。

⑤ 斋藤正谦，《拙堂文话》卷 3，页 2b-3a。

四家与李习之则可列入“唐宋五名家”，孙樵则又次之。

至此，与“唐宋八大家”家数定名及变易之重要选家列举如下：

选家	标立名目	实际家数
（宋）吕祖谦	无	韩、柳、欧、曾、三苏、张（耒）
（明）朱右	八先生	韩、柳、欧、三苏、曾、王
（明）茅坤	唐宋八大家	韩、柳、欧、三苏、曾、王
（清）储欣	唐宋十大家	韩、柳、李、孙、欧、三苏、曾、王
（日）斋藤正谦	唐宋三大家、五名家	大家：韩、欧、苏（附柳） 名家：李、曾、王、老苏、小苏（附孙）

由储欣至拙堂“品评”古文家作法，反映清中叶以前海内外古文家对唐宋文统之变动心态。但是就“八大家”意识增益扩充而成之古文选本，除储欣《全集录》外，再也未见，最终仍难松动唐宋以“八家文”独尊之局势。

2. 李、孙附韩现象：“八大家”地位昭然稳固

（1）虽增益二家，实侧翼韩文

储欣编选《类选》，稳固“唐宋八大家”地位，然又编选《全集录》，意图打破以“八大家”代表唐宋文之局面，二者并存似乎产生矛盾现象。

然而，寻绎《全集录》序文及选文，发现储欣表面上是增益唐李、孙二家，似与“八大家”齐名，实际乃将李、孙二人附于韩文之下，循此，“唐宋八大家”之独尊定位实无变化。

《全集录》原本茅坤《唐宋八大家文钞》，《全集录》自序曰：

> 予欲破学者抱匮守残之见，适当旧刻，图新于八先生文，所录加倍焉，然其规模，大抵一奉《文钞》为准，而稍稍变通之，故曰因也，非创也。①

茅本残缺，久未新刻，又时异事殊，其古文奥窔非限于茅本选文之中，故储欣重新去取选文，惟评选方式、数量与茅坤相近。故其总序一再自谦“因也，非创也”，可谓茅坤导源，储欣扬波，规模与茅坤相近。②检视储欣《凡例》二十则，论及唐宋文家，乃以韩、柳、欧、曾、王、三苏为主要论文对象。仅于“韩愈《师说》”条中提及唐之李习之、皇甫持正、李义山、杜牧之、孙隐之；宋之王元之、穆伯长、苏子美等人名。读完凡例可以察觉《全集录》仍以

① 储欣：《唐宋大家全集录·总序》，《唐宋十大家全集录》，《四库全书存目丛书》，第404册，第204页。

② 储欣于《唐宋十大家全集录·总序》中共提到三次，见《唐宋十大家全集录》，《四库全书存目丛书》，第404册，第237、239页。

“唐宋八大家”为批评核心。

拙堂尝揣度储欣“十”大家之深意云：

> 刘蜕、孙樵之文，有意为奇，亦是皇甫氏之流。储同人收孙入十大家之数，然犹不得与李习之比，况韩、柳、苏乎？[①]

储欣之所以增衍李、孙二家以附八家，或受宋苏轼、朱新仲（1097～1167年）影响。据王应麟（1223～1296年）《困学纪闻》所载：

> 东坡谓：“学韩退之不至，为皇甫湜；学湜不至，为孙樵。”朱新仲曰：“樵乃过湜，如《书何易于》、《襄城驿壁》、《何将军边事》、《复佛寺奏》，皆谨严得史法，有补治道。”[②]

苏轼《谢欧阳内翰书》原文为“盖唐之古文自韩愈始，其后学韩而不至者为皇甫湜，学皇甫湜而不至者为孙樵，自樵以降，无足观矣”[③]。孙樵之比皇甫湜，显然储欣与朱新仲观点一致，又因韩愈与李翱亦师亦友，且肖韩文，故而学韩文者，以李翱、孙樵入选。

（2）不满王安石，却未敢删文

储欣主张文如其人，以观人品之正，此又储欣读书之乐。故其选本必录本传，其批语亦多感性之词，以见倾慕文家风标。如《全集录》凡例曰：

> 余每读一家文集，必求之史传，旁及他书，下至稗乘所载，以想见其为人。即读一篇，必考究年月，循其显晦顺逆之遇，以窥其所以言之意。……然风雨凄凄，鸡鸣喈喈，斗室中得尚友古人之乐，未必不由于此。[④]

储欣极不满王安石为人，既能因孙、李文品和人品而增益之，亦应以王文高格卑而剔之，才符编选原则。然而，储欣显然陷入两难，其《全集录》凡例曰：

> 王介甫之文，余再三欲斥去，勿列大家。既而思之，以人废言，徒足骇学者之耳目，甚无谓。然至《司马谏议书》之类，言辨而伪，不可之尤，余亟削之，无所恤矣！[⑤]

---

① 斋藤正谦：《拙堂文话》卷3，页15a。
② 王应麟：《困学纪闻·考史》卷14，台北：台湾商务印书馆，1978年，第5册，第1157页。
③ 苏轼：《谢欧阳内翰书》，曾枣庄、刘琳主编：《全宋文》卷1892，上海：上海辞书出版社，2006年，第87册，第341页。
④ 储欣：《唐宋大家全集录·凡例》，《唐宋十大家全集录》，《四库全书存目丛书》，第404册，第238页。
⑤ 储欣：《唐宋大家全集录·凡例》，《唐宋十大家全集录》，《四库全书存目丛书》，第404册，第238页。

从编选者立场，储欣亟欲删去王文；然从读者立场，此举恐骇其耳目。一则维持“唐宋八大家”之古文统绪，二则显示古文家身份，虽重人品，然尚能因文辞而录之。储欣《临川先生全集录储序》曰：

> 余所录若干首，在县令以前者过半焉，熙宁后至少，且谂门弟子曰：“王文非无可取也，在慎取之而已。”亦足以见余之迂为不可解也。然终不敢斥诸宋大家之外，排摈弗登，亦徒以其文也。[①]

储欣认为王安石劫持偏拗，一旦得君，性见猖狂，好同恶异，卒不可取。所以《类选》只选王文10篇，奏议文仅选《上仁宗皇帝言事书》，论辩类仅选《周公论》《原过》，皆属文辞见长之文，而《全集录》中如《答司马谏议书》《进〈字说〉表》《虔州学记》等后期与变法相关之文亦不采录。古文之道本在明道致用，储欣如是，王安石更是，储欣站在保留“唐宋八大家”立场，虽无因文废言，但其实已因人废言。

储欣《类选》本以“唐宋八大家”为文章之范，《全集录》似欲松动恒久以来文人对“唐宋八大家”之地位，确实也产生微妙影响，然仔细观察仍可显示“唐宋八大家”在《全集录》之份量，亦见“唐宋八大家”在储欣心中之地位。储欣《类选》《全集录》所展现之文学史料价值亦在此焉。

（二）反映当时“以古文治时文”之文学现象及方法

自唐以降，古文与时文之争愈烈。古文有救弊致用之义；时文视为朝廷取士之柄，而古文有盛有衰，时文辄与时益兴，不可抑止。储欣《答邵文孙书》尝自陈学文门径：“某也治时文最久，然非性所好。少壮时渔猎书籍，有志古作者之林。今白发满头，蓄志未就，然缘此于时文之业，虽久而不专，人弗察也。”[②]储欣实是自谦，据《四库全书总目提要》载“欣以制艺名于时，而古文亦谨洁明畅，有唐宋家法，大至于苏轼为近，所作《蜀山东坡书院记》，宗旨可概见也。”[③]储欣与一般古文家不同，不将时文、古文壁垒对立，因知时有先后，文有古今，并不全然否定时文，亦不否认兼治之。曾设喻如下：

> 时文之美，鱼也肉也，宿昔之食耳；古文如谷种，其生不穷，食之岂有量哉！[④]

① 储欣：《临川先生全集录储序》，《唐宋十大家全集录》，《四库全书存目丛书》，第405册，第712页。
② 储欣：《答邵文孙书》，《在陆草堂文集》卷2，第191页。
③ 纪昀等：《钦定四库全书总目》卷184，第2569页。
④ 储欣：《答汪蕈士书》，《在陆草堂文集》卷2，第180页。

因而《四库全书总目》讥储欣古文选本亦有时文习气，其云：

储欣虽以便于举业讥茅坤，而核其所论，亦相去不能分寸。

茅坤、储欣之评八家，适类举业，馆臣所言大抵事实，然明清科举风气炽盛，评文或涉时文论调实不可免。

储欣兼治古文、时文，故而深谙时文优劣。若时文亦有用于世，岂可弃之。故而《类选》评老苏《审势论》：

老苏先生，宰相才也。吾于几策二道决之。仁宗制科得二苏，喜曰："吾为子孙得二宰相。"盖其家学如此。苏氏之不用，似关宋气运，非人之所能为也。[①]

即从宋之时文审酌三苏乃是经济之才。又，储欣选本不乏以古文法指导时文，《类选》评韩愈《原毁》：

长排亦唐人常调，谓公轫者非也，公特气体高出耳。五原当以此为殿，但清快利举业，吾尝试之以下，最刻画玲珑。[②]

茅坤尝云："此篇八大比，秦汉来故无此调，昌黎公创之。"[③]储欣显然针对茅坤论点而发之。然《原毁》乃探讨毁谤之本原，本是大议论，韩愈巧以古今人情之重、周、轻、约、详、廉、怠、忌八字立说，排比开合，宾主相生，文理已深，且清快爽利，能以极小篇幅曲尽人情。然而，通篇对仗，古今分柱，自是时文之法，故而为储欣所赏。再以《类选》评柳宗元《永州新堂记》为例：

前叙述，后议论，开后人多少法门，尤利举业。[④]

柳宗元藉记表彰韦彪开辟新堂之功，然不止就新堂发挥，而先着墨荒芜恶地，而后写其修洁，竟能将堂内人造丽景与堂外天工美景合美为一，游观远眺而能迩延绿野，远混天碧，末藉客之赞语预示韦彪有视细知大之功绩，记中实寓修身之箴规。储欣以为"先叙后议法"乃制艺上乘之法，实而先叙事实为证，结以一段议论，便能使人心解，事半功倍，本古文正规常法，如王安石的《伤仲永》《游褒禅山记》即以此法取胜，将寻常事辟出深远寓意。此见储欣其古文为时文典范之例。

---

① 苏洵：《审势论》，储欣：《唐宋八大家类选》卷4，浙江省图书馆藏雍正元年初刻本。
② 韩愈：《原毁》，储欣：《唐宋八大家类选》卷3，浙江省图书馆藏雍正元年初刻本。
③ 茅坤评语引自高海夫主编：《唐宋八大家文钞校注集评·昌黎文钞》卷9，第469页。
④ 柳宗元：《永州新堂记》，储欣：《唐宋八大家类选》卷10，浙江省图书馆藏雍正元年初刻本。

工于时文，或仅能“圆熟无疵，累读之，顺口而句调可通用”，而文之气骨，非通经博史而不得养之，储欣为文重实学，切世教，务使叙事议论有典有则。唐宋八家文禀六艺之遗，发挥孔子“其旨远，其辞文”之特点，在立意、行笔、文句及语词层面展示作文技巧，以振时文虚华之弊。故储欣《答杨明扬书》谓：“某少好古书，年二十，凡先秦两汉司马氏班氏及唐宋八大家之书，虽不尽晓，然亦多有成诵者，为文深入敢战，虽不尽轨于正，然有时言人所不能言。”①学古文则能磨炼雄健充沛气势，抒写己意，而不使行笔疲软无力。储欣因试举业而弃学古文，后以自身经验续叹曰：“因大悔恨，急取旧业理之，初格格不入，后稍相习，及执笔为文，而曩时深入敢战之气，销铄已十之五矣！”②储欣因此仰愧古人，而赞杨明扬之能卓然不惑，为古豪杰之士。三折肱而成良医，储欣晚年以《类选》《全集录》昭明学者，以古文之雄深雅健治时文体格；以古文之组织结构匡时文布置，结穴于经世实用。时有先后，而古文、时文似属异轨，然可合辙。储欣二编体现古文、时文相结合，而以古文之法兼治时文之存在价值。

结　语

评点乃中国古代重要批评方法，选本影响有时较作者深远，并成为文学宣扬之工具。储欣博经通史，善作文章，深谙选家之功，贵能将抽象之文章观念落实至选文中，故其选本具有强烈文学批评意识，影响时辈亦深。此外，储欣以一人之力，编选二部唐宋古文选本，历来罕见，且皆以“八大家”为核心对象。二书选文、批点必有重出，可贵是相异处更多，且可参以互见，对于掌握储欣古文思想及唐宋八家文皆有帮助。以体制为先，乃古文家及文体学家之共识，储欣《类选》透过分类、选文、评点加以落实，此作法在古文选家中相当少见。《全集录》虽是规矩一般文章选本，但敢于增益二家，为清初文人展示突破“唐宋八大家”框架之可能，亦属空前绝后。此外，储欣深谙唐宋家法，兼治时文，能融会于选本批评，上至帝王，下至举子，无不受其影响。清人多谓“天下文章其在桐城乎”！清代文苑岂无其他继承“唐宋八大家”之古文传统者哉？此即本文彰显储欣古文选本价值及风靡现象之所由。

① 储欣：《答杨明扬书》，《在陆草堂文集》卷2，第161页。
② 储欣：《答杨明扬书》，《在陆草堂文集》卷2，第162-163页。

参考文献

[1] 储寿平等纂修：《丰义储氏分支谱》，北京：北京燕山出版社，2006 年。

[2] 储欣：《唐宋八大家类选》，浙江省图书馆藏雍正元年初刻本。

[3] 储欣：《唐宋十大家全集录》，《四库全书存目丛书》第 404、405 册，台南：庄严文化，1997 年。

[4] 储欣：《在陆草堂文集》，台北：文海出版社，1969 年。

[5] 付琼：《储欣〈唐宋八大家类选〉版本叙录》，《兰台世界》2010 年第 6 期。

[6] 蒋寅：《古典诗学的现代诠释》（增订本），北京：中华书局，2009 年。

[7] 李元度：《天岳山馆文钞》，台北：学海出版社，1969 年。

[8] 吕祖谦：《古文关键 · 总论看文字法》，台北：广文书局，1970 年。

[9] 茅坤：《唐宋八大家文钞》，明崇祯四年茅著重订刊刻本。

[10] 钱穆：《中国学术思想史论丛（三）》，台北：兰台出版社，2000 年。

[11] 乾隆：《唐宋文醇》，台北：台湾中华书局，1969 年。

[12] 清国史馆原编：《清史列传》，王钟翰点校，北京：中华书局，1987 年。

[13] 孙琴安：《中国评点文学史》，上海：上海社会科学院，1996 年。

[14] 王应麟：《困学纪闻 · 考史》，台北：台湾商务印书馆，1978 年。

[15] 吴讷：《文章辨体序说》，台北：长安出版社，1978 年。

[16] 徐师曾：《文体明辨序说》，台北：长安出版社，1978 年。

[17] 斋藤正谦，《拙堂文话》，台北：文津出版社，1985 年。

[18] 周中孚：《郑堂读书记》，上海：上海书店出版社，2009 年。

[19] 朱熹集注，蒋伯潜广解：《孟子读本 · 公孙丑上》，上海：启明书局，1941 年。

定中结构的两分和“的”的语义功能
——语义类型理论视角分析[*]

陆　烁[**]

摘　要　围绕“的”的有无，汉语的定语一直有“限制性/描写性”（或“区别性/描写性”等其他术语）区分的说法，但是各种定语两分分析都存在界定模糊、操作性差的缺点，也不能完全解释“的”字隐现的规律。本文采用语义类型理论，尝试在语义层面对于有“的”和无“的”的定中结构的语义差别给出明确清晰的区分。“的”的隐现区分了两种语义类型：不用“的”的定中结构是 e 类型语义成分，是特指的名称（专有名称或种类名称）；使用“的”的定中结构是<e，t>语义类型，指称具有特定属性的个体所组成的集合。少部分在语流中省略了“的”的情况，也需要符合 e 类型语义条件限制。“的”的语义功能是一个<e，t>语义类型转换算子。本文的分析可以广泛解释“的”字隐现的难题，证明了语义类型理论的有效性，同时也有助于观察相关问题的跨语言类型学差异。

关键词　“的”字名词短语，语义类型理论，语义转换，类指

引　言

在很多语言中，定中性名词短语都呈现形式上的两分趋势，大部分体现在定语和中心语的语序上。以英语为例，定中结构有定语前置（prenominal）和定语后置（postnominal）两种形式。两者在语义解读上也有区分。通常认为，前置定语表达中心语的定义性属性（defining characteristic），后置定语表示中心语的附加性属性（accessory property）（也被表述为本质属性和临时属性的对立：

* 本研究是国家社会科学基金青年项目“名词短语句法-语义互动模型研究”（14CYY048）和教育部人文社会科学研究青年项目“名词本体研究和名词组的语义结构模型”（13YJC740063）的阶段性成果。

** 中山大学中国语言文学系。

characteristic vs. temporary properties）。Bolinger[1]指出，有的形容词既可以出现在名词前，也可以出现在名词后，位置不同带来的是不同的解读。如他的举例，例（1）a 表示可通航（navigable）是这条河流的固定属性，而例（1）b 中可通航只是这条河的一个偶然性的特征，可能只是在特定情况下才是可通航的。

例（1）a. the only navigable river　　b. the only river navigable (Bolinger[2])

这种句法语义的对应关系似乎在汉语中是不存在的，因为汉语的定语总是出现在中心语之前。但是，我们还是能找到汉语定中结构在形式上的两分：依据“的”的隐现。同样的定语，有可能带“的”或不带“的”修饰中心语，如“木头（的）房子、漂亮（的）姑娘”。接下来关键的问题在于，带“的”定中结构和不带“的”定中结构（以下分别标记为 XdeN 和 XN）是否有语义上的区别？如果有，这种区别与英语等语言的两分定中结构是否有对应关系？

本文将采用形式语义学的方法，在语义层面上对定中名词短语的语义差别给出客观准确而可操作的区分，同时统一解释“的”字隐现问题。本文的基本结论是，XN 和 XdeN 确实存在语义上的对立，其区别在于语义类型差异：XN 是 e 类型语义（指称类名或者专名），XdeN 则都是<e，t>类型（指称具备特定属性的个体的集合）。对于 XdeN 结构，de 的功能在于使各种语义类型的 X 统一转换为<e，t>类型，从而可以与中心语进行交集式语义运算，也就是说，de 是一个无差别<e，t>类型转化算子。这一分析可以统一解释定中名词短语的相关句法语义现象，为长期以来备受争议的“的”字结构句法分析提供参考。另外 de 的功能也具备突出的类型学意义，对于观察汉语名词短语区别于其他语言的特征具有重要参考价值。

一、已有的分析

关于带“的”和不带“的”的定中名词短语的语义差异的讨论由来已久，但是一直没有定论。其中最有影响力的分析是朱德熙[3]提出的“限制性/描写性”区分。朱先生认为，不带 de 的定语是限制性的。“白纸”里的“白”表示一种属性，加在“纸”这个类名上，形成一个新的类名“白纸”。“白”是给“纸”分类的根据。而“白的纸”中的“白”则是描写性的，用来描写中心语的状态。目前的主流意见是所有定语都能分为描写性的和限制性的，不过各家对两种语义的界定标准有所不同，使用的术语也有差异。大体上的意见可

① Bolinger D. Adjectives in English：Attribution and predication[J]. Lingua，1967，18：1-34.
② Bolinger D. Adjectives in English：Attribution and predication[J]. Lingua，1967，18：1-34.
③ 朱德熙：《现代汉语形容词研究》，《语言研究》1956 年第 1 期，第 83-111 页。

以分为两派：一派是坚持语义区别和形式上 de 字有无的对应关系；一派则否认这种对应。无论哪一派，都存在语义界定不清和解释力弱的问题。

房玉清[①]、Lin[②]、方梅[③]、黄伯荣和廖序东[④]、贺阳[⑤]等都认为定语有限制性和描写性的区别，但是都不认为存在与形式上带 de 或不带 de 区分的对应。贺阳认为，汉语定语的限制性和描写性之分缺乏语法形式上的区别，应是依赖人对客观事物的认知。

陆丙甫[⑥]、刘丹青[⑦]坚持了朱德熙的以 de 字隐现作为名词短语语义区分的思路，认为 de 在语义上的功能是描写性标记。完权[⑧]则认为 de 是在认知层面标记描写关系。但是，唐正大[⑨]、陈玉洁[⑩]、贺阳等都指出，"描写"和"指称"功能难以清晰区分出来，而且这两种功能是否对立，又是在哪个层面实现更是难以辨认。张敏[⑪]将有无 de 字的定中短语的区别归结于认知上的语义结合紧密度差异：没有"的"意味着定语和中心语有紧密的概念关系。同样的，这一分析也存在界定模糊、难以操作的问题。比如，例（2）中，两者使用同样的定语，都一样充当一个通指句的主语，意思差不多都是指一个类别，很难讲哪个的定中关系更紧密，也难以说清哪个是限定性的，哪个是描写性的。

例（2）a. 漂亮女孩通常很难相处。　　b. 漂亮的女孩通常很难相处。

以往的分析更关键的问题在于并不能预测"的"的隐现。例（3）a 既可以用 de 也可以不用 de，但是意思差不多，很难讲两者有限定或描写（或者定义性属性和附加性属性）之分。实际上，亲属关系"爸爸"一定是相对于一个对象而言的，其领有者应该是"爸爸"的本质属性，不能说领有者"我"在"我的爸爸"中就变成了附加性属性。更费解的是在（3）b 中，同样是"爸爸"的领有者，却必须出现 de，这里不可能解释为"小张"只能描写"爸爸"，而"我"则既可以描写也可以限定"爸爸"。

---

① 房玉清：《实用汉语语法》，北京：北京大学出版社，2001 年。

② Lin J. On restrictive and non-restrictive relative clauses in Mandarin Chinese[J]. Tsinghua Journal of Chinese Studies，2003，33(1)：199-240.

③ 方梅：《汉语口语后置关系从句研究》，《〈中国语文〉编辑部庆祝〈中国语文〉创刊五十周年学术论文集》，北京：商务印书馆，2004 年；《由背景化触发的两种句法结构——主语零散反指和描写性关系从句》，《中国语文》2008 年第 4 期，第 291-303 页。

④ 黄伯荣、廖序东：《现代汉语（增订第三版）》，北京：高等教育出版社，2002 年。

⑤ 贺阳：《定语的限制性和描写性及其认知基础》，《世界汉语教学》2013 年第 2 期，第 147-155 页。

⑥ 陆丙甫：《"的"的基本功能和派生功能——从描写性到区别性再到指称性》，《世界汉语教学》2003 年第 6 期，第 14-29 页。

⑦ 刘丹青：《汉语名词性短语的句法类型特征》，《中国语文》2008 年第 1 期，第 3-20 页。

⑧ 完权：《超越区别与描写之争："的"的认知入场作用》，《世界汉语教学》2012 年第 2 期，第 175-187 页。

⑨ 唐正大：《汉语关系从句的类型学研究》，北京：中国社会科学院，2005 年。

⑩ 陈玉洁：《汉语形容词的限制性和非限制与"的"字结构的省略规则》，《世界汉语教学》2009 年第 2 期，第 177-190 页.

⑪ 张敏：《认知语言学与汉语名词短语》，北京：中国社会科学出版社，2008 年。

例（3） a. 我（的）爸爸 b. 小张*（的）[①]爸爸

总的来说，以往的研究之所以在探究 XN 和 XdeN 的语义差别及 de 的作用上存在如此之大的困难和分歧，一个重要原因在于所使用的术语（如描写性、限制性、定义性、附加性、内涵性、外延性、区别性、指称性等）难以操作和界定。语义、语用、认知等讨论界面也存在交叉和模糊不清的情况。接下来本文将介绍形式语义学的基本思路，严格在语义层面对定中名词短语的语义差别给出客观准确且可操作的区分，同时统一解释 de 字隐现问题。

二、语义类型理论和“类指语义转换算子说”

本节首先介绍语义类型理论的基本思想，然后评述 Huang[②]、黄师哲[③]基于语义类型理论对汉语名词短语 de 作出的“类指语义转换算子”分析，指出其中存在的诸多理论上和实践上的问题。

（一）语义类型理论

语义类型理论是一个用于语义分析的形式化模型，由 Montague[④]、Partee 和 Rooth[⑤]、Partee[⑥]等提出。根据该理论，名词短语有三个可能的语义类型，分别用 e、<e，t>、<<e，t>，t>代表[⑦]。e 类型大体上指那些特指性名词短语，如“John”“this book”，在指称上是直指（deictic）的。<e，t>类型成分，可以用作谓语（也被叫作谓词性“predicative”语义），与 e 类型主语结合后构成完整的句子 t，指称一个由若干个体组成的集合，集合中的个体都具有共同的一些属性（property），所以也被叫作属性语义，如“book”的语义是由符合书的特征的具体个体所组成的集合（如例（4）所示）。而<<e，t>，t>类型则是量

① “*”表示该符号后边的说法不能接受。

② Huang S Z. Property theory，adjectives，and modification in Chinese[J]. Journal of East Asian Linguistics，2006，15(4)：343-369.

③ 黄师哲：《语义类型相配论与多种语言形名结构之研究》，《汉语学报》2008 年第 2 期，第 53-61 页；《类型论、类型转换理论和汉语修饰结构之研究》，王志浩、陈东东：《西方人文社科前沿述评——语言学》，北京：中国人民大学出版社，2013 年。

④ Montague R. The proper treatment of quantification in ordinary English[A]//Approaches to Natural Language. Berlin：Springer Netherland，1973：221-242.

⑤ Partee B，Rooth M. Generalized conjunction and type ambiguity[J]. Formal Semantics：The Essential Readings，1983：334-356.

⑥ Partee B H. Noun Phrase Interpretation and Type-Shifting Principles[A]//Groenendijk J. et al. Studies in Discourse Representation Theory and the Theory of Generalized Quantifiers. Foris：Dordrecht，1987.

⑦ 这种表达符号基于 Russell 的类型论（type theory），类型论有两个基本类型，一是实体（entity）——e，一是真值（truth value）——t。两者可以组合形成其他新的类型，比如<e，t>是以 e 为输入项，以 t 为输出项的函数，<<e，t>，t>是以<e，t>为输入项，以 t 为输出项的函数。

化短语如“every book”的类型。由于量化短语的语义特殊性，限于篇幅，本文所讨论的定中短语暂不包括量化性定中结构[如“所有（的）问题”“三本书”等]，所以只涉及 e 和<e，t>两种语义类型。

例（4）book＝｛book A，book B，book C，…｝

Partee[1]、Chierchia[2]等又指出，同一个成分可以在不同的语义类型之间转换。英语中，有一些冠词可以专门促使名词进行类型转换，被称作“类型转换算子”，如定冠词 *the* 可以使名词从<e，t>转换到 e 类型：

例（5） king：<e，t> → the king：e

具体的语境也可能让一个名词性成分发生隐性的语义类型转换。如例（6）a 中的主语 *the king* 是 e 类型语义，特指某个个体，但是在例（6）b 句中和量化短语 *every woman* 并列，并列两项的语义类型应该一致，由于 *every woman* 是<<e，t>，t>类型，说明这里的 *the king* 由 e 类型转换成了量化<<e，t>，t>类型。

例（6）a. The king had a beautiful wife.

b. She curtsied to the king and every woman.

但是 Partee 强调，对于一个成分来说，必定有一个类型是其最本质的类型，代表了其天然的词汇语义。其他类型则是在具体的语境或者特定转换算子的帮助下转换而来的。比如，例（6）中经过 *the* 转换的 *the king* 的词汇意义就是某个特定的国王，所以 e 类型是它的基本语义类型，<<e，t>，t>类型是在语境中转换得到的。另外，Partee 还指出，在同一个语言环境下，语义转换是单向的，同一个成分不能由 a 类型转换为 b 类型然后再转换回 a 类型。

（二）“类指语义转换算子说”的问题

Huang[3]、Huang 和 Li[4]、黄师哲[5]的一系列文章采用语义类型理论分析了汉语的形容词做定语的名词结构。她认为带 de 和不带 de 的定中名词短语的

① Partee B H. Noun Phrase Interpretation and Type-Shifting Principles[A]//Groenendijk J. et al. Studies in Discourse Representation Theory and the Theory of Generalized Quantifiers. Foris：Dordrecht，1987.

② Chierchia G. Topics in the Syntax and Semantics of Infinitives and Gerunds[D]. University of Massachusetts Amherst，1984；Chierchia G. Plurality of mass nouns and the notion of “semantic parameter” [J]. Events and Grammar，1998，70：53-103.

③ Huang S Z. Property theory，adjectives，and modification in Chinese[J]. Journal of East Asian Linguistics，2006，15(4)：343-369.

④ Huang S Z, Li Y H A. Henda Guwu：More on the type matching constraint on modification[J]. Linguistic Studies，2009，39.

⑤ 黄师哲：《语义类型相配论与多种语言形名结构之研究》，《汉语学报》2008 年第 2 期，第 53-61 页；《类型论、类型转换理论和汉语修饰结构之研究》，王志洁、陈东东：《西方人文社科前沿述评——语言学》。

语义类型是一致的，都是 e 类型，定义一个名类（kind）。在此基础上，她提出了 de 是类指语义转换算子的主张，即 de 让非 e 类型类指意义的修饰语转化为 e 类型，从而可以和中心语结合，并获得一个新的 e 类型类指名词短语。

首先，黄师哲提出语义类型匹配条件，即修饰语和中心语直接结合的条件是两者的语义类型必须一致，否则就要依靠 de 进行类型转换使其一致。然后，她根据 Chierchia 的研究把汉语的光杆名词看成是 e 类型[1]，同时假定简单形容词和复杂形容词分别是 e 类型和<e，t>类型，所以简单形容词可以直接修饰名词，语义上是两个 e 类型的合并。而<e，t>类型的复杂形容词（如“很厚”）在修饰 e 类型的名词时就会遇到语义冲突，但是与 de 结合后，会转变为 e 类型，如“很厚的”，就可以修饰名词了。至于关系化“的”字结构，如“我买的书”，因为“的”前是谓词，类型为<e，t>，所以一律需要使用“的”进行类型转换。所以，黄师哲认为，在名词短语中，de 的功能是类指语义转换算子，让名词成分从属性<e，t>语义转换到 e 类型类指语义。具体过程如下所示：

例（7）厚 ＋ 衣服　→　厚衣服

e ＋ e　→　e

例（8）a. 很厚 ＋ 的　→　e

<e，t>＋<<e，t>，e>　→　e

b. 很厚的 ＋ 衣服　→　很厚的衣服

e ＋ e　→　e

关于汉语名词短语都是 e 类型类指语义的说法，以及“的”是类指语义转换算子的分析也得到了贺川生和蒋严[2]的支持。然而该分析存在诸多问题，会给汉语名词短语的语义解读带来冲突，也不能解释“的”隐现的复杂表现。

首先，类指语义转换算子说歪解了 de 字名词短语的语义。根据黄师哲[3]的观点，带 de 的名词短语和不带 de 的名词短语语义一样，都是类指。这似乎在很多情况下都难以说得通，尤其是 XdeN。比如，“很厚的衣服”还勉强可以认为是指某一类的衣服，“我的左手”则只有唯一一个所指，“我昨天刚买的衣服”也可以是特指的语义，指称我昨天刚买的一件或若干件衣服。

对于那些 de 可有可无的情况，统一的语义分析也往往不符合人们的语感。前

① Chierchia G. Reference to kinds across language[J]. Natural Language Semantics，1998，6(4)：339-405.

② 贺川生、蒋严：《“XP+的”结构的名词性及“的”的语义功能》，《当代语言学》2011 年第 1 期，第 49-62 页。

③ 黄师哲：《类型论、类型转换理论和汉语修饰结构之研究》，王志浩、陈东东：《西方人文社科前沿述评——语言学》。

文提到朱德熙[1]就仔细区分了"白纸"和"白的纸"的语义差异，并且朱德熙[2]认为前者相当于英语的"white paper"，后者则相当于英语的"the paper which is white"。语感上，往往不带 de 的名词短语有类指语义，带 de 以后就消失了。再比如，"北极熊"定义了一个特定种类的熊，而"北极的熊"则可以指任何出现在北极的熊。

另外，类指语义转换算子说并不能很好地解释 de 的使用。如果 de 是在修饰语和中心语发生语义冲突时候的挽救措施，那么应该可以得出如下推论：凡是需要用 de 的地方一定是非用不可的。但是，事实上很多时候 de 是可有可无的，甚至在语义上都没有太大差异，如"木头（的）房子""南方（的）风俗"。

其次，黄师哲的语义类型匹配条件对很多汉语名词短语都不适用。如果只要修饰语的语义类型是 e 就能直接和中心语结合的话，那么代词、专有名词是典型的 e 语义类型，就应该可以直接修饰中心语。但是实际上大部分都需要加 de，如"我的书""张明的意见"。

根据黄师哲[3]的分析，所有简单形容词都可以不用"的"就和名词中心语结合。但是，如朱德熙[4]等指出，实际上这种组合是非常受限的。黄师哲的理论无法解释为何"*脏糖""*厚雪""*香饭"这样的组合不合法。

三、"的"是属性语义转换算子

如果 de 并非如黄师哲等所分析的是从<e，t>到 e 的语义类型转换算子，那么 de 在名词短语中究竟起什么作用呢？XN 和 XdeN 究竟有怎样的语义差别？我们认为，无 de 和有 de 的名词短语恰好用显性的形式体现了语义类型理论框架下的两种名词短语语义类型：名称 e 和属性<e，t>。具体来说，不用 de 的名词短语的基本语义类型是 e，是一个特指的名称（个体名称 proper name 或者类的名称 name of kind）；用 de 的名词短语的基本语义类型是<e，t>，指称具备共同属性的个体的集合。de 的功能则是让 XdeN 的修饰语转换成<e，t>语义类型，以便和中心语结合并得到一个新的<e，t>语义名词短语。

（一）XN 和 XdeN 的语义差别

上一节分析显示，XN 和 XdeN 在语义上肯定是有差别的，其种种看似模

① 朱德熙：《现代汉语形容词研究》，《语言研究》1956 年第 1 期，第 83-111 页。
② 朱德熙：《从方言和历史看状态形容词的名词化》，《方言》1993 年第 2 期，第 81-100 页。
③ 黄师哲：《语义类型相配论与多种语言形名结构之研究》，《汉语学报》2008 年第 2 期，第 53-61 页。
④ 朱德熙：《自指和转指》，《方言》1983 年第 3 期，第 16-31 页。

糊又难以界定的差别实际上用语义类型可以简单清晰地区分：XN 是 e 语义类型，XdeN 是<e，t>语义类型。根据语义类型理论，这两种语义类型的具体区别在于：e 类型是特指性的，指向特定的一个对象；而<e，t>类型则定义了一个集合，集合中是符合某个属性的所有个体。

1. 类指的 XN

黄师哲认为类指都是 e 类型，且 e 类型都是类指是不确切的。对于 e 类型来说，在指称上可以有两种：一是专有名词（proper name），即指向特定的某个个体，如“他”“小张”；一是种类的名称（name of kind），如“东北人”“北极熊”。根据 Carlson[①]、Chierchia[②]等分析，类名是语言给某个类别的命名，虽然没有指向特定的单个个体，但是作为特定的种类，其名称在人类认知中也是有明确的特指性的，用法上也相当于专有名词，所以也是 e 类型的。

不过类指语义的名词短语不一定都是 e 类型的，还可能是<e，t>类型[③]。在语言中，要想表达一个类，除了直接指出它的名字之外，还可以指出属于这个类的所有的成员（集合类），后者的语义类型就是<e，t>。可以说，在数量上类名是单数的，集合类则是复数的（除非这个类只包括一个成员）。这两者在英语中被数标记明确地区分了开来：<e，t>类型类指使用光杆复数形式；e 类型类指使用定指单数形式。例如：

例（9）a. Dogs are common in this area.　　b. The dog is a good pet.

由于汉语没有复数标记，集合类和类名不可能在单复数上作出区分。但是本文认为，汉语 de 的使用恰恰反映了类指在 e 和<e，t>两种类型上的区别。凡是不使用 de 的 XN 类指成分一定是 e 类型的类名，凡是使用 de 的类指成分一定是<e，t>类型的集合类。也就是说，XdeN 可以定义一个类，但是这个类只能是包含了属于此类的若干个体的集合，而不可能是这个类的名称。从以下例（10）（11）对比中可以看出，汉语的“种”“类”量词是专指类别的，而且只能指类的名称，XdeN 即使能指一个类，也不能被其所描述[④]：

例（10）a. 漂亮姑娘是一种危险物种。b. ?漂亮的姑娘是一种危险物种。[⑤]

① Carlson G N. Reference to Kinds in English[D]. University of Massachusetts Amherst，1977.

② Chierchia G. Formal semantics and the grammar of predication[J]. Linguistic Inquiry，1985，16(3)：417-443.

③ Chierchia G. Plurality of mass nouns and the notion of “semantic parameter”[J]. Events and Grammar，1998，70：53-103.

④ 审稿专家指出有些带 de 的定中短语也可以是特指 e 类型的，如“我的这本书”。本文认为，这个特指语义来自中心语中的特指代词“这”的词汇意义，但是与带 de 的定语结合时，中心语“这本书”还是要转化为<e，t>类型的集合，只不过这个集合的成员只有一个，且是特指。所以，整个定中结构也是一个<e，t>类型的集合——集合的成员是一个特指对象。在此感谢审稿专家的意见。

⑤ “？”表示该符号后边的说法是否可接受是存疑的。

例（11）a. 白纸是一种印刷专用纸。　b. *白的纸是一种印刷专用纸。

所以对于有些“的”可有可无，而且意思看起来也差不多的定中结构，实际上是类指在 e 和<e，t>语义类型上的差异。上边例（10）（11）所示的“种”“类”量词谓语就是一个区分手段。再比如前人研究讨论的“木头桌子”和“木头的桌子”，之所以感觉上两者意思差不多，是因为它们都定义了同一个类，只不过前者是直接对这个类命名（e 类型），后者则是指称这个类所包含的成员（<e，t>类型），而只有前者可以被“种”“类”量词谓语描述（如“木头桌子是一种经济实用的家具”）。用语义类型理论就能清晰地把两者的语义区分开[①]。

并非所有的类都有现成的类名。事实上，自然语言中往往只有那些广泛为人们所认知的自然类（natural kind）才有类名。如“白纸”是纸的一种次类别，“白的纸”或许大约等价于“白纸”，“雪白的纸”虽然也可以是一个类（石定栩[②]认为是一个包蕴于“白的纸”的集合），但是却不是一个人们普遍认知的自然类，没有现成的类名，所以不能说“雪白纸”。这就是为什么不带 de 的定中组合非常受限，因为并不是任意一个 XN 组合都可以是一个类名，如“*脏糖”就因为现实中没有对应的自然类名而不能接受。这也和朱德熙[③]对限制性定语的描写相符：他认为白纸中“白”是给“纸”分类的依据，形成了一个新的类名“白纸”。

2. 特指的 XN

e 类型的 XN 并不都是类名，还可以是指向个体的专有名词，如“John”“the king”[④]。汉语中一部分不用 de 的定中结构就是此类，如“我爸爸”“他们单位”。张敏[⑤]指出，这里的代词“我”或“他们”并不是普通的领有者，而是像“这/那”一样起到定位确指的作用，语义上一定是有确定的指称对象的，如“我女朋友”就相当于某个特定的人，而“我的女朋友”则有可能无指，比

① 注意我们说 XN 的语义是 e 类型的类名是指它的基本语义，根据语义类型理论和相关的转换理论，一个成分在特定使用环境下可以由基本语义转换为其他语义。但是，必定有一个语义类型是其基本语义类型，是其进行语义转换的起始点。本文认为，XN 的基本语义类型就是 e，也就是说，XN 必须具备指称类名的能力，这是 X 可以不带 de 作 N 的定语的前提条件（针对类指那部分 XN 而言，下文会提到，还有另外一部分 XN 指称专名）。在具体句子环境中，XN 也可以从 e 转换为<e，t>类型，指称集合类。比如，下例（1）（2）谓语使用了“都”，说明主语是复数的集合，而不可能是单数意义的类名。集合意义的语义是在句子中由 e 转换到<e，t>类型而得来的。集合类和类名之间的转换非常自然，要想指称一个类，显然既可以指称这个属于这个类的成员，也可以指称这个类的名字（具体的语义转换过程可参考 Chierchia，1998b；Krifka，2004 等）。

（1）白纸都能用来印刷。　（2）漂亮姑娘都很难相处。

② 石定栩：《限制性定语和描写性定语》，《外语教学与研究》2010 年第 5 期，第 323-328 页。

③ 朱德熙：《现代汉语形容词研究》，《语言研究》1956 年第 1 期，第 83-111 页。

④ 实际上，类名也是一种特指的专有名词，只不过这个名称不是被一个个体而是被一个类别所“专有”。

⑤ 张敏：《认知语言学与汉语名词短语》。

较例（12）：

例（12）a. 我的女朋友不一定要长得漂亮。（“我的女朋友”无指，我还没有女朋友）

b. ？我女朋友不一定要长得漂亮。（？张三不一定要长得漂亮）

除此之外，“他们的单位”还可能指他们各自的单位，语义上也是一个集合，但是“他们单位”由于是 e 类型，指一个特定个体，所以不可能有“他们各自单位”的意思。

那么 X 和 N 的语义是如何结合的呢？我们已经看到 XN 的语义并不是 X 的语义和 N 的语义的简单相加，如“红花”并不是“红”和“花”的相加。参考 Parsons[①]、Kamp[②]、Boleda 等[③]，这种语义应当是内涵性运算（intensional function）。限于本文的篇幅，具体运算方式将另文专述。但是这里值得一提的是，内涵性运算要求修饰语必需是核心词（head），所以 X 不能是词组，即使满足 e 类型条件，也是不能直接修饰 N 的，如“*我爸爸+姐姐”。

总之，XN 和 XdeN 的关键语义区别是前者是语义上的 e 类型，是一个特指的名称，可能是一个类名，可能是一个专有名词或代称；后者是一个符合某些共同属性的集合，有可能也指一个类（集合类）。X 和 N 结合的时候，如果不能得到 e 类型（类名或专名）语义结果，de 就不能够隐去。下一节将详细论述 XdeN 的语义及 de 的语义功能。

（二）XdeN 和 de 的语义功能

1. XdeN 是<e，t>类型的集合

前文提到，指类的 XdeN 获得的是集合意义的类，实际上，无论 XdeN 是否定义一个类，其解读都是一个集合，集合内是同时满足 X 属性和 N 属性的成员。也就是说，XdeN 是 X 所代表的集合和 N 所代表的集合的交集。Paul[④]也曾指出，“木头的桌子”的解读是交集性的（intersective），描述刚好既符合“桌子”又符合“木头”属性的事物，其中的“木头”并不像“木头桌子”里边那样是类别的定义信息（类似的观察也见 Fu[⑤]、张敏[⑥]等）。再考虑例（13），

① Parsons T. Some problems concerning the logic of grammatical modifiers[J]. Synthese，1970，21(3)：320-334.

② Kamp J A W. Two theories about adjectives[J]. Formal Semantics of Natural Language，1975，123-155.

③ Boleda G，Vecchi E M，Cornudella M，et al. First-order vs. higher-order modification in distributional semantics[C]//Proceedings of the 2012 Joint Conference on Empirical Methods in Natural Language Processing and Computational Natural Language Learning. Association for Computational Linguistics，2012，1223-1233.

④ Paul W. Adjectival modification in Mandarin Chinese and related issues[J]. Linguistics，2005，43(4)：757-793.

⑤ Fu J. La structure du syntagme nominal en chinois[D]. University of Paris，1987.

⑥ 张敏：《认知语言学与汉语名词短语》。

“新书”专指新近出版的书，定义了一种书的小类，所以可以做“上架”的主语，但是“新的书”则定义任何符合“新”的特征的书，可以是新出版的书、新买的书、没用过的书等，所以“新的书”除了可以做“上架”的主语外，还可以在例（13）b 句和例（13）c 句中做宾语（分别意为“没用过的书”和“新买的书”），而“新书”就不能与之替换。

例（13）a. 这个月有很多新书/新的书上架。

b. 我不喜欢看别人翻过的书，所以我总是买新的书/*新书。

c. 家里的书我都已经看过了，能不能再买一些新的书/*新书？

这就是为什么很多情况下同一个修饰语带 de 和不带 de 修饰中心语得到的语义不同。“白纸”专指一种纸的次类，“白的纸”则可以指任何颜色是白的的纸。类似的例子还有“黑板－黑的板”“红花－红的花”等。

XdeN 的交集性解读说明这里适用 Heim 和 Kratzer①提出的“谓词修饰规则”（Predicate modification rule）来分析其中的语义组合过程，其中修饰语和中心语都是<e，t>类型，定义一个集合，然后两个集合取交集，得到一个新的<e，t>类型的集合，如下所示：

例（14） <e，t>＋<e，t> → <e，t>

a. ｛a，b，c｝ ∧ ｛b，c，d｝=｛b，c｝

b. 新的书＝新的＋书＝｛新的东西 1，新的东西 2，新的东西 3，……｝ ∧ ｛书 a，书 b，书 c，……｝ ＝ ｛新∧书 A，新∧书 B，新∧书 C，……｝

由此可以看出，只要两种属性可以做交集，XdeN 就可以成立，其交集的结果并不一定是一个既有的类，这就是为什么 XdeN 的组合比 XN 自由得多，因为 XN 必须得到一个自然类或者特指对象。当然，值得再次强调的是，本文讨论的 XdeN 是<e，t>类型也是指它的基本语义类型，在具体使用中当然还可能转换为其他语义类型。

2. de 是<e，t>类型转换算子

XdeN 中 de 起到什么样的语义功能呢？对于某些定语和中心语的组合，如果语义上无法得到一个 e 类型的类名或特指对象，那么 de 的使用就是必须的，如前文的“脏糖”不能接受，但是“脏的糖”就可以接受了。可见 de 对于 XdeN 的交集运算起到了关键的作用。我们认为 de 的语义功能就是让修饰

① Heim I，Kratzer A. Semantics in Generative Grammar[M]. Oxford：Blackwell，1998.

语 X 统一变成<e，t>类型，从而为集合间交集运算做好准备，也就是说，de 是<e，t>类型转换算子，这与黄师哲认为的 de 是 e 类型转换算子刚好相反。由于修饰语 X 可以是各种类型，所以 de 的<e，t>类型转换算子功能是多适应性的（multi-adaptive），可以标记为<x，<e，t>>。另外，这里采用 Chierchia[1] 对汉语光杆名词的分析，认为中心语 N 是 e 类型，那么如果做交集运算，N 也需要转换为<e，t>类型。根据 Partee[2]、Chierchia、Lu[3]等的分析，从 e 到<e，t>类型的转换是非常自然的，可以隐性进行。XdeN 的完整语义组合过程如下所示：

例（15）a. 他+的：e + <x，<et>> → <e，t>
　　　　b. 新+的：<e，e> + <x，<e，t>> → <e，t>[4]
　　　　c. 书：e → <e，t>
　　　　d. 他的+书：<e，t> + <e，t> → <e，t>
　　　　e. 新的+书：<e，t> + <e，t> → <e，t>

这个分析也与 de 的句法特征相吻合。根据 Aoun 和 Li[5]、周国光[6]、李艳惠[7]、石定栩[8]等的研究，de 在句法上应该是先跟前边的 X 结合。这里我们采用潘海华和陆烁[9]的研究，认为“的”字名词短语中，de 跟各种不同类型的 de 前成分结合，形成一个以 de 为核心的短语 DeP，这个 DeP 有可能进入整个名词短语形成的 DP 的不同位置（如修饰语、补足语、指示语等位置）并获得相应的语义。在句法上 de 决定了 Xde 的性质，这就说明，在语义上，de 也应该决定了 DeP 的语义属性，也即让各种语义类型的 X 统一转换为<e，t>类型的 Xde。这也再次证明，de 只能作用于 X，而不能使中心语 N 发生语义转换。N 向<e，t>的转换是由自身隐性发生的。

那么有没有可能让 X 也像 N 一样隐性地转换为<e，t>类型呢？答案是否定的。根据 Chierchia[10]的“阻断原则”（blocking principle），如果一个语言存在

① Chierchia G. Reference to kinds across language[J]. Natural Language Semantics，1998，6(4)：339-405.
② Partee B H. Noun phrase interpretation and type-shifting principles[A]//Groenendijk J. et al. Studies in Discourse Representation Theory and the Theory of Generalized Quantifiers. Foris：Dordrecht，1987.
③ Lu S. A cross-linguistic study on kind-denoting noun phrases[D]. City University of Hong Kong，2012.
④ 前文提到“新书”的语义结合是内涵性的，那么“新”的语义类型就应该是<e，e>，限于篇幅，这里并不展开论述，只是意在强调，de 能够让各种语义类型的成分变成<e，t>类型。
⑤ Aoun J，Li Y A. Essays on the Representational and Derivational Nature of Grammar：The Diversity of Wh-Constructions[M]. Cambridge：MIT Press，2003.
⑥ 周国光：《对“中心语理论与汉语的 DP”一文的质疑》，《当代语言学》2005 年第 2 期，第 139-147 页。
⑦ 李艳惠：《短语结构与语类标记：“的”是中心词?》，《当代语言学》2008 年第 2 期。
⑧ 石定栩：《“的”和“的”字结构》，《当代语言学》2008 年第 4 期，第 298-307 页。
⑨ 潘海华、陆烁：《DeP 分析所带来的问题及其可能的解决方案》，《语言研究》2013 年第 4 期，第 53-61 页。
⑩ Chierchia G. Plurality of mass nouns and the notion of “semantic parameter”[J]. Events and Grammar，1998，70：53-103.

一个显性的语义转换算子（或特定结构），那么相关结构的语义转换就必须依靠这个算子完成，而不能隐性发生。也就是说，隐性语义转换只能被当作最后的手段（last resort）来使用。在汉语中，de 是让修饰语转换为<e，t>类型的显性转换算子，那么修饰语转换为<e，t>的过程就必须依靠 de，而不能隐性发生。除了阻断原则之外，汉语交集性修饰结构必须采用 de 还有其自身特殊原因。前文论述过，凡是不带 de 的 XN 结构都是 e 类型的，所以 de 的不出现是有意义的，这就导致在非 e 类型定中结构中，de 的出现也将是强制性的，因其隐现是有区别性意义的。所以，交集语义的定中结构中，即使修饰语 X 已经是<e，t>类型了，de 也是需要强制出现的，这时候可以将 de 看作<e，t>语义标记。如"去过北京的人"中的 X 是谓词性的<e，t>类型，仍然需要使用"的"来跟名词中心语结合。"去过北京"也不能直接和"人"结合，因为其结合不能得到 e 类型语义结果（既不可能是一个专名，也不可能是一个自然类名）。而且前文提到过，XN 中的 X 只能是词，不能是短语，也是导致"*去过北京人"不能成立的原因。

以上分析也可以解释为什么带 de 的名词短语不能再修饰其他光杆名词（如例（16）所示），不带 de 的名词短语则可以的原因。因为"新书"得到的是 e 类型属性，所以其还可以不带"的"而直接修饰其他名词中心语——只要语义结合的结果是一个 e 类型成分就行。如"新书展览会"，而"新的书"在 de 的作用下已经是一个集合属性<e，t>类型，不可能自动返回到 e 类型（语义转换是单向的），它只能继续和另外一个<e，t>类型的集合进行合取运算得到一个新的<e，t>类型，而这种运算就必须要求 de 进行标识，所以"新的书"作定语一定需要加 de[1]。同时 XdeN 也不能充当另一个 XN 的中心语，因为 XdeN 是<e，t>类型，也不能再返回 e 类型进行内涵性修饰结合，如例（17）：

例（16）a. 新书+展览会　b. *新的书+展览会　c. 新的书的+展览会

例（17）a. 畅销+新书　b. *畅销+新的书

（三）余论

虽然前文论证了 XdeN 和 XN 是两种不同的语义类型结构，但是使用中还有少量因为经济原则而省略 de 的名词短语。张敏[2]指出，一些 XdeN 单说的时候并

① 当然不排除用词汇性手段把"新的书"变成 e 类型的，如"这本新的书"。
② 张敏：《认知语言学与汉语名词短语》。

不能隐去 de，但是如果处于包蕴位置，尤其是语流很快的时候则可以省去，例（18）b 中的“我书包”就是省略了 de 的定中名词短语，例如：

例（18）a. *我书包　　b. 别碰我书包！　　c. 我*（的）书包还没买到。

事实上，我们发现这种 de 在语音上的省略现象也可以用语义类型区别的规律来解释，“我书包”本身不是一个可成立的词组，是因为其不能得到 e 类型语义——既不能构成一个类名，也不确定是一个专名；而例（18）b 中“我书包”来自“我的书包”隐去 de，因为在这个语境下，说话人和听话人都明显知道“我书包”的具体所指，所以这里的“我书包”在语义上是一个类似专有名称的 e 类型成分。本文同意张敏指出的经济原则是省略 de 的动因，但这并非充分条件，省去 de 的 XN 在语义上还必须是 e 类型才能成立。在例（18）c 中，因为“我的书包”还不存在，不可能是类似专名的特指语义，所以即使说话人希望语音简省，也是不能去掉 de 的。类似的例子还有很多，如：

例（19）a.？明明爸爸　　b. 每次都是明明爸爸来幼儿园开家长会。（说话人知道明明的爸爸是谁）

张敏还指出，多项定语中位置靠前的领属定语往往会因为经济原因而省略 de，例如：

例（20）我那本崭新的故事书[①]

事实上，这里的省略也需要满足 e 类型的要求，因为特指代词“那本”使得整个“我的”后边的中心语“那本崭新的故事书”变成 e 类型的特指语义，整体“我那本崭新的故事书”也是 e 类型特指语义，所以 de 才可以隐去。如果这里没有“那本”，或者换成不定指的“三本”，“我”后的 de 通常是不能隐去的，除非也处于一个明确所指的语境中：

例（21）a. *我崭新的故事书
b. *我三本崭新的故事书
c. 你为什么把我崭新的故事书扔了？

名词短语在 e 和<e，t>类型上的两分也具有普遍语言价值。前文提到，英语中前置定语和后置定语的语义有定义性属性和附加性属性的对立。Paul[②]认为这一语义对立也适用于汉语的 XN/XdeN 的语义差别。但是一直以来，

① 张敏：《认知语言学与汉语名词短语》。
② Paul W. Adjectival modification in Mandarin Chinese and related issues[J]. Linguistics，2005，43(4)：757-793.

这两种定语的语义究竟如何界定总是含混不清。本文的分析证明，汉语带 de 和不带 de 定语确实有类似英语的“定义性属性/附加性属性”的区别。而且基于语义类型理论的分析还为厘清两种不同定语的语义提供了可操作的手段。虽然汉英两种语言的定中结构不同，但是汉语两种定中结构不同的语义结合手段或可为分析英语（及其他有类似现象的语言）两种定语的语义提供参考。

de 的语义类型标记功能还具有类型学价值。Chierchia[①]基于语义类型理论对世界多个语言做出了三种类型区分：第一类是以汉语为代表的“论元型语言（+argument，-predicate）”，其光杆名词都是 e 类型的；第二类是以法语、意大利语为代表的“谓词型语言（-argument，+predicate）”，其中的光杆名词都是<e, t>类型；而英语则属于第三类“混合型语言”（+argument，+predicate）”，其中可数名词都是<e，t>类型。有理由假设，正是因为汉语名词的默认类型是 e，所以才发展出一个形式标记 de 来显性表达<e，t>类型语义；法语的光杆名词默认类型是<e，t>，所以就有一个显性的 e 类型算子（即定冠词）来显性标记 e 类型语义。类似的，英语可数名词默认为<e，t>类型，所以才使用形式单位 *the* 来显性标记 e 类型语义。

总　　结

黄师哲[②]、贺川生和蒋严[③]等对汉语名词短语的语义及 de 的语义功能的分析存在诸多问题，汉语有“的”或无“的”的名词短语并不都是 e 类型类指语义，另外 de 的功能并不像英语的 *the* 一样是把<e，t>变成 e 类型的语义转换算子。本文的研究发现，汉语定中结构中“的”的隐现恰好用形式的手段体现了两种语义类型的对立：XN 是 e 类型语义，指称类名或者专名；XdeN 是<e，t>类型语义，指称具备某些共同属性的个体的集合，有可能相当于一个类。在 XdeN 中，de 的语义功能使得 X 转换为<e，t>语义类型，从而为交集运算做准备。由于不使用 de 的名词短语都是 e 类型的，所以 de 的出现还有标记<e，t>语义的功能。汉语名词短语的 e/<e，t>语义类型对立及“的”的语义功能可以用表 1 总结。

① Chierchia G. Reference to kinds across language[J]. Natural Language Semantics，1998，6(4)：339-405.

② 黄师哲：《类型论、类型转换理论和汉语修饰结构之研究》，王志浩、陈东东：《西方人文社科前沿述评——语言学》。

③ 贺川生、蒋严：《“XP+的”结构的名词性及“的”的语义功能》，《当代语言学》2011 年第 1 期，第 49-62 页。

表 1

定中结构	语义类型	语义指称	定中语义结合方式
XN	e	特指的名称（类名/专名）	<e，e> + e → e
XdeN	<e，t>	具有共同属性的个体的集合	X+de：x + <x，<e，t>> → <e，t> Xde+N：<e，t> + <e，t> → <e，t>

以往关于定语的“限制性 / 描写性”两分的研究一直存在较多争议，本文从语义层面证明，定中结构的两分是有其合理性的，两种语义类型的对立可以为 de 的隐现提供有力的解释。本文的分析证明了语义类型理论的有效性，同时，两种语义类型对立的观察也可以为分析英语等语言的前置/后置定语的语义区别提供参考，有利于揭示修饰性名词短语的语言普遍性特征。另外，de 作为语义类型转换算子的存在也具有突出的类型学意义，值得做进一步的探究。

参考文献

[1] 陈玉洁：《汉语形容词的限制性和非限制与“的”字结构的省略规则》，《世界汉语教学》2009 年第 2 期，第 177-190 页。

[2] 范继淹：《形名组合间“的”字的语法作用》，《中国语文》1958 年第 5 期，第 213-217 页。

[3] 方梅：《汉语口语后置关系从句研究》，《〈中国语文〉编辑部庆祝〈中国语文〉创刊五十周年学术论文集》，北京：商务印书馆，2004 年。

[4] 方梅：《由背景化触发的两种句法结构——主语零形反指和描写性关系从句》，《中国语文》2008 年第 4 期，第 291-303 页。

[5] 房玉清：《实用汉语语法》，北京：北京大学出版社，2001 年。

[6] 冯胜利：《论汉语“词”的多维性》，《当代语言学》2001 年第 3 期，第 161-174 页。

[7] 贺川生、蒋严：《“XP+的”结构的名词性及“的”的语义功能》，《当代语言学》2011 年第 1 期，第 49-62 页。

[8] 贺阳：《定语的限制性和描写性及其认知基础》，《世界汉语教学》2013 年第 2 期，第 147-155 页。

[9] 黄伯荣、廖序东：《现代汉语（增订第三版）》，北京：高等教育出版社，2002 年。

[10] 黄师哲：《语义类型相配论与多种语言形名结构之研究》，《汉语学报》2008 年第 2 期，第 53-61 页。

[11] 黄师哲：《类型论、类型转换理论和汉语修饰结构之研究》，王志浩、陈东东：《西方人文社科前沿述评——语言学》，北京：中国人民大学出版社，2013 年。

[12] 李艳惠：《短语结构与语类标记：“的”是中心词？》，《当代语言学》2008 年第 2 期，第 97-108 页。

[13] 刘丹青：《汉语名词性短语的句法类型特征》，《中国语文》2008 年第 1 期，第 3-20 页。

[14] 陆丙甫：《“的”的基本功能和派生功能——从描写性到区别性再到指称性》，《世界汉语教学》2003 年第 6 期，第 14-29 页。

[15] 潘海华、陆烁：《DeP 分析所带来的问题及其可能的解决方案》，《语言研究》2013 年 4 期，第 53-61 页。

[16] 石定栩：《“的”和“的”字结构》，《当代语言学》2008 年第 4 期，第 298-307 页。

[17] 石定栩：《限制性定语和描写性定语》，《外语教学与研究》2010 年第 5 期，第 323-328 页。

[18] 唐正大：《汉语关系从句的类型学研究》，北京：中国社会科学院，2005 年。

[19] 完权：《超越区别与描写之争：“的”的认知入场作用》，《世界汉语教学》2012 年第 2 期，第 175-187 页。

[20] 张敏：《认知语言学与汉语名词短语》，北京：中国社会科学出版社，2008 年。

[21] 周国光：《对“中心语理论与汉语的 DP”一文的质疑》，《当代语言学》2005 年第 2 期，第 139-147 页。

[22] 朱德熙：《现代汉语形容词研究》，《语言研究》1956 年第 1 期，第 83-111 页。

[23] 朱德熙：《自指和转指》，《方言》1983 年第 3 期，第 16-31 页。

[24] 朱德熙：《从方言和历史看状态形容词的名词化》，《方言》1993 年第 2 期，第 81-100 页。

[25] Aoun J，Li Y A，2003. Essays on the Representational and Derivational Nature of Grammar：The Diversity of Wh-Constructions[M]. Cambridge：MIT Press.

[26] Boleda G，Vecchi E M，Cornudella M，et al.，2012. First-order vs. higher-order modification in distributional semantics[C]//Proceedings of the 2012 Joint Conference on Empirical Methods in Natural Language Processing and Computational Natural Language Learning. Association for Computational Linguistics：1223-1233.

[27] Bolinger D，1967. Adjectives in English：Attribution and predication[J]. Lingua，18：1-34.

[28] Carlson G N，1977. Reference to Kinds in English[D]. University of Massachusetts Amherst.

[29] Chao Y R，1968. A grammar of Spoken Chinese[M]. Oakland：University of California Press.

[30] Chierchia G，1984. Topics in the Syntax and Semantics of Infinitives and Gerunds[D]. University of Massachusetts Amherst.

[31] Chierchia G，1985. Formal semantics and the grammar of predication[J]. Linguistic Inquiry，16(3)：417-443.

[32] Chierchia G，1998a. Plurality of mass nouns and the notion of “semantic parameter”[J]. Events and grammar，70：53-103.

[33] Chierchia G，1998b. Reference to kinds across language[J]. Natural Language Semantics，6(4)：339-405.

[34] Fu J，1987. La structure du syntagme nominal en chinois[D]. University of Paris.

[35] Heim I，Kratzer A，1998. Semantics in Generative Grammar[M]. Oxford：Blackwell.

[36] Huang S Z，Li Y H A，2009. Henda Guwu-more on the type matching constraint on modification[J]. Linguistic Studies：39.

[37] Huang S Z，2006. Property theory，adjectives，and modification in Chinese[J]. Journal of East Asian Linguistics，15(4)：343-369.

[38] Kamp J A W，1975. Two theories about adjectives[J]. Formal semantics of natural language：123-155.

[39] Krifka M，2003. Bare NPs：Kind-referring，indefinites，both，or neither? [A]//Proceedings of SALT 13. Ithica，New York：CLC Publications，Cornell University.

[40] Lin J，2003. On restrictive and non-restrictive relative clauses in Mandarin Chinese[J]. Tsinghua Journal of Chinese Studies，33(1)：199-240.

[41] Lu S，2012. A cross-linguistic study on kind-denoting noun phrases[D]. City University of Hong Kong.

[42] Montague R，1973. The proper treatment of quantification in ordinary English[A]//Approaches to Natural Language. Berlin：Springer Netherlands：221-242.

[43] Parsons T，1970. Some problems concerning the logic of grammatical modifiers[J]. Synthese，21(3)：320-334.

[44] Partee B H，1987. Noun Phrase Interpretation and Type-Shifting Principles[A]//J. Groenendijk et al. Studies in Discourse Representation Theory and the Theory of Generalized Quantifiers. Foris：Dordrecht.

[45] Partee B，Rooth M，1983. Generalized conjunction and type ambiguity[J]. Formal Semantics：The Essential Readings：334-356.

[46] Paul W，2005. Adjectival modification in Mandarin Chinese and related issues[J]. Linguistics，43(4)：757-793.

[47] Quirk R，Greenbaum S，Leech G J，et al，1985. A Comprehensive Grammar of the English Language[M]. London and New York：Longman.

[48] Taylor J R，2000. Possessives in English[M]. New York：Oxford University Press.

北京话“您”的词汇化及相关问题

于晓雷*

摘　要　北京话中的第二人称敬称形式“您”是由“你老人家”经过缩略、音变、合音发展而来的，经历了“你老人家”→“你老”→“你纳（那/哪）”→“您纳（那/哪）”→“您”的演变过程，最终发展成为词汇化程度极高的单音节词汇，是一个非常完整的词汇化过程。

关键词　北京话，第二人称代词敬称形式，词汇化

一

吕叔湘和江蓝生二位先生①认为，北京话中用作第二人称代词礼貌式的“您”，与金元时期的“您”（或写作“恁”）虽然使用同一个文字形式，但不是同一个字。早期的“您”（或写作“恁”）是“你们”的合音，表示第二人称单数或者复数，但没有真正的尊称意味。现代北京话中的“您”出现于清中晚期，并且一出现就作为第二人称单数的礼貌式使用。李炜和和丹丹②认为，北京话中的“您”是“你纳”的合音，与多数义无关，在“您”正式定型之前经历了一个“你纳（那/哪）→您纳（那/哪）→您”的发展过程。

法国耶稣会传教士戴遂良撰写的汉语教材《汉语入门》出版于1895年前后，主要依据100多年前的河间府（今河北献县）方言口语写成。《汉语入门》中共现4例“您”，罗马字拼音均标为“Nina”，但书写上还仍写作“您”。这一现象为“您”其实是“ni-na”的合音提供了有力的文献证明，印证了李炜和和丹丹关于“您”来源于“你纳”的观点。

“你纳”是“您”的直接来源的观点已经得到了诸多学者的关注和认可，但对于“你纳”这种形式的来源及“纳”（那/哪）的性质，目前学界尚未达成

---

* 中山大学中国语言文学系。

① 吕叔湘、江蓝生：《近代汉语指代词》，上海：学林出版社，1985年。

② 李炜、和丹丹：《北京话“您”的历时考察及相关问题》，《方言》2011年第2期。

较为统一的认识。

二

（一）《红楼梦》中的第二人称敬称

我们对“你纳”出现以前的北京话文献中的第二人称尊称形式进行了考察，发现《红楼梦》中对话部分含有敬意地指代第二人称单数有如下几种情况：

①大暑热天，母亲有何生气亲自走来？（第 33 回）

②大人既奉王命而来，不知有何见谕，望大人宣明，学生好遵谕承办。（第 33 回）

③善哉！善哉！若如此，可是你老人家阴德不小。（第 77 回）

④你老想一想，这屋里除了太太，谁还大似你？（第 60 回）

以上几种含有敬意地指代第二人称单数的情况可以分为两类：一是直接使用身份名词称呼对方，包括以①为代表的人伦身份名词和以②为代表的职务身份名词；二是使用“你老人家”或者“你老”的形式，如③和④。

在“你纳”出现以前，“你老人家”“你老”应是第二人称敬称代词的主要形式。吕叔湘和江蓝生[①]认为，“你老人家”与“您”存在密切关系，“您”有可能是你老人家（你老）的省缩形式，是由“你老”脱落元音并且韵尾转为“-n”而来的。

（二）作为第二人称敬称的“你老人家”和“你老”

为了从历史角度考察“你老人家”“你老”与“你纳”“您”之间的关系，我们选取了清中期以来的 8 部以北京话口语为特征的语料进行统计：《红楼梦》（前 80 回，曹雪芹，约 18 世纪 50 年代；后 40 回，高鹗，约 18 世纪 90 年代），《儿女英雄传》（19 世纪 40 年代），《语言自迩集——19 世纪中期的北京话》（19 世纪 40～80 年代），《小额》（19 世纪 90 年代），《燕京妇语》（1906 年），《骆驼祥子》（1936 年），《评书聊斋志异》（1954 年），《京味小说八家》（1981～1984 年）。以下分别简称《红》《儿》《语》《小》《燕》《骆》《评》《京》。

我们发现，“你纳”正式出现在以前的《红》与《儿》中，主要将“你老

① 吕叔湘、江蓝生：《近代汉语指代词》。

人家""你老"作为第二人称礼貌式使用，例如：

⑤平儿便到这边来，一见了周瑞家的便问："你老人家又跑了来作什么？"（《红》）（第7回）

⑥我费了这么几天的事，才给你老人家拾掇出这个地方儿来。（《儿》）（第39回）

⑦我说你老人家手底下有事，不得工夫。他说那怕他就在树荫儿底下候一候儿都使得，一定求见。（《儿》）（第17回）

⑧又一丫头笑道："他们不会说话，怨不得你老人家生气。宝玉还时常送东西孝敬你老去，岂有为这个不自在的。"（《红》）（第19回）

⑨那跑堂儿的听见钱了，提着壶站住，说道："到不在钱不钱的，你老瞧，那家伙真有三百斤开外，怕未必弄得行啊！这么着啵，你老破多少钱啵？"（《儿》）（第4回）

⑩"今日我带了你侄儿来，也不为别的，只因他老子娘在家里，连吃的都没有。如今天又冷了，越想没个派头儿，只得带了你侄儿奔了你老来。"（《红》）（第6回）

⑪说着一径去了，半日方来，笑道："可是你老的福来了，竟投了这两个人的缘了。"（《红》）（第39回）

⑫莺儿听见这般蠢话，便赌气红了脸，撒了手冷笑道："你老人家要管，那一刻管不得，偏我说了一句顽话就管他了。我看你老管去！"（《红》）（第59回）

《红》与《儿》中的第二人称礼貌式用法基本相同。其中，"你老人家"在⑤⑥⑦⑧中分别充当主语、宾语、定语和兼语，"你老"在⑨⑩⑪⑫中分别做主语、宾语、定语和兼语，"你老人家"与"你老"的用法基本一致，与后来出现的"你纳"及其合音而成的"您"用法基本相同。

在⑧和⑫中，"你老人家"和"你老"同时出现在句子中，根据句义可以确定，"你老人家"和"你老"在同个句子中指代的是同一个对象，即⑧中的"李嬷嬷"和⑫中的"春燕姑妈"。可见"你老人家"和"你老"可以相互替换使用，均表示含有敬意地指代第二人称单数。

值得注意的是，在⑩中年长的刘姥姥称较自己年轻但地位更高的王熙凤为"你老"，本意表示代称长者的"你老人家/你老"发展出了单纯表示尊敬的语义内涵，表明了"你老人家/你老"在语义上正在不断发展，并且逐渐向在鲜明的权势关系语境中指代强势方的"您"靠近。

（三）清中晚期第二人称敬称的演变

我们对北京话语料中第二人称敬称形式的使用情况进行了统计，见表 1。

表 1

作品＼敬称	你老人家	你老	你纳/您纳	您
《红楼梦》	50	27	0	0
《儿女英雄传》	117	82	3	0
《语言自迩集》	2	1	67	64
《小额》	0	0	5	409
《燕京妇语》	0	0	17	672
《骆驼祥子》	1	0	0	7
《评书聊斋志异》	0	0	41	1867
《京味小说八家》	0	3	6	492

在“你纳/您纳”等“您”的前身形式出现之前，《红》《儿》中大量使用“你老人家/你老”作为第二人称礼貌式；当“你纳/您纳”出现之后，《语》中“你老人家/你老”作为第二人称礼貌式的使用迅速萎缩，“你纳/您纳”开始大量应用并逐渐向“您”过渡；在“您”初步定型之后的《小》《燕》《骆》《评》《京》等语料中，“您”作为第二人称敬称代词得到了大量的应用并逐渐固定下来，而“你老人家/你老”作为第二人称敬称代词变得不再常用。

“你老人家/你老”与“你纳/您纳”及“您”的形式相近且用法基本相同，而从历史角度来看，“你纳/您纳”的大量应用过程伴随着“你老人家/你老”的迅速萎缩，由此看来，“你纳/您纳”对“你老人家/你老”应当存在着承袭关系。“您”的完整演化路径应为：“你老人家”→“你老”→“你纳（那/哪）”→“您纳（那/哪）”→“您”。

三

（一）“你老人家”→“你老”

从已经掌握的材料来看，在“你纳（那/哪）”出现以前，“你老人家”和“你老”二者的功能基本相同，主要承担第二人称礼貌式的功能。在⑧和⑫中，“你老人家”和“你老”对举，指代同个对象，表明二者可以相互替换使用。

"你老人家"是一个并列结构的复合词，由"你"和"老人家"两个词合成，通过"老人家"复指"你"来强调指代对象的长者特征，以此来实现敬意的表达。当"你老人家"的使用频率不断提高，出于表达的经济原则，"老人家"中的"人家"脱落，缩略为单独的"老"，而"老人家"的语义内涵全部保留下来，附着在最能代表词意的"老"上。同时，从整个复合词的层面缩略为"你+老"的形式。

可以推测，"你老"是出于使用的高频率和发音的经济性，由"你老人家"缩略而来。这种现象在其他方言中也可以找到佐证，如太原话的"你老"[ni^{11} lɑu^{11}]、天津话的"你老"[ni^{45} [illegible]^{0}]及安徽枞阳话的"你老人"[ni^{335} lɑu^{335} zən^{0}]等，众多北部、中部地区方言都存在将"你老人家"省略末尾音节"人家"或"家"，简化为"你老"或"你老人"的现象。[①]

（二）"你老"→"你纳（那/哪）"

《华音启蒙谚解》和《你呢贵姓》是朝鲜时代的两部汉语会话课本，其中《华音启蒙谚解》刊于1883年，《你呢贵姓》一般认为成书于1864～1906年，两部作品反映了当时北方官话口语的基本面貌。以下分别简称《华》《你》。

《华》和《你》中的第二人称礼貌式使用情况十分值得注意，都主要使用"你呢"作为第二人称礼貌式：

⑬嗳哟，你这位好面善。咱们必是在那里见过的是的。你呢不是李老爷么？（《华》）

⑭你呢贵姓？（《你》）

《华》和《你》中"你呢"用例的出现，对于我们理解从"你老"到"你纳"的音变过程具有一定的参考意义。在"你老"中，"老[lau^{0}]"作为轻声音节很容易发生弱化，韵母[au]动程减弱，变为单元音并不断向央元音方向移动，逐渐向[ə]转化，最终演变为[ᴀ]；声母[l]也在顺同化作用下变为同一发音部位却发音省力的[n]。故其韵母演变过程应为[au]→[ə]→[ᴀ]，声母音变过程为[l]→[n]。"你呢"的出现证明了从[l]到[n]的音变应早于从[ə]到[ᴀ]的音变，也证明了在从[ni^{35} lau^{0}]到[ni^{35} nᴀ^{0}]的演变过程中曾存在过[ni^{35} nə^{0}]的中间形式。我们推测其音变整体过程大致为：[ni^{35} lau^{0}]→[ni^{35} nə^{0}]→[ni^{35} nᴀ^{0}]。

① 在以闽、粤、客为代表的诸南方方言中暂未发现类似现象。

（三）“你纳（那/哪）”→“您纳（那/哪）”→“您”

“你纳”得到广泛使用后，并非直接合音成为“您”，而是经历了一个从“你纳”到“您纳”再到“您”的变化过程。

李炜[①]即认为，“‘您’完全可能由‘你+纳’合音而成。在‘您’正式定型之前还有一个‘您+纳’的过渡形式，这里的‘您’之[-n]尾明显是受后一音节‘纳’之声母[n-]逆同化影响所致……合理的音变过程应当是：你纳→您纳→您。‘您’的最后定型是以甩掉后面的‘纳’为前提的”。

四

从“你老人家”到“您”的发展是一个连续的过程，主要经历了三个阶段：第一阶段是从“你老人家”到“你老”；第二阶段是从“你老”到“你纳”；第三阶段是从“你纳”到“您”。

第一阶段是“你老人家”缩略为“你老”的过程。前文提到，“你老”来自“你老人家”，是由“你”和“老（人家）”构成的复指结构，但并不是“你”和“老人家”的简单相加。随着“你老人家”缩略为“你老”，“你老”由原来的复指短语演化为了一个固定的、能够单独使用的词汇，同时语义上由指代年长的“老人家”泛化为了指代权势关系中的优势方。这里的“老”不再单纯指具体的年龄大，而指更为虚化的“尊者”。这个语义泛化的过程是伴随着词汇形式上的缩略过程的。

第二阶段是“你老”经过“你呢”音变为“你纳”的过程。由于“你老”的大量使用，出于经济原则，声母顺同化、韵母弱化，使整个音节发生了较大的变化，发音变得更加省力。随着“你老”音变为“你呢”进而变为“你纳”，“老”转变为了一个没有实际意义的词缀“纳”，且“纳”离开“你”以后不再有实际意义，其对于“你”的依赖性也变得更强。整个词汇从字面上不再看得出其本来意义，其虚化程度变得更高，整体性变得更强。

第三阶段是“你纳”经过“您纳”合音为“您”的过程。从最开始的“你老人家”到“你纳”，演化并没有走到终点，“你纳”仍在不断继续简化。“你纳”经过合音最终成为“您”，“你”与已经无实际意义的词缀“纳”合而为一，成为一个新的符号即“您”。“您”不是“你”，也不是“老人家”，更不是“你”+“老人家”的简单组合，“您”以一个全新的单音节字符的形式保留了一路发

① 李炜：《北京话、兰州话、西安话中第三人称代词的尊称形式》，《外国语学研究》2005年第6号。

展变化而来的全部语义含量，成为一个整体性、灵活性、虚化程度达到极致的单音节词汇。

从复指短语"你老人家"到单音节词汇"您"，这是一个完整的词汇化过程。董秀芳①认为，词汇化指的是非词汇性的成分变为词汇性的成分，或者词汇性较低的成分变为词汇性较高的成分。"你老人家"由自由短语发展到固定短语，然后经过了音节脱落、音变、合音等变化，进一步向词发展，最终发展成为了词汇化程度极高的单音节词汇，是一个最为完整的词汇化过程。

普遍认为，词汇化的成果一般是在句法上作为一个单位来使用，中间不能插入其他成分，各部分都不能单独被修饰，整体的意义不是原各部分的简单相加的词汇，这样的词汇一般是多音节的。而"您"的词汇化过程说明了，在条件满足的情况下，整体性、灵活性和虚化程度达到极致的单音节词汇有可能才是某些词汇化过程的终点。

参考文献

[1] 董秀芳：《"X 说"的词汇化》，《语言科学》2003 年第 2 期。

[2] 董秀芳：《汉语的句法演变与词汇化》，《中国语文》2009 年第 5 期。

[3] 李荣、熊正辉、张振兴：《现代汉语方言大词典》，南京：江苏教育出版社，2002 年。

[4] 李炜：《北京话、兰州话、西安话中第三人称代词的尊称形式》，《外国语学研究》2005 年第 6 号。

[5] 李炜、和丹丹：《北京话"您"的历时考察及相关问题》，《方言》2011 年第 2 期。

[6] 刘云、周晨萌：《释"您"》，《语言教学与研究》2013 年第 5 期。

[7] 吕叔湘：《释"您"、"俺"、"咱"、"喒"，附论"们"字》，《汉语语法论文集》增订本，北京：商务印书馆，1984 年。

[8] 吕叔湘、江蓝生：《近代汉语指代词》，上海：学林出版社，1985 年。

[9] 马庆株：《缩略语的性质、语法功能和运用》，《语言教学与研究》1987 年第 3 期。

[10] 王力：《中国语法理论》，北京：中华书局，1954 年。

① 董秀芳：《汉语的句法演变与词汇化》，《中国语文》2009 年第 5 期。